이젠! 독해 잡는 문맥 VOCA

VOCABULARY IN CONTEXT

수능

이젠교육
EZEN EDUCATION

문맥 VOCA 〈수능 실전편〉

지 은 이 이젠영어연구소
기획·편집 이성우 · 최윤실
디 자 인 이순주 · 최수연
인디자인 편집 올댓에디팅
마 케 팅 김남미
영 업 박종석
제 작 이성기

펴 낸 이 임요병
펴 낸 곳 ㈜이젠교육
발 행 일 2022년 1월 10일 초판 1쇄
홈페이지 ezenedu.kr
등록번호 제2020-000073호
I S B N 979-11-90880-73-2
정 가 14,000원

주 소 서울시 영등포구 양평로 22길 21 코오롱디지털타워 404호
전 화 (02) 324-1600
팩 스 (031) 941-9611

Introduction

수능과 모의고사에 출제된 어휘 및 지문

최근 10여년간 출제된 수능과 모의고사 지문 중 215개를 엄선하여 2100개의 어휘를 수록하였습니다. 어휘력을 기르기 위해서는 어구나 문장 수준보다는 실제 이 어휘들이 적용된 지문을 활용하는 것이 매우 효과적입니다. 시간이 없을 경우, 혹은 개인 학습 패턴에 따라 단어나 지문을 먼저 학습할 수 있도록 구분하고 연계할 수 있도록 했습니다.

테마별 학습

어휘와 지문을 테마별로 분류하여 수록함으로써 한 테마를 중심으로 자주 나오는 어휘를 파악하여 연계성 있고 효율적인 학습이 될 수 있도록 구성하였습니다.

직독직해

독해 지문은 직독직해식의 구분과 해설을 제공하여 단어 학습 시 미진했던 어휘와 예문에 대한 이해를 돕고 실전에 활용될 수 있도록 했습니다.

출제된 파생어와 합성어

교육과정의 기본 단어를 중심으로 파생어나 합성어가 다수 출제되어 난이도를 높이는 경우가 많으므로 출제된 형태대로 익힐 필요가 있습니다. invasibility, hunter-gatherer, necessitate 등의 어휘는 기본형을 알아도 정확한 의미 유추가 쉽지 않으므로, 이 책에서는 지문에 나온 형태대로 수록하였습니다.

듣기 평가 어휘

고교 기본 수준의 어휘들이 듣기 평가에 많이 출제되므로, 이를 반영하여 듣기 평가에 나오는 기출 표현과 함께 수록하였습니다. 듣기 평가 시 한 번 듣고 빠르게 판단해야 하므로 기본 수준의 어휘라도 단순히 목록으로 체크하기보다는 출제된 구어체 표현과 함께 익히는 것이 훨씬 효과적일 것입니다.

영영사전 활용

Review 코너에서는 이해가 어려운 단어를 중심으로 영영한 풀이를 제공하여 단어의 정확한 기본 의미 파악에 도움이 되도록 하였습니다.

“어휘력을 기르기 위해, 단어를 독해 지문(texts)으로 학습하는 것은 목록(lists)으로 학습하는 것에 비해 **엄청난** 이점이 있다. 지문 속에서 단어를 익히면 그 단어의 뜻만 아니라 **같이** 어울려 쓰이는 어휘들이나 문법적 구조까지 제대로 알게 될 기회가 늘기 때문이다.”

— Scott Thornbury (언어학자)

구성과 특징

1 어휘와 지문의 연계

SET 07 심리 (2)

024 모순되는 상식 적용 독해 ▶ p. 274

□297 **commonsense** [kάmənséns]	형 상식적인, 상식을 가진	**commonsense** knowledge 상식적인 지식 (수능)
□298 **contradict** [kὰntrədíkt]	동 모순되다; 부인[부정]하다, 반박하다 • **contradiction** 모순; 반박, 반대되는 말 • **contradictory** 모순되는 어원 contra(against) + dict(say) > 대항하여 말하다	The witness statements **contradict** each other. 증인의 진술들이 서로 **모순된다**.
□299 **feather** [féðər]	명 (새의) 털, 깃털 fluffy 솜털의, 솜털로 뒤덮인	
□300 **flock** [flɑk]	동 (많은 수가) 모이다; 떼 지어 가다 명 떼, 무리	
□301 **inevitable** [inévitəbəl]	형 불가피한(unavoidable), 필연적인 • **inevitably** 불가피하게, 필연적으로	
□302 **spoil** [spɔil]	동 망치다, 못쓰게 만들다(ruin) spoiled[spoilt] (응석받이로 자라) 버릇없는, 제멋대로 하는 rotten 썩은; 형편없는	
□303 **broth** [brɔθ]	명 수프, 죽	
□304 **statement** [stéitmənt]	명 진술, 진술서 • **state** 진술하다, 말하다; 상태; 주(州); 국가	

SET 07

적용 독해

024 모순되는 상식 어휘 학습 ▶ p. 045

[1] Although **commonsense** knowledge may have merit, / it also has weaknesses, / not the least of which is that it often **contradicts** itself. [2] For example, / we hear that people who are similar will like one another ("Birds of a **feather flock** together") / but also that persons who are dissimilar will like each other ("Opposites attract"). [3] We are told that groups are wiser and smarter than individuals ("Two heads are better than one") / but also that group work **inevitably** produces poor results ("Too many cooks **spoil** the **broth**"). [4] Each of these contradictory **statements** may hold true / under particular conditions, // but without a clear statement of when they apply and when they do not, / aphorisms provide little insight into relations among people. [5] They provide even less guidance / in situations where we must make decisions. [6] For example, / when facing a choice that entails risk, / which guideline should we use — / "Nothing **ventured**, nothing gained" or "Better safe than sorry"? (수능)

* aphorism: 격언, 경구(警句) ** entail: 수반하다

024

[1] 상식적인 지식에 장점이 있을 수 있지만 / 그것에는 약점도 있다 / 그중에서 중요한 것은 그것이 모순되는 경우가 많다는 것이다. [2] 예를 들어 / 우리는 비슷한 사람들이 서로 좋아하기 마련이라는 말('유유상종')을 듣는다 / 하지만 닮지 않은 사람들이 서로 좋아하기 마련이라는 말('정반대되는 사람들은 서로에게 끌린다')도 (듣는다). [3] 우리는 집단이 개인보다 더 현명하고 더 똑똑하다는 말('두 사람의 지혜가 한 사람의 지혜보다 낫다')을 듣는다 / 하지만 집단 작업이 불가피하게 좋지 않은 결과를 만든다는 말('요리사가 너무 많으면 수프를 망친다')도 (듣는다). [4] 이런 모순된 말들 각각은 사실일 수 있다 / 특정한 상황에서는 // 하지만 그것이 언제 적용되는지와 언제 적용되지 않는지에 관한 명확한 진술이 없으면 / 격언은 사람들 사이의 관계에 대한 통찰력을 거의 제공하지 못한다. [5] 그것들은 그야말로 거의 아무런 지침도 제공하지 못한다 / 우리가 결정을 내려야 하는 상황에서는. [6] 예를 들어 / 위험을 수반하는 선택에 직면할 때 / 우리는 어느 지침을 이용해야 하는가 / '모험하지 않으면 아무것도 얻을 수 없다' 혹은 '나중에 후회하는 것보다 조심하는 것이 낫다' 중에서.

□ not the least of which is that ~ = and one of the most important of the weaknesses is that ~ 그 중에서 중요한 것은 ~이다 *cf.* not least 특히(especially, particularly) □ dissimilar 같지 않은, 다른 □ hold true 사실이다, 진실이다

1 표제어 암기를 위한 QR코드

2 주요 파생어

3 단어의 형성 원리를 이해할 수 있는 주요 어원

4 동의어·유의어

5 함께 익히면 좋은 관련 어휘

6 직독직해를 위한 지문 끊어 읽기

7 해석과 추가 해설

2 Review와 듣기 평가 어휘

Review

학습한 주요 단어를 깊이 있게 이해하기

improvisatory
- (of speech or music) **done or performed without having been planned exactly**
  (연설이나 음악에서) 정확히 계획되지 않은 상태에서 행하거나 연주되는
  → **즉흥적인, 즉석의**

cognitive
- **connected with thinking or conscious mental processes**
  생각하는 것이나 의식적인 정신 과정과 연결되는 → **인식의, 인지에 관한**

intrigue
- **the atmosphere of interest and excitement that surrounds something secret or important**
  비밀스럽거나 중요한 것을 둘러싸고 있는 흥미롭고 흥분되는 분위기
  → **흥미로움, 호기심**
- **the activity of making secret plans**
  비밀 계획을 세우는 활동 → **모의, 음모**

intrinsic
- **being part of the nature or character of someone or something**

8 단어의 정확한 의미 이해를 위한 영영한 풀이

듣기 평가에 나오는 어휘

구어체에 많이 쓰이는 표현들을 정확히 알고 있어야 한 번 듣고 빠르게 판단할 수 있다.

1 **absolutely** [ǽbsəlùːtli]	부 **그럼, 물론이지** (강한 동의·허락을 나타냄); **전적으로**	A: Can I pay by credit card? 신용카드로 지불해도 됩니까? B: **Absolutely.** **물론이지요.** 수능
2 **accidentally** [æ̀ksidéntəli]	부 **우연히, 뜻하지 않게** (by chance) • **accidental** 우연한, 돌발적인	to **accidentally** leave the document on the table **뜻하지 않게** 서류를 테이블 위에 두다 수능
3 **accommodations** [əkɑ̀mədéiʃən]	명 **숙박 시설** • **accommodate** 공간을 제공하다, 수용하다	to take care of the **accommodations** **숙박 시설**을 처리하다 수능
4 **achievement** [ətʃíːvmənt]	명 **업적; 성취** • **achievable** 성취할 수 있는	We're very proud of our **achievements.** 우리는 우리의 **업적**이 매우 자랑스럽습니다. 수능
5 **activate** [ǽktəvèit]	동 **활성화하다** • **active** 활동적인, 적극적인	to **activate** superhero cells 슈퍼히어로 세포를 **활성화하다** 모의

9 듣기 평가에 나온 단어와 예문

이 책에 쓰인 기호

- 관련 어휘
- 반의어
- 비교 혼동 어휘
- 어원 어원 분석
- 수능 수능 출제 예문
- 모의 평가원 고3 모의고사 출제 예문

목차

SET 01

교육 (1)

001 학습 환경의 문제점

적용 독해 ▶ p. 248

01 **instinct** [ínstiŋkt]	[명] **직감**(intuition); **본능** • **instinctive** 본능적인, 직관적인	to follow one's **instinct** **직감**을 따르다 maternal **instinct** 모성 **본능**
02 **improvisatory** [ìmprəváizətɔ̀:ri]	[형] **즉흥적인, 즉석의** • **improvise** ~을 즉석에서[즉흥적으로] 하다 • **improviser** 즉흥 연주자 어원 im(not) + provisat(prepare) + ory (형) > 준비하지 않은 > 즉흥적인	**improvisatory** instincts **즉흥적인** 직감 (수능) a talented **improviser** 재능 있는 **즉흥 연주자**
03 **ignore** [ignɔ́:r]	[동] **무시하다, 모르는 체하다** • **ignorance** 무지, 무식 • **ignorant** 무지한, 무식한 어원 i(not) + gnore(know)	to **ignore** somebody's advice ~의 충고를 **무시하다** to **ignore** one half of our ability 우리 능력의 절반을 **무시하다** (수능)
04 **bound** [baund]	[형] **~해야 하는; ~할 가능성이 큰** • *be bound to* 반드시 ~하다, 틀림없이 ~하게 되다	to *be bound to* appear in court **반드시** 법정에 나가**야 하다** It *is bound to* fail. 그것은 **반드시** 실패**한다**. (수능)
05 **jam** [dʒæm]	[동] (다른 연주자들과 미리 연습하지 않고) **즉흥 연주를 하다** [명] **혼잡**	to **jam** in a live concert 라이브 콘서트에서 **즉흥 연주를 하다** (수능)
06 **emphasize** [émfəsàiz]	[동] (중요성을) **강조하다**(stress), **역설하다** • **emphasis** 강조, 중점	to **emphasize** the need for ~에 대한 필요성을 **강조하다** to **emphasize** a stable database 안정적인 데이터베이스를 **강조하다** (수능)
07 **stable** [stéibl]	[형] **안정적인, 안정된** • **stability** 안정, 안정성 어원 sta(stand) + able(형) > 세울 수 있는 > 안정적인	in a **stable** situation **안정된** 상태에 있는

□8
drill
[dril]

동 **반복 연습[훈련]을 시키다** (train)
명 **드릴; 훈련**
- **drill *A* into *B*** A를 B에게 (철저히) 주입시키다

a well-**drilled** team 훈련이 잘된 팀
It was *drilled into* us never to drop litter.
우리는 쓰레기를 절대 버리면 안 된다고 **주입받았다**.

□9
creativity
[kriːeitívəti]

명 **창의력, 독창성**
- **creative** 창의적인, 창조적인

artistic **creativity**
예술적 **독창성**

□10
suffer
[sʌ́fər]

동 **고통받다; 악화되다**(deteriorate), **더 나빠지다**(get worse)

to **suffer** a lot of pain
심한 통증을 **겪다**

□11
install
[instɔ́ːl]

동 **설치하다;** (편안하게) **자리를 잡게 하다**
- **installation** 설치, 설비, 장치

어원 in(into) + stall(place) > 안쪽에 놓다 > 설치하다

apparatus 기구, 장치

to **install** an app
앱을 **설치하다**

□12
fund
[fʌnd]

명 **기금, 자금**
- **a fund of** 많은, 풍부한

fundraising 기금 모금

to set up a **fund** **기금**을 조성하다
a fund of knowledge on the subject
그 주제에 관한 **많은** 지식 (수능)

□13
obtain
[əbtéin]

동 (노력 끝에) **얻다, 입수하다**(gain)
- **obtainable** 얻을 수 있는, 입수 가능한

to **obtain** a deep understanding of a subject
어떤 주제에 대한 깊은 이해를 **얻다** (수능)

□14
intellectual
[ìntəléktʃuəl]

형 **지적인**(mental), **지능의**
명 **지식인**
- **intellect** 지적 능력
- **intellective** 지적인, 지성이 있는

intellectual property
지적 재산권 (수능)

 적용 독해 ▶ p. 248

015 **isolation** [àisəléiʃən]	명 **고립**(된 상태), **격리** • **isolate** 고립시키다, 격리하다 • **isolated** 외딴(remote), 고립된 • *in isolation* 별개로, 홀로	elderly people living in social **isolation** 사회적 **고립 상태**에서 살고 있는 노인들 to work *in isolation* **홀로** 일하다 (수능)
016 **district** [dístrikt]	명 **지역**(area), **지구**	a residential **district** 주거 **지역** a commercial **district** 상업 **지구**
017 **be lost on**	**~에게 이해를 못 얻다, 주목을 못 받다**	The joke *was* completely *lost on* Kate. 그 농담은 Kate에게 전혀 **이해받지 못했다**.
018 **virtual** [və́ːrtʃuəl]	형 **사실상의, 실질적인; 가상의, 인터넷상의** • **virtually** 거의(almost), 사실상; 가상으로 • **virtualize** ~을 가상 현실로 바꾸다 ⊕ virtue 선, 미덕; 장점	a state of **virtual** civil war **사실상의** 내전 상태 a **virtual** world **가상** 세계
019 **absence** [ǽbsəns]	명 **없음, 결핍**(lack); **결석** • **absent** 부재의, 없는; 결석한 • *in the absence of* ~이 없는 상황에서	during my **absence** 내가 **없는** 동안 *in the absence of* any alternative 대안**이 없는 상황에서**
020 **benchmark** [béntʃmɑ̀ːrk]	동 **벤치마킹하다** 명 **기준, 척도** ⊕ criteria (판단이나 결정을 위한) 기준	to **benchmark** those who do things better 일을 더 잘하는 사람들을 **벤치마킹하다** (수능)
021 **perspective** [pəːrspéktiv]	명 **시각, 관점**(viewpoint, standpoint) 어원 per(through) + spective(look) > ~을 통하여 보다 ⊕ prospective 장래의, 유망한 horizon 시야; 수평선, 지평선	a historical **perspective** 역사적 **관점**
022 **peer** [piər]	명 **동료, 또래**(a person who is the same age)	**peer** group **또래** 집단 **peer** relationship **동료**[또래] 관계

▢23 **compare notes**	**의견이나 정보를 교환하다**	Let's *compare notes* on our experiences. 우리의 경험에 대해서 **의견이나 정보를 교환하자**.
▢24 **assessment** [əsésmənt]	명 (능력의) **평가**(evaluation), **판단**(judgement) • **assess** 평가하다, 판단하다	to plan common **assessments** 공동 **평가**를 계획하다 수능
▢25 **blame game**	**서로 비난하고 책임을 전가하는 것, 책임 공방**	to play the **blame game** **서로 비난하고 책임 전가**를 하다 수능

003 창의력 육성

적용 독해 ❯ p. 250

▢26 **cultivate** [kʌ́ltəvèit]	동 (자질 등을) **기르다, 함양하다;** (작물을) **재배하다**(grow); (땅을) **경작하다**(farm) • **cultivated** 세련된, 교양 있는; 재배된; 경작된 • **cultivation** (자질 등의) 배양, 함양; 재배; 경작 • **cultivator** 경작자; 경운기	to **cultivate** a knowledge of art 예술에 대한 지식을 **함양하다**
▢27 **overstructure** [òuvərstrʌ́ktʃər]	동 **지나치게 구조화하다**	to **overstructure** a lesson plan 수업 계획을 **지나치게 구조화하다**
▢28 **academic** [æ̀kədémik]	형 **학업의, 학문의** • **academy** 전문[특수] 학교; 학술원, 예술원	**academic** ability **학업** 능력 **academic** development **학문적** 발달 수능
▢29 **instruction** [instrʌ́kʃən]	명 (자세한) **설명**(directions); **지시**(order) • **instruct** 지시하다; ~을 지도하다 • **instructive** 교육적인, 유익한	full **instructions** 상세한 **설명** strict **instructions** 엄격한 **지시**
▢30 **devise** [diváiz]	동 (방법 · 프로그램 등을) **고안하다, 개발하다** • **device** 장치	to **devise** a method 방법을 **고안하다**

031 **eliminate** [ilímənèit]	동 **없애다, 제거하다** (get rid of something) • **elimination** 제거, 배제	to **eliminate** different options 다른 선택권을 **없애다** 수능 to **eliminate** a risk 위험을 **제거하다**
032 **cognitive** [ká:gnətiv]	형 **인식의, 인지에 관한** • **cognition** 인식, 인지	**cognitive** function **인지** 기능
033 **intrigue** [íntri:g]	명 **호기심, 흥미로움; 음모**(a secret plan) 동 **~의 흥미를 끌다; 음모를 꾸미다** • **intriguing** 아주 흥미로운	to cause **intrigue** **호기심**을 불러일으키다 a tale of political **intrigue** 정치적 **음모**에 관한 이야기
034 **stimulate** [stímjulèit]	동 **자극하다, 촉진시키다** • **stimulation** 자극, 격려, 촉진 • **stimulus** 자극(제) (*pl.* stumuli) • **stimulating** 자극이 되는 ⊕ simulate 모의실험하다; ~한 척하다	to **stimulate** the children's imaginations 아이들의 상상력을 **자극하다**
035 **intrinsic** [intrínsik]	형 **고유한, 본질적인**(essential, fundamental) • **intrinsically** 본질적으로, 본래	the **intrinsic** beauty of Hangeul 한글의 **본질적인** 아름다움
036 **initiate** [iníʃièit]	동 **~을 시작하다, ~에 착수하다** • **initiative** 계획; 진취성; 주도권	to **initiate** the legal proceedings 법적 절차를 **시작하다**
037 **exemplify** [igzémpləfài]	동 **~의 전형적인 예를 보여 주다**	to **exemplify** the style of architecture 건축 스타일의 **전형적인 예를 보여주다**
038 **in and of itself**	**그것 자체만으로**	to become an end *in and of itself* **그것 자체만으로** 목적이 되다
039 **objective** [əbdʒéktiv]	명 **목표**(goal), **목적**(aim) 형 **객관적인**(↔ subjective) • **objectivity** 객관성, 객관적 타당성	to master the planned **objective** 계획된 **목표**를 달성하다 수능

적용 독해 ▶ p. 250

040 **logical** [lάdʒikəl]	형 **논리의, 논리적인; 이치에 맞는, 타당한** • **logic** 논리(학), 논법 ⊕ coherent 논리 정연한, 일관성 있는	a **logical** argument **논리적인** 주장
041 **sequence** [sí:kwəns]	명 **순서(order), 차례; 연속, 잇달아 일어남** • **sequential** 순차적인	Number the pages in **sequence**. 페이지에 **순서**대로 번호를 매기시오.
042 **heading** [hédiŋ]	명 **표제, 제목(title)**	Use bold type for your **headings**. **제목**에는 볼드체를 사용해라.
043 **interpret** [intə́:rprit]	동 **해석하다, 설명하다; 통역하다 (translate)** • **interpretation** 해석, 설명, 이해 • **interpreter** 통역사	How do you **interpret** this passage of the poem? 시의 이 구절을 너는 어떻게 **해석하니**?
044 **term** [tə:rm]	명 **용어, 말; 학기; 임기** ⊕ session 기간, 회기, 학년	**terms** used in computer programming 컴퓨터 프로그래밍에 사용되는 **용어들** his **term** of office 그의 **임기**
045 **habitual** [həbítʃuəl]	형 **습관적인, 버릇이 된; 상습적인** • **habitually** 습관적으로, 늘; 상습적으로	**habitual** complaining **습관적인** 불평 **habitual** drug use **상습적인** 약물 사용
046 **previous** [prí:viəs]	형 **이전의, 예전의; 바로 앞의** • **previously** 이전에; 미리, 사전에 비교 precious 귀중한	careful reviews of **previous** work **이전의** 작업에 대한 주의 깊은 재검토 (수능)
047 **tactical** [tǽktikəl]	형 **전술적인** • **tactic** 전술, 책략	to have a **tactical** advantage **전술적** 이점을 가지다
048 **rehearse** [rihə́:rs]	동 **반복하다, 되풀이하다; 예행 연습하다** • **rehearsal** (이미 이야기된 내용의) 반복; 리허설, 예행 연습	to **rehearse** his excuse for being late 늦은 것에 대한 그의 변명을 **되풀이하다** to **rehearse** for the show 쇼에 대한 **예행 연습을 하다**

49 **reminder** [rimáindər]	명 **상기시키는[생각나게 하는] 것** • **remind** 상기시키다, 생각나게 하다	a picture that's a **reminder** of happier times 더 행복했던 시절을 **생각나게 하는** 그림
50 **account** [əkáunt]	명 **설명, 기술; 계좌; 계정** 동 **간주하다, 여기다; ~을 설명하다; ~의 원인이 되다** • **keep an account of** ~에 관한 이야기를 쓰다	to give a long **account** of work 작업에 관한 긴 **설명**을 하다 (수능) to open an **account** at a bank 은행에 **계좌**를 개설하다
51 **procedure** [prəsíːdʒər]	명 **절차,** (일 처리) **순서** • **procedural** 절차상의	to follow correct **procedure** 올바른 **절차**를 따르다
52 **appropriate** [əpróupriit]	형 **적절한, 적합한** (↔ inappropriate) ⊕ apt 적절한	an **appropriate** measure **적절한** 조치

Review

학습한 주요 단어를 깊이 있게 이해하기

improvisatory
- (of speech or music) **done or performed without having been planned exactly**
  (연설이나 음악에서) 정확히 계획되지 않은 상태에서 행하거나 연주되는
  ⇒ **즉흥적인, 즉석의**

cognitive
- **connected with thinking or conscious mental processes**
  생각하는 것이나 의식적인 정신 과정과 연결되는 ⇒ **인식의, 인지에 관한**

intrigue
- **the atmosphere of interest and excitement that surrounds something secret or important**
  비밀스럽거나 중요한 것을 둘러싸고 있는 흥미롭고 흥분되는 분위기
  ⇒ **흥미로움, 호기심**
- **the activity of making secret plans**
  비밀 계획을 세우는 활동 ⇒ **모의, 음모**

intrinsic
- **being part of the nature or character of someone or something**
  사람이나 사물의 본성 또는 성격의 일부가 되는 ⇒ **본질적인, 고유한**

SET 02

교육 (2)

005 내적 동기 부여

적용 독해 ▶ p. 252

□53 **negative** [négətiv]	형 **부정적인, 좋지 않은** cynical 냉소적인, 부정적인 skeptical 회의적인 reluctant 꺼리는, 주저하는	**negative** effects **부정적인** 영향 (수능)
□54 **extrinsic** [ikstrínsik]	형 **외적인, 외부의**(external)	**extrinsic** factors **외적인** 요인들
□55 **motivator** [móutəvèitər]	명 **동기를 부여하는 것[사람]** • **motivate** ~에게 동기를 부여하다 • **motivation** 동기; 의욕, 의지 • **motivational** 동기를 부여하는	a strong **motivator** 강력한 **동기 부여 요인**
□56 **document** [dákjəmənt]	동 (상세한 내용을) **기록하다; 서류로 입증하다** 명 **서류, 문서** • **documentary** 다큐멘터리(의)	The effects of the vaccine have been well **documented**. 그 백신의 효과는 충분히 **입증되었다**. a book **documenting** his prison experiences 그의 감옥 경험을 **기록한** 책
□57 **reward** [riwɔ́ːrd]	명 (선행 등에 대한) **보상, 사례, 상** • **rewarding** 가치 있는, 보람 있는	monetary **reward** 금전적인 **보상**
□58 **diminish** [dimíniʃ]	동 **~을 감소시키다**(decrease), **~을 줄이다**(reduce)	to **diminish** learning 학습을 **감소시키다** (수능)
□59 **colleague** [káliːg]	명 (같은 직장 · 직종에 있는) **동료**(coworker)	work **colleagues** 직장 **동료들**
□60 **primary** [práimeri]	형 **주요한, 주된, 제1의** • **prime** 주된, 주요한; 최고의 • **primarily** 주로	their **primary** goals 그들의 **주된** 목표 (수능)

061 **consistent** [kənsístənt]	형 **일관된, 한결같은, 변함없는** • **consistency** 일관성, 한결같음	a **consistent** approach to the problem 그 문제에 대한 **일관된** 접근법
062 **explicit** [iksplísit]	형 **명확한, 분명한** • **explicitly** 명확하게, 분명하게	an **explicit** statement **명확한** 진술
063 **attain** [ətéin]	동 (많은 노력 끝에) **이루다, 획득하다** • **attainment** 달성, 획득 • **attainable** 이룰 수 있는	to **attain** some extrinsic reward 어떤 외적인 보상을 **획득하다** (수능)
064 **dominate** [dámənèit]	동 **지배하다, 장악하다** • **domination** 지배, 우세 • **dominative** 지배적인, 우세한 • **dominance** 우월, 우세 • **dominant** 우세한, 지배적인	to **dominate** the art world 예술계를 **지배하다**
065 **external** [ikstə́ːrnəl]	형 (요인 등이) **외적인, 외부적인; 외부의, 밖의** • **externality** 외부 효과, 외부성 • **externalization** 외면화, 표출	a combination of internal and **external** factors 내적 요소들과 **외적** 요소들의 결합
066 **contribute** [kəntríbjuːt]	동 **기부하다; 기여하다; ~의 한 원인이 되다** • **contribution** 기여, 공헌; 기부금	to **contribute** $50,000 to the fund 그 기금에 5만 달러를 **기부하다** to **contribute** to the development of skin cancer 피부암 발병**의 한 원인이 되다**
067 **inferior** [infíːəriər]	형 **~보다 못한, 질 낮은, 열등한** • **inferiority** 질이 떨어짐, 열등함	to contribute to **inferior** learning **질 낮은** 학습의 원인이 되다 (수능)
068 **enhance** [inhǽns]	동 (질·가치를) **높이다, 향상시키다** • **enhancement** 향상, 개선 • **enhancer** 개선제, 개선 장치	to **enhance** the quality of your life 당신의 삶의 질을 **향상시키다**
069 **diverse** [daivə́ːrs]	형 **여러 가지의, 다양한** • **diversity** 다양성 • **diversify** ~을 다양화하다	culturally **diverse** students 문화적으로 **다양한** 학생들 (수능)

적용 독해 ▶ p. 252

070 **discipline** [dísəplin]	명 (학문의) **분야, 교과; 훈육, 규율** 동 **훈련[훈육]하다; 징계하다**	to offer a wide range of **disciplines** 넓은 다양한 **교과**를 제공하다 the school's strict **discipline** 그 학교의 엄격한 **규율**
071 **abstract** [ǽbstrækt]	형 **추상적인** • **abstraction** 관념, 추상적 개념	**abstract** knowledge **추상적인** 지식 mere **abstract** study 단순히 **추상적인** 공부 (수능)
072 **seemingly** [sí:miŋli]	부 **외견상으로, 겉보기에** (apparently)	a **seemingly** impossible task **외견상으로** 불가능해 보이는 일
073 **philosophical** [fìləsɑ́fikəl]	형 **철학의, 철학적인** • **philosophy** 철학	a **philosophical** debate **철학적인** 논쟁
074 **insight** [ínsàit]	명 **통찰(력), 식견** • **insightful** 통찰력이 있는	a writer of great **insight** 대단한 **통찰력**이 있는 작가
075 **intuition** [ìntjuíʃən]	명 **직관력; 직감, 직관** • **intuitive** 직감에 의한	to develop **intuition** **직관력**을 발달시키다 (수능)
076 **centrality** [sentrǽləti]	명 **중요성, 중심적 역할[위치]** • **central** 중심되는, 가장 중요한 ⊕ focal 중심의, 초점의	the **centrality** of public service 공공 서비스의 **중요성**
077 **relevance** [réləvəns]	명 **적절, 타당성; 관련성** • **relevant** 관련 있는, 적절한 ⊕ valid 유효한, 타당한 validity 유효함, 타당성	the centrality and **relevance** of this mode of thinking 이러한 사고방식의 중요성과 **타당성** (수능)
078 **observation** [àbzə:rvéiʃən]	명 **관찰, 관측, 감시** • **observe** 관찰하다 • **observer** 목격자, 참관인 ⊕ observatory 관측소, 천문대	results based on scientific **observations** 과학적 **관찰**을 토대로 한 결과들

079 **bubble chamber**	**거품 상자** (방사선의 궤적 관측용 원자핵 실험 장치) ⊕ chamber (특정 목적용) -실(室) foam 거품, 발포 고무	the sparks in the **bubble chamber** **거품 상자**의 불꽃 (수능)
080 **recognizable** [rékəgnàizəbl]	형 (쉽게) **알아볼 수 있는** • **recognize** ~을 알아보다; ~을 인정하다 • **recognition** 알아봄; 인정	to be easily **recognizable** as a museum 박물관임을 쉽게 **알아볼 수 있다**
081 **specific** [spəsífik]	형 **구체적인; 특정한**(particular); **특유의**(peculiar) • **specifically** 분명히, 명확하게 • **specify** (구체적으로) 명시하다 • **specification** (자세한) 설명서	**specific** examples **구체적인** 예시 a **specific** purpose **특정한** 목적 disease **specific** to bats 박쥐에게만 나타나는 **특유의** 질병
082 **identifiable** [aidéntəfàiəbl]	형 **식별이 가능한, 알아볼 수 있는** • **identify** ~을 알아보다, 식별하다 • **identification** 신분 증명(서); 신원 확인 • **identical** 동일한, 똑같은 ⊕ anonymous 익명인, 익명으로 된	easily **identifiable** 쉽게 **알아볼 수 있는**
083 **particle** [pá:rtikl]	명 **미립자;** (작은) **알갱이, 입자** ⊕ molecule [máləkjù:l] 분자	the specific movements of identifiable **particles** 식별 가능한 **미립자**의 구체적 운동 (수능)

007 놀이의 긍정적 기능

적용 독해 ❯ p. 254

084 **competent** [kámpitənt]	형 **유능한, 실력 있는** (↔ incompetent 무능한) • **competence** 능력, 역량 • **compete** 경쟁하다 • **competition** 경쟁 ⊕ competitive 경쟁을 하는; 경쟁력이 있는	the most normal and **competent** child 가장 정상적이고 **유능한** 아이 (수능)

085
encounter
[inkáuntər]

[동] (난관에) **부딪히다**; (우연히) **만나다** (come across, run into)

to **encounter** a number of difficulties
수많은 어려움에 **부딪히다**
to **encounter** an old friend
옛 친구를 **우연히 만나다**

086
insurmountable
[ìnsərmáuntəbəl]

[형] **해결 불가능한, 극복할 수 없는**
- **surmount** ~을 극복하다 (overcome)

mount 올라가다; 증가하다; 시작하다

an **insurmountable** problem
극복할 수 없는 문제 (수능)

087
cope with

~에 대처하다

how to *cope with* stress
스트레스**에 대처하는** 방법

088
symbolic
[simbálik]

[형] **상징적인, 상징하는**
- **symbol** 상징; 기호, 부호
- **symbolically** 상징적으로

iconic 상징이 되는

in **symbolic** ways
상징적인 방법으로 (수능)

089
origin
[ɔ́:rədʒin]

[명] **기원**(the beginning of something), **유래; 출신**
- **original** 본래의; 독창적인
- **originality** 독창성, 참신성
- **originate** 유래하다; 고안하다

the **origins** of life on earth
지구상에 있는 생명체의 **기원**
the **origin** country
출신국 (수능)

090
unconscious
[ʌnkánʃəs]

[명] **무의식**
[형] **의식이 없는; ~을 알아채지 못하는**
- **unconsciously** 무의식적으로 (↔ consciously)

memories that are deep in your **unconscious**
무의식 속에 자리잡은 기억들

091
approve
[əprú:v]

[동] **찬성하다**(↔ disapprove), **인정하다; 승인하다**
- **approval** 인정, 찬성; 승인

assent 찬성(하다)

to **approve** the new budget
새 예산안을 **승인하다**

092
interfere
[ìntərfíər]

[동] **참견하다, 간섭하다**(meddle)
- **interference** 참견, 간섭
- *interfere in* ~에 간섭하다

to approve of the child's play without **interfering**
간섭하지 않고 아이의 놀이를 인정해 주다 (수능)

SET 02

□93 **struggle** [strʌ́gl]	명 **분투, 투쟁; 힘든 일** 동 (~하려고) **애쓰다, 발버둥치다**	a **struggle** for independence 독립을 위한 **투쟁**
□94 **well-intentioned** [wèlinténʃənd]	형 (결과는 좋지 않더라도) **선의에서 비롯된, 좋은 의도의** (well-meaning) • **intention** 의도 • **intentional** 의도적인, 고의로 한 • **intent** 몰두하는; 의도(intention) • **intentionally** 고의로	a **well-intentioned** behavior to be helpful 도움이 되려는 **선의에서 한** 행동
□95 **divert** [divə́ːrt]	동 (관심을) **딴 데로 돌리다;** (차량을) **우회시키다**	to **divert** the attention of the people from the real issues 사람들의 관심을 실제 사안에서 **딴 데로 돌리다**

008 칭찬이 갖는 한계

적용 독해 ▶ p. 254

□96 **encourage** [inkə́ːridʒ]	동 **격려하다, 권장하다, 부추기다** (↔ discourage) • **encouragement** 격려, 장려	to **encourage** him to read widely 그에게 폭넓게 읽으라고 **권장하다**
□97 **continue** [kəntínjuː]	동 **계속하다, 지속하다** • **continual** 거듭되는 • **continuous** 계속되는, 지속적인 ⊕ continuum 연속체 consecutive 연이은 perputual 끊임없이 계속되는 cease 중단되다 halt 멈추다; 중단시키다	to encourage children to **continue** an activity 아이들이 어떤 행동을 **계속하도록** 부추기다 (수능)
□98 **commitment** [kəmítmənt]	명 **약속; 전념;** (돈 · 시간의) **투입** • **commit** (과오를) 저지르다; (엄숙히) 약속하다 • **commited** 헌신적인, 열성적인 ⊕ commission (제작의) 의뢰, 주문; 위원회; 수수료	her **commitment** to the job 그 일에 대한 그녀의 **헌신**

□ 99 **verbal** [vəːrbəl]	형 **언어의;** (글이 아니라) **말로 된** (↔ nonverbal)	**verbal** skill **언어적** 기술, **구술** 능력
□ 100 **goody** [gúdi]	명 (복수형으로) **맛있는 것들**	a basket of **goodies** for the children 아이들을 위한 한 바구니의 **맛있는 것들**
□ 101 **icing** [áisiŋ]	명 (케이크 장식용으로 쓰는) **당의**(糖衣, 설탕으로 만든 과자)	the large pink **icing** rose in the center of a cake 케이크 가운데에 있는 커다란 핑크색 장미꽃 모양의 **설탕과자** (수능)
□ 102 **appealing** [əpíːliŋ]	형 **매력적인, 호감을 주는; 호소하는** • **appeal** 호소(하다), 간청(하다) • **appeal to** ~에게 매력적이다, ~에게 관심을 끌다 ⊕ petition 진정, 탄원 plead 애원하다	an idea that most people will find **appealing** 대부분의 사람들이 **호감을 갖게** 될 아이디어
□ 103 **overly** [óuvərli]	부 **지나치게**(excessively), **몹시**	to become **overly** sweet **지나치게** 달게 되다 (수능)
□ 104 **flavor** [fléivər]	명 (특정한) **맛, 풍미**	only one simple **flavor** 한 가지 단순한 **맛** (수능)
□ 105 **nourishment** [nəːriʃmənt]	명 (영양가 있는) **음식물, 영양분; 자양분** • **nourish** ~에게 영양(분)을 주다; (생각을) 키우다	proper **nourishment** 적절한 **영양분** emotional **nourishment** 정서적 **자양분**

SET 03

교육 (3)

009 비표준적인 영어 지도법

적용 독해 p. 256

□ 106
access
[ǽkses]

명 **접근, 접근권**
동 (컴퓨터에) **접속하다; 접근하다**
- **accessible** 접근[입장] 가능한
- assess 평가하다

to have difficulty gaining **access** to health care
의료 서비스에 **접근**하는 데 어려움을 겪다
to **access** Internet
인터넷에 **접속하다**

□ 107
nonstandard
[nɑ̀nstǽndərd]

형 **비표준의, 표준어가 아닌**

nonstandard English
표준어가 아닌 영어

□ 108
dialect
[dáiəlèkt]

명 **방언, 사투리**

to speak a **dialect**
사투리를 쓰다

□ 109
rejection
[ridʒékʃən]

명 **거절; 부정, 거부**
- **reject** 거절하다, 거부하다

the reasons for his **rejection** of the theory
그가 그 이론을 **부정**하는 이유

□ 110
correction
[kərékʃən]

명 **정정, 수정**
- **correct** 맞는, 정확한(↔ incorrect); 수정하다

to make a few **corrections**
몇 가지 **수정**을 하다

□ 111
acceptance
[əkséptəns]

명 **받아들임, 수락**
- **accept** (상황을) 받아들이다; (초대를) 수락하다
- **acceptable** (사회적으로) 용인되는, 받아들여지는

complete **acceptance**
전적인 **수용** (수능)

□ 112
responsive
[rispɑ́nsiv]

형 **즉각 반응[대응]하는**
- **response** 반응, 대응; 응답
- **responsible** 책임지고 있는
- **irresponsible** 무책임한
- **respondent** 응답자

to be **responsive** to the needs of the customer
고객의 요구에 **신속히 대응하다**

□ 113
apparent
[əpǽrənt]

형 **분명한, 명백한**(obvious)
- **apparently** 듣자[보아] 하니; 겉보기에는

for no **apparent** reason
명백한 이유 없이

□ 114
long-range
[lɔ́ːŋréindʒ]

형 **장기적인; 장거리의**
- **range** 다양성; 범위
- **range from *A* to *B*** A에서 B까지 걸쳐 있다

spectrum 스펙트럼, 범위

a **long-range** weather forecast
장기적인 일기예보
a **long-range** missiles
장거리 미사일

□ 115
worthwhile
[wə́ːrθhwàil]

형 **가치[보람] 있는, ~할 가치가 있는**

noteworthy 주목할 만한

a **worthwhile** job
보람 있는 일

SET 03

010 교육 기술의 통합

적용 독해 p. 256

□ 116
integration
[ìntəgréiʃən]

명 **통합, 융합**
- **integrate** 통합하다 (↔ segregate 분리하다)
- **integrated** 통합적인

assimilation 흡수, 동화

successful **integration** of an educational technology
교육 기술의 성공적인 **통합** (수능)

□ 117
facilitator
[fəsílətèitər]

명 **촉진제, 촉진자; 조력자**
- **facilitate** 촉진하다, 용이하게 하다

a **facilitator** of learning
학습의 **촉진자** (수능)

□ 118
shift
[ʃift]

동 (장소를) **옮기다, 이동하다**
명 **변화, 전환;** (교대제의) **근무시간**

to **shift** his gaze from the child to her
그의 시선을 아이에게서 그녀로 **옮기다**

□ 119
serve
[səːrv]

동 **제공하다, 차려주다; 도움이 되다, 기여하다**
- **servicing** (기계의) 정비; 이자 지불

to **serve** the needs of future generations
미래 세대의 요구에 **기여하다**

□ 120
trusted
[trʌ́stid]

형 **신뢰할 수 있는, 신뢰를 받을 만한**
- **trust** ~을 믿다, 신뢰하다; 신뢰, 믿음
- **trustworthy** 신뢰할 만한
- **trustworthiness** 신뢰성

a comfortable and **trusted** element
편안하고 **신뢰할 수 있는** 요소 (수능)

□ 121
regard
[rigɑ́ːrd]

동 **~으로 여기다, ~이라고 생각[간주]하다**
명 **관심, 고려; 존경 (*pl.*) 안부의 말**
- **regard *A* as *B*** A를 B로 여기다[간주하다]
- **regarding** ~에 관하여

to be **regarded as** being successfully integrated
성공적으로 통합되고 있다고 **여겨지다** (수능)

□ 122
mechanism
[mékənìzəm]

명 (기계) **장치; 구조;** (생물의) **메커니즘**

the **mechanism** for collecting taxes
세금을 징수하는 **구조**
a locking **mechanism** 잠금 **장치**

□ 123
vary
[vɛ́əri]

동 **다양하다, 서로 다르다**
- **variation** 변형; 변화, 차이
- **variable** 변동이 심한; 변수
- **variant** 변종
- **variance** 변화, 변동량

The content of the courses **varies** widely.
강좌들의 내용이 매우 **다양하다.**

□ 124
familiarity
[fəmìliǽrəti]

명 **익숙함, 친근함**
- **familiar** 익숙한, 친숙한

some **familiarity** with computers
컴퓨터에 대한 어느 정도의 **능숙함**

□ 125
emerging
[imə́ːrdʒiŋ]

형 **떠오르는; 신흥의, 최근 생겨난**
- **emerge** 나타나다, 모습을 드러내다
- **emergence** 출현

⊕ emergency 비상

new and **emerging** technologies
새롭고 **떠오르는** 기술들 (수능)

□ 126
fascination
[fæ̀sənéiʃən]

명 **매력; 매료됨, 마음이 홀림**
- **fascinate** ~을 매혹하다
- **fascinating** 매력적인

to watch in **fascination**
매료되어 바라보다

□ 127
frustration
[frʌstréiʃən]

명 **불만, 좌절감**
- **frustrate** ~을 좌절시키다
- **frustrated** 좌절감을 느끼는

to introduce both fascination and **frustration** with users
사용자들에게 매력과 **좌절감**을 동시에 접하게 하다 (수능)

□ 128
promote
[prəmóut]

동 **촉진하다; 홍보하다**
- **promotion** 판촉, 홍보; 승진
- **promoter** 기획자

policies to **promote** economic growth
경제 성장을 **촉진하기** 위한 정책들

011 경험의 소멸

적용 독해 ❯ p. 258

▢ 129 **endangered** [indéindʒərd]	형 **멸종 위기의** • **endanger** 위험에 빠뜨리다, 위태롭게 만들다 • **endangerment** 위험에 빠진 상태 + in peril 위험에 처해, 위기에 빠져	**endangered** rainforests **멸종 위기의** 열대 우림 (수능)
▢ 130 **rainforest** [réinfɔ̀ːrist]	명 **열대 우림**	tropical **rainforest** climate **열대 우림** 기후
▢ 131 **polar** [póulər]	형 **북(남)극의, 극지의** + pole 막대기, 기둥; (지구의) 극 (the) polestar 북극성	**polar** bears **북극**곰 (수능)
▢ 132 **overstate** [òuvərstéit]	동 **과장하다**(exaggerate) ↔ understate (실제보다) 축소해서 말하다 • **overstatement** 과장한 말, 허풍	to **overstate** the case 그 사실을 **실제보다 부풀려 말하다**
▢ 133 **fictionalize** [fíkʃənəlàiz]	동 **허구화[소설화]하다** • **fiction** 소설, 허구 • **fictional** 소설의, 허구적인	to **fictionalize** a murder 살인사건을 **소설화하다**
▢ 134 **animation** [æ̀nəméiʃən]	명 **만화 영화, 동영상; 생기, 활기** • **animate** 만화영화로 만들다, 생기를 불어넣다 • **animateness** 생명이 있음, 활발함	characters from **animations** **애니메이션**의 캐릭터 (수능)
▢ 135 **classify** [klǽsəfài]	동 **분류[구분]하다** • **classification** 분류, 등급 • **class** 수업; 계층, 등급 • **classified** 분류된; 기밀의	to **classify** information 정보를 **분류하다** (수능)
▢ 136 **facilitate** [fəsílətèit]	동 **촉진하다, 가능하게 하다** • **facility** 시설, 설비; 재능	to **facilitate** life in their increasingly virtualized world 점점 더 가상화된 세계에서의 삶을 **촉진하다** (수능)
▢ 137 **extinction** [ikstíŋkʃən]	명 **소멸, 멸종** • **extinct** 멸종된, 사라진 (↔ extant 현존하는) • **extinctive** 소멸성의	in danger of **extinction** **멸종** 위기에 처한

012 아동문학의 특성

적용 독해 ❯ p. 258

▢ 138 **demanding** [dimǽndiŋ]	형 **힘든, 부담이 큰; 요구가 많은** • **demand** 요구(하다) ⊕ urge 촉구하다 reproach 비난, 책망(하다)	**damanding** aspects **힘든** 양상 (수능)
▢ 139 **childness** [tʃáildnis]	명 **아이다움** • **childlike** 아이 같은, 순진한 • **childish** 어린애 같은, 유치한	the '**childness**' of children's texts 아동용 텍스트의 '**아이다움**' (수능)
▢ 140 **dynamic** [dainǽmik]	명 **동력학, 역학** 형 **역동적인, 활발한** (↔ static 정적인) • **dynamical** 역학적인, 활발한	a **dynamic** personality **활발한** 성격 (수능)
▢ 141 **imaginative** [imǽdʒənətiv]	형 **상상력이 풍부한, 창의적인** • **imagine** 상상하다, 마음속으로 그리다 • **imaginary** 상상의, 가상의 • **imaginable** 상상할 수 있는	an **imaginative** solution **상상력이 풍부한** 해결책 (수능)
▢ 142 **unstable** [ʌnstéibl]	형 **불안정한, 변하기 쉬운**	the **unstable** qualities of childhood 어린 시절의 **불안정한** 특성 (수능)
▢ 143 **cite** [sait]	동 **언급하다, 인용하다, 표창하다** • **citation** 인용(구), 표창장 ⊕ quote 인용하다	to **cite** an apt instance 적절한 예를 **인용하다**
▢ 144 **affective** [əféktiv]	형 **정서적인** • **affect** 영향을 미치다; 병이 나게 하다; 꾸미다 • **affection** 애착, 애정 ⊕ effect 영향; 결과, 효과	the child's **affective** concerns 아이의 **정서상의** 관심 사항 (수능)
▢ 145 **linguistic play**	명 **말놀이** • **linguistic** 언어의 ⊕ language 언어	children's **linguistic play** 어린이들의 **말놀이**
▢ 146 **dramatic play**	명 **연극 놀이** • **dramatic** 연극의, 인상적인	to engage in **dramatic play** **연극 놀이**에 참여하다

☐ 147
read-aloud

명 **낭독, 음독**

read-aloud qualities of books
책의 **낭독** 특성 (수능)

☐ 148
noise
[nɔiz]

명 **소리, 소음, 잡음**
- **noisy** 시끄러운, 시끌벅적한
- ⊕ buzz (벌이) 윙윙거리다
  clamor 시끄러운 외침, 소란
  stillness 고요, 정적

animal **noises**
동물의 **소리** (수능)

☐ 149
nonsense
[nάnsens]

형 **무의미한 말, 터무니 없는 생각[말]**
- **nonsensical** 무의미한, 터무니 없는

nonsense rhymes
무의미한 노래 (수능)

☐ 150
rhyme
[raim]

명 **운문, 각운, (*pl.*) 시**

children's rhymes
(운을 맞춘) **동시**

☐ 151
forefront
[fɔ́ːrfrʌ̀nt]

명 **중심, 선두**
- ⊕ frontier 국경; 한계

at the **forefront** of imaginative experimentation
상상력이 풍부한 실험의 **중심**에 (수능)

Review

학습한 주요 단어를 깊이 있게 이해하기

extrinsic
- **coming from or existing outside someone or something rather than within them**
  어떤 사람이나 어떤 것의 안에서가 아니라 외부에서 오거나 외부에 존재하는
  ⇒ **외적인, 외부의**

commitment
- **a promise to do or give something**
  어떤 것을 하거나 주겠다는 **약속**
- **the attitude of someone who works very hard to do or support something**
  어떤 것을 하거나 지원하기 위해 매우 열심히 일하는 사람의 태도 ⇒ **전념, 헌신**
- **the use of money, time, people etc for a particular purpose**
  특정 목적을 위한 돈, 시간, 사람 등의 사용 ⇒ **투입**

frustration
- **a feeling of anger or annoyance caused by being unable to do something**
  어떤 일을 할 수 없는 데서 생기는 분노나 짜증 ⇒ **불만, 좌절감**

SET 04

환경 (1)

013 환경 저널리스트의 역할

적용 독해 ❯ p. 260

□ 152 **historian** [histɔ́:riən]	명 **역사가, 사학자** • **history** 역사, 역사학 • **historic** 역사적으로 중요한 • **historical** 역사상의, 역사의	art **historians** 미술 **사학자들**
□ 153 **glorify** [glɔ́:rəfài]	동 **미화하다;** (신을) **찬미하다** • **glorious** 영광스러운, 눈부시게 아름다운 • **glory** 영광, 영예; 찬란한 아름다움	movies **glorifying** violence 폭력을 **미화하는** 영화들 to **glorify** God 신을 **찬미하다**
□ 154 **environmental** [invàiərənméntəl]	형 **환경의, 환경과 관련된** • **environment** (자연이나 주변의) 환경 • **environmentalist** 환경 운동가	**environmental** issues **환경과 관련된** 쟁점들
□ 155 **journalist** [dʒə́:rnəlist]	명 **저널리스트,** (보도) **기자, 언론인**	radio and television **journalists** 라디오와 텔레비전 **기자들**
□ 156 **put across**	**~을 이해시키다, ~을 받아들이게 하다**	to *put across* the point of view of the environment *to* people 사람들에게 환경에 대한 관점을 **이해시키다** (수능)
□ 157 **rate** [reit]	명 **비율; 요금; 속도**	at an average **rate** of five kilometres an hour 시간당 5킬로미터의 평균 **속도**로
□ 158 **consumption** [kənsʌ́mpʃən]	명 **소비**(량) • **consume** 소비하다; 먹다, 마시다	the present rate of human **consumption** 현재 인간의 **소비**율 (수능)
□ 159 **unsustainable** [ʌnsəstéinəbl]	형 **지속할 수 없는** • **sustainable** 지속 가능한 • **sustain** 유지하다, 지속하다	**unsustainable** growth **지속할 수 없는** 성장

▢ 160 **coastal** [kóustəl]	형 **해안의**	**coastal** zones **해안** 지대 (수능)
▢ 161 **eco-sensitive** [iːkousénsitiv]	형 **환경[생태]에 민감한** ⊕ eco-friendly 환경 친화적인	**eco-sensitive** zones **환경 민감** 지역 (수능)
▢ 162 **disposable** [dispóuzəbəl]	형 **일회용의; 이용 가능한** • **dispose** 배치하다 • **disposal** 처리, 처분	a **disposable** toothbrush **일회용** 칫솔
▢ 163 **accelerate** [əksélərèit]	동 **가속화되다[하다], 속도를 높이다** • **acceleration** 가속, 가속도	the **accelerating** demands of human population **가속화되고 있는** 인구 수요 (수능)
▢ 164 **cut down on**	**~을 줄이다**	to *cut down* on consumption 소비를 **줄이다** (수능)
▢ 165 **alter** [ɔ́ːltər]	동 **변하다, 바꾸다** • **alteration** 번갈아 함, 교대	to **alter** lifestyles 생활방식을 **바꾸다** (수능)
▢ 166 **violation** [vàiəléiʃən]	명 (법의) **위반,** (권리의) **침해** • **violate** 위반하다, 침해하다	a **violation** of human rights **인권** 침해 (수능)

014 Minamata병

적용 독해 ▶ p. 260

▢ 167 **alert** [əlɔ́ːrt]	동 (위험을) **알리다, 경고하다** 형 **경계하는; 기민한** 명 **경계** (태세) • **alertness** 빈틈 없음, 조심성 있음	to **alert** the public to the dangers of HIV 대중에게 HIV의 위험성에 대해 **경고를 하다**
▢ 168 **potential** [pəténʃəl]	형 **잠재적인, 가능성이 있는** (possible) • **potentially** 잠재적으로	a **potential** risk **잠재적** 위험성
▢ 169 **organic** [ɔːrgǽnik]	형 **유기체의;** (식품이) **유기농의, 화학비료를 쓰지 않는**	**organic** vegetables **유기농** 야채

□ 170 **mercury** [mə́ːrkjəri]	명 수은	the potential problems of organic **mercury** 유기 **수은**의 잠재적 문제들 (수능)
□ 171 **discharge** [distʃáːrdʒ]	동 (액체를) **방출하다; 석방하다;** (군인을) **제대시키다;** (환자를) **퇴원시키다** 어원 dis(apart, not) + charge(load) > (무거운 짐을) 제거하다, 내보내다	to **discharge** mercury into the waters 바다에 수은을 **방출하다** (수능) to be **discharged** by the court 법원에 의해 **석방되다**
□ 172 **harbor** [háːrbər]	동 **~의 거처가 되다, ~의 온상이 되다;** (계획·생각 등을) **품다** 명 **항구, 항만**	to **harbor** dangerous germ 위험한 세균의 **온상이 되다** to **harbor** the wish to be an artist 예술가가 되려는 꿈을 **품다**
□ 173 **bioaccumulate** [bàiouəkjúːmjəlèit]	동 (유독 물질이) **생체 내에 축적되다**	to be **bioaccumulated** in the fish tissue. 물고기 몸 조직의 **생체 내에 축적되다** (수능)
□ 174 **tissue** [tíʃuː]	명 (세포의) **조직; 화장지, 티슈**	**tissue** from dead animals 죽은 동물에서 채취한 **조직**
□ 175 **poison** [pɔ́izən]	명 **독, 독약** 동 **~을 독살하다,** (독으로) **~을 중독시키다** • **poisonous** 유독한; (곤충이) 독을 가진 • **poisoning** (독극물에 의한) 중독, 음독	deadly **poison** 치명적인 **독** severe mercury **poisoning** 심각한 수은 **중독** (수능)
□ 176 **disable** [diséibl]	동 (신체에) **장애를 입히다,** **장애자로 만들다** • **disabled** 장애가 있는; (the ~) 장애인 • **disability** 장애 ⊕ handicapped 장애가 있는	to be **disabled** in a car accident 자동차 사고로 **장애인이 되다**
□ 177 **neurological** [njùərəlάdʒikəl]	형 **신경의, 신경**(병)**학의** • **neurology** 신경(병)학	**neurological** damage **신경** 손상
□ 178 **symptom** [símptəm]	명 (병의) **증상;** (불길한) **징후, 조짐** (indication)	the disabling neurological **symptoms** 장애를 초래하는 신경학적 **증상** (수능)

179 **subsequently** [sʌ́bsikwəntli]	부 **그 다음에, 이후에, 나중에** • **subsequent** 그 다음의, 이후의	to be **subsequently** called Minamata disease **이후에** Minamata병으로 불리다 (수능)
180 **trace** [treis]	명 **극소량, 조금; 자취, 흔적** 동 **추적하다,** (추적하여) **찾아내다**	**traces** of poison **아주 적은 양**의 독 to fail to **trace** the missing woman 실종된 여인을 **찾아내지** 못하다
181 **contamination** [kəntæ̀mənéiʃən]	명 **오염** • **contaminate** ~을 오염시키다 ⊕ contagious 전염되는 plague 전염병	radioactive **contamination** 방사능 **오염**
182 **airborne** [ɛ́ərbɔ̀ːrn]	형 **공기로 감염되는[운반되는]; 하늘에 떠 있는**	**airborne** viruses **공기로 감염되는** 바이러스
183 **municipal** [mjuːnísəpəl]	형 **지방자치**(체)**의, 시[읍]의**	**municipal** elections **지방자치** 선거
184 **emission** [imíʃən]	명 (가스의) **배출; 배출물, 배기가스** • **emit** (빛 · 열을) 내다, 방출하다 • **emitte** 방사체 어원 e(out) + mit(send) → 밖으로 내보내다	strictly controlled **emission** standards 엄격하게 통제된 **배출** 기준 (수능)
185 **advisory** [ædváizəri]	형 **자문의, 고문의** 명 **경고, 주의보** • **adviser** 조언자 ⊕ counsel 조언; 상담을 하다	to issue an **advisory** **주의보**를 발표하다 (수능)

015 탄소세의 도입

적용 독해 ▶ p. 262

186 **carbon** [kɑ́ːrbən]	명 **탄소;** (복사용) **먹지, 카본지**	**carbon** emissions **탄소** 배출
187 **tax** [tæks]	명 **세금**	to introduce a carbon **tax** 탄소**세**를 도입하다 (수능)

▢ 188 **innovation** [ìnəvéiʃən]	명 **혁신, 쇄신** • **innovate** 혁신하다, 쇄신하다 • **innovatory** 혁신적인(innovative); 창의적인	to encourage environmental **innovation** 환경적인 **혁신**을 장려하다 (수능)
▢ 189 **circumstance** [sə́ːrkəmstæ̀ns]	명 (주위의) **상황**(situation), **사정, 환경**	unexpected **circumstances** 예상치 못한 **상황**
▢ 190 **apply** [əplái]	동 **적용하다; 지원하다;** (페인트 등을) **바르다** • **application** 지원; 적용; 응용 프로그램 • **applicant** 지원자	to **apply** a rule 규칙을 **적용하다**
▢ 191 **approach** [əpróutʃ]	명 (문제를 다루는) **접근법; 접근, 접촉** 동 **~에 다가가다**	an innovative **approach** 혁신적인 **접근법**
▢ 192 **global** [glóubəl]	형 **세계적인, 지구 전체의** • **globally** 전 세계적으로	a **global** economic crisis **세계** 경제 위기
▢ 193 **notorious** [noutɔ́ːriəs]	형 **악명 높은** • **notoriously** 악명 높게	a **notorious** criminal **악명 높은** 범죄자
▢ 194 **regularize** [régjulərὰiz]	동 **합법화[규칙화]하다; 공식화하다** • **regularly** 규칙적으로; 자주 ⊕ regulation 규정, 규제	to **regularize** the difference 차이점을 **공식화하다** (수능)
▢ 195 **myriad** [míriəd]	형 **무수한, 무수히 많은**(countless)	the country's **myriad** problems 그 나라의 **무수히 많은** 문제점들
▢ 196 **harmonize** [hɑ́ːrmənὰiz]	동 (법규를) **맞추다, 비슷하게 만들다; 조화를 이루다** • **harmony** 조화, 화합 • **harmonious** 조화로운	the proposal to **harmonize** world tax systems 전 세계의 세금 체계를 **맞추려는** 제안
▢ 197 **vast** [væst]	형 **거대한, 방대한** • **vastly** 매우, 굉장히	a **vast** amount of information **방대한** 양의 정보

환경 (2)

016 브라질 제안

적용 독해 p. 262

▢ 198 **negotiation** [nigòuʃiéiʃən]	명 **협상, 절충** • **negotiate** 협상하다; 타결하다 + bargain 협상, 흥정; 싸게 사는 물건; 협상하다	to resume **negotiations** **협상**을 재개하다
▢ 199 **proposal** [prəpóuzəl]	명 (공식적인) **제안, 제의; 청혼** • **propose** 제안하다; 청혼하다	to submit a **proposal** **제안**을 내다
▢ 200 **burden** [bə́ːrdən]	명 (책임의) **짐, 부담;** (운반하기 힘든) **짐**(load)	to share the **burden** **부담**을 나누다 (수능)
▢ 201 **cut** [kʌt]	명 **삭감, 감축**(reduction)**; 벤 상처** 동 **자르다;** (수량을) **줄이다;** (가격을) **내리다**	emissions **cuts** 배기 가스 **감축** (수능)
▢ 202 **calculate** [kǽlkjulèit]	동 **계산하다, 산출하다**(work out)**; 추정하다**(estimate) • **calculation** 계산, 산출 • **calculator** 계산기	to **calculate** the total cost 전체 비용을 **계산하다**
▢ 203 **concentrate** [kánsəntrèit]	동 **농축하다;** (주의를) **집중하다, 모으다** 명 **농축물** • **concentration** 집중; (용액의) 농도	to **concentrate** uranium 우라늄을 **농축하다**
▢ 204 **greenhouse** [gríːnhàus]	명 **온실** + warehouse 창고 cottage (시골의) 작은 집 orchard 과수원	**greenhouse** gas **온실** 가스 (수능)
▢ 205 **atmosphere** [ǽtməsfìər]	명 (지구의) **대기; 분위기, 느낌**	pollution of the **atmosphere** **대기** 오염

0206 **figure** [fígjər]	명 (공식적인) **수치; 숫자; 몸매;** (중요한) **인물**	the latest unemployment **figures** 최근의 실업률 **수치**
0207 **allocate** [ǽləkèit]	동 **할당하다, 배정하다** • **allocation** 할당(량), 배정 allot (시간·돈 등을) 할당[배당]하다	to **allocate** jobs to people 사람들에게 일을 **할당하다**
0208 **current** [kə́:rənt]	형 **현재의; 통용되는** 명 (물·공기의) **흐름, 해류, 기류** • **currently** 현재, 지금	the **current** trend **현재의** 경향[추세]
0209 **imply** [implái]	동 **암시하다, 시사하다**(suggest) • **implication** 내포된 뜻, 암시; 영향	seem to **imply** agreement 동의를 **암시하는** 것 같다

017 기술과 환경 문제

적용 독해 p. 264

0210 **attitude** [ǽtitjù:d]	명 **태도, 사고방식**	to have a positive **attitude** toward something ~에 대해 긍정적인 **태도**를 갖다
0211 **block** [blɑk]	동 (진행을) **막다;** (도로를) **막다, 차단하다** roadblock 장애(물)	to **block** economic growth 경제 성장을 **막다** (수능)
0212 **thoroughly** [θə́:rouli]	부 **철저하게; 완전히, 전적으로**	to go through the report **thoroughly** 보고서를 **철저하게** 검토하다
0213 **misguide** [misgáid]	동 **잘못된 방향으로 이끌다, 오도하다**(mislead)	to **misguide** the public 대중을 **잘못 이끌다**
0214 **pollute** [pəljú:t]	동 **오염시키다** • **pollution** 오염, 공해 • **pollutant** 오염 물질, 오염원	to **pollute** the air 공기를 **오염시키다** (수능)
0215 **obvious** [ɑ́bviəs]	형 **명백한, 분명한**(clear) • **obviously** 명백하게, 분명히	an **obvious** mistake **명백한** 실수

□216 **generally** [dʒénərəli]	부 **일반적으로; 대개, 보통**(as a rule)	to be **generally** viewed as hard workers **일반적으로** 열심히 일하는 사람들로 여겨지다
□217 **now that**	**~이니까, ~이므로**	*Now that* the job is finished, we can relax. 일이 끝났**으니까** 우리는 휴식을 취할 수 있다.
□218 **scarcely** [skέərsli]	부 **거의 ~하지 않는**(hardly)	We **scarcely** ever meet. 우리는 **거의** 만나지 **않는다**.
□219 **option** [ápʃən]	명 **선택**(의 여지), **선택 사항**	to have two **options** 두 가지 **선택의 여지**가 있다
□220 **investment** [invéstmənt]	명 **투자, 투자금** • **invest** 투자하다 • **investor** 투자자, 출자자	to require much **investment** 많은 **투자**를 필요로 하다
□221 **instantaneous** [ìnstəntéiniəs]	형 **즉시의, 즉각적인**(instant) • **instantaneously** 즉각적으로	an **instantaneous** response **즉각적인** 반응

018 방사능 폐기물 처리

적용 독해 ➤ p. 264

□222 **radioactive** [rèidiouǽktiv]	형 **방사능의** • **radioactivity** 방사능 ⊕ radiate 내뿜다, 방출하다	**radioactive** waste **방사능** 폐기물 (수능)
□223 **disposal** [dispóuzəl]	명 **처리, 처분; 배치** • **dispose** 배치하다 • **disposable** 일회용의 ⊕ disposition 기질, 성향; arrangement 배치 landfill 쓰레기 매립	waste **disposal** 폐기물 **처리** (수능)
□224 **battleground** [bǽtlgràund]	명 **전쟁터**(battlefield); **큰 논쟁거리**	the key environmental **battlegrounds** 핵심적인 환경 문제의 **전쟁터**(논쟁거리) (수능)

☐225 **nuclear** [njú:kliər]	형 **원자력의, 핵의** • **nucleus** (원자)핵; 중심 • **nuclearize** 핵무기로 무장하다	the future of **nuclear** power **원자력의** 미래 (수능)
☐226 **environmentalist** [inváiərənməntəlist]	명 **환경운동가** • **environment** 환경 • **environmental** 환경의	to be known as an **environmentalist** **환경운동가**로 알려지다 (수능)
☐227 **consideration** [kənsìdəréiʃən]	명 **고려, 사려; 배려** • **considerate** 사려깊은, 배려하는 • **consider** 고려하다; ~로 여기다 ⊕ contemplate 고려하다; 심사숙고하다 deem ~라고 여기다[생각하다] ponder 곰곰이 생각하다 hearty (마음이) 따뜻한, 다정한	to take into **consideration** **고려**하다 (수능)
☐228 **mutual** [mjú:tʃuəl]	형 **서로의, 상호간의** • **mutually** 서로, 상호간에 • **mutuality** 상호관계, 상관	**mutual** respect **상호** 존중
☐229 **storage** [stɔ́:ridʒ]	명 **저장, 보관** • **store** 가게, 점포; 저장하다	a **storage** pond **저장**조 (수능)
☐230 **overflow** [óuvərflòu]	명 **넘침, 범람** (↔ inflow 유입, 유입량) 동 **넘쳐 흐르다, 넘쳐나다**	an **overflow** of water 물의 **범람**
☐231 **avenue** [ǽvənjù:]	명 **대로, 거리;** (나아갈) **길, 방안**	one **avenue** that has been explored 탐색되어 온 한 가지 **방안** (수능)
☐232 **reprocessing** [riprɑ́sesiŋ]	명 **재처리** ⊕ process 과정; 가공(처리)하다 procession 행렬, 진행	the **reprocessing** of spent fuel 사용된 연료의 **재처리**
☐233 **remainder** [riméindər]	명 **나머지**(the rest), **재고품** 동 **할인가로 팔다**	the **remainder** of the recovered material 복구된 물질의 **나머지** (수능)
☐234 **inactive** [inǽktiv]	형 **비활성의, 소극적인** (↔ active) • **inaction** 활동 부족, 무대책	the economically **inactive** population 경제 **비활동** 인구

019 숲에 대한 인식의 차이

적용 독해 ▶ p. 266

□ 235
protest
[próutest]

명 **항의, 시위**
동 **항의하다, 이의를 제기하다**

- **protestation** 항의, 이의 제기
- ⊕ protestant (개)신교도

to stimulate **protest** groups
항의 집단들을 자극하다 (수능)

□ 236
convertible
[kənvə́ːrtəbəl]

형 (다른 형태로) **전환 가능한, 바꿀 수 있는**
명 **컨버터블**(승용차)

- **convert** 전환시키다, 개조하다
- **conversion** 전환, 개조

to view forests as a **convertible** resource
숲을 **바꿀 수 있는** 자원으로 보다 (수능)

□ 237
cultivable
[kʌ́ltəvəbl]

형 **경작할 수 있는**

- **cultivate** 경작하다, 재배하다
- **cultivated** 세련된, 교양 있는; 재배되는

demands for **cultivable** land
경작할 수 있는 땅에 대한 수요 (수능)

□ 238
terrace
[térəs]

명 **테라스;** (산비탈의) **계단식 경작지**

the conversion of forest into cultivated **terraces**
숲을 **계단식 경작지**로 바꾸는 것 (수능)

□ 239
extract
[ikstrǽkt]

명 **발췌; 추출물**
동 **끌어내다, 추출하다; 발췌하다**

- **extraction** 추출

to **extract** much higher productivity
훨씬 더 높은 생산성을 **끌어내다** (수능)

□ 240
make up for

보상하다, 벌충[만회]하다 (compensate)

- ⊕ supplement 보충(하다)

to *make up for* the clearance
산림벌채를 **벌충하다** (수능)

□ 241
clearance
[klíərəns]

명 (불필요한 것) **없애기; 간격; 승인**

- **clear** 치우다, 내보내다; 분명한
- ⊕ clarify 명확하게 하다

forest **clearance**
삼림 **벌채**

□ 242
contrast
[kántræst]

명 **차이, 대조**
동 **대조하다, 대비시키다**

- **contrasive** 대조하는, 대비적인
- *contrast with* ~와 대조를 이루다, 대비하다

This *contrasts with* the national view.
이것은 국가적 관점**과 대조된다**. (수능)

□ 243
irrespective of

~와 관계 없이

- **irrespective** 무시하고, 개의치 않고
- ⊕ respective 각자의, 각각의

irrespective of the local people's needs
지역민의 필요**와 관계없이** (수능)

SET 06

심리 (1)

020 유머와 유대감

적용 독해 ▶ p. 266

0244 **initial** [iníʃəl]	형 **처음의(first), 초기의** 명 (성명의) **첫 글자** • **initially** 처음에, 초기에 ⊕ inaugural 취임(식)의; 최초의	in the **initial** stages of the campaign 캠페인의 **초기** 단계에
0245 **conflict** [kɑ́nflìkt]	명 **갈등, 대립;** (물리적) **충돌, 분쟁** 동 **상충하다, 모순되다** • **conflicting** 서로 싸우는, 모순되는 ⊕ collision 충돌, 부딪침	may initially spark anger or **conflict** 처음에는 분노나 **갈등**을 불러일으킬 수도 있다 (수능)
0246 **reframe** [rifréim]	동 **재구성하다,** (~의 틀을) **다시 만들다**	to **reframe** an event 사건을 **재구성하다** (수능)
0247 **divisive** [diváisiv]	형 **불화를 일으키는, 의견을 갈리게 하는** • **divide** 나누다, 나뉘다(split up) ⊕ subdivide 더 작게 나누다, 세분하다	a **divisive** policy **불화를 일으키는** 정책
0248 **recount** [rikáunt]	동 **자세히 말하다**	to **recount** what happened 무슨 일이 일어났는지 **자세히 말하다**
0249 **reinforce** [rì:infɔ́:rs]	동 **강화하다;** (구조를) **보강하다; 증강하다** • **reinforcement** 증강 병력; 강화	to **reinforce** foreign language education 외국어 교육을 **강화하다**
0250 **dumpster** [dʌ́mpstər]	명 **쓰레기 수납기** (금속제의 대형 쓰레기 수집 용기)	**dumpster** fire **쓰레기 수납기** 화재 (수능)
0251 **motivate** [móutəvèit]	동 **동기를 부여하다;** (행동의) **이유가 되다**	how to **motivate** people 사람들에게 **동기 부여를 하는** 법

▢252 **preserve** [prizə́ːrv]	동 **지키다, 보호하다; 보존하다** • **preservation** 보호; 보존; 저장 • **preservative** 방부제, 보존제 어원 pre(before) + serve(keep) > 미리 지키다	to **preserve** safety 안전을 **지키다** (수능)
▢253 **indicate** [índikèit]	동 **나타내다, 보여주다; 가리키다** • **indication** 징후, 표시, 조짐 • **indicative** ~을 나타내는, ~을 시사하는 • **indicator** 지표, 척도; 계기(판의 바늘)	to **indicate** a sense of belonging 소속감을 **나타내다**
▢254 **enact** [inǽkt]	동 (법을) **제정하다, 만들다;** (연극을) **공연하다** • **enactment** 제정, 입법 어원 en(make) + act(법률) > 법률로 만들다	to **enact** bonds among organization members 조직 구성원들 사이에 유대감을 **만들다** (수능)
▢255 **bond** [bɑnd]	명 **유대** (관계), **결속**	the **bond** between mother and child 엄마와 아이 간의 **유대**
▢256 **badge** [bædʒ]	명 (신분을 나타내는) **배지; 신분증**	a police **badge** 경찰 **배지**
▢257 **organization** [ɔ̀ːrgənizéiʃən]	명 **조직; 구조** • **organize** 준비하다, 조직하다 ⊕ organization-wide 조직 전체의	an informal badge of membership in the **organization** **조직**의 구성원임을 나타내는 비공식적 신분증 (수능)

021 언어 관행

적용 독해 ▶ p. 268

▢258 **infer** [infə́ːr]	동 **~을 추론하다**(deduce)**; 뜻하다, 암시하다** • **inference** 추론한 것; 추론, 추리	to **infer** from the context 문맥에서 **추론하다** (수능)
▢259 **intonation** [ìntənéiʃən]	명 **억양, 어조**	to study **intonation** patterns **억양** 유형을 연구하다

SET 06

260
context
[kántekst]

명 **맥락, 전후 사정**

to understand the historical **context**
역사적 **맥락**을 이해하다

261
disapprove
[dìsəprúːv]

동 **탐탁찮아 하다, 못마땅해 하다** (↔ approve)

to **disapprove** of her behaviour
그녀의 행동을 **못마땅해 하다**

262
linguistic
[liŋgwístik]

형 **언어(학)의, 언어적인**

- **linguistics** 언어학
- **linguist** 외국어 능통자; 언어학자
- **lingual** 혀의; 말[언어]의

rhetorical 수사법의, 과장이 심한

linguistic and cultural barriers
언어적이면서 문화적인 장벽

263
convention
[kənvénʃən]

명 **관습, 관례; 협의회; 조약, 협약**

- **conventional** 관습적인

convene (회의를) 소집하다
summon 소환하다; 소집하다
treaty 조약

typical linguistic **conventions**
전형적인 언어적 **관습** (수능)

264
assume
[əsjúːm]

동 **추정하다;** (책임을) **떠맡다;** (특징을) **띠다**

- **assumption** 추정

to **assume** that we could fire her
우리가 그녀를 해고할 수 있다고 **추정하다**

265
sincere
[sinsíər]

형 **진실된, 진정한**

- **sincerely** 진심으로
- **sincerity** 진심, 진실성

earnest 성실한, 진심 어린
genuine 진짜의, 진실한

a warm-hearted, **sincere** man
마음이 따뜻하고 **진실된** 사람

266
detailed
[ditéild]

형 **상세한, 자세한**

- **detail** 세부 사항

more **detailed** information
더 **상세한** 정보

267
character
[kǽriktər]

명 **성격; 특질; 등장인물; 문자, 기호**

- **characteristic** 특유의; 특징
- **characterize** ~의 특징이 되다

character defects
성격 결함

268
trait
[treit]

명 **특징, 특성**

her typical character **traits**
그녀의 전형적인 성격적 **특성** (수능)

0269 **pinpoint** [pínpɔ̀int]	동 (원인을) **정확하게 지적하다[밝혀내다]**	to **pinpoint** the source of the problem 문제의 근원을 **정확하게 지적하다**
0270 **wickedness** [wíkidnis]	명 **사악함, 악랄함; 짓궂음** • **wicked** 사악한; 짓궂은 ⊕ devil 악마	They would be punished for their **wickedness**. 그들은 자신들의 **사악함**에 대해 벌을 받을 것이다.

022 현상에 대한 파악

적용 독해 ❯ p. 268

0271 **severe** [sivíər]	형 **극심한; 엄격한**(stern)**; 아주 힘든;** (날씨가) **지독한**	a **severe** disease **심각한** 질병
0272 **phobia** [fóubiə]	명 **공포증,** (병적인) **공포**	to have a **phobia** about flying 비행 **공포증**이 있다
0273 **reason** [ríːzən]	동 **추리하다, 추론하다** 명 **이유; 근거; 이성, 사고력** • **reasonable** 타당한 • **reasoning** 추리, 추론	to **reason** from facts 사실로부터 **추론하다**
0274 **conclude** [kənklúːd]	동 **결론을 내리다; 끝내다** • **conclusion** 결론, (최종적인) 판단	to **conclude** that the man is guilty 그 남자가 유죄라고 **결론을 내리다**
0275 **alternative** [ɔːltə́ːrnətiv]	형 **대체 가능한, 대안이 되는** 명 **대안** • **alternately** 그 대신에, 그렇지 않으면 • **alternate** 번갈아 있는, 교대로 하는; ~을 번갈아 하다	an **alternative** method of working **대안이 되는** 작업 방법
0276 **phenomenon** [finɑ́mənɑ̀n]	명 **현상; 경이로운 사람[것]** • **phenomenal** 경이적인, 놀랄 만한 • **phenomena** (*pl.*) 현상들	to explain an incredible **phenomenon** 놀라운 **현상**을 설명하다
0277 **unsatisfactory** [ʌ̀nsætisfǽktəri]	형 **적절하지 않은; 만족스럽지 못한**	an **unsatisfactory** explanation **적절하지 못한** 설명

0278
reflect
[riflékt]

동 **곰곰히 생각하다;**
(거울이) **~을 비추다;**
(감정을) **반영하다**

- **reflection** (거울에 비친) 상[모습]; 반영; 심사숙고

speculate 추측하다, 짐작하다

I need time to **reflect**.
심사숙고할 시간이 필요하다.

0279
overlook
[òuvərlúk]

동 **간과하다, 못 보고 넘어가다;**
(실수를) **못 본 체하다;**
(건물 등이) **바라보다**

neglect 방치하다, 등한시하다
disregard 무시하다; 무시

to **overlook** one important fact
한 가지 중요한 사실을 **간과하다**

0280
mislead
[mislíːd]

동 **~을 속이다**(deceive), **~을 오도하다**

to **mislead** the public
대중을 **속이다**

0281
attentive
[əténtiv]

형 **주의를 기울이는; 배려 깊은, 친절한**

- **attention** 주의 (집중), 주목; 관심
- **attendance** 출석
- **attendant** 안내원; 수반되는, 뒤따르는

an **attentive** audience
주의를 기울이는 청중

0282
exhaust
[igzɔ́ːst]

동 **고갈시키다, 다 써버리다**(use up); **기진맥진하게 만들다**
명 **배기가스; 배기 장치**

- **exhausted** 녹초가 된; 다 써버린
- **exhaustion** 탈진; 고갈

weary (몹시) 지친, 피곤한

to **exhaust** the stock
재고를 **다 써버리다**

0283
sensible
[sénsəbl]

형 **분별[양식] 있는, 합리적인**

- **sensibility** 감성, 감수성

sensitive 세심한, 예민한
prudent 신중한

to exhaust the **sensible** alternatives
합리적인 대안을 고갈시키다 (수능)

023 아이들의 시간 개념

적용 독해 ▶ p. 270

284 **analyze** [ǽnəlàiz]	동 **분석하다, 분석적으로 검토하다** • **analysis** 분석 • **analyst** 분석가 • **analytical** 분석적인 ⊕ diagnose (질병·문제의 원인을) 진단하다	to **analyze** data 데이터를 **분석하다**
285 **conception** [kənsépʃən]	명 **개념; 수정, 임신** • **conceive** 상상하다; (아이를) 가지다 • **conceivable** 상상할 수 있는 ⊕ preconception 예상; 선입견 misconception 오해	changing **conceptions** of the world 변화하고 있는 세계에 대한 **개념**
286 **via** [váiə]	전 **~을 통해서; ~을 경유하여** (through a place)	to be sent **via** the Internet 인터넷을 **통해** 보내지다
287 **estimate** [éstimèit]	동 **추산[추정]하다** 명 **추정(치), 추산; 견적서** • **estimation** 판단, 평가; 추정, 추산	to **estimate** the time taken 소요된 시간을 **추정하다** (수능)
288 **parallel** [pǽrəlèl]	형 **평행한, 나란한; 아주 유사한** 명 **유사한 것, 대응[필적]하는 것**	**parallel** lines **평행**선들
289 **justify** [dʒʌ́stifài]	동 **정당화하다, 변명하다; 옳음을 보여주다** • **justification** 타당한 이유	to **justify** their judgment 그들의 판단을 **정당화하다** (수능)
290 **preschooler** [prískù:lər]	명 **취학 전 아동, 미취학 아동** ⊕ pupil (어린) 학생; 제자 apprenticeship 견습 기간, 수습직	**preschoolers** and young school-age children **미취학 아동**과 어린 학년기 아동 (수능)
291 **temporal** [témpərəl]	형 **시간의, 시간의 제약을 받는; 현세의, 속세의** • **temporary** 일시적인, 임시의 (↔ permanent) • **temporarily** 일시적으로, 임시로 ⊕ casual 임시의, 비정기적인; 태평스러운	**temporal** dimensions 시간 차원 (수능)

SET 06

▢ 292 **spatial** [spéiʃəl]	형 **공간의, 공간적인**	**spatial** dimentions **공간** 차원 (수능)
▢ 293 **dimension** [diménʃən]	명 **차원; 크기, 치수; 국면**	the fourth **dimension** 제4**차원**
▢ 294 **duration** [djuréiʃən]	명 **지속 시간[기간]** • **durable** 오래 지속되는; 내구성이 좋은 • **durability** 지속성; 내구성	a contract of three years' **duration** **지속 기간** 3년의 계약
▢ 295 **necessitate** [nisésətèit]	동 **~을 필요하게 만들다**(to make something necessary) • **necessary** 필요한, 없어서는 안 되는; 필연적인 • **necessity** 필요(성)(need); 필수품	to **necessitate** further cuts in public services 공공 서비스에서의 추가 삭감을 **필요하게 만들다**
▢ 296 **hence** [hens]	부 **따라서, 그러므로**	Crime is on the increase; **hence** the need for more police. 범죄가 증가하고 있다. **따라서** 경찰이 더 필요하다.

Review

학습한 주요 단어를 깊이 있게 이해하기

disposable

- **intended to be used once or for a short time and then thrown away**
  한 번 또는 짧은 시간 동안 사용한 후 폐기하도록 의도된
- **available to be used**
  이용 가능한, 가처분의

clearance

- **the act or process of removing things from an area**
  어떤 지역에서 어떤 것을 없애는 일·과정 ⇒ **없애기**
- **the amount of space between two things**
  두 물체 사이의 공간의 크기 ⇒ **간격**
- **official permission that allows someone to do something**
  어떤 일을 할 수 있게 허락하는 공식적인 허가 ⇒ **승인**

SET 07

심리 (2)

024 모순되는 상식

적용 독해 ▶ p. 270

▢ 297 **commonsense** [kɑ́mənséns]	형 **상식적인, 상식을 가진**	**commonsense** knowledge **상식적인** 지식 (수능)
▢ 298 **contradict** [kɑ̀ntrədíkt]	동 **모순되다; 부인[부정]하다, 반박하다** • **contradiction** 모순; 반박, 반대되는 말 • **contradictory** 모순되는 어원 contra(against) + dict(say) > 대항하여 말하다	The witness statements **contradict** each other. 증인의 진술들이 서로 **모순된다**.
▢ 299 **feather** [féðər]	명 (새의) **털, 깃털** ⊕ fluffy 솜털의, 솜털로 뒤덮인	a peacock **feather** 공작의 **깃털**
▢ 300 **flock** [flɑk]	동 (많은 수가) **모이다; 떼 지어 가다[오다]** 명 **떼, 무리**	Birds of a feather **flock** together. 날개가 같은 새들이 함께 **모인다**(유유상종).
▢ 301 **inevitable** [inévitəbəl]	형 **불가피한**(unavoidable), **필연적인** • **inevitably** 불가피하게, 필연적으로	an **inevitable** result **불가피한** 결과
▢ 302 **spoil** [spɔil]	동 **망치다, 못쓰게 만들다**(ruin) ⊕ spoiled[spoilt] (응석받이로 자라) 버릇없는, 제멋대로 하는 rotten 썩은; 형편없는	to **spoil** one's day ~의 하루를 **망치다**
▢ 303 **broth** [brɔθ]	명 **수프, 죽**	to spoil the **broth** **수프**를 망치다 (수능)
▢ 304 **statement** [stéitmənt]	명 **진술, 진술서** • **state** 진술하다, 말하다; 상태; 주(州); 국가	contradictory **statements** 모순된 **진술들** (수능)

☐ 305
venture
[véntʃər]

[동] **모험하다, 위험을 무릅쓰고 ~하다**
[명] **모험; 벤처 사업**
beware 조심하다

Nothing **ventured**, nothing gained.
모험하지 않으면, 아무것도 얻을 수 없다.

025 섬광 기억

적용 독해 ▶ p. 272

☐ 306
investigate
[invéstəgèit]

[동] **조사하다, 알아보다**
- **investigation** 조사
- **investigator** 조사관
- **investigative** 조사에 관한

probe 캐묻다, 조사하다

to **investigate** the memory of the unexpected death
예기치 못한 죽음에 대한 기억을 **조사하다** (수능)

☐ 307
reveal
[rivíːl]

[동] **드러내다, 밝히다**
- **revelation** 계시, 폭로
- **revealing** (사실을) 드러내는

to decide to **reveal** the whole story
사건의 전말을 **밝히기로** 작정하다

☐ 308
gradual
[grǽdʒuəl]

[형] **점진적인**
- **gradually** 점진적으로

gradual increase
점진적인 증가

☐ 309
construct
[kənstrʌ́kt]

[동] **건설하다, 구성하다**
- **construction** 건설, 설립
- **constructive** 건설적인

to **construct** a theory
이론을 **구성하다**

☐ 310
narrative
[nǽrətiv]

[명] **묘사, 이야기, 서술**
- **narrate** 이야기하다, 설명하다
- **narrator** 해설자
- **narration** 해설, 설명

a personal **narrative**
일신상의 **이야기**

☐ 311
collective
[kəléktiv]

[형] **집단의, 공동의**
- **collect** 모으다, 수집하다
- **collection** 수집품, 소장품
- **collectively** 집합적으로, 총괄하여

to construct a **collective** memory
집단 기억을 구축[구성]하다 (수능)

☐ 312
flashbulb
[flǽʃbʌ̀lb]

[명] (카메라의) **플래시 전구**

flashbulb memory
섬광 기억 (극적인 사건에 대해 갖게 되는 분명한 기억) (수능)

☐ 313
counteract
[kàuntərǽkt]

[동] (무엇의 악영향에) **대응하다, ~을 중화하다**
- **counteraction** 반작용, 방해

to **counteract** the effects of stress and tension
스트레스와 긴장의 영향을 **중화시키다**

0314 **tendency** [téndənsi]	명 **성향, 기질; 경향** • **tend** (~하는) 경향이 있다	some natural **tendency** people may have 사람들이 갖고 있을 수 있는 어떤 자연적인 **성향** (수능)
0315 **undesirable** [ʌndizáiərəbl]	형 **바람직하지 않은, 달갑지 않은** • **desirable** 바람직한 • **desire** 욕구, 갈망 • **desired** 바랐던; 훌륭한	**undesirable** outcome **달갑지 않은** 결과
0316 **repetitive** [ripétətiv]	형 **반복적인, 되풀이하는** • **repeat** 반복하다; 반복 • **repetition** 반복	The **repetitive** social sharing of the bad news 나쁜 소식의 **반복되는** 사회적 공유 (수능)

SET 07

026 기부 행위

적용 독해 ▶ p. 272

0317 **psychologist** [saikálədʒist]	명 **심리학자** • **psychology** 심리학, 심리 • **psychological** 정신의, 심리학적인	a clinical **psychologist** 임상**심리학자**
0318 **substantial** [səbstǽnʃəl]	형 **실질적인, 상당한** • **substance** 물질, 본질 • **substantially** 실질적으로, 상당히	**substential** amount of money **상당한** 양의 돈
0319 **charity** [tʃǽrəti]	명 **자선 단체, 자선** • **charitable** 관대한, 자비로운	to raise money for **charity** **자선** 기금을 모금하다
0320 **donate** [dóuneit]	동 **기부하다** • **donation** 기부 • **donor** 기부자	to **donate** money for a charity 자선 단체에 돈을 **기부하다**
0321 **evidence** [évidəns]	명 **증거, 단서** • **evident** 명확한, 확실한 • **evidential** 증거가 되는	to seek **evidence** **증거**를 찾다 (수능)
0322 **impact** [ímpækt]	명 **영향, 효과; 충돌** 동 **영향을 주다, 부딪히다** ⊕ collision 충돌	to have a positive **impact** 긍정적인 **영향**을 끼치다 (수능)
0323 **glow** [glou]	명 (은은한) **불빛; 홍조** 동 **빛나다; 발개지다**	the red **glow** of a neon sign 네온사인의 붉은 **빛**

▢ 324 **regardless of**	~에 상관없이, 개의치 않고	*regardless of* the impact of their donation 그들의 기부가 끼치는 영향과 **상관 없이** (수능)
▢ 325 **process** [prάses]	명 **과정, 절차, 공정** 동 **가공하다, 처리하다** ➕ procession 행렬, 진행	the cost of **processing** the donation 기부금을 **처리하는** 비용 (수능)
▢ 326 **exceed** [iksíːd]	동 **초과하다, 능가하다** • **excess** 초과 • **excessive** 과도한, 지나친 • **exceedingly** 극도로, 대단히	to **exceed** our estimate 우리의 추정치를 **초과하다**
▢ 327 **benefit** [bénəfit]	명 **혜택, 이득** 동 **유익하다** • **beneficial** 이로운, 유익한 • **beneficiary** 수혜자, 수령인 • **beneficent** 도움을 주는	many financial **benefits** 많은 경제적 **이득**

027 부정적 감정

적용 독해 ▶ p. 274

▢ 328 **grief** [griːf]	명 **큰 슬픔, 비탄** • **grieve** 슬퍼하다, 애도하다 • **grievous** 비통한, 통탄할 ➕ mourn 애도하다, 슬퍼하다	**grief** at her death 그녀의 죽음에 대한 **슬픔**
▢ 329 **be better off**	더 부자이다, 형편이 더 낫다	to *be better off* under new labor law 새 노동법 하에서 **더 잘 살게 되다**
▢ 330 **regret** [rigrét]	동 **후회하다** 명 **후회, 유감** • **regretful** 후회하는, 유감스러운	to look back with **regret** **후회**스럽게 뒤돌아보다
▢ 331 **helpless** [hélplis]	형 **무(기)력한, 속수무책인**	**helpless** victims of war 전쟁의 **무기력한** 희생자들
▢ 332 **utility** [juːtíləti]	명 **공익 사업; 유용성**(usefulness); (컴퓨터의) **유틸리티** • **utilize** 활용하다, 사용하다 • **utilization** 활용, 사용	the **utility** of a cell phone 휴대 전화의 **유용성**

□333
sentiment
[séntəmənt]

명 **정서, 감정,** (지나친) **감상**
- **sentimental** 정서적인, 감상적인
- **sentimentally** 감상적으로

public **sentiment**
대중들의 **정서**, 민심

□334
guilt
[gilt]

명 **죄책감; 유죄**
- **guilty** 죄책감이 드는, 유죄의 (↔ innocent)

to have feeling of **guilt**
죄책감을 느끼다

□335
resentment
[rizéntmənt]

명 **분노, 적의**
- **resent** 분노하다, 원망하다
- **resentful** 분노에 찬, 분개하는

a bitter **resentment**
심한 **분개**

□336
guarantee
[gærəntíː]

명 **보장, 보증**
동 **보장하다, 보증하다**
- **guaranteed** 확실한, 보장된
- assure 장담하다, 보장하다

a two-year **guarantee** on all electric goods
모든 전자제품에 대한 2년간의 **보증**

SET 07

□337
authenticity
[ɔ̀ːθentísəti]

명 **진짜임, 진실성** (being genuine or true)
- **authentic** 진품인, 진짜인
- **authenticate** 진짜임을 증명하다

to provide a kind of guarantee of **authenticity**
일종의 **진실성**에 대한 보장을 제공하다 수능

□338
occurrent
[əkə́ːrənt]

형 **현재 일어나고 있는**(current); **우연의**(incidental)
- **occur** 발생하다
- **occurrence** 발생하는 것, 발생

occurrent feelings of love and respect
현재 일어나고 있는 사랑과 존경의 감정 수능

□339
suspect
[səspékt]

동 **의심하다**
명 **피의자, 용의자**
- **suspicion** 의심
- **suspicious** 의심스러운

to **suspect** him of murder
그가 살인한 것으로 **의심하다**

028 업무와 정체성

적용 독해 p. 274

□340
in terms of

~의 측면에서, ~의 관점에서

in terms of their work
그들이 하는 일의 **관점에서** 수능

□341
executive
[igzékjutiv]

명 **경영 간부, 경영진**
형 **경영의**
- **execute** 실행하다; 처형하다
- **execution** 실행; 처형

a chief **executive**
최고 **경영자**

☐ 342
criminal
[krímənəl]

형 **범죄의, 형사상의**
명 **범인**
- **crime** 범죄
- **criminology** 범죄학

convict 유죄를 선고하다
sin (종교 · 도덕상의) 죄

a **criminal** case
형사 사건

☐ 343
individuality
[ìndəvìdʒuǽləti]

명 **개성, 특성**
- **individual** 각각의, 개인의
- **individually** 개별적으로, 각각 따로
- **individualism** 개성, 개인주의

to lose one's **individuality**
개성을 잃다 (수능)

☐ 344
notion
[nóuʃən]

명 **개념, 관념, 생각**
- **notional** 개념상의, 관념적인

the **notion** that they are recognized by the job they do
자신들이 하는 일에 의해 인식된다는 **개념** (수능)

☐ 345
permanent
[pə́ːrmənənt]

형 **영구적인, 영속적인**
- **permanence** 영구성, 영속성

permanent peace
영구적 평화

☐ 346
countless
[káuntlis]

형 **무수한, 셀 수 없이 많은**

countless reasons
무수하게 많은 이유들 (수능)

☐ 347
trauma
[trɔ́ːmə]

명 **정신적 외상, 트라우마**
- **traumatic** 충격적인

a mental **trauma**
정신적 **외상** (수능)

☐ 348
disassociate
[disəsóuʃièit]

동 **~와 분리시키다, 벗어나다**
- **dissociation** 분리, 분열, 해리

to **dissociate** from what once was their identity
한때 그들의 정체성이었던 것과 **단절하다** (수능)

☐ 349
identity
[aidéntəti]

명 **신원, 신분, 정체**
- **identify** (신원을) 확인하다, 발견하다; 동일시하다
- **identification** 신원 확인, 식별
- **identical** 동일한, 똑같은

the **identity** of the thief
도둑의 **정체**

심리 (3)

029 타인의 시선과 수행 능력

적용 독해 p. 276

350 **distinct** [distíŋkt]	형 **뚜렷한, 분명한; 뚜렷이 구별되는** • **distinction** 차이; 뛰어남, 탁월함 • **distinctive** 독특한	to have **distinct** effects on performance 성과에 **뚜렷이 구별되는** 영향을 미치다 (수능)
351 **performance** [pərfɔ́ːrməns]	명 **공연; 실적, 성과** • **perform** 행하다, 공연하다	Korea's economic **performance** 한국의 경제적 **성과**
352 **decrease** [dikríːs]	동 **줄다, 줄이다** 명 **감소, 하락** cutback 삭감, 감축	Performance is **decreased**. 성과가 **저하된다**. (수능)
353 **to the point of**	**~라고 할 수 있을 정도로**	*to the point of* being aggressive 공격적이**라고 할 정도로**
354 **non-existence** [nɑnigzístəns]	명 **존재하지 않음, 비존재물**	his views about the **non-existence** of God 신이 **존재하지 않는**다는 그의 견해
355 **extreme** [ikstríːm]	형 **극도의, 극심한** 명 **극단** • **extremeness** 극단성, 과격 • **extremely** 극도로, 극히 drastic 과감한, 극단적인 desperate 필사적인; 자포자기한	**extreme** stress **극심한** 스트레스
356 **fright** [frait]	명 **놀람, 두려움; 섬뜩한 일** • **frighten** 놀라게(겁먹게) 하다 • **frightened** 겁먹은, 무서워하는 • **frightening** 무서운 startle 깜짝 놀라게 하다 surprise 놀라게 하다; 뜻밖의 일	stage **fright** 무대 **공포**(증) (수능)
357 **in mid-career**	**경력을 쌓아가는 중에, 도중에**	to switch specialities *in mid-career* **경력을 쌓는 도중에** 전공을 바꾸다

□ 358
engage
[ingéidʒ]

동 (주의 · 관심을) **사로잡다; 고용하다**
- **engaged** ~를 하고 있는; 약혼한
- **engagement** 참여, 약혼, 교전
- ***engage in*** ~에 관여[참여]하다

to *engage in* some activity
몇 가지 활동**에 관여하다** (수능)

□ 359
skilled
[skíld]

형 **숙련된, 노련한, 전문적인**
- **skill** 기량, 기술
- **skillful** 숙련된, 솜씨 좋은

craft 기술, 기교; 공예
clumsy 어설픈, 서투른
awkward 서투른, 어색한

to become **skilled** at it
그것에 **숙달하게** 되다 (수능)

030 좋음과 나쁨의 구별

적용 독해 ▶ p. 276

□ 360
hardwired
[hάːdwáiərd]

형 **하드웨어에 내장된; 생래적인, 타고난**

to be **hardwired** into our biology
우리의 생명 활동 안에 **타고난다** (수능)

□ 361
biology
[baiάlədʒi]

명 **생물학; 생명 활동[작용]**
- **biological** 생물학의, 생물체의
- **biologist** 생물학자

biotechnology 생명 공학

the **biology** of marine animals
해양 동물의 **생명 활동**

□ 362
infant
[ínfənt]

명 **유아, 젖먹이**
형 **유아용의, 초창기의**
- **infantile** 어린이 같은, 유치한
- **infancy** 유아기, 초창기

infants under two
2세 미만 **유아**

□ 363
boundary
[báundəri]

명 **경계, 한계, 분계선**
- **margin** 경계, 가장자리; 여백; 차이

the **boundary** between good and bad
좋음과 나쁨의 **경계** (수능)

□ 364
reference
[réfərəns]

명 **언급, 참고**
- ***refer to*** ~을 나타내다, (정보를 알기 위해) ~을 보다
- ***reference point*** (판단·비교용) 기준

encyclopedia 백과사전

to use the study as a **reference** point
그 연구를 **기준**으로 사용하다

□ 365
circumstance
[sə́ːrkəmstæ̀ns]

명 **환경, 상황, 형편**
- **circumstantial** 정황적인, 상황과 관련된

the immediate **circumstances**
당면한 **상황** (수능)

▢ 366 **inadequate** [inǽdəkwit]	형 **부적절한, 불충분한** (↔ adequate) • **inadequacy** 불충분함, 부적당함 • **inadequately** 부적당하게	**inadequate** attitude **부적절한** 태도
▢ 367 **soak** [souk]	동 **담그다, 흠뻑 적시다** 명 (액체에) **담그기** ⊕ soaked 흠뻑 젖은	**soaked** clothes **흠뻑 젖은** 옷 (수능)
▢ 368 **stinging** [stíŋiŋ]	형 **찌르는, 쏘는, 얼얼한** • **sting** 쏘다, 찌르다, 따끔거리다	**stinging** cold wind **찌르는 듯한** 차가운 바람 (수능)
▢ 369 **misery** [mízəri]	명 **고통**(distress); **빈곤**(poverty) • **miserable** 비참한, 비참하게 만드는	to live in **misery** **비참한** 생활을 하다
▢ 370 **wander** [wɑ́ndər]	동 **거닐다, 돌아다니다, 헤매다** 명 (잠깐 동안) **거닐기** ⊕ wonder 궁금해하다, 놀라다; 경탄, 경이	to **wander** around 이리저리 **돌아다니다** (수능)
▢ 371 **shelter** [ʃéltər]	명 **주거지; 피신, 대피** 동 **막아주다, 보호하다**	to take **shelter** from the storm 폭풍으로부터 **대피**하다
▢ 372 **fury** [fjúəri]	명 (격렬한) **분노, 격분** • **furious** 격노하는, 광분하는 ⊕ wrath (극도의) 분노, 노여움 rage 격렬한 분노	the **fury** of the storm **광포**한 기세로 몰아치는 폭풍우
▢ 373 **elements** [éləmənts]	명 *pl.* (the elements) **악천후, 비바람**	the fury of the **elements** 격렬한 **악천후** (수능)
▢ 374 **pleasurable** [pléʒərəbəl]	형 **즐거운, 유쾌한** • **pleasure** 기쁨, 즐거움 • **pleasant** 쾌적한, 즐거운	a **pleasurable** experience **즐거운** 경험
▢ 375 **function** [fʌ́ŋkʃən]	명 **기능; 행사** 동 (제대로) **기능하다, 작용하다** • **functional** 기능 위주의, 실용적인 • **functionally** 기능적으로 • **functionality** 기능성	to **function** effectively 효과적으로 **기능하다**

SET 08

376
indicate
[índikèit]

동 **나타내다, 보여주다, 시사하다**
- **indicator** 지표, 계기
- **indication** 말, 암시, 조짐
- **indicative** ~을 나타내는

to **indicate** the direction of a significant improvement
상당한 개선의 방향을 **보여주다** (수능)

377
relief
[rilíːf]

명 **안도, 안심; 완화; 구호품**
- **relieve** 없애 주다, 완화하다
- **relieved** 안도하는, 다행으로 여기는

soothe 달래다, 누그러뜨리다

a pleasant **relief**
즐거운 **안도** (수능)

378
shiver
[ʃívər]

동 (몸을) **떨다**
명 **전율, 몸서리, 오한**
- **shivering** 몸의 떨림, 진율

to **shiver** with cold
추워서 **몸을 떨다**

031 회피 훈련

적용 독해 p. 278

379
punishment
[pʌ́niʃmənt]

명 **처벌, 징벌**
- **punish** 처벌하다
- **punishable** 처벌할 수 있는

the **punishment** for murder
살인에 대한 **처벌**

380
administer
[ədmínistər]

동 **관리하다; 집행하다; 부여하다**
- **administration** 관리, 집행
- **administrator** 관리자, 행정인

to **administer** punishment
처벌을 **내리다** (수능)

381
threat
[θret]

명 **협박, 위협; 위험**
- **threaten** 협박하다, 위협하다
- **threatening** 협박하는, 위협적인

intimidate (시키는 대로 하도록) 겁을 주다, 위협하다

a mere **threat** of punishment
단순한 처벌 **위협** (수능)

382
induce
[indjúːs]

동 **설득하다, 유도하다; 유발하다**
- **inducement** 유인책
- **induction** 인도, 소개; 유도 분만

to **induce** the desired behavior
바람직한 행동을 **끌어내다** (수능)

383
desired
[dizáiərd]

형 **바랐던, 희망했던; 훌륭한**
- **desire** 욕구, 갈망, 바람
- **desirable** 바람직한, 호감 가는

aspire 열망하다, 염원하다

the long-**desired** success
오래 **바랐던** 성공

▢ 384 **avoidance** [əvɔ́idəns]	명 **회피; 방지** • **avoid** 피하다; 방지하다 ⊕ evade (일이나 사람을) 피하다, (의무를) 회피하다	the **avoidance** of stress 스트레스를 **피하기**
▢ 385 **consequence** [kɑ́nsəkwèns]	명 **결과, 중요성** • **consequently** 따라서, 그 결과	genetic **consequence** 유전적 **결과**
▢ 386 **behavior** [bihéivjər]	명 **행동, 거동, 행실** • **behave** 처신하다, 예의 바르게 행동하다 • **behavioral** 행동에 관한	many everyday **behaviors** 많은 일상의 **행동** (수능)
▢ 387 **in one's favor**	**~에 유리하게, ~을 지지하여** • **favor** 호의, 친절 • **favorable** 호의적인	to work *in our favor* 우리**에게 유리하게** 작용하다 (수능)
▢ 388 **criticize** [krítisàiz]	동 **비난하다, 비평하다** • **critic** 평론가, 비평가 • **critical** 비판적인; 대단히 중요한 • **criticism** 비난, 비평 ⊕ condemn 규탄하다, 비난하다	to **criticize** for poor performance on math 수학 성적이 저조하다고 **비난하다** (수능)
▢ 389 **dodge** [dɑdʒ]	동 (재빨리) **피하다; 기피하다** 명 (피하기 위한) **책략, 술수** • **dodgy** 의심스러운, 부정직해 보이는	to **dodge** difficult math problems 어려운 수학 문제를 **요리조리 피하다** (수능)
▢ 390 **vicious** [víʃəs]	형 **잔인한, 사나운, 증오에 찬** • **viciousness** 사악함, 심술궂음 • **vice** 범죄, 악	a **vicious** cycle **악**순환 (수능)
▢ 391 **set in**	(계속될 기세로) **시작하다[되다]**	The rain seems to *set in* for the day. 비가 하루종일 내릴 기세로 **시작된** 것 같다.
▢ 392 **unlearn** [ʌnlə́ːrn]	동 (배운 것을 고의적으로) **잊다** (to deliberately forget something you have learned)	to **unlearn** all the bad habits 모든 나쁜 습관들을 **잊다**

SET 08

▢ 393 **decade** [dékeid]	명 십 년	for **decades** **수십 년** 동안 (수능)
▢ 394 **temperature** [témpərətʃər]	명 온도, 기온; 체온	body **temperature** **체온**
▢ 395 **maintain** [meintéin]	동 유지하다; 주장하다 • **maintenance** 유지, 지속	to be **maintained** at 72°F 온도가 72°F로 **유지되다** (수능)
▢ 396 **employee** [implɔiíː]	명 종업원, 고용인, 직원 • **employer** 고용주, 고용인 • **employ** 고용하다, (사람을) 쓰다 recruit (신입 사원·신병 등을) 모집하다	The **employees** complained of the cold. **직원들**은 춥다고 불평했다. (수능)
▢ 397 **coral** [kɔ́ːrəl]	명 산호, 산호색 형 산호색(분홍이나 주황색)의	a warm **coral** 따뜻한 **산호색** (수능)
▢ 398 **reportedly** [ripɔ́ːrtidli]	부 전하는 바에 따르면, 소문에 의하면 • **report** 보고(서), 보도; 발표하다 • **reporter** 기자	The band have **reportedly** decided to break up. **전하는 바에 따르면** 그 밴드가 해체하기로 결정했다고 한다.
▢ 399 **note** [nout]	동 ~에 주목하다; 언급하다 명 메모; 쪽지; 주석; 지폐	can be **noted** in the records set by them 그들이 세운 기록에서 **잘 볼 수 있다** (수능)

Review

학습한 주요 단어를 깊이 있게 이해하기

engage

- **to get and keep (someone's attention, interest, etc.)**
  (사람의 주의, 관심 등)을 사로잡다
- **to hire someone (to perform a particular service)**
  (특정한 용역을 수행하도록) 사람을 고용하다
- ***engage in*** **: to take part in (something)**
  (어떤 일에) 참여하다

SET 09 심리 (4)

033 내성적인 사람의 외향성

적용 독해 ▶ p. 280

▢ 400 **introvert** [íntrəvə̀ːrt]	명 **내성**(내향)**적인 사람** • **introverted** 내향적인	a group of **introverts** **내성적인 사람들**의 집단 (수능)
▢ 401 **lab** [læb]	명 **실험실**(= laboratory)	a science **lab** 과학 **실험실**
▢ 402 **extrovert** [ékstrəvə̀ːrt]	명 **외향적인 사람** • **extroverted** 외향적인	to act like **extroverts** **외향적인 사람들**처럼 행동하다 (수능)
▢ 403 **pretend** [priténd]	동 **~인 체하다; ~라고 가정하다** 형 **가짜의, 상상의** • **pretentious** 허세 부리는, 자만하는 • **pretense** 가식, 핑계	to **pretend** to teach a math class 수학 수업을 가르치는 **체하다** (수능)
▢ 404 **measure** [méʒər]	동 **측정하다, 재다** 명 **조치; 양, 정도** • **mesasurement** 측정, 치수 • **measurable** 측정할 수 있는 (↔ immeasurable) • **measured** 신중한, 침착한 (↔ reckless 무모한) ⊕ diameter 지름; 배율	to **measure** the length of their strides 그들의 보폭을 **측정하다** (수능)
▢ 405 **stride** [straid]	동 **성큼성큼 걷다** 명 **큰 걸음; 진전**	in a **stride** 한 걸음에
▢ 406 **fake** [feik]	동 **위조하다** 명 **모조품, 사기꾼** 형 **가짜의, 거짓된, 모조의** (counterfeit)	**fake** extroverts **가짜로** 외향적인 사람들 (수능)

▢407 **latter** [lǽtər]	명 **후자, 마지막** 형 (둘 중) **후자의** (↔ former 전자의, 예전의)	the **latter** group **후자** 집단 (수능)
▢408 **come across**	(특정한) **인상을 주다; 이해되다; 우연히 만나다**	to *come across* as more extroverted 더 외향적인 **인상을 주다** (수능)
▢409 **convincing** [kənvínsiŋ]	형 **설득력 있는, 확실한** • **convince** 납득시키다 • **convinced** 확신하는 (↔ unconvinced)	The fake extroverts were surprisingly **convincing**. 가짜로 외향적인 사람들은 놀랍게도 **그럴듯해** 보였다. (수능)
▢410 **extent** [ikstént]	명 **정도, 크기** • **extend** 확장하다; 연장하다 • **extension** 확대; 연장	to some **extent** 어느 **정도**까지는 (수능)

034 자기 감시

적용 독해 ▶ p. 280

▢411 **self-monitoring** [sèlfmánitəriŋ]	명 **자기 감시, 자기 점검** • **monitor** 감시 장치, 화면; 추적 관찰하다	high **self-monitoring** 높은 수준의 **자기 감시** (수능)
▢412 **present** [prizént]	동 **나타내다; 주다, 제시하다** 명 **현재, 지금; 선물** 형 **현재의** • **presence** 존재, 주둔; 영향력	the way they **present** themselves to others 그들이 다른 사람들에게 자신의 모습을 **나타내는** 방식 (수능)
▢413 **adjust** [ədʒʌ́st]	동 **조정하다; 적응하다** • **adjustment** 조정, 적응 • ***adjust to*** ~에 적응하다 ⊕ align ~을 조정하다; 나란히 만들다	to **adjust** themselves to any social signal 어떤 사회적 신호에 자기 자신을 **맞추다** (수능)
▢414 **signal** [sígnəl]	동 **신호를 보내다** 명 **신호**(sign, indication) • **signature** 서명; 특징	a traffic **signal** 교통 **신호**등
▢415 **manage** [mǽnidʒ]	동 **운영**(관리)**하다; 간신히 해내다** • **management** 관리, 경영(진) ⊕ cope 대처하다	to **manage** what others think about them 다른 사람들이 그들에 대해 어떻게 생각하는지를 **관리하다** (수능)

0416
contrast
[kəntrǽst]

동 대조하다, 대비시키다
명 대조, 대비, 차이
- **contrastive** 대조적인, 대비적인

in contrast
대조적으로 (수능)

0417
sensitive
[sénsitiv]

형 세심한; 예민한, 민감한
- **sensitivity** 민감함, 감수성
- **sensible** 합리적인, 현명한
- ⊕ susceptible 민감한; 예민한

sensitive to signals
신호에 **민감한** (수능)

035 감정 억제의 문제점

적용 독해 ▶ p. 282

0418
curb
[kəːrb]

동 억제하다, 제한하다
명 억제[제한]하는 것

to **curb** anger and our negative thoughts
분노와 우리의 부정적인 생각을 **억제하다** (수능)

0419
deny
[dinái]

동 부정하다, 거부하다
- **denial** 부정, 거부, 부인

to **deny** our feelings
우리의 감정을 **부정하다** (수능)

0420
restraint
[ristréint]

명 제한, 자제, 규제
- **restrain** 저지하다, 억제하다
- **restrained** 자제하는, 차분한, 절제된

to exercise considerable **restraint**
상당한 **자제력**을 발휘하다

0421
constitute
[kánstətjùːt]

동 ~이 되는 것으로 여겨지다; ~을 구성하다(make up)
- **constitution** 헌법; 체질; 구조
- **constitutional** 헌법의
- ⊕ constituent (선거구의) 주민, 유권자; 구성 성분

This **constitutes** a voluntarily adopted discipline.
이것은 자발적으로 취해진 규율로 **여겨진다**. (수능)

0422
deliberate
[dilíbərət]

형 의도적인(↔ accidental 우연한); 신중한
- **deliberately** 일부러; 신중히
- **deliberation** 숙고, 신중함

a **deliberate** attempt
의도적인 시도

0423
voluntarily
[váləntèrəli]

부 자발적으로; 무료로
- **volunteer** 자원하다
- **voluntary** 자발적인

to quit the job **voluntarily**
자발적으로 퇴직하다

▢424 **appreciation** [əprìːʃiéiʃən]	명 **인식, 이해; 감상; 감사** • **appreciate** 인식하다, 인정하다; 감사하다 • **appreciative** 감탄하는; 감사하는 ⊕ gratitude 감사, 고마움	an **appreciation** of the benefits of doing so 그렇게 하는 것이 가져오는 이점들에 대한 **이해** (수능)
▢425 **suppress** [səprés]	동 **억제하다, 진압하다, 금하다** • **suppression** 억제, 진압 • **suppressive** 억제하는, 은폐하는 어원 sup(아래로) + press(누르다)	someone who **suppresses** emotions such as anger 분노와 같은 감정을 **억제하는** 사람 (수능)
▢426 **facade** [fəsɑ́ːd]	명 (실제와는 다른) **표면, 허울;** (건물의) **정면**	to present a **facade** of self-control **겉으로는** 자기 통제를 보이다 (수능)
▢427 **infect** [infékt]	동 **감염시키다, 오염시키다** • **infection** 감염, 전염병 • **infectious** 전염되는, 병을 옮기는	to close a wound which is still **infected** 여전히 **감염된** 상처를 덮다 (수능)
▢428 **store up**	(감정을) **쌓아두다; ~을 비축하다**	to *store up* anger and resentment 분노와 분한 마음을 **쌓아두다** (수능)
▢429 **contain** [kəntéin]	동 **억누르다; ~이 들어 있다** • **containment** 견제, 방지 • **container** 그릇, 용기	cannot **contain** these feelings any longer 이러한 감정을 더는 **억누를** 수 없다 (수능) a box **containing** photographs 사진이 **들어 있는** 상자

036 탐욕과 공동 자원

적용 독해 ▸ p. 282

▢430 **describe** [diskráib]	동 **서술하다, 설명하다** • **description** 서술, 묘사 • **descriptive** 서술하는, 묘사하는	to **describe** what happens to common resources 공동의 자원에 일어나는 일을 **설명하다** (수능)
▢431 **resource** [ríːsɔːrs]	명 **자원, 재료** 동 **자원을 제공하다** • **resourceful** 자원이 풍부한, 지략적인	natural **resources** 천연**자원**
▢432 **greed** [griːd]	명 **탐욕, 식탐** • **greedy** 탐욕스러운, 욕심 많은	as a result of human **greed** 인간의 **탐욕**의 결과로 (수능)

0433 **pasture** [pǽstʃər]	명 **초원, 초지** 동 (가축을) **방목하다** + pastureland 목초지, 방목지	an area of **pasture** **목초지** 수능
0434 **cattle** [kǽtl]	명 (집합적으로) **소, 소떼**	a herd of **cattle** 한 떼의 **소**
0435 **permit** [pərmít]	동 **허용하다, 가능하게 하다** 명 **허가증** • **permission** 허락, 허가, 승인 • **permissive** 허용된, 자유재량의	to be **permitted** to graze their animals 그들의 가축을 방목할 수 있도록 **허용되다** 수능
0436 **graze** [greiz]	동 **풀을 뜯다, 방목하다;** (피부를) **까지게 하다** • **overgraze** 지나치게 방목하다	to **graze** their animals 그들의 동물을 **방목하다** 수능
0437 **charge** [tʃɑːrdʒ]	명 **요금; 기소; 책임** 동 **청구하다,** (외상으로) **달아 놓다; 기소하다, 비난하다** + toll 통행료	*free of charge* **무료로** 수능
0438 **maximize** [mǽksəmàiz]	동 **극대화하다, 최대한 활용하다** • **maximum** 최대; 최대의	to seek to **maximize** one's gain 자신의 이익을 **극대화하기**를 추구하다 수능
0439 **herd** [həːrd]	명 (짐승) **떼, 무리, 대중** 동 (짐승을) **몰다, 이동하다** • **a herd of** 한 무리(떼)의	to add one more animal to the **herd** 가축 한 마리를 더 **무리**에 추가하다 수능
0440 **deterioration** [ditìəriəréiʃən]	명 **악화, 하락, 저하** • **deteriorate** 악화되다 + aggravate 악화시키다 decay 부패하다; 퇴락하다 degrade 비하하다; (질적으로) 저하시키다	the **deterioration** of the pasture 목초지의 **악화** 수능
0441 **fraction** [frǽkʃən]	명 **부분, 일부;** (수학) **분수** 비교 friction 마찰, 알력(tension)	a **fraction** of the disadvantage 단점의 **일부** 수능

 적용 독해 p. 284

442
terrorist
[térərist]

명 **테러리스트, 테러범**

- **terrorism** 테러리즘, 테러
- **terror** (극도의) 공포(심), 두려움; 테러 (행위)

dread 몹시 무서워하다; 두려움

a **terrorist** attack
테러리스트의 공격 (수능)

443
disrupt
[dìsrʌ́pt]

동 **붕괴시키다, 파괴하다; 방해하다**

- **disruption** 붕괴; 지장, 방해

to **disrupt** the economy
경제를 **파괴하다[붕괴시키다]** (수능)
The barking dogs **disrupted** my sleep.
짖는 개들이 내 잠을 **방해했다**.

444
security
[sikjúərəti]

명 (개인의) **안전,** (국가의) **안보; 보안, 경비**

- **secure** 안전한, 확실한; 안심하는 (↔ insecure)

security measures
안전 조치들

445
legitimate
[lidʒítəmət]

형 **정당한, 타당한**(reasonable); **합법적인**(legal)

- **legitimation** 합법화, 정당화
- **legitimacy** 합법성, 적법성; 정당성

a **legitimate** concern
정당한 걱정[우려] (수능)

446
overestimate
[òuvəréstimèit]

동 **과대평가하다** (↔ underestimate)
명 **과대평가**

to **overestimate** one's ability
~의 능력을 **과대평가하다**

447
well-being
[wélbíːiŋ]

명 **행복, 안녕, 복지**

psychological **well-being**
정신적 **안녕**

448
portray
[pɔːrtréi]

동 **그리다, 묘사하다**(depict); (배역을) **연기하다**

- **portrait** 초상화, 인물 사진
- **portrayal** 묘사

the world that is **portrayed** on TV
TV에 **묘사되는** 세계 (수능)

449
vulnerable
[vʌ́lnərəbəl]

형 **취약한, 연약한**

- **vulnerability** 상처 받기 쉬움, 취약성

vulnerable to the flu
독감에 **취약한**

SET 10 심리 (5)

038 사회적 관계 유지

적용 독해 p. 284

□450 **complementary** [kɑ̀mpləméntəri]	형 **상호 보완적인** • **complement** 보완하다 비교 compliment 칭찬	two **complementary** processes 두 가지 **상호 보완적인** 과정 수능
□451 **make amends**	**보상[벌충]해 주다** • **amend** 개정하다, 수정하다 • **amendment** 개정, 수정 비교 mend 수리하다, 고치다	to *make amends* by inviting him out to dinner 그를 저녁 식사에 초대하여 **보상해 주다**
□452 **compensation** [kɑ̀mpənséiʃən]	명 **보상, 보상금** • **compensate** 보상하다 (= make up for)	to pay **compensation** when a violation does occur 위반 행위가 생기면 **배상**하다 수능
□453 **empathetic** [èmpəθétik]	형 **공감하는, 감정이입의** • **empathy** 감정이입, 공감 비교 emphatic 강한, 강조하는	**empathetic** distress **공감하는** 고통 수능
□454 **distress** [distrés]	명 (정신적) **고통, 괴로움** 동 **고통스럽게 하다** • **distressing** 고통스러운 + afflict 괴롭히다 agony 극도의 고통 torture 고문	considerable **distress** 상당한 **고통**
□455 **inclined** [inkláind]	형 **~하는 경향이 있는; ~하고 싶은, 내키는** • **inclination** 경향, 의향 + tilt 기울다; (의견이) 기울어지게 하다	They are **inclined** to make amends for their actions 그들은 자신의 행동에 대해 보상을 **하려는 경향이 있다** 수능
□456 **restore** [ristɔ́ːr]	동 **복원하다, 회복시키다** • **restoration** 복원, 회복	to **restore** group harmony 집단의 화합을 **복원하다** 수능

적용 독해 p. 286

457 **anxiety** [æŋzáiəti]	명 **걱정, 불안, 염려** • **anxious** 불안해하는, 염려하는	**Anxiety** has a damaging effect on mental performance. **걱정**은 정신적인 활동에 해로운 영향을 준다. (수능)
458 **damaging** [dǽmidʒiŋ]	형 **해로운, 손상을 주는** • **damage** 손상, 피해; 훼손하다	environmentally **damaging** 환경에 **해로운**
459 **mental** [méntl]	형 **정신의, 마음의** • **mentality** 사고방식(= mindset)	a **mental** hospital **정신**병원
460 **zealous** [zéləs]	형 **열성적인** • **zeal** 열의, 열성	an overly **zealous** mental preparation 지나치게 **열성적인** 정신적 준비 (수능)
461 **anticipate** [æntísəpèit]	동 **예상하다, 예측하다, 기대하다** • **anticipation** 예상, 예측, 기대	an **anticipated** threat **예상된** 위협 (수능)
462 **disastrous** [dizǽstrəs]	형 **처참한, 형편없는** (= catastrophic, devastating) • **disaster** 참사, 재앙	a **disastrous** fire **처참한** 화재
463 **static** [stǽtik]	형 **고정된; 정지 상태의** 명 **잡음**(noise)	a **static** population level **고정적인** 인구 수준
464 **trap** [træp]	명 **덫, 함정** 동 **가두다,** (덫으로) **잡다**	when it becomes **trapped** in a stale routine 진부한 일상에 **사로잡힐** 때 (수능)
465 **stale** [steil]	형 **진부한, 신선하지 않은, 김빠진**	**stale** jokes **진부한** 농담
466 **intrude** [intrúːd]	동 **침범하다, 방해하다** • **intrusion** 침입, 침범 • **intrusive** 거슬리는	to **intrude** on all other attempts to focus elsewhere 다른 곳에 집중하려는 온갖 시도를 **방해하다** (수능)
467 **undermine** [ʌndərmáin]	동 **약화시키다**	Anxiety **undermines** the intellect. 걱정은 지적 능력을 **약화시킨다**. (수능)

☐468 **chronical** [kránikəl]	형 **만성적인** • **chronically** 만성적으로 • **chronic** 만성적인	**chronically** high anxiety **만성적으로** 많은 걱정을 하는 것 (수능)
☐469 **post** [poust]	명 **지위, 직책; 근무처; 기둥, 지주** 동 (웹사이트에) **올리다; 발송하다**	air traffic control **post** 항공 교통 관제사 (수능)
☐470 **sabotage** [sǽbətɑ̀:ʒ]	명 (고의적인) **방해 행위; 사보타주** 동 **방해하다**	Anxiety **sabotages** academic performance. 걱정은 학업을 **방해한다.** (수능)
☐471 **prone** [proun]	형 (좋지 않은 일을) **하기[당하기] 쉬운** (= liable)	**prone** to injury 부상**당하기 쉬운**

040 성공적으로 사과하는 법

적용 독해 ▶ p. 286

☐472 **apology** [əpɑ́lədʒi]	명 **사과; 양해를 구하는 말** • **apologize** 사과하다	**Apologies** often fail. **사과**는 흔히 실패한다. (수능)
☐473 **offender** [əféndər]	명 **범죄자; 나쁜 짓을 하는 사람** • **offend** 기분 상하게 하다; 범죄를 저지르다 • **offensive** 모욕적인; 역겨운 ⊕ aggressive 공격적인	a persistent **offender** 상습**범**
☐474 **victim** [víktim]	명 **피해자; 제물** • **victimize** 희생시키다	**victims** of the storm 그 폭풍의 **희생자들**
☐475 **minimize** [mínəmàiz]	동 **축소하다, 최소화하다** • **minimum** 최소, 최저 • **minimal** 최소의, 최저의	to **minimize** the offense 잘못한 일을 **축소하다** (수능)
☐476 **shame** [ʃeim]	명 **수치심, 창피** 동 **창피스럽게 하다** • **ashamed** 부끄러운 • **shameful** 수치스러운 (= disgraceful)	to protect themselves from **shame** and guilt **수치심**과 죄책감으로부터 스스로를 보호하다 (수능)
☐477 **downplay** [dáunplèi]	동 **경시하다, 얕보다**	to **downplay** the consequences 결과를 **경시하다** (수능)

SET 10

▢ 478 **inflame** [infléim]	동 **악화시키다, 격분시키다** • **inflammation** 염증	to **inflame** the anger of the hurt person 상처 입은 사람의 노여움을 **악화시키다** (수능)
▢ 479 **ongoing** [ɑ́ngòuiŋ]	형 **계속 진행 중인**	an **ongoing** pattern **진행 중에 있는** 패턴 (수능)
▢ 480 **inexcusable** [ìnikskjúːzəbəl]	형 **용서할 수 없는**(= unjustifiable) (↔ excusable) • **excuse** 변명, 구실	**inexcusable** rudeness **용서할 수 없는** 무례함
▢ 481 **immoral** [imɔ́ːrəl]	형 **비도덕적인** • **moral** 도덕상의, 도덕적인 • **immorality** 부도덕, 악덕	an **immoral** act **비도덕적인** 행위
▢ 482 **distortion** [distɔ́ːrʃən]	명 **왜곡, 뒤틀림** • **distort** 왜곡하다, 뒤틀다	There is **distortion** on both sides. 양쪽 모두에 **왜곡**이 있다. (수능)
▢ 483 **assert** [əsə́ːrt]	동 **주장하다; 확고히 하다** • **assertion** 주장, (권리의) 행사 • **assertive** 적극적인, 확신에 찬 • **assertiveness** 당당함, (적극적인) 자기주장	to **assert** her innocence 그녀의 무죄를 **주장하다**

041 감정적 두뇌

적용 독해 ▶ p. 288

▢ 484 **besiege** [bisíːdʒ]	동 **둘러싸다; 포위하다, 에워싸다**	to be **besieged** by information 정보에 **둘러싸이다** (수능)
▢ 485 **aisle** [ail]	명 **통로**	an **aisle** seat (비행기의) **통로** 쪽 좌석
▢ 486 **glance** [glæns]	명 **흘낏 봄** 동 **흘낏 보다** ⊕ glimpse 잠깐 보다; 잠깐 봄	to take a **glance** at the newspaper headlines 신문의 주요 제목들을 **흘낏 보다**
▢ 487 **inspire** [inspáiər]	동 **고무[격려]하다; 영감을 주다** • **inspiration** 영감; 영감[자극]을 주는 사람[것] • **inspiring** (~하도록) 고무[격려]하는	to **inspire** musicians 음악가들에게 **영감을 주다**

□488 **textured** [tékstʃər d]	형 **특별한 질감이 나게 만든, 질감을 살린** • **texture** 질감; (직물의) 촉감 비교 textile 직물	to buy the smooth-**textured** strawberry jam 부드러운 **질감의** 딸기 잼을 사다 (수능)
□489 **rational** [rǽʃənl]	형 **합리적인, 이성적인** • **rationality** 합리성, 사리분별력 • **rationalize** 합리화하다 비교 rationale 이유, 근거(= reason)	a **rational** choice **합리적인** 선택
□490 **take into account**	**~을 고려하다, ~을 감안하다**	to *take* all of this information *into account* 이 모든 정보를 **고려하다** (수능)
□491 **brand** [brænd]	명 **상표, 브랜드**	the supermarket's own **brand** 그 슈퍼마켓의 자체 **상표**
□492 **backfire** [bǽkfàiər]	동 **역효과를 낳다**	Unfortunately the plan **backfired**. 불행하게도 그 계획은 **역효과를 낳았다**. (수능)
□493 **trick** [trik]	명 **속임수; 장난** 동 **속이다, 속임수를 쓰다** • **trick *A* into *B*** (사람)을 속여 ~하게 만들다 ⊕ deceive 속이다 naughty 개구쟁이, 장난꾸러기	to *trick* ourselves *into* choosing the wrong things 우리 자신을 **속여** 잘못된 것을 고르다 (수능)
□494 **generate** [dʒénərèit]	동 **발생시키다, 만들어 내다** • **generation** 세대(비슷한 연령층); (전기·열의) 발생	to **generate** a new idea 새로운 아이디어를 **만들어 내다**
□495 **verdict** [və́ːrdikt]	명 (배심원단의) **평결; 의견[결정]**	to reach a **verdict** **평결**을 내리다
□496 **automatic** [ɔ̀ːtəmǽtik]	형 **무의식적인, 반사적인;** (기계가) **자동의** • **automatically** 자동적으로; 무의식적으로 • **automate** (공정을) 자동화하다	My reaction was **automatic**. 내 반응은 **반사적인** 것이었다.

SET 11

심리 (6)

042 외모가 투표에 미치는 영향

적용 독해 ▶ p. 288

497 **assign** [əsáin]	동 (일을) **맡기다, 배정하다; 파견하다** • **assignment** 과제, 임무; 배정 + nominate 지명[임명]하다 designate 지정하다 appoint 임명하다; (시간·장소를) 정하다	A code was **assigned** to each item. 코드가 각 품목에 하나씩 **부여되었다**.
498 **favorable** [féivərəbl]	형 **호의적인; 좋은, 유리한** (advantageous) • **favor** 호의, 친절	**favorable** traits **좋은** 특성들 (수능)
499 **judgement** [dʒʌ́dʒmənt]	명 **판단, 평가; 판단력, 분별력** • **judge** 판단하다, 평가하다; 판사; 심판	to make a **judgement** **판단**하다 (수능)
500 **attractiveness** [ətrǽktivnis]	명 **매력** • **attractive** 매력적인(appealing) + dazzling 현혹적인, 눈부신 handsomely 멋지게 captivate ~의 마음을 사로잡다[매혹하다]	physical **attractiveness** 신체적인 **매력** (수능)
501 **federal** [fédərəl]	형 **연방 정부의, 연방의; 연방제의**	a **federal** law **연방**법
502 **election** [ilékʃən]	명 **선거; 당선** • **elect** (선거로) 선출하다; 선택하다 • **electoral** 선거의	to run for **election** **선거**에 출마하다
503 **candidate** [kǽndidèit]	명 (선거의) **입후보자;** (일자리의) **후보자;** (시험의) **응시자**	a presidential **candidate** 대통령 **입후보자**
504 **vote** [vout]	명 (선거의) **표; 투표, 표결** 동 **투표하다;** (투표로) **선출하다**	to have[take] a **vote** on an issue 어떤 쟁점을 두고 **투표**를 하다

□ 505
favoritism
[féivəritizm]

명 **편애, 편파**

to accuse the teacher of **favoritism**
그 교사가 **편애**를 한다고 비난하다

□ 506
politician
[pàlətíʃən]

명 **정치인, 정치가**

statesman (경험 많고 존경받는) 정치인

a popular local **politician**
인기 있는 지역 **정치인**

□ 507
follow-up
[fálouʌ̀p]

명 **후속 조치; 후속편**
형 **후속의**

follow-up research
후속 연구 (수능)

□ 508
demonstrate
[démənstrèit]

동 **입증하다;** (행동으로) **보여주다**

- **demonstration** 시위, 데모; (사용법의) 설명

illustrate 예를 들어 설명하다; 삽화를 넣다
hands-on 직접 해보는

to **demonstrate** the link between smoking and cancer
흡연과 암의 연관성을 **입증하다**

□ 509
appearance
[əpíərəns]

명 (겉)**모습, 외모;** (갑작스러운) **출현**

- **appear** ~인 것 같다; 나타나다

to judge by **appearance**
겉모습으로 판단하다

□ 510
electability
[iléktəbiləti]

명 **선출 가능성**

the impact of attractiveness on **electability**
매력이 **선출될 가능성**에 미치는 영향력 (수능)

□ 511
confirm
[kənfə́ːrm]

동 **사실임을 보여주다, 확인해 주다**

- **confirmation** 확인; 확증
- **confirmable** 확인[확증]할 수 있는

비교 conform (관습 등에) 따르다, 순응하다

to **confirm** the identities of the victims
희생자의 신원을 **확인해 주다**

□ 512
presence
[prézəns]

명 (특정한 곳에) **있음, 존재**(함) (↔ absence)

to notice my **presence**
내가 **있는 것**을 알아차리다

SET 11

043 결과를 통제할 수 있다는 착각

적용 독해 ▶ p. 290

513 **overconfident** [òuvərkánfidənt]	형 **지나치게 자신만만한**	He was **overconfident** about passing the test. 그는 시험 합격에 대해 **지나치게 자신만만해** 했다.
514 **outcome** [áutkʌ̀m]	명 **결과**(result)	to have control of the **outcome** **결과**에 대한 통제력을 지니다 (수능)
515 **bet** [bet]	동 (내기에) **돈을 걸다** 명 **내기; 내기 돈**	to **bet** on whether a coin toss is heads or tails 동전 던지기에서 앞면이 나올지 뒷면이 나올지에 대해 **내기를 걸다** (수능)
516 **toss** [tɔːs]	명 (가볍게) **던지기;** (선택을 위한) **동전 던지기**	to win a coin **toss** 동전 **던지기**에서 이기다
517 **conceal** [kənsíːl]	동 **감추다, 숨기다**(hide)	to **conceal** one's disappointment 실망감을 **감추다**
518 **involvement** [inválvmənt]	명 **관여, 연루**(participation); **몰두, 열중** • **involve** 관련시키다; 포함하다	**involvement** in decision-making 의사 결정에 대한 **참여**
519 **illusion** [ilúːʒən]	명 **오해, 착각; 환상, 환각** • **illusionist** 마술사(magician), 요술쟁이	to be under an **illusion** **착각**하고 있다
520 **stock** [stɑk]	명 **재고**(품); **비축품; 주식**(share) ⊕ inventory 물품 목록; 재고(품)	the trading of **stocks** **주식** 거래
521 **ownership** [óunərʃip]	명 **소유**(권) • **own** 가지다, 소유하다	home **ownership** 주택 **소유**

044 감정적인 식사

적용 독해 ▶ p. 290

522 **manifest** [mǽnəfèst]	동 (감정 · 태도를 분명히) **나타내다, 드러내 보이다** 형 **분명한, 명백한**	to **manifest** their problem 그들의 문제를 **드러내다** 수능
523 **in response to**	**~에 반응하여; ~에 응하여[답하여]**	*in response to* anxiety 불안**에 반응하여** 수능 *in response to* your inquiry 귀하의 문의**에 대한 회신으로**
524 **turmoil** [tə́ːrmɔil]	명 **혼란, 소란**(confusion)	emotional **turmoil** 감정적인 **혼란** 수능
525 **surface** [sə́ːrfis]	명 **표면, 수면** 동 **수면으로 올라오다**(emerge)	a smooth **surface** 매끄러운 **표면**
526 **rush** [rʌʃ]	명 **혼잡, 분주함; 밀어닥침, 쇄도** 동 **급히 움직이다**	the Christmas **rush** 크리스마스 때의 **혼잡[분주함]**
527 **stretch** [stretʃ]	동 (지역에 걸쳐) **뻗어 있다[펼쳐지다]; 늘리다, 늘어나다** 명 **길게 뻗은[펼쳐져 있는] 지역**	The road **stretched** ahead. 길이 앞에 **펼쳐져 있었다**.
528 **worn out**	형 **매우 지친, 녹초가 된**(exhausted); **닳아빠진**	You look **worn out**. 너는 **매우 지쳐** 보여.
529 **end up**	**결국 ~하게 되다**	I *ended up* doing all the work myself. 나는 **결국** 모든 일을 직접 **하게 되었다**.
530 **couch** [kautʃ]	명 **긴 의자, 소파**(sofa)	to sit down on a **couch** **소파**에 앉다
531 **bowl** [boul]	명 (우묵한) **그릇; 한 그릇의 양**	a **bowl** of chip **한 그릇**의 감자튀김 수능
532 **chip** [tʃip]	명 **감자튀김; 조각, 부스러기;** (컴퓨터의) **칩**	a plate of **chips** **감자튀김** 한 접시

SET 11

045 안전장치와 위험보상

적용 독해 p. 292

533 **mandate** [mǽndeit]	명 권한, 지시 동 의무화하다, 명령하다 • **mandatory** 의무적인, 법에 정해진	**mandated** seat belts **의무화된** 안전 벨트 (착용) 수능
534 **promised** [prάmisd]	형 기대한 • **promising** 유망한, 조짐이 좋은	the **promised** reduction **기대한 만큼의** 감소 수능
535 **fatality** [feitǽləti]	명 사망자, 치사율 • **fatal** 치명적인	road accident **fatalities** 도로상의 사고로 인한 **사망자 수** 수능
536 **cyclist** [sáiklist]	명 자전거 타는 사람	a professional **cyclist** 사이클 선수
537 **counterintuitive** [kàuntərintjú:itiv]	형 직관에 반하는 어원 counter(반대) + intuitive(직관의)	**counterintuitive** findings **직관에 반한** 연구 결과들 수능
538 **inborn** [ìnbɔ́:rn]	형 타고난, 선천적인	an **inborn** tolerance for risk 위험에 대한 **타고난** 내성 수능
539 **tolerance** [tάlərəns]	명 내성; 용인, 아량 • **tolerate** 참다, 용인하다	**tolerance** to alcohol 알코올에 대한 **내성**
540 **rescuer** [réskju:ər]	명 구조자, 구조대원 • **rescue** 구조하다	an animal **rescuer** 동물 **구조대원**

Review

학습한 주요 단어를 깊이 있게 이해하기

assign

- **to give someone a particular job or duty**
  어떤 사람에게 특정한 일이나 임무를 부여하다 ⇒ **(일을) 맡기다**
- **to send someone to a particular group or place as part of a job**
  업무상 특정한 집단이나 장소로 사람을 보내다 ⇒ **파견하다**

SET 12 심리 (7)

046 가능성에 대한 예상

적용 독해 ▶ p. 292

541 **scenario** [sinǽriòu]	명 **시나리오, 각본**	most likely **scenarios** 가장 가능성이 높은 **시나리오** 모의
542 **figure out**	**파악하다, 이해하다**	to *figure* things *out* 상황 **파악을 하다** 모의
543 **offer** [ɔ́:fər]	명 **제공, 제안** 동 **제공**(제안)**하다**	to **offer** a menu 메뉴를 **제공하다** 모의
544 **pound** [paund]	동 (요란한 소리를 내며 여러 차례) **치다, 두드리다** 명 (화폐) **파운드**	to **pound** in the nail 못을 **박다** 모의
545 **fixedness** [fíkstnis]	명 **고착화, 고정성** • **fix** 고정시키다; 해결책 • **fixed** 고정된, 변치 않는	functional **fixedness** 기능적 **고착화** 모의
546 **curse** [kə:rs]	명 **저주, 욕** 동 **저주내리다, 욕하다** • **cursed** 저주받은	under a **curse** **저주**받은
547 **ironically** [airάnikəli]	부 **역설적으로, 비꼬아** • **irony** 아이러니, 역설적인 점 • **ironical** 풍자의, 반어의	to say **ironically** **비꼬아** 말하다

047 반동 효과

적용 독해 ▶ p. 294

548 **rebound effect**	**반동 효과** (흰곰을 떠올리지 말라고 하면 흰곰만 생각하게 되는 것처럼, 의도한 것과 반대 효과가 나타나는 것)	to be known as the ***rebound effect*** '**반동 효과**'라고 알려지다 모의
549 **interplay** [íntə:rplèi]	명 **상호작용**	the **interplay** of two related cognitive processes 관련된 두 가지 인지 과정의 **상호작용** 모의

▢ 550 **inconsistent** [ìnkənsístənt]	형 **일치하지 않는, 일관성 없는** • **inconsistently** 모순되게, 변덕스럽게	**inconsistent** with the intended thoughts 의도된 생각과 **일치하지 않는** (모의)
▢ 551 **intended** [inténdid]	형 (성취) **대상[목표]으로 삼은, 의도하는** • **intend** 의도하다, (~하려고) 생각하다 ⊕ intent 의도	the **intended** purpose **성취하고자 하는** 목적
▢ 552 **prompt** [prɑmpt]	형 **즉각적인**(immediate); **시간을 엄수하는**(punctual) 동 **자극하다, 촉발하다** • **promptly** 곧, 즉시 ⊕ upcoming 다가오는, 곧 있을 imminent 임박한 impending 임박한, 곧 닥칠	to **prompt** the intentional operating process 의도적인 운영 과정을 **자극하다** (모의)
▢ 553 **load** [loud]	명 **짐, 하중; 부담** 동 (짐을) **싣다** • **loaded** 짐을 실은 ⊕ cargo 화물 workload 업무량	to bear the **load** **부담**을 견디다
▢ 554 **fatigue** [fətíːg]	명 **피로, 피곤** • **fatigued** 피로해진, 지친	physical **fatigue** 신체적 **피로**

048 정신적 노화

적용 독해 ▶ p. 294

▢ 555 **dullness** [dʌ́lnis]	명 **활기 부족, 둔함, 지루함** • **dull** 따분한, 칙칙한	the **dullness** found in them 그들에게서 발견되는 **활기 부족**
▢ 556 **withdrawal** [wiðdrɔ́ːəl]	명 **철회; 탈퇴; 인출; 마음을 닫음,** (자기 안으로의) **칩잠** • **withdraw** 물러나다, 중단하다, 빼내다 ⊕ evacuate 대피시키다 withhold 주지 않다 withstand 견뎌내다	the patient's **withdrawal** into silence 그 환자의 침묵으로의 **칩잠**

▢557 **cling to**	~을 고수하다, ~에 매달리다	their *clinging to* the past 그들의 과거에 대한 **연연** (모의)
▢558 **worldly** [wə́ːrldli]	형 세속적인, 속세의	**worldly** affairs **세상**사 (모의)
▢559 **affair** [əfέər]	명 일, 문제, 사건	foreign **affairs** 외교 **문제**
▢560 **discourse** [dískɔːrs]	명 담론, 담화	academic **discourse** on aging 노화에 대한 학술적 **담론** (모의)
▢561 **aging** [éidʒiŋ]	명 나이 먹음, 노화; 숙성	**aging** era **고령화** 시대
▢562 **cause** [kɔːz]	명 원인, 이유; 대의명분 동 야기[초래]하다 • **causeless** 원인없는, 우발적인	**cause** and effect **원인**과 결과
▢563 **involuntary** [invάləntèri]	형 비자발적인, 본의 아닌 (↔ voluntary)	**involuntary** retirement **비자발적** 퇴직 (모의)
▢564 **retirement** [ritáiərmənt]	명 퇴직, 은퇴 • **retire** 퇴직(은퇴)하다; 자리를 뜨다 • **retiree** 퇴직자, 은퇴자	early **retirement** 조기 **퇴직**
▢565 **loosen** [lúːsn]	동 느슨하게 하다, 완화하다 • **loose** 풀린, 느슨한	the **loosening** of traditional family ties 전통적인 가족 유대감의 **와해** (모의)
▢566 **tie** [tai]	명 유대(감); 무승부; 넥타이 동 (끈으로) 묶다; 비기다 • **bind** 묶다 (-bound-bound)	economic **ties** 경제적 **유대**
▢567 **occupy** [άkjəpài]	동 차지하다, 점령하다, (마음을) 사로잡다 • **occupied** 점령된, 사용 중인 • **occupant** 사용자 비교 occupation 직업	the activities that had earlier **occupied** them 예전에 그들의 **마음을 사로잡았던** 활동들 (모의)

SET 12

▢ 568 **deprive** [dipráiv]	동 **빼앗다, 박탈하다** • **deprived** 궁핍한, 불우한	to **deprive** elderly people of these meaningful social roles 노인들로부터 이 의미 있는 사회적 역할을 **박탈하다** (모의)

049 뒷공론의 동기

적용 독해 ▶ p. 296

▢ 569 **unrevealed** [ʌ̀nriví:ld]	형 **숨겨진, 폭로되지 않은** • **reveal** 드러내다, 폭로하다 • **revelation** 폭로, 드러냄; 계시	**unrevealed** information **숨겨진** 정보 (모의)
▢ 570 **actualize** [ǽktʃuəlàiz]	동 **실현하다, 행동으로 나타내다** • **actual** 실제의, 사실상의 • **actuality** 현실, 실제	to fully **actualize** 완전히 **실현하다** (모의)
▢ 571 **disclosure** [disklóuʒər]	명 **폭로, 밝혀진 사실** • **disclose** 밝히다, 드러내다	at the moment of **disclosure** **폭로**의 순간에 (모의)
▢ 572 **rub off on**	(~에게) **옮다[물들다], 영향을 주다**	Her sense of fun has *rubbed off on* her children. 그녀의 장난기가 아이들에게도 **옮아 갔다.**

050 탈진실

적용 독해 ▶ p. 296

▢ 573 **matter** [mǽtər]	명 **문제, 상황** 동 **중요하다, 문제되다**	Feelings sometimes **matter** more than facts. 때로는 감정이 사실보다 더 **중요하다.** (모의)
▢ 574 **inconvenient** [ìnkənví:njənt]	형 **불편한, 곤란한** (↔ convenient) • **inconvenience** 불편	an **inconvenient** fact **불편한** 사실 (수능)
▢ 575 **preferable** [préfərəbl]	형 **선호되는** • **prefer** 선호하다 • **preferably** 오히려, 차라리	Anything is **preferable** to war. 무엇이든 전쟁보다는 **낫다.**
▢ 576 **challenge** [tʃǽlindʒ]	명 **도전** 동 **도전하다, 이의를 제기하다** • **challenging** 도전적인, 도전의식을 북돋우는	to **challenge** the fact 그 사실에 **이의를 제기하다** (모의)

☐ 577
convince
[kənvíns]

동 **납득시키다, 설득하다**
- **conviction** 확신, 유죄 판결
- **convincing** 설득력 있는, 확실한

the person we are seeking to **convince**
우리가 **납득시키려고** 추구하는 사람 (모의)

051 성년기에 나타나는 특징

적용 독해 ▶ p. 298

☐ 578
psychological
[sàikəlάdʒikəl]

형 **심리적인, 정신의**
- **psychology** 심리학

psychological stimuli
심리적 자극 (모의)

☐ 579
trigger
[trígər]

명 **방아쇠; 계기**
동 **촉발시키다, 작동시키다**

to **trigger** a sense of generativity
'생식성'에 대한 인식을 **촉발하다** (모의)

☐ 580
generativity
[dʒènərətívəti]

명 **생식성**
- **generative** 발생의, 생성의 (↔ degenerative 퇴행성의)

expression of **generativity**
생식성의 표출

☐ 581
parenthood
[pέərənthùd]

명 **부모됨**

planned **parenthood**
가족 계획

☐ 582
fulfill
[fulfíl]

동 **실현하다; 충족시키다**
- **fulfillment** 이행, 완수
- **fulfilled** 성취감을 느끼는

to **fulfill** your dream
꿈을 **실현하다** (모의)

☐ 583
adulthood
[ədΛlthùd]

명 **성년, 성인**(기)
- **adult** 성인
- ⊕ adolescent 청소년

the distinguishing feature of **adulthood**
성인기의 독특한 특징 (모의)

☐ 584
committed
[kəmítid]

형 **헌신적인, 열성적인**
- **commit** (범죄를) 저지르다; 약속하다; 전념하다
- **commission** 수수료; 위원회

a **committed** relationship
헌신적인 관계 (모의)

☐ 585
guidance
[gáidns]

명 **지도, 지침**
- **guide** 안내(인), 지침; 안내하다
- ⊕ guideline 가이드라인, 지침
  index 색인

to depend on our **guidance**
우리의 **지도**에 의존하다 (모의)

SET 12

▢ 586 **entrust** [intrʌ́st]	동 **맡기다, 위임[위탁]하다** • **entrustment** 위임, 위탁	to **entrust** him with the remainder 그에게 나머지를 **맡기다**
▢ 587 **caregiver** [kɛ́ərgìvər]	명 **돌봄 제공자** • **care** 돌봄, 보살핌; 상관하다	the primary **caregiver** 일차적인 **돌봄 제공자** (모의)
▢ 588 **concretely** [kɑnkríːtli]	부 **구체적으로, 명확하게** • **concrete** 구체적인	to **concretely** express **구체적으로** 표현하다 (모의)

Review

학습한 주요 단어를 깊이 있게 이해하기

mandate

- **the power to act that voters give to their elected leaders**
  유권자들이 선출된 지도자에게 주는 집행권 ⇒ **권한**
- **an official order to do something**
  어떤 일을 하라는 공식 명령 ⇒ **지시**
- **to officially demand or require something**
  어떤 것을 공식적으로 지시하거나 요구하다 ⇒ **명령하다**
- **to tell someone that they must do a particular thing**
  누군가에게 특정한 일을 해야 한다고 말하다 ⇒ **의무화하다**

withdrawal

- **the act of stopping something or of taking something away**
  어떤 것을 멈추거나 회수함 ⇒ **철회**
- **an act of ending your involvement in something**
  어떤 일에 관여하기를 끝냄 ⇒ **탈퇴**
- **the act of taking money out of a bank account**
  은행 계좌에서 돈을 빼냄 ⇒ **인출**
- **the behavior of someone who wants to be alone and does not want to communicate with other people**
  혼자 있으려 하고 다른 사람들과 소통하길 원하지 않는 사람의 행동
  ⇒ **자기 안으로의 침잠, 마음을 닫음**

generativity

- **a concern for people besides self and family that usually develops during middle age (especially, a need to nurture and guide younger people and contribute to the next generation)**
  보통 중년에 발달하는 자신과 가족을 제외한 사람들에 대한 관심사 (특히, 젊은이를 육성하고 지도하여 다음 세대에 기여하려는 욕구) ⇒ **생식성**

심리 (8)

052 다른 사람과 비교하기

적용 독해 ▶ p. 298

▢ 589 **comparison** [kəmpǽrisən]	명 **비교, 비유** • **compare** 비교하다, 비유하다 • **comparative** 비교의, 상대적인 • **compared to** ~와 비교해서	social **comparisons** 사회적 **비교** (모의)
▢ 590 **worse-off** [wə́ːrs ɔːf]	형 **상황이 더 나쁜, 궁색한** (↔ better off)	**worse-off** than others 남들보다 **상황이 더 나쁜**
▢ 591 **self-enhancement** [sèlf inhǽnsəmənt]	명 **자기 고양, 자아 증진** • **enhance** 높이다, 고양하다	**Self-enhancement** involves a positive view of yourself. **자기 고양**은 자신에 대한 긍정적인 관점을 포함한다.
▢ 592 **motive** [móutiv]	명 **동기** 형 **움직이게 하는, 원동력이 되는** • **motivate** 동기를 부여하다 • **motivation** 동기 부여, 자극, 유도	the **motive** for the murder 살인의 **동기** (모의)
▢ 593 **capture** [kǽptʃər]	동 **포획하다; 정확히 포착하다 [담아내다]** 명 **포획; 함락** • **captive** 사로잡힌, 억류된 • **captivity** 감금, 억류 ⊕ grab 움켜잡다(seize) hostage 인질 kidnap 납치하다	to **capture** the mood of the nation 국민들의 감정을 **정확히 담다**
▢ 594 **self-evaluation** [sélf ivæ̀ljuéiʃən]	명 **자기 평가** • **evaluate** 평가하다(assess) • **evaluation** 평가, 감정	**self-evaluation** maintenance model **자기 평가** 유지 모델 (모의)
▢ 595 **self-view** [sélfvjúː]	명 **자기관** • **view** 견해, 관점; 보다 ⊕ viewpoint 관점, 시각	favorable **self-views** 유리한 **자기관** (모의)

☐ 596
self-definition
[self dèfəníʃən]

명 **자기 인식**
- **definition** 정의; 인식; 선명도
- **define** 정의하다, 규정하다
- by definition 정의(定義)상, 의미상; 당연히

relevant to our **self-definition**
자기 인식에 관련되는 (모의)

☐ 597
flatter
[flǽtər]

동 **아첨하다, 치켜세우다; 자기가 잘난 줄 착각하다**
- **flattering** 아첨하는, 비위를 맞추는
- **flattery** 아첨

to **flatter** oneself
자신을 **치켜세우다** (모의)

☐ 598
athletic
[æθlétik]

형 (몸이) **탄탄한; 육상의**
- **athlete** 운동선수
- **athletics** 육상[운동] 경기

athletic skills
운동 기술 (모의)

☐ 599
critical
[krítikəl]

형 **비난하는, 비평의; 중요한**
- **critic** 비평가, 평론가
- **criticize** 비난[비평]하다

a **critical** soccer match
중요한 축구 시합 (모의)

☐ 600
beam
[biːm]

명 **빛줄기; 기둥**
동 **활짝 웃다**

to **beam** with pride
자랑스럽게 **활짝 웃다** (모의)

☐ 601
self-esteem
[sèlf istíːm]

명 **자부심**
- **esteem** 존경(하다)
- **esteemed** 존경받는

a boost to your **self-esteem**
자부심을 올리는 힘 (모의)

---

053 타인의 성향에 맞추기

적용 독해 ▶ p. 300

☐ 602
orientation
[ɔ̀ːrientéiʃən]

명 **성향, 방향; 예비 교육**
- **orient** 지향하게 하다, (목적에) 맞추다
- **oriented** ~을 지향하는

mental **orientation**
정신적 **성향** (모의)

☐ 603
(one's) **take on**

(~의) **~에 대한 견해[의견]**

What's *his take on* the plan?
계획**에 대한 그의 의견**은 어떤가요?

☐ 604
grocery
[gróusəri]

명 **식료품 및 잡화; 식료품**(잡화)**점**

to sell **groceries**
식료품 및 잡화를 팔다 (모의)

☐ 605
resent
[rizént]

동 **화내다, 분개하다**
- **resentment** 분함, 분개
- **resentful** 분개하는

to **resent** an insult
모욕에 **분개하다**

606
overprice
[óuvərpràis]

[동] **너무 비싼 값을 매기다** (↔ underprice)
- **price** 값을 매기다

to **overprice** the fruit
과일에 **너무 비싼 값을 매기다** (모의)

607
meanwhile
[míːnhwàil]

[부] (다른 일이 일어나고 있는) **그 동안에; 한편**

in the **meanwhile**
그 동안에, 그 사이에
for the **meanwhile**
당분간

608
content
[kántent]

[명] **내용물, 내용; 목차**
[형] **만족하는**
비교 contend 주장하다; 다투다

the same **contents**
같은 **내용물** (모의)

609
comprehend
[kàmprihénd]

[동] **이해하다**
- **comprehensive** 포괄적인, 종합적인
- **comprehension** 이해력

to **comprehend** things in a peculiar way
특이한 방식으로 사물을 **이해하다** (모의)

610
peculiar
[pikjúːljər]

[형] **특이한, 이상한**
- **peculiarity** 기이한 특징
- **peculiarly** 특히

a **peculiar** smell
특이한 냄새

054 두려움의 기능

적용 독해 ▶ p. 300

611
foster
[fɔ́ːstər]

[동] **조성하다, 발전시키다; 위탁 양육하다**

to **foster** change
변화를 **조성하다** (모의)

612
program
[próugræm]

[명] **프로그램**
[동] **프로그램을 짜다;** (특정 행동을 하도록) **내재화하다**

to be **programmed** to be afraid
두려워하도록 **프로그램되다** (모의)

613
lest
[lest]

[접] **~하지 않도록, ~할까 봐**

lest we live in chaos
우리가 혼돈 속에서 살**지 않도록** (모의)

614
chaos
[kéiɑs]

[명] **혼돈, 혼란** (↔ cosmos 질서)
- **chaotic** 혼돈 상태인

economic **chaos**
경제적 **혼란**

615
abandon
[əbǽndən]

동 **버리다, 그만두다, 포기하다**
- **abandonment** 버림, 포기
- **abandoned** 버려진; 제멋대로의

+ desert 버리다
fling 내던지다

to **abandon** his principles
그의 원칙을 **버리다**

616
unfulfilling
[ʌnfulfíliŋ]

형 **성취감이 없는**
(↔ fulfilling 성취감을 느끼는)
- **unfulfilled** 충족되지 않은, 성취감을 못 느끼는

an **unfulfilling** job
성취감이 없는 일 (모의)

055 통제 불가능에 대한 인식

적용 독해 ▶ p. 302

617
essentially
[isénʃəli]

부 **근본적으로**
- **essence** 본질, 정수
- **essential** 필수적인; 필수적인 것

situations that are **essentially** uncontrollable
근본적으로 통제할 수 없는 상황 (모의)

618
uncontrollable
[ʌ̀nkəntróuləbəl]

형 **억제[통제]할 수 없는**
- **control** 지배(하다), 통제(하다)
- **controller** 회계 감사관, 관리자

an **uncontrollable** temper
억제할 수 없는 성질

619
emotional
[imóuʃənəl]

형 **정서의, 감정의**
- **emotion** 정서, 감정
- **emotive** 감정을 자극하는

negative **emotional** states
부정적인 **감정** 상태 (모의)

620
damage
[dǽmidʒ]

명 **손상, 피해**
동 **손상을 주다, 훼손하다**

+ inflict (괴로움 등을) 가하다

to **damage** one's health
건강을 **손상시키다**

621
immune
[imjúːn]

형 **면역성이 있는; 면제되는**
- **immunity** 면역력, 면제
- **immunize** 면역력을 갖게 하다

Some people are **immune** to the virus.
어떤 사람들은 그 바이러스에 **면역력이 있다.**

622
linearly
[líniərli]

부 **곧장, 직선으로**
- **linear** (직)선의, 선으로 된

+ vertical 수직의, 세로의
horizontal 수평의, 가로의
upright (자세가) 똑바른, 수직으로 세워둔

linearly related to control
통제와 **곧장** 연결되어 있는 (모의)

623
optimum
[άptəməm]

형 **최고의**
명 **최적의 것**
- **optimal** 최선의, 최상의
- **optimize** ~을 최대한 좋게 만들다

for **optimum** health
최적의 건강을 위해 (모의)

056 탐구의 동기

적용 독해 ▶ p. 302

☐ 624 **exploration** [èkspləréiʃən]	명 **탐사; 탐구** • **explore** 답사하다; 탐구하다 • **explorer** 탐험가 expedition 탐험, 원정(대)	the motivation for **exploration** **탐구**의 동기 (모의)
☐ 625 **curiosity** [kjùəriásəti]	명 **호기심; 진기한 것** • **curious** 궁금한, 호기심이 많은 • **curiousness** 신기함, 진기함	to open it out of **curiosity** **호기심**에 그것을 열다
☐ 626 **drive** [draiv]	동 **운전하다; 몰아붙이다** 명 **자동차 주행; 충동, 욕구;** (조직적인) **운동**	the **drive** to succeed 성공 **욕구** food **drive** 음식 모으기 **운동** (수능)
☐ 627 **novelty** [návəlti]	명 **참신함, 신기함** novel 소설; 새로운, 신기한 noble 고결한; 귀족	to be stimulated by **novelty** **참신함**에 자극을 받다 (모의)
☐ 628 **beholder** [bihóuldər]	명 **보는 사람, 구경꾼** • **behold** 보다	in the eye of the **beholder** **보는 사람**의 눈에 따라 다른 (모의)
☐ 629 **aspect** [ǽspekt]	명 **측면, 양상**	different **aspects** of that object 그 물건의 다른 **측면들** (모의)

SET 13

057 일상 속의 숫자

적용 독해 ▶ p. 304

☐ 630 **agenda** [ədʒéndə]	명 (회의) **의제, 안건**	a copy of the **agenda** **의제**의 사본 (모의)
☐ 631 **handout** [hǽndàut]	명 **유인물; 거저주는 것, 지원금** • **hand out** 나누어주다, 배포하다	to distribute the **handouts** **유인물**을 나눠주다
☐ 632 **run out of**	**다 써버리다, 없어지다**	to *run out of* money 돈을 **다 써버리다**
☐ 633 **go around**	(모두에게) **골고루 돌아가다**	a sufficient number of copies to *go around* **사람들에게 돌아갈** 충분한 수의 사본 (모의)

▢ 634 **resort to**	(다른 대안이 없어서) **기대다, 의지하다**	without *resorting to* arithmetic 산수에 **의존하지** 않고 (모의)
▢ 635 **make up**	**구성하다, 형성하다**(constitute) • **makeup** 구성; 화장품	Women *make up* 60% of the student numbers. 여자가 학생 수의 60%를 **이룬다**.

058 외적 표현

적용 독해 ▶ p. 304

▢ 636 **externalize** [ikstə́ːrnəlàiz]	동 (생각·감정을) **외면화하다, 표출하다** • **externalization** 외적 표현, 표출, 외재화 (↔ internalization 내재화)	to **externalize** their problems 그들의 문제를 **표출하다**
▢ 637 **foundation** [faundéiʃən]	명 **토대, 기초; 재단** • **foundational** 기본적인, 기초의 • **found** 설립하다 (- founded - founded)	to lay the **foundations** of the new school 그 새 학교의 **토대**를 놓기 시작하다
▢ 638 **disempower** [dìsempáuər]	동 **무기력해지게 하다; ~로부터 권력[영향력]을 빼앗다**	to **disempower** the child 그 아이를 **무기력해지게 하다** (모의)
▢ 639 **deconstruct** [dìkənstrʌ́kt]	동 **해체하다**	to **deconstruct** old stories 옛 이야기들을 **해체하다** (모의)
▢ 640 **hold on to**	(자기에게 유리한 것을) **고수하다, 지키다**	to *hold on to* the new story 새로운 이야기를 **고수하다** (모의)

Review

학습한 주요 단어를 깊이 있게 이해하기

immune

- **not capable of being affected by a disease**
  질병에 걸리지 않게 하는 ⇒ **면역성이 있는**
- **having special protection from something that is required for most people by law**
  법에 의해 대부분의 사람에게 부과되는 것으로부터 특별히 제외된 ⇒ **면제된**

novelty

- **the quality or state of being new, different, and interesting**
  새롭고 색다르며 흥미로운 특성이나 상태 ⇒ **참신함, 신기함**

경제

059 에너지 효율

적용 독해 ▶ p. 306

▢ 641 **fundamental** [fʌndəméntl]	형 **근본적인, 기본적인; 핵심적인, 필수적인**	a **fundamental** difference between the two points of view 두 관점 간의 **근본적인** 차이
▢ 642 **requirement** [rikwáiərmənt]	명 **필요조건, 요건; 필요한 것, 요구되는 것** • **require** 요구하다, 필요로 하다	to meet a **requirement** **필요조건**을 충족시키다
▢ 643 **private** [práivit]	형 **사적인; 개인 소유의** • **privacy** 사생활, 혼자 있는 상태 ⊕ confidential 비밀의, 은밀한 secrecy 비밀 유지	**private** cost **사적** 비용 (수능)
▢ 644 **reduction** [ridʌ́kʃən]	명 **축소, 삭감; 할인** • **reduce** (크기 · 양을) 줄이다, 축소하다; 할인하다	to implement budget **reductions** 예산 **삭감[절감]**을 실행하다 price **reductions** 가격 **할인[인하]**
▢ 645 **significant** [signífikənt]	형 **중요한; 특별한 의미가 있는** ⊕ significance 중요성; 의미 (↔ insignificance 무의미, 하찮음) significantly 상당히, 크게 signify 의미하다; 중요하다	a **significant** factor **중요한** 요소
▢ 646 **macroeconomic** [mækrouìːkənάmik]	형 **거시 경제(학)의** ⊕ economical 경제적인; 절약하는 (thrifty, frugal) economist 경제학자 microeconomic theory 미시경제학 이론	**macroeconomic** effect **거시 경제적** 효과 (수능)
▢ 647 **dependence** [dipéndəns]	명 **의존, 의지** (↔ independence) • **depend** 의존하다, 의지하다 • **dependent** 의존[의지]하는; ~에 좌우되는	energy **dependence** 에너지 **의존도** (수능)

648 **poverty** [pɑ́vərti]	명 **가난, 빈곤; 부족** • **poor** 가난한; 좋지 않은	to live in **poverty** **빈곤[가난]**하게 살다
649 **productivity** [pròudəktívəti]	명 **생산성** • **produce** 생산하다; (결과를) 초래하다; (작품을) 만들어 내다 • **producer** 생산자; 제작자 • **product** 제품, 상품; 결과물 • **production** 생산, 제조 • **productive** 생산적인, 생산력이 있는 by-product 부산물; 부작용	to increase their **productivity** 그들의 **생산성**을 증대시키다 (수능)

060 대체 에너지와 시간

적용 독해 ▶ p. 306

650 **organism** [ɔ́ːrgənìzəm]	명 **유기체, 생물체** • **organ** (인체의) 장기, 기관	biological **organism** 생물학적 **유기체** (수능)
651 **discount** [dískaunt]	동 (무가치한 것으로) **치부하다, 무시하다; 할인하다** 명 **할인, 에누리**	to **discount** the possibility of further strikes 추가 파업의 가능성을 **무시하다**
652 **output** [áutpùt]	명 **생산물; 산출량;** (컴퓨터의) **출력** (↔ input)	agricultural **output** 농업 **생산량**
653 **available** [əvéiləbl]	형 **구할[이용할] 수 있는;** (사람이) **시간이 있는** • **avail** 도움이 되다, 소용에 닿다 • **availability** 입수[이용, 구입] 가능성	**available** facilities **이용할 수 있는** 편의 시설
654 **associate** [əsóuʃièit]	동 **연상하다, 결부[연관]짓다; 어울리다, 교제하다** • **association** 협회; 교제; 연관(성) • **associated** 관련된; 연합[조합]의 • *associated with* ~와 관련된	risks *associated with* an uncertain future 불확실한 미래**와 관련된** 위험 (수능)
655 **incorporate** [inkɔ́ːrpərèit]	형 (어떤 것의 일부로) **포함하다; 설립하다** • **incorporation** 포함; 설립 • **incorporated** 법인 회사의	to **incorporate** all the latest safety features 최신 안전 요소들을 모두 **포함하다**

656 **fossil** [fá:sl]	명 **화석**	to collect **fossils** **화석**을 수집하다
657 **extraction** [ikstrǽkʃən]	명 **추출, 뽑아냄[얻어냄]** • **extract** 발췌; 추출물; 뽑아내다	fossil fuel **extraction** technology 화석 연료 **추출** 기술 (수능)
658 **proportion** [prəpɔ́:rʃən]	명 **비**(比), **비율**(ratio); **부분, 할당; 균형** • **proportional** (~에) 비례하는 (proportionate)	a high **proportion** of older people 높은 고령자 **비율**
659 **storability** [stɔ̀rəbíləti]	명 **저장성, 저장 가능성** • **storage** 저장, 보관; 저장고, 보관소	Salting fish improves **storability**. 생선을 소금에 절이면 **저장성**이 좋아진다.
660 **transportability** [trænspɔ̀rtəbíləti]	명 **수송[운송] 가능성** • **transport** 운송[수송], 이동; 운송[수송]하다 • **transportation** 수송 체계; 수송; 교통수단	air **transportability** training 항공 **운송 가능성** 훈련
661 **renewable** [rinjú:əbl]	형 **재생 가능한**	**renewable** sources of energy **재생 가능한** 에너지원

061 에너지와 기후 변화에 대한 투자

적용 독해 ❯ p. 308

662 **annual** [ǽnjuəl]	형 **매년의, 연례의; 연간의, 한 해의** • **annually** 일년에 한 번, 해마다	to increase **annual** investments **연간** 투자를 늘리다 (수능)
663 **efficient** [ifíʃənt]	형 **능률적인, 유능한; 효율적인** (↔ inefficient) • **efficiency** 효율(성), 능률	energy-**efficient** goods 에너지 **효율이 좋은[높은]** 제품 (수능)
664 **stuff** [stʌf]	명 **것, 물건; 일**	old-fashioned **stuff** 구식의 **물건** (수능)
665 **era** [íərə]	명 **시대;** (지질시대의) **대**(代)	a new **era** 새로운 **시대**

666 **fuel** [fjúəl]	명 **연료;** (논쟁을) **부채질하는 것** 동 **연료를 공급하다**	**fuel** consumption **연료** 소비량
667 **competitive** [kəmpétətiv]	형 **경쟁을 하는; 경쟁력이 있는** • **competition** 경쟁; (경연) 대회 • **compete** 경쟁하다; 겨루다	to offer great service at **competitive** prices **경쟁력 있는** 가격으로 우수한 서비스를 제공하다
668 **adaptation** [ӕdəptéiʃən]	명 **적응;** (연극용) **각색** • **adapt** 조정하다; 적응하다; 각색하다 • **adaptive** 적응[순응]할 수 있는 • **adaptability** 적응력 ⊕ maladaptive 적응성이 없는, 부적응의	the **adaptation** of desert species to the hot conditions 사막 동식물의 무더운 환경에 대한 **적응**
669 **come about**	**발생하다**(happen, take place)	to *come about* by accident 우연히 **발생하다**
670 **intervention** [ìntərvénʃən]	명 **개입, 간섭; 조정, 중재** • **intervene** 개입하다, 중재하다; 끼어들다	through state **intervention** 국가의 **개입**을 통하여 (수능)
671 **parliamentary** [pɑ̀ːrləméntəri]	형 **의회의, 국회의** • **parliament** 의회, 국회	**parliamentary** decision **의회의** 결정 (수능)
672 **legislation** [lèdʒisléiʃən]	명 (제정된) **법률; 법률 제정, 입법 행위** • **legislate** 법률을 제정하다	to pass **legislation** **법률**을 통과시키다 (수능)
673 **profitable** [prɑ́fitəbəl]	형 **수익성이 있는; 이득이 되는, 유익한** • **profit** 수익, 이득; 이익을 얻다 • **profitability** 수익성; 수익이 나는 상태 ⊕ nonprofit 비영리적인	a highly **profitable** business 대단히 **수익성이 있는** 사업

062 관광산업과 환경보호

적용 독해 ❯ p. 308

674 **tourism** [túərizm]	명 **관광업, 관광 사업**	the impacts of **tourism** on the environment **관광업**이 환경에 미치는 영향 (수능)

675 **resident** [rézidənt]	명 **거주자, 주민** • **residential** 거주하기 좋은, 주택지의 reside 거주하다 dwell (~에) 살다, 거주하다	local **residents** 지역 **주민들**
676 **attribute** [ətríbjuːt]	동 (~의) **탓으로 보다;** (~의) **덕분으로 보다** 명 **자질, 속성** • **attribution** ~을 …에서 기인한 것으로 여김 비교 contribute 기여하다 distribute 나누어주다 tribute (죽은 사람에게 바치는) 헌사[찬사]; 공물	to **attribute** his health problems to a lack of exercise 그의 건강 문제를 운동 부족**의 탓으로 돌리다**
677 **sociocultural** [sòusioukʌ́ltʃərəl]	형 **사회문화적인** • **socioculture** 사회문화	**sociocultural** influence **사회문화적인** 영향 (수능)
678 **reaction** [riǽkʃən]	명 **반응, 대응; 반항, 반발** • **react** 반응하다; (거부) 반응을 보이다	a mixed **reaction** 엇갈린 **반응** a positive **reaction** 양성 **반응**
679 **facility** [fəsíləti]	명 **시설[기관]; 설비;** (기계 등의) **기능** 비교 faculty (대학의) 학부; 교수진; (타고난) 능력, 재능	public **facilities** 공공**시설** (수능)
680 **ecological** [ikɑ́ləːdʒikəl]	형 **생태계**(학)**의; 생태계에 관심을 가진** • **ecology** 생태(계); 생태학	**ecological** decline **생태계의** 쇠퇴 (수능)
681 **overcrowded** [òuvərkráudid]	형 **너무 붐비는, 초만원인** mob 군중, 무리	an **overcrowded** city **초만원인** 도시
682 **disturbance** [distə́ːrbəns]	명 **방해**(물)**, 훼방; 소동;** (심리적) **장애** • **disturb** 방해하다; 불안하게 만들다 • **disturbing** 방해가 되는 riot 폭동 rally 집회	to create a **disturbance** **소동을** 일으키다
683 **pedestrian** [pədéstriən]	형 **보행자(용)의** 명 **보행자** motorist (승용차) 운전자	a **pedestrian** walkway **보행자용** 통로

SET 14

□ 684
attraction
[ətrǽkʃən]

명 **명소, 볼거리; 끌림; 매력**
- **attract** (관심을) 끌다, 매료시키다; 유인하다

a tourist **attraction**
관광 **명소** (수능)

063 재정 위기

적용 독해 ▶ p. 310

□ 685
budget
[bʌ́dʒit]

명 **예산, 비용**
동 **예산을 세우다**
- **budgetary** 예산의, 재정의

the **budget** deficit
재정 적자 (모의)

□ 686
recession
[riséʃən]

명 **경기 침체, 불경기; 물러남, 후퇴**
- **recede** 물러나다, 약해지다

recess 휴회 기간, 휴회

in deep **recession**
깊은 **불경기**에 빠진

□ 687
expenditure
[ikspénditʃər]

명 **지출, 비용; 소비**
- **expend** (시간·힘을) 쏟다, 들이다
- **expendable** 소모용의 (dispensable)

비교 expand 확장하다, 늘리다

federal **expenditures**
연방 정부 **지출** (모의)

□ 688
finance
[fáinæns]

명 **재원, 자금; 재정**
동 **자금[재원]을 대다**(fund)
- **financial** 금융[재정]의; 돈이 있는

to be **financed** by borrowing
대출에 의해 **자금이 충당되다** (모의)

□ 689
baby-boomer
[béibibùːmər]

명 (2차 세계대전 후의) **베이비 붐 세대인 사람**
- **boom** (경제의) 호황; 대유행; 쾅 소리를 내다

baby-boomer retirees
베이비붐 세대 퇴직자 (모의)

□ 690
balloon
[bəlúːn]

명 **풍선**
동 (갑자기) **부풀다**

to keep the debt from **ballooning** out of control
부채가 통제 불능 상태로 **불어나지** 않도록 막다 (모의)

□ 691
projection
[prədʒékʃən]

명 **예상, 추정; 투영, 투사**
- **project** 기획된 일, 프로젝트; 계획하다; 예상하다
- **projective** 투사력이 있는, 투영법의

to make forward **projections** of population figures
앞으로의 인구수를 **추정**하다

□ 692
net
[net]

명 **망사, 그물**
형 (돈의 액수) **순**(純)-

net federal debt
연방 정부의 **순**부채 (모의)

SET 15

과학 (1)

064 촉각의 특성

적용 독해 p. 310

693 **every bit**	전적으로, 어느 모로 보나	Rome is *every bit* as beautiful as Paris. 로마는 **어느 모로 보나** 파리만큼 아름답다.
694 **cup** [kʌp]	동 (컵 모양으로) **두 손을 동그랗게 모아 쥐다** 명 **컵, 잔**	to **cup** one's hand 손을 **컵 모양으로 동그랗게 모아 쥐다** 수능
695 **palm** [pɑːm]	명 **손바닥; 야자수**(palm tree)	to rub one's **palms** together **손바닥**을 비비다
696 **perception** [pərsépʃən]	명 **지각**(知覺), **자각; 인식; 통찰력** • **perceive** 감지[인지]하다	sensory **perception** 감각적 **인식** 수능
697 **fingertip** [fíŋgərtìp]	명 **손가락 끝**	to use your **fingertips** **손가락 끝**을 사용하다
698 **acuity** [əkjúːəti]	명 (감각의) **예민함** • **acute** 극심한; 예민한	to have high **acuity** **예민함**이 높다 수능
699 **button** [bʌ́tən]	동 **단추를 잠그다** 명 (옷의) **단추;** (장치의) **버튼**	to **button** one's shirt 셔츠 **단추를 잠그다** 수능
700 **unlock** [ʌnlɑ́k]	동 **~을 열쇠로 열다, ~의 잠금 장치를 열다** (↔ lock 잠그다) ⊕ deadlock (협상의) 교착 상태	to **unlock** the safe 금고를 **열다**
701 **time-varying** [táimvὲəriŋ]	형 **시간에 따라 달라지는** ⊕ timely 시기적절한, 때맞춘	**time-varying** pattern **시간에 따라 달라지는** 패턴 수능
702 **sensation** [senséiʃən]	명 **감각, 느낌; 센세이션[돌풍/선풍]** • **sensational** 선풍적인	a burning **sensation** 화끈거리는 **느낌**

065 편승 효과

적용 독해 ▶ p. 312

▢ 703 **quantity** [kwántəti]	명 **양, 수량; 다량** • **quantify** 수량화하다	huge **quantities** of food 엄청난 **양**의 음식
▢ 704 **experiment** [ikspérəmənt]	명 (과학적) **실험;** (새로운) **시도, 실험** 동 **실험을 하다** • **experimental** 실험적인, 실험의 • **experimentation** 실험 (활동·과정)	to conduct an **experiment** **실험**을 하다
▢ 705 **opposite** [ápəzit]	형 **정반대의; 반대쪽의, 맞은편의** 명 **정반대의 것[사람]** 전 **맞은편에**	in the **opposite** direction **반대** 방향으로 The **opposite** happened. 그 **반대**되는 일이 일어났다. (수능)
▢ 706 **bias** [báiəs]	명 **편견**(prejudice)**, 편향; 성향** • **biased** 편향된; ~에 더 치중하는	to show political **bias** 정치적 **편향**을 보이다
▢ 707 **subconscious** [sʌ̀bkánʃəs]	형 **잠재의식적인, 무의식적인** • **subconsciously** 잠재의식적으로	a **subconscious** fear of failure 실패에 대한 **무의식적인** 두려움
▢ 708 **match** [mætʃ]	동 **일치하다; 어울리다; 맞먹다** 명 **성냥; 시합; 맞수, 호적수**	to **match** what they expected to find 그들이 발견하리라고 예상한 것과 **일치시키다** (수능)
▢ 709 **fit** [fit]	동 (모양·크기가) **맞다, 들어맞다** 형 **건강한; 적합한** • **fitness** 건강함; 적합함	The facts certainly **fit** your theory. 그 사실들은 네 이론에 잘 **들어맞는다.**

066 학습 중에 일어나는 뇌의 변화

적용 독해 ▶ p. 312

▢ 710 **neuroimaging** [njùrouímədʒiŋ]	명 **신경 영상**(화) ⊕ neurology 신경학 image 이미지, 영상 imagery 형상화, 이미지	**neuroimaging** technology **신경 영상화** 기술 (수능)
▢ 711 **neural** [njúrəl]	형 **신경**(계)**의** • **neuron** 뉴런, 신경 세포 ⊕ nerve 신경, 긴장 pulse 맥박, 고동	**neural** network **신경**망 (수능)

0712 **unique** [juːníːk]	형 **독특한, 유일무이한** • **uniqueness** 독특성, 고유성	Each person's fingerprints are **unique**. 개개인의 지문은 **독특하다**.
0713 **fingerprint** [fíŋgərprìnt]	명 **지문**	to take a suspect's **fingerprints** 용의자의 **지문**을 채취하다
0714 **neuroscience** [njùrousáiəns]	명 **신경과학**	developmental **neuroscience** 발달 **신경과학** (수능)
0715 **research** [risə́ːrtʃ]	명 **연구, 조사** 동 **연구하다, 조사하다** • **researcher** 연구원	to conduct **research** **연구**를 실시하다
0716 **refine** [rifáin]	동 **개선하다; 정제하다** • **refined** 정제된; 교양 있는, 세련된 ⊕ trim 다듬다, 손질하다 neat 정돈된, 단정한	to **refine** existing neural networks 기존 신경망을 **개선하다** (수능)
0717 **impulse** [ímpʌls]	명 **충동; 충격, 자극**	Tests give an **impulse** to study hard. 시험은 공부를 열심히 하도록 **자극**을 준다.
0718 **high-activity** [hàiæktívəti]	형 **고활동성의; 활동이 활발한**	**high-activity** data processing **고활동** 데이터 처리
0719 **synaptic** [sinǽptik]	형 **시냅스의, 시냅스와 관련된** • **synapse** 신경 접합부, 시냅스	**synaptic** connections between brain cells 뇌 세포 사이의 **시냅스** 연결
0720 **sculpt** [skʌlpt]	동 **형상[형태]을 만들다; 조각하다** • **sculpture** 조각품; 조각, 조소 • **sculptor** 조각가 ⊕ statue 조각상	a coastline **sculpted** by the wind and sea 바람과 바다에 의해 **만들어진** 해안선

SET 15

067 외래종의 자연 군집 침입

적용 독해 ❯ p. 314

0721 **invasion** [invéiʒən]	명 (적군의) **침략, 침입; 몰려듦, 쇄도** • **invade** 침입하다 ⊕ raid 습격, 급습; 불시에 들이닥치다	countries threatened by **invasion** **침략**의 위협을 받는 국가들

☐ 722 **species** [spíːʃiːz]	명 (생물학상의) **종(種)** • **species-poor** 종이 빈약한 ➕ mammal 포유동물 specimen 표본, 견본(sample)	endangered **species** 멸종 위기에 처한 **종**
☐ 723 **biodiversity** [bàiədaivə́ːrsəti]	명 **생물의 다양성**	to conserve **biodiversity** **생물의 다양성**을 보존하다
☐ 724 **ecosystem** [ékousìstəm]	명 **생태계**	to destroy the **ecosystem** **생태계**를 파괴하다
☐ 725 **invasibility** [invéisəbìləti]	명 **침입성, 침입력**	biodiversity-**invasibility** hypothesis 생물 다양성-**침입성** 가설 (수능)
☐ 726 **probability** [prɑ̀bəbíləti]	명 **가능성; 있을 법한 일; 확률** • **probable** 있음직한, 일어날 법한 • **probably** 아마(도) • **probabilistic** 확률론적인, 가능성에 기초한	The **probability** of success was pretty low. 성공할 **가능성**이 아주 낮았다.

068 과학적 성취의 의미

적용 독해 ▶ p. 314

☐ 727 **obsessed** [əbsést]	형 **집착하는, 사로잡힌** • **obsess** (어떤 생각이 사람의 마음을) 사로잡다 • **obsession** 강박 상태, 집착	to get **obsessed** with results 결과에 **집착하다** (수능)
☐ 728 **chase** [tʃeis]	명 **추적; 추구함** 동 **뒤쫓다, 추적하다; 추구하다**	the **chase** for success 성공에 대한 **추구**
☐ 729 **cover** [kʌ́vər]	동 **취재하다, 보도하다;** (감추려고) **덮다; 다루다** 명 **덮개; 표지**	to be **covered** in the press 언론에 **보도되다** (수능)
☐ 730 **grant** [grænt]	명 (정부나 단체에서 주는) **보조금** 동 **승인하다; 인정하다; 부여하다** ➕ confer 수여[부여]하다, 상의하다	a **grant** from the government 정부 **보조금** to get **grants** **보조금**을 받다 (수능)

0731 **pioneer** [pàiəníər]	명 (새로운 분야의) **선구자, 개척자**	a **pioneer** in the field of heart transplant 심장 이식 분야의 **선구자[개척자]**
0732 **admire** [ædmáiər]	동 **존경하다, 칭찬하다** • **admiration** 감탄, 존경 • **admirable** 감탄[존경]스러운 + awe 경외감 비교 adimiral 해군 장성, 제독	the pioneers that we **admire** 우리가 **존경하는** 선구자들 (수능)
0733 **physicist** [fízisist]	명 **물리학자** • **physics** 물리학 비교 physician 내과 의사 surgeon 외과 의사 veterinarian 수의사	a highly respected **physicist** 매우 존경받는 **물리학자** (수능)
0734 **hypothesis** [haipάθəsis]	명 **가설; 가정, 추측** + thesis 논지; 학위 논문	to prove a **hypothesis** **가설**을 입증하다 (수능)
0735 **committee** [kəmíti]	명 **위원회**	an organizing **committee** 조직 **위원회**
0736 **citation** [saitéiʃən]	명 **인용구**(quotation); **표창장; 인용** • **cite** 인용하다	a **citation** from *Hamlet* '햄릿'에서 따온 **인용구**
0737 **transform** [trænsfɔ́ːrm]	동 **변화시키다, ~을 완전히 바꾸다** + modify 수정하다; 수식하다 revise 변경하다; 개정하다	to **transform** a field 한 분야를 **변화시키다** (수능)

SET 15

069 문화적 도구의 발명

적용 독해 > p. 316

0738 **expand** [ikspǽnd]	동 **확대[확장]하다** (↔ contract 줄어들다, 수축하다) • **expansion** 확대, 확장, 팽창	to **expand** the range of goods and services 상품과 서비스의 범위를 **확장하다**
0739 **arithmetic** [əríθmətik]	명 **산수, 연산; 계산**	to be good at **arithmetic** **산수**를 잘하다

0740 **mobilize** [móubəlàiz]	통 (사람 · 물자를) **동원하다, 결집하다** • **mobility** (사회적) 유동성; 이동성, 기동성	to **mobilize** the resources they need 그들이 필요로 하는 자원을 **동원하다**
0741 **region** [rí:dʒən]	명 (활동 · 연구의) **범위, 영역; 지방, 지역** • **regional** 지방의, 지역의	a specific **region** of our visual system 우리의 시각 시스템의 특정 **영역** (수능)
0742 **string** [striŋ]	명 **일련; 끈, 줄**	a **string** of hit albums **일련**의 히트 앨범
0743 **numeral** [njú:mərəl]	명 **숫자**	to learn Arabic **numerals** 아라비아 **숫자**를 배우다 (수능)
0744 **convert** [kənvə́:rt]	동 **전환하다, 개조하다** • **conversion** 전환, 개조; 개종; 전향 • **convertible** 전환 가능한; 컨버터블 (지붕을 접거나 떼어낼 수 있는 차)	to be **converted** into digital code 디지털 코드로 **변환되다**
0745 **architecture** [á:rkitèktʃər]	명 **구조, 구성; 건축 양식; 건축학** • **architect** 건축가; 설계자	the functional **architecture** of the human brain 인간 두뇌의 기능적 **구조** (수능)
0746 **constraint** [kənstréint]	명 **제약**(restriction)**; 제한, 통제**	biological and cultural **constraints** 생물학적, 문화적 **제약들** (수능)

Review

학습한 주요 단어를 깊이 있게 이해하기

incorporate

- **to include something as part of something larger**
  더 큰 것의 일부로 어떤 것을 포함시키다 ⇒ **(일부로) 포함하다**
- **to form into a corporation**
  기업으로 조직하다[되다] ⇒ **설립하다**

obsessed

- **unable to stop thinking about something; too interested in or worried about something**
  어떤 것에 대한 생각을 멈출 수 없는; 무언가에 너무 관심이 많거나 걱정하는
  ⇒ **집착하는, 사로잡힌**

과학 (2)

070 심리학 연구의 과학적 방법

적용 독해 p. 316

747 **challenging** [tʃǽlindʒiŋ]	형 **힘드는, 어려운; 도전해 볼 만한**	a **challenging** task **어려운** 작업 수능
748 **compromise** [kámprəmàiz]	명 **타협; 절충**(안) 동 **타협하다**	the best **compromise** between price and quality 가격과 품질을 최고로 **절충해 놓은 것**
749 **readily** [rédili]	부 **손쉽게, 바로; 선뜻, 기꺼이**	those **readily** available **쉽게** 구할 수 있는 사람들 수능
750 **cross-section** [krɔ̀ːssékʃən]	명 **표본; 횡단면, 단면도** + crosswalk 횡단보도	a wide **cross-section** of the population 광범위한 인구 **표본**
751 **population** [pɑ̀pjuléiʃən]	명 **인구, 주민 수;** (동식물의) **개체 수**	Kenya's elephant **population** 케냐의 코끼리 **개체 수**
752 **tap into**	**이용하다, 활용하다**	to *tap into* the knowledge and experience of people 사람들의 지식과 경험을 **활용하다**
753 **reactivity** [riæktívəti]	명 **반응성, 반응도**	Oxygen has high **reactivity**. 산소는 **반응도**가 높다.
754 **payoff** [péiɔ̀(ː)f]	명 **이점**(advantage)**, 보상;** (급료의) **지불, 결제**	the **payoff** of the scientific method 과학적 방법의 **이점** 수능

071 도식적인 지식

적용 독해 p. 318

755 **schematic** [skimǽtik]	형 **도식적인; 도식으로 나타낸** • **schema** (계획 · 이론의) 개요[윤곽] (*pl.* schemata)	**schematic** knowledge **도식적인** 지식 수능

0756
reconstruct
[rikənstrʌ́kt]

동 (손상된 것을) **재건하다; 재구성[재현]하다**

to **reconstruct** the events
사건을 **재구성하다**

0757
predictable
[pridíktəbl]

형 **예측할 수 있는;** (재미없을 정도로) **너무 뻔한**
- **predict** 예측하다
- **prediction** 예측, 예견

a **predictable** result
예측[예상] 가능한 결과

0758
summarize
[sʌ́məràiz]

동 **요약하다, 간추리다**
- **summary** 요약, 개요; 간략한

to **summarize** the broad pattern of your experience
여러분 경험의 광범위한 유형을 **요약하다** (수능)

0759
typical
[típikəl]

형 **전형적인, 대표적인; 보통의, 일반적인**
- **typically** 일반적으로; 전형적으로

typical British weather
전형적인 영국의 날씨

0760
ordinary
[ɔ́ːrdənèri]

형 **평범한; 보통의, 일상적인** (↔ extraordinary 비범한)
⊕ commonplace 아주 흔한

ordinary people like you and me
너와 나 같은 **평범한** 사람들

0761
reliance
[riláiəns]

명 **의존, 의지**(dependence)
- **rely** 의지하다, 신뢰하다
- **reliable** 신뢰할 수 있는; 믿을 만한

the country's **reliance** on tourism
그 나라의 관광 산업에 대한 **의존**

0762
notice
[nóutis]

동 **~을 알아차리다; ~에 주목[주의]하다**
명 **주목, 알아챔; 공고문; 안내판**
- **notification** 알림, 통고
- **notify** (공식적으로) 알리다[통고하다] (= inform)

I didn't **notice** him leaving.
나는 그가 떠나는 것을 **알아채지** 못했다.

0763
recall
[rikɔ́ːl]

동 **기억해 내다**(recollect); (불량 제품을) **회수하다; 다시 불러들이다**

to **recall** his name
그의 이름을 **기억해 내다**

0764
regular
[régjələr]

형 **규칙적인; 주기적인** (↔ irregular)
- **regularly** 정기적으로; 자주
- **regularity** 정기적임, 규칙적임

a **regular** heartbeat
규칙적인 심장 박동

072 상업적인 고고학자들

적용 독해 ▶ p. 318

□ 765 **archaeologist** [ὰːrkiάlədʒist]	명 고고학자	ancient tombs unearthed by **archaeologists** **고고학자들**에 의해 발굴된 고대 무덤들
□ 766 **treasure** [tréʒər]	명 보물; 매우 귀중한 것 동 대단히 귀하게 여기다(cherish)	hidden **treasure** 숨겨진 **보물**
□ 767 **accumulate** [əkjúːmjəlèit]	동 (서서히) 모으다, 축적하다 • **accumulation** 축적, 누적 ⊕ cumulative 누적되는, 누계의	to **accumulate** a fortune 많은 재산을 **축적하다**
□ 768 **artifact** [ά:rtəfӕkt]	명 (인공) 유물 (= artefact)	historical **artifacts** 역사적 **유물들** (수능)
□ 769 **cooperate** [kouάpərèit]	동 협력하다, 협동하다; (요청에) 협조하다 • **cooperative** 협력하는; 협조하는	to refuse to **cooperate** with each other 서로 **협력하**기를 거부하다
□ 770 **tomb** [tuːm]	명 무덤, 묘	the **tombs** of the Pharaohs 파라오의 **무덤들**
□ 771 **quest** [kwest]	명 추구, 탐구; 탐사, 원정 동 추구하다, 탐구하다	the **quest** for profit and the search for knowledge 이익 **추구**와 지식의 탐구 (수능)
□ 772 **coexist** [kòuigzíst]	동 공존하다, 동시에[같은 곳에] 있다	The two communities **coexist** peacefully. 두 공동체가 평화롭게 **공존한다**.
□ 773 **incredible** [inkrédəbl]	형 믿을 수 없는, 믿기 힘든; 대단한, 엄청난 • **incredibly** 믿을 수 없을 정도로, 엄청나게 ⊕ credible 믿을[신뢰할] 수 있는 (convincing) credibility 신뢰성 plausible 타당한 것 같은, 이치에 맞는	an **incredible** story **믿을 수 없는** 이야기
□ 774 **shipwrecked** [ʃíprèkt]	형 난파된; 깨어진, 파괴된 ⊕ marine 바다의, 해양의	to study **shipwrecked** artifacts **난파선의** 유물들을 연구하다 (수능)

SET 16

0775 **wreck** [rek]	명 (심하게 부서진) **잔해; 난파선**	to be trapped in the **wreck** **잔해** 속에 갇히다
0776 **commercial** [kəmə́ːrʃəl]	형 **상업적인, 이윤을 낳는; 상업의** 명 **광고** • **commerce** 무역, 상업 • **commercialized** 상업화된, 영리 위주의 • **commercialization** 상업화	to be used for **commercial** purposes **상업적인** 목적으로 사용되다

073 인공지능과 인간의 정체성

적용 독해 p. 320

0777 **replicate** [répləkèit]	동 **복제하다, 모사하다**	to **replicate** behaviors and talents 행동과 재능을 **복제하다** 수능
0778 **AI** [èiái]	명 **인공지능** (= artificial intelligence)	the development of **AI** **인공지능**의 발달
0779 **surrender** [səréndər]	동 **내주다, 넘겨 주다; 항복[굴복]하다** 명 **항복; 인도, 양도; 포기**	to **surrender** all claims to the property 재산에 관한 모든 권리를 **넘겨 주다**
0780 **supposedly** [səpóuzidli]	부 **추정상, 아마** + suppose 추정하다 presuppose 예상하다, 추정하다(assume)	The novel is **supposedly** based on a true story. 그 소설은 **아마** 실화에 바탕을 두고 있을 것이다.
0781 **crisis** [kráisis]	명 **위기; 최악의 고비**	identity **crisis** 정체성의 **위기** 수능
0782 **ethicist** [éθəsist]	명 **윤리학자, 도덕가** • **ethic** 윤리, 도덕 (규범) • **ethical** 윤리상의; 윤리적으로 옳은 • **ethics** 윤리학	a moral **ethicist** 도덕 **윤리학자** 수능
0783 **if anything**	**그러기는 커녕, 오히려**	She's not thin—*if anything* she's on the plump side. 그녀는 마르지 않았다, **오히려** 그녀는 통통한 편이다.

▢ 784 **irony** [áirəni]	명 **아이러니, 역설적인 상황; 비꼼, 반어법** • **ironic** (ironical) 아이러니한, 모순적인; (말이) 반어적인 • **ironically** 역설적이게도, 모순적이게도	one of life's little **ironies** 인생의 작은 **아이러니들** 중 하나
▢ 785 **utilitarian** [juːtələtέəriən]	형 **실용적인; 공리주의의**	a very **utilitarian** clothes 매우 **실용적인** 옷
▢ 786 **abundance** [əbʌ́ndəns]	명 **풍부함, 풍요** • **abundant** 풍부한(plentiful) ⊕ affluence 풍족, 부유	to have an **abundance** of natural resources **풍부**한 천연자원을 가지고 있다
▢ 787 **humanity** [*h*juːmǽnəti]	명 **인류; 인간성; 인도적임** • **humanitarian** 인도주의적인; 인도[박애]주의자 ⊕ mercy 자비 blessing 축복(의 기도) compassion 연민, 동정심	AIs will help define **humanity**. AI들이 **인간성**을 정의하는 데 도움을 줄 것이다. (수능)

074 맛의 메커니즘

적용 독해 ➤ p. 320

▢ 788 **evolve** [ivɑ́lv]	동 **진화하다, 발달하다** • **evolution** 진화, 발전 • **evolutionary** 진화의, 점진적인	have **evolved** taste preferences for sweet foods 단 음식에 대한 맛의 선호를 **진화시켜 왔다** (수능)
▢ 789 **preference** [préf*ə*rəns]	명 **선호, 애호** • **prefer** ~을 더 좋아하다, 선호하다 • **preferable** 더 좋은, 선호되는	personal **preference** 개인적 **선호**
▢ 790 **hunter-gatherer** [hʌ̀ntə*r*gǽðərə*r*]	명 **수렵 채집인** ⊕ nomadic 유목의	the **hunter-gatherers** of Tanzania 탄자니아의 **수렵 채집인들** (수능)
▢ 791 **liquid** [líkwid]	명 **액체, 음료** 형 **액상의, 유동적인; 맑은** • **liquidity** (자산의) 유동성 ⊕ beverage (물 외의) 음료	a strong preference for sweet **liquids** 단 **음료**에 대한 강한 선호 (수능)

SET 16

▢ 792 **toxin** [tάksin]	명 **독소** • **toxic** 유독성의	to tend to contain **toxins** **독소**를 포함하는 경향이 있다 (수능)
▢ 793 **deficit** [défisit]	명 **부족; 적자** • **deficiency** 부족, 결핍 • **deficient** 부족한	in response to **deficits** in water 물 **부족**에 대응하여 (수능)
▢ 794 **likewise** [láikwàiz]	부 **마찬가지로, 똑같이**	They **likewise** increase their intake of sweets. 그것들은 **마찬가지로** 단것의 섭취를 늘린다. (수능)
▢ 795 **intake** [íntèik]	명 **섭취, 섭취량**	an adequate **intake** of vitamin 비타민의 적절한 **섭취**
▢ 796 **fluid** [flúːid]	명 **유체, 유동체; 체액** 형 **부드러운, 유동적인**	when their energy and **fluids** become depleted 그들의 에너지와 **체액**이 고갈되면 (수능)
▢ 797 **coordinate** [kouɔ́ːrdineit]	동 **조직화하다; 조정하다** • **coordination** 조직화, 조화 ⊕ adorn 꾸미다, 장식하다	to **coordinate** food consumption patterns with physical needs 음식 섭취 유형을 신체적 욕구와 **조화시키다** (수능)
▢ 798 **physical** [fízikəl]	형 **신체의, 육체의; 물질의** ⊕ physics 물리학	**physical** fitness **신체적** 건강

Review

학습한 주요 단어를 깊이 있게 이해하기

schematic
• **showing the main parts of something usually in the form of a simple drawing or diagram**
대개 간단한 그림이나 도해의 형태로 어떤 것의 주요 부분을 보여 주는
⇒ **도식적인, 도해의**

utilitarian
• **designed to be useful and practical rather than attractive**
매력적이기보다는 유용하고 실제적으로 고안된 ⇒ **실용적인**

SET 17

과학 (3)

075 온라인 커뮤니티의 문제점

적용 독해 ▶ p. 322

☐ 799 **interaction** [ìntərǽkʃən]	명 **상호작용;** (사람들 간의) **교류** • **interact** 상호작용하다, 소통하다 • **interactive** 상호작용하는, 대화형의 • **interactivity** 쌍방향 참가, 대화식 이용	time spent on on-line **interaction** with members 구성원들과 온라인 **상호작용**을 하는 데 소비되는 시간 (수능)
☐ 800 **preselected** [prìsiléktid]	형 **미리 정해진, 사전에 선택된**	**preselected** code **사전에 선택된** 코드
☐ 801 **preprint** [príːprìnt]	명 **견본 인쇄; 예고**(豫稿, 강연 내용을 미리 알리기 위해 쓰는 요지) 비교 imprint 각인시키다, 새기다	electronic **preprints** 전자 **예고**(豫稿) (수능)
☐ 802 **specialized** [spéʃəlàizd]	형 **전문적인, 전문화된** • **specialize** 전공하다, 전문적으로 하다 • **specialty** 전문, 전공	**specialized** subject area **전문화된** 주제 분야 (수능)
☐ 803 **overwhelming** [òuvərhwélmiŋ]	형 **압도적인** • **overwhelm** 압도하다, 제압하다	an **overwhelming** majority **압도적인** 득표
☐ 804 **overfilter** [òuvərfíltər]	동 **과도하게 걸러내다** • **filter** 여과장치; 거르다	to **overfilter** the flow of information 정보의 흐름을 **과도하게 걸러내다** (수능)
☐ 805 **circulate** [sə́ːrkjulèit]	동 **순환하다; 유포되다** • **circular** 순환하는, 원형의 • **circulation** 순환, 유통, 공기정화 • **oval** 계란형의, 타원형의	to eliminate the diversity of the knowledge **circulating** **순환하는** 지식의 다양성을 없애다 (수능)
☐ 806 **frequency** [fríːkwənsi]	명 **빈도; 주파수** • **frequent** 잦은, 빈번한	words that occur with high **frequency** 출현 **빈도**가 높은 단어들
☐ 807 **radical** [rǽdikəl]	명 **급진주의자, 과격파** 형 **근본적인; 급진적인** • **radically** 근본적으로, 철저히	**radical** changes in education 교육 분야의 **근본적인** 변화

0808 **stack** [stæk]

명 **무더기, 다량; (the stacks) 서가**
동 **쌓다; 채우다**

a journey through the **stacks** of a real library
실제 도서관의 **서가**를 훑고 다니는 것 (수능)

076 시간적 해상도

적용 독해 ❯ p. 322

0809 **resolution** [rèzəlúːʃən]

명 **결의안; 해결;** (화면의) **해상도**
- **resolve** 해결하다; 다짐하다
- **resolute** 단호한, 확고한

high-**resolution** graphics
고해상도 그래픽

0810 **satellite** [sǽtəlàit]

명 **위성**

satellite remote sensing
위성의 원격 감지 (수능)

0811 **remote** [rimóut]

형 **외진**(isolated); **먼**(distant); **원격의**

a **remote** control
원격 조종

0812 **density** [dénsəti]

명 **밀도, 농도**
- **dense** 밀집한, 빽빽한
- **densely** 밀집하여, 빽빽이
- ⊕ compact 촘촘한, 조밀한; 소형의

the temporal **density** of remotely sensed imagery
원격으로 감지된 사진의 시간적인 **밀도** (수능)

0813 **fine-grained** [fáingrèind]

형 **결이 고운**

fine-grained soil
결이 고운 토양

0814 **visible** [vízəbəl]

형 (눈에) **보이는, 알아볼 수 있는**
- **visibility** 시계(視界), 가시성

visible radar information
눈에 보이는 레이더 정보 (수능)

0815 **sub-hourly** [sʌ̀báuərli]

형 **한 시간 이내의**
어원 sub(under) + hourly(1시간마다)

at **sub-hourly** temporal resolution
한 시간 이내의 주기로 찍은 해상도로 (수능)

0816 **urban** [ə́ːrbən]

형 **도시의**
- ⊕ metropolitan 대도시의

urban planners
도시 계획자들 (수능)

0817 **inquiry** [inkwáiəri]

명 **탐구, 연구; 질문**
- **inquire** (~에게) 묻다, 알아보다
- **inquisitive** 탐구적인, 호기심이 많은

to meet the requirements of your **inquiry**
여러분이 **탐구하는 것**의 필요를 충족시키다 (수능)

▢818 **archive** [ɑ́:rkaiv]	명 **기록 보관소** 동 (기록 보관소에) **보관하다**	to search **archives** of aerial photographs 항공사진의 **기록 보관소**를 뒤지다 (수능)
▢819 **aerial** [ɛ́əriəl]	형 **항공기에 의한; 공중의, 대기의**	**aerial** attacks **공습**
▢820 **pre-date** [pridéit]	동 (과거의 다른 것보다) **먼저 지어지다 [형성되다]**	to get information from that past that **pre-date** the collection of satellite imagery 수집된 위성 사진들보다 **앞서는** 그런 과거로부터 정보를 얻다 (수능)

077 노화의 속도 측정

적용 독해 ❯ p. 324

▢821 **remark** [rimɑ́:rk]	명 **발언(comment); 주목(note)** 동 **언급하다** • **remarkable** 놀랄 만한 (astonishing), 주목할 만한 • **remarkably** 두드러지게, 현저하게	to **remark** with surprise 놀라면서 **말하다** (수능)
▢822 **chronological** [krɑ̀nəlɑ́dʒikəl]	형 **연대순의** • **chronology** 연대순, 연대표 • **chronological age** 실제 연령; 생활 연령	in **chronological** order **연대순**으로, **시간 순서에** 따라
▢823 **observe** [əbzə́:rv]	동 **목격하다; 관찰하다; 말하다; 준수하다** • **observance** 준수 • **observer** 관찰자, 참관인 ⊕ comply 따르다, 준수하다	to **observe** him entering the bank 그가 은행에 들어가는 것을 **목격하다** She **observed** that it was getting late. 늦어지고 있다고 그녀가 **말했다.**
▢824 **various** [vɛ́əriəs]	형 **다양한, 여러 가지의** • **variety** 여러 가지, 다양성, 품종 • **vary** 달라지다, 다르다 • ***variety store*** 잡화점	**various** cells, tissues, and organs **다양한** 세포, 조직, 그리고 기관들 (수능)
▢825 **organ** [ɔ́:rgən]	명 **장기, 기관; 오르간**	internal **organs** 내부 **기관** (내장)

826 **passage** [pǽsidʒ]	명 **통로, 복도**(corridor); (시간의) **흐름, 경과** ⊕ bypass 우회도로; 우회하다	unlike the **passage** of time 시간의 **경과**와 달리 (수능)
827 **resist** [rizíst]	동 **저항하다; 방해하다; 참다** • **resistance** 저항, 방해, 반대 • **resistant** 저항하는, 잘 견디는 • **resistible** 저항할[참을] 수 있는 • **irresistible** 억누를 수 없는 ⊕ defy 반항[저항]하다, 견뎌 내다 withstand 견뎌 내다	to **resist** change 변화에 **저항하다**
828 **mirror** [mírər]	명 **거울, 반영하는 것** 동 **반영하다**(reflect); **비추다**	changes that **mirror** all other biological age changes 모든 다른 생물학적 나이 변화를 **반영하는** 변화 (수능)
829 **quality** [kwáləti]	명 **질, 품질; 우수함;** (사람의) **자질, 특성** • **qualify** 자격을 얻다(주다) ⊕ prime (품질이) 최고의, 뛰어난	goods of a high **quality** 질 높은 상품 the distinctive **quality** of a sign 표지판의 독특한 **특성**

078 음식 섭취와 인간의 감각

적용 독해 ❯ p. 324

830 **survival** [sərváivəl]	명 **생존; 유물**(relic) • **survive** 생존하다 • **survivable** 생존 가능한 • **survivability** 생존 가능성 • **survivor** 생존자 • **survivorship** 생존, 존속	essential for the **survival** of every living organism 모든 생물의 **생존**을 위해 필수적인 (수능)
831 **detect** [ditékt]	동 **감지하다, 알아내다** • **detective** 형사, 탐정 • **detector** 감지기 • **detection** 탐지, 발견	to **detect** spoiled or toxic food 상했거나 독이 있는 음식을 **감지하다** (수능)
832 **deadly** [dédli]	형 **치명적인; 극도의** 부 **극도로** ⊕ dead 죽은 suicide 자살	**deadly** consequences **치명적인** 결과 (수능)

▢ 833 **toxic** [tɑ́ksik]	형 **독이 있는, 유독성의** • **toxin** 독소	**toxic** gases **유독**가스
▢ 834 **source** [sɔːrs]	명 **원천, 근원; 자료** resource 자원, 재료	renewable energy **sources** 재생 가능한 에너지**원**
▢ 835 **complex** [kɑ́mpleks]	명 **복합 건물; 덩어리; 콤플렉스** 형 **복잡한**(complicated); **복합의** • **complexity** 복잡함, 난이도	a **complex** sensory analysis **복합적인** 감각 분석 (수능)
▢ 836 **restrict** [ristríkt]	동 **국한하다, 제한하다** • **restricted** 국한된, 제한된 • **restriction** 제한, 제약 ban 금지하다(prohibit, forbid) censorship 검열	to be **restricted** to the sense of taste 미각에만 **국한되다** (수능)
▢ 837 **include** [inklúːd]	동 **포함하다** (↔ exclude) • **inclusion** 포함, 포함된 것 • **inclusive** 포함된, 포괄적인	to **include** smell, touch, and hearing 후각, 촉각, 그리고 청각을 **포함하다** (수능)
▢ 838 **swallow** [swɑ́lou]	동 (음식을) **삼키다** 명 **제비**	the final decision whether to **swallow** or reject food 음식을 **삼킬** 것인가 거부할 것인가에 대한 최종 결정 (수능)
▢ 839 **reject** [ridʒékt]	동 **거부하다, 거절하다** • **rejection** 거절; 배제	to **reject** a decision 결정 사항을 **거부하다**
▢ 840 **inappropriately** [ìnəpróupriətli]	부 **부적절하게** (↔ appropriately)	to behave **inappropriately** **부적절하게** 행동하다
▢ 841 **refer to**	**~을 나타내다;** (정보를 알아내기 위해) **~을 보다** • **reference** 언급; 참고 문헌 • **refer to** *A* **as** *B* A를 B라고 부르다	to *refer to* him as "captain" 그를 "대장"이라고 **부르다** to *refer to* a dictionary 사전을 **찾아보다**

SET 17

079 과학의 연속성, 예술의 비연속성

적용 독해 ❯ p. 326

▢ 842 **theoretical** [θìːərétikəl]	형 **이론적인** (↔ experimental 실험적인) • **theory** 이론, 학설 • **theorize** 이론(가설)을 세우다	a **theoretical** approach **이론적인** 접근법
▢ 843 **progression** [prəgréʃən]	명 **진행, 진전; 연속** • **progress** 진전; 진행하다(advance) • **progressional** 전진의, 진보적인	a **progression** from childhood to adolescence 아동기에서 청소년기로의 **진행**
▢ 844 **myth** [miθ]	명 **신화(legend); 근거 없는 믿음** • **mythology** (집합적) 신화 • **mythical** 신화에 나오는, 사실이 아닌 ⊕ divine 신의, 신성한 sacred 성스러운, 종교적인 saint 성인, 성자	the underlying **myth** of modern science 현대 과학의 기저에 놓인 **근거 없는 믿음** (모의)
▢ 845 **methodology** [mèθədάlədʒi]	명 **방법론** • **method** 방법, 체계성 • **methodical** 체계적인, 꼼꼼한 ⊕ usage 용법, 어법	the **methodologies** of science 과학의 **방법론** (모의)
▢ 846 **genome** [dʒíːnoum]	명 **게놈**(세포나 생명체의 유전자 총세) • **genomic** 게놈의	the human **genome** 인간의 **게놈**

Review

학습한 주요 단어를 깊이 있게 이해하기

inquiry
- **an official process to find out about something**
  어떤 것에 대해 알아내려는 공식적인 과정 ⇒ **탐구, 조사**
- **a request for information** 정보를 달라는 요청 ⇒ **문의, 질문, 조회**

resolution
- **a formal statement that expresses the feelings, wishes, or decision of a group**
  어떤 집단의 생각·소망·결정을 표현하는 공식 성명 ⇒ **결의안**
- **the act of resolving something** 어떤 것을 해결하는 일 ⇒ **해법, 해결**
- **the power of a device to give a clear picture**
  선명한 영상을 주는 장치의 능력 ⇒ **해상도**

SET 18

과학 (4)

080 눈과 귀의 특성

적용 독해 p. 326

847 **penetrate** [pénətrèit]	동 뚫고 들어가다; 침투하다 • **penetration** 관통, 침투 pierce (뾰족한 기구로) 뚫다	to **penetrate** below the surface 표면 아래로 **침투하다** (수능)
848 **fuse** [fju:z]	동 결합[융합]시키다; 융합되다 명 퓨즈; (폭탄의) 도화선	to **fuse** an ability to measure with an ability to judge 측정 능력과 판단 능력을 **결합하다** (수능)
849 **discern** [disə́:rn]	동 (분명하지 않은 것을) 알아차리다, 파악하다; 분간하다 apprehend 파악하다; 체포하다	to **discern** different colors 다른 색깔들을 **분간하다** (수능)
850 **precise** [prisáis]	형 정확한, 정밀한(exact) • **precision** 정확, 정밀 • **precisely** 정확하게	**precise** measurements **정확한** 측정
851 **unmusical** [ʌ̀nmjú:zikəl]	형 음악에 소질이 없는, 음악성이 없는	an **unmusical** person **음악에 소질이 없는** 사람 (수능)
852 **octave** [áktiv]	명 옥타브	to play an **octave** higher 한 **옥타브** 높게 연주하다
853 **optical** [áptikəl]	형 시각적인; 광학의, 빛의	**optical** illusions **시각적** 착각 (수능) **optical** instruments **광학** 기기
854 **remarkable** [rimá:rkəbl]	형 놀랄 만한, 주목할 만한 (astonishing) • **remarkably** 두드러지게, 현저하게	a **remarkable** achievement **놀랄 만한** 성과
855 **invisible** [invízəbl]	형 보이지 않는, 볼 수 없는 (↔ visible); 무형의	**invisible** to the naked eye 육안으로 **볼 수 없는**

856 **underlie** [ʌ̀ndərlái]	동 (~의) **기저[근간]를 이루다** • **underlying** 근본적인; (다른 것의) 밑에 있는	a principle that **underlies** the party's policies 그 정당 정책의 **근간을 이루는** 원칙 an **underlying** cause **근본적인** 원인
857 **vibration** [vaibréiʃən]	명 **떨림, 진동** • **vibrant** 활기찬; (색이) 강렬한 • **vibrate** 떨리다, 진동하다	to feel the slightest **vibration** 아주 미세한 **진동**을 느끼다
858 **enormous** [inɔ́ːrməs]	형 **막대한, 거대한**(huge, immense)	an **enormous** amount of information **엄청난** 양의 정보 (수능)
859 **stance** [stæns]	명 **입장, 태도;** (스포츠 경기의) **자세**	one's **stance** toward life 삶에 대한 **태도** (수능)

081 '멀티태스킹'이라는 용어

적용 독해 ➤ p. 328

860 **concept** [kánsept]	명 **개념** • **conceptual** 개념의, 구상의 • **conceptualize** 개념화하다	to grasp abstract **concepts** 추상적인 **개념**을 이해하다
861 **multiple** [mʌ́ltəpəl]	형 **다수의; 복합적인** ⊕ multiply 곱하다; 크게 증가시키다	to do **multiple** things at a time 한 번에 **여러 가지** 일을 하다 (수능)
862 **multitasking** [mʌ̀ltitǽskiŋ]	명 **다중 작업; 동시에 여러 가지 일을 하는 능력** • **multitask** 다중 작업을 하다 ⊕ task 과업, 과제 errand 심부름	to be good at **multitasking** **다중 작업**에 능하다
863 **retrospect** [rétrəspèkt]	명 **회상, 회고** • ***in retrospect*** 돌이켜 생각해 보면, 회상해 보면	The decision seems extremely odd, *in retrospect*. **돌이켜 생각해 보면**, 그 결정은 매우 이상한 것 같다.

864
inherent
[inhíərənt]

형 **내재하는**(intrinsic)
- **inherently** 본질적으로; 선천적으로

the difficulties **inherent** in a study of this type
이런 종류의 연구에 **내재된** 어려움들
an **inherently** dangerous occupation
본질적으로 위험한 직업

865
deceptive
[diséptiv]

형 **기만적인, 현혹하는**(misleading)
- **deceive** 속이다; 현혹하다
- **deception** 속임, 기만(deceit)

a **deceptive** advertisement
기만적인 광고

866
alternately
[ɔ́:ltərnətli]

부 **번갈아, 교대로**
- **alternate** 번갈아 생기는; 번갈아 나오게 만들다

multiple tasks **alternately** sharing one resource
하나의 자원을 **번갈아** 공유하는 다중 과업 (수능)

867
flip
[flip]

동 **홱 뒤집다;** (상황이) **갑자기 바뀌다;** (동전을) **툭 던지다**

The context was **flipped**.
맥락이 **갑자기 바뀌었다**. (수능)

868
simultaneously
[sàiməltéiniəsli]

부 **동시에, 일제히**

to be broadcast **simultaneously** on TV and radio
TV와 라디오로 **동시에** 방송되다

869
phrase
[freiz]

명 **구**(句)**; 관용구**

an adverbial **phrase**
부사구

870
misleading
[mislí:diŋ]

형 **호도[오도]하는, 오해의 소지가 있는**(deceptive)

to provide **misleading** information
오해의 소지가 있는 정보를 제공하다

871
tackle
[tǽkl]

동 (힘든 문제와) **씨름하다, 다루다**(deal with); (축구에서) **태클하다**
명 **태클**

to **tackle** multiple tasks
다수의 과업을 **다루다** (수능)

872
feed
[fi:d]

동 **음식[먹이]을 주다; 제공하다**(supply); (필요를) **충족시키다; 부추기다**

to **feed** the cat
고양이에게 **먹이를 주다**
to **feed** her ambition
그녀의 야망을 **부추기다**

적용 독해 ❯ p. 328

▢ 873 **liken** [láikən]	동 **~을 …에 비유하다** • **liken *A* to *B*** A를 B에 비유하다	Life is often **likened** to a journey. 인생은 자주 여행에 **비유된다**.
▢ 874 **elementary** [èləméntəri]	형 **초보의; 기본적인** ⊕ pupil (어린) 학생, 문하생; 눈동자 apprenticeship 수습 기간; 수습직	**elementary** biology **기초** 생물학 (수능)
▢ 875 **impression** [impréʃən]	명 **인상; 감명** • **impressive** 인상적인, 인상 깊은 • **impressionism** 인상파 • **impressionist** 인상파 화가	to produce a misleading **impression** 잘못된 **인상**을 만들어 내다 (수능)
▢ 876 **entail** [intéil]	동 **수반하다, 포함하다**(involve)	What would the work **entail**? 그 업무에는 무엇이 **수반되나요**?
▢ 877 **ray** [rei]	명 **광선, 한 줄기 빛**	the sun's **rays** 태양 **광선**
▢ 878 **brightness** [bráitnis]	명 **밝음, 빛남; 명도** • **bright** 밝은 ⊕ brilliant 멋진, 뛰어난 vivid 생생한	to adjust the **brightness** **명도[밝기]**를 조절하다 (수능)
▢ 879 **layer** [léiər]	명 **막, 층, 겹** 동 **층층이[겹겹이] 놓다**	to be covered in a thick **layer** of dust 두꺼운 먼지 **막**으로 덮이다 to have a thick **layer** of fat 두꺼운 지방 **층**이 있다
▢ 880 **cast** [kæst]	동 (미소 등을) **던지다, 보내다;** (빛을) **발하다,** (그림자를) **드리우다;** (영화에) **캐스팅을 하다** 명 **출연자들**	to **cast** a welcoming smile 반가워하는 미소를 **보내다** to **cast** a shadow on the water 물 위에 그림자를 **드리우다**
▢ 881 **retina** [rétənə]	명 (눈의) **망막**	to damage the **retina** **망막**을 손상시키다

882 **respectively** [rispéktivli]	부 각각, 각자	Jane and Linda are aged 10 and 13 **respectively**. Jane과 Linda는 **각각** 10살과 13살이다.
883 **superficial** [sù:pərfíʃəl]	형 깊이 없는, 피상적인(shallow)	a **superficial** approach to the problem 그 문제에 대한 **피상적인** 접근법
884 **analogy** [ənǽlədʒi]	명 비유; (둘 사이의) 유사점; 유추	to draw an **analogy** between the human heart and a pump 인간의 심장을 펌프에 **비유**하다
885 **obscure** [əbskjúər]	동 보기 어렵게 하다, 모호하게 하다 형 잘 알려지지 않은; 이해하기 힘든, 모호한	to **obscure** the much more fundamental difference 훨씬 더 근본적인 차이를 **모호하게 하다** 수능
886 **merely** [míərli]	부 그저(just), 단지(only)	The camera **merely** records an image. 카메라는 **단지** 이미지를 기록할 뿐이다. 수능

083 뉴턴과 아인슈타인의 이론

적용 독해 ❯ p. 330

887 **physics** [fíziks]	명 물리학	a degree in **physics** **물리학** 학위
888 **theory** [θí:əri]	명 이론; 학설 • **theoretical** 이론적인 • **theoretically** 이론상	Newton's **theory** of gravity 뉴턴의 중력 **이론** 수능
889 **gravity** [grǽvəti]	명 (지구) 중력; 심각성(seriousness)	**Gravity** pulls objects together. **중력**은 물체를 서로 끌어당긴다.
890 **version** [və́:rʒən]	명 견해, 설명; (책 등의) 버전, 판(版)	to constitute different **versions** 다른 **견해**를 구성하다 수능
891 **reality** [ri:ǽləti]	명 현실, 실제 + realize 실현하다; 깨닫다 embody 구현하다; 상징하다	to refuse to face **reality** **현실**을 직시하려고 하지 않다

SET 18

▢ 892 **mass** [mæs]	명 (물체의) **질량; 덩어리;** (사람의) **무리** • **massiveness** 육중함; 대규모임	the **mass** of a planet 행성의 **질량**
▢ 893 **exert** [igzə́ːrt]	동 (영향력을) **가하다, 발휘[행사]하다**	to **exert** a force 힘을 **발휘하다** (수능)
▢ 894 **bend** [bend]	동 **굽히다; 구부리다**	a **bending** of space and time 공간과 시간의 **구부러짐** (수능)
▢ 895 **employ** [implɔ́i]	동 **고용하다;** (방법을) **쓰다, 사용하다**	to **employ** a technique 기술을 **사용하다**
▢ 896 **navigate** [nǽvəgèit]	동 **길을 찾다; 항해하다** • **navigational** 항행의, 항해의 ⊕ steer (보트 등을) 조종하다	to **navigate** by the stars 별을 보고 **길을 찾다**

Review

학습한 주요 단어를 깊이 있게 이해하기

optical

- **connected with the sense of sight or the relationship between light and sight**
  시각 또는 빛과 시각의 관계와 연관된 ⇒ **시각적인**
- **relating to or using light**
  빛과 관련되거나 빛을 이용하는 ⇒ **광학의**

entail

- **to involve something as a necessary part or result**
  필연적인[불가피한] 부분이나 결과로 어떤 것을 포함[수반]하다 ⇒ **수반[포함]하다**

analogy

- **a comparison of one thing with another thing that has similar features; a feature that is similar**
  비슷한 특징을 지닌 다른 것과의 비교; 비슷한 특징 ⇒ **비유, 유사점**
- **the process of comparing one thing with another thing that has similar features in order to explain it**
  어떤 것을 설명하기 위해 비슷한 특징을 가진 다른 것과 비교하는 과정 ⇒ **유추**

과학 ⑤

084 근섬유

적용 독해 ▶ p. 330

▢ 897 **muscle** [mʌ́səl]	명 근육; 근력	to relax the **muscles** / **근육**을 이완시키다, **근육**의 긴장을 풀다
▢ 898 **fiber** [fáibər]	명 섬유; 섬유질 / ⊕ botanic 식물의(= botanical)	a muscle **fiber** / 근섬유[근육 **섬유**] 수능
▢ 899 **cell** [sel]	명 세포; 감방; (벌집의) 칸 / • **cellular** 세포의; 무선 전화의	to discover cancer **cells** / 암**세포**를 발견하다
▢ 900 **sustain** [səstéin]	동 살아가게[지탱하게] 하다; (무게를) 견디다(bear); 지속시키다	The ice will not **sustain** your weight. / 그 얼음은 너의 체중을 **견딜** 수 없을 것이다.
▢ 901 **contraction** [kəntrǽkʃən]	명 수축(↔ expansion); (분만 시의) 진통; (단어의) 축약형 / • **contract** 줄어들다; (병에) 걸리다; 계약(하다)	the expansion and **contraction** of the metal / 금속의 팽창과 **수축**
▢ 902 **endurance** [indjúərəns]	명 인내(력), 참을성; 지구력 / • **endure** 견디다, 참다 / • **enduring** 오래가는 / ⊕ eternal 영원한 / persevere [pə̀ːrsəvíər] 인내하며[굴하지 않고] 계속하다	**endurance** exercises, like long-distance running / 장거리 경주와 같은 **지구력** 운동 수능
▢ 903 **burst** [bəːrst]	동 터지다, 파열하다; 불쑥 가다[오다] / 명 터뜨림, 파열	short **bursts** of intense activity / 짧고 **폭발**적인 격렬한 활동 수능
▢ 904 **lift** [lift]	동 들어올리다; (제재를) 해제하다 / 명 엘리베이터	to **lift** weights / 역기를 **들다**

▢905 **sprint** [sprint]	동 (단거리를) **전력 질주하다** 명 **단거리 경기; 전력 질주** dart 쏜살같이 달리다; 화살	to **sprint** for the line 선을 향해 **전력 질주하다**

085 평형을 유지하려는 생명체

적용 독해 ▶ p. 332

▢906 **state** [steit]	명 **상태; 국가;** (미국의) **주**(州) 동 **진술하다**	a confused mental **state** 혼란스러운 정신 **상태**
▢907 **act on**	**~에 영향을 미치다;** **~에 따라 행동하다**	forces *acting on* us 우리**에게 영향을 미치는** 힘 (수능)
▢908 **inner** [ínər]	형 **내부의, 안쪽의; 내면의** (↔ outer)	an **inner** calm **내면의** 평온
▢909 **machinery** [məʃíːnəri]	명 **기계**(류); **조직, 기구**	the **machinery** of government 정부 **조직**
▢910 **kick in**	(기계가) **작동하기 시작하다,** (약이) **효과가 나타나기 시작하다**	It'll be a few hours before the effects of the drug *kick in*. 몇 시간 있어야 약의 **효과가 나타나기 시작할** 것이다.
▢911 **equilibrium** [ìːkwilíbriəm]	명 **평형**(a state of balance), **균형;** (마음의) **평정**(composure)	to disturb the body's state of **equilibrium** 몸의 **평형[균형]**을 깨뜨리다 a balanced state of **equilibrium** **평형**이라는 균형이 잡힌 상태 (수능)
▢912 **internal** [intə́ːrnəl]	형 **내부의; 체내의** (↔ external) • **internalize** 내면화하다	**internal** organs **체내** 기관, 내장
▢913 **physiological** [fìziəládʒikəl]	형 **생리**(학)**적인** • **physiology** 생리학; 생리(生理)	**physiological** differences between men and women 남녀 간의 **생리적** 차이점들
▢914 **extraordinary** [ikstrɔ́ːrdənèri]	형 **특이한, 보기 드문**	an **extraordinary** thing to say **특이한** 발언

적용 독해 ▶ p. 332

▢ 915 **strength** [streŋθ]	명 **힘, 기운; 장점;** (물체의) **강도, 내구성** • **strengthen** 강화되다[하다] (↔ weaken) ⊕ feeble 아주 약한 fragile 부서지기 쉬운	to build up muscle **strength** 근육의 **힘**을 기르다 (수능)
▢ 916 **mid-forties** [midfɔ́ːrtiz]	명 **40대 중반**	to start in one's **mid-forties** **40대 중반**에 시작하다 (수능)
▢ 917 **capability** [kèipəbíləti]	명 **능력, 역량** • **capable** ~을 할 수 있는, 유능한 ⊕ capacity 용량, 수용력; 능력	beyond the **capabilities** of current technology 현재의 기술 **능력**을 넘어서는
▢ 918 **double** [dʌ́bl]	동 **두 배로 되다[만들다]** 명 **두 배** ⊕ triple 3부로 된; 3배의; 3배가 되다 (= treble)	The population will **double** in 50 years. 인구는 50년 후에 **두 배가 될** 것이다.
▢ 919 **stair** [stɛər]	명 **계단**	to climb **stairs** **계단**을 오르다 (수능)
▢ 920 **combat** [kɑ́mbæt]	명 **전투, 싸움** 동 (안 좋은 일을) **방지하다;** (적과) **싸우다**	action to **combat** global warming 지구 온난화를 **방지하려는** 조치
▢ 921 **depression** [dipréʃən]	명 **우울증; 침울함; 불경기** • **depressed** 우울한; 침체된	to suffer from **depression** **우울증**을 앓다
▢ 922 **factor** [fǽktər]	명 **요인, 인자;** (정도를 나타내는) **지수**	a risk **factor** for heart disease 심장병의 위험 **요인** (수능)
▢ 923 **diabetes** [dàiəbíːtis]	명 **당뇨병**	to recover from **diabetes** **당뇨병**에서 회복하다

적용 독해 p. 334

☐ 924 **regulation** [règjuléiʃən]	명 **규정, 규제** • **regulate** 규제하다, 조절하다 • **regulatory** 규제력을 지닌	too many rules and **regulations** 너무나 많은 규칙과 **규정들**
☐ 925 **strict** [strikt]	형 **엄격한** • **strictly** 엄격하게 rigorous 철저한; 엄격한 stern 엄중한, 근엄한	a **strict** teacher **엄격한** 교사
☐ 926 **informed** [infɔ́ːrmd]	형 **정보력이 있는; 잘 아는** • **inform** 알리다, 알아내다 • **information** 정보 • **informant** 정보원, 정보 제공자	an **informed** decision **잘 알고** 내린 결정
☐ 927 **thorough** [θə́ːrou]	형 **철저한** • **thoroughly** 철저하게	**thorough** examination **철저한** 정밀 조사 수능
☐ 928 **oversee** [òuvərsíː]	동 **감독하다**	**overseeing** bodies **감독** 기관 수능
☐ 929 **sidestep** [sáidstèp]	동 **피하다, 회피하다**	to **sidestep** most of the ethical issues 윤리적인 문제의 대부분을 **피하다** 수능
☐ 930 **ethical** [éθikəl]	형 **윤리적인** • **ethic** 윤리 • **ethics** 윤리학	**ethical** standards **윤리적** 기준
☐ 931 **presumably** [prizúːməbli]	부 **아마, 짐작건대** • **presume** 추정하다, 간주하다 • **presumption** 추정	The report is **presumably** correct. 보도는 **아마** 정확할 것이다.
☐ 932 **hazard** [hǽzərd]	명 **위험** 동 **위태롭게 하다** • **hazardous** 위험한, 위태로운	potential **hazards** 잠재적인 **위험** 수능
☐ 933 **nonetheless** [nʌ̀nðəlés]	부 **그럼에도 불구하고**	**Nonetheless**, experimenting on oneself remains problematic. **그럼에도 불구하고**, 자신을 실험하는 것은 여전히 문제가 된다. 수능

□934 **drawback** [drɔ́ːbæ̀k]	명 **문제점, 결점**(disadvantage)	one obvious **drawback** 한 가지 명백한 **문제점** 수능
□935 **lifestyle** [láifstàil]	명 **생활 방식**	according to **lifestyle** **생활 방식**에 따라 수능
□936 **derive** [diráiv]	동 **끌어내다, 얻다** • **derived** 유래된, 파생된 • **derivation** (단어의) 어원	experimental results **derived** from a single subject 단 한 명의 피험자로부터 **얻어진** 실험 결과 수능
□937 **atypical** [eitípikəl]	형 **이례적인**(↔ typical)	**atypical** behavior **이례적** 행동

088 유전공학과 자연생태계

적용 독해 ▶ p. 334

□938 **genetic** [dʒənétik]	형 **유전의, 유전적인** • **genetics** 유전학	useful **genetic** properties 유용한 **유전적** 특성 모의
□939 **cloning** [klóuniŋ]	명 **복제** • **clone** 클론, 복제; 복사품 ⊕ duplicate 복사[복제]하다, 사본을 만들다	**cloning** of animals 동물의 **복제**
□940 **millennium** [miléniəm]	명 **천년** (*pl*. millennia)	for several **millennia** **수천 년** 동안
□941 **transgenic** [trænsdʒénik]	형 **이식 유전자를 가진** (genetically modified) 명 **유전자 이식**	**transgenic** alteration of domestic animals **이식 유전자를 가진** 가축의 변형 모의
□942 **conversely** [kənvə́ːrsli]	부 **정반대로, 역으로**	Add the fluid to the powder, or, **conversely**, the powder to the fluid. 그 가루에 그 액체를 붓거나, **역으로** 그 액체에 가루를 부어라.
□943 **as-yet-unknown**	형 **아직 알려지지 않은**	a variety of **as-yet-unknown** purposes **아직 알려지지 않은** 다양한 목적 모의

SET 19

089 결정론

적용 독해 ▶ p. 336

☐ 944 **lawful** [lɔ́ːfəl]	형 **합법적인, 적법한** (↔ unlawful) • **law** 법, 법률 • **lawyer** 변호사	**lawful** relationships **적법한** 관계 (모의)
☐ 945 **chemist** [kémist]	명 **화학자; 약사** • **chemistry** 화학 • **chemical** 화학적인; 화학물질	a prominent **chemist** 뛰어난 **화학자**
☐ 946 **causal law**	**인과 법칙** • **causal** 인과 관계의 • **cause** 원인, 이유 비교 casual 태평스러운, 평상시의; 평상복	to be understood in terms of **causal laws** **인과 법칙**의 관점에서 이해되다 (모의)
☐ 947 **determinism** [ditə́ːrminìzəm]	명 **결정론** • **deterministic** 결정론적인 • **determinist** 결정론자	environmental **determinism** 환경 **결정론**
☐ 948 **doctrine** [dɑ́ktrin]	명 **교리, 신조;** (정책상의) **원칙** • **doctrinal** 교리의	philosophical **doctrine** 철학적인 **교리** (모의)
☐ 949 **finite** [fáinait]	형 **한정된, 유한한** (↔ infinite)	a **finite** number of causes **한정된** 수의 원인들 (모의)
☐ 950 **sunspot** [sʌ́nspɑ̀t]	명 **태양의 흑점**	the clearest **sunspot** image 가장 선명한 **태양 흑점**의 사진
☐ 951 **altitude** [ǽltətjùːd]	명 **고도** 비교 latitude 위도 aptitude 소질, 적성	**altitude** sickness 고산병
☐ 952 **jet stream**	**제트 기류** • **stream** 개울, 시내 ⊕ upstream 상류로	high-altitude **jet streams** 고도의 **제트 기류** (모의)

953
probabilistic
[prɑ̀bəbəlístik]

형 **확률론적인, 개연론에 의거한**
- **probability** 개연성, 확률
- **probable** 개연성 있는, 있을 것 같은

probabilistic risk assessment
확률론적인 위험도 평가

090 유전학의 발전과 대중 매체

적용 독해 ▶ p. 336

954
modest
[mɑ́dist]

형 **그리 대단하지 않은, 보통의; 겸손한**
- **modesty** 겸손; 얌전함; 보통 정도임
- **modestly** 겸손하게; 얌전히

⊕ humble 겸손한, 변변치 않은

modest in effect size
영향을 미치는 규모가 **별로 크지 않은** (모의)

955
sociologist
[sòusiɑ́lədʒist]

명 **사회학자**
- **sociology** 사회학

sociologists of genetics
유전학 **사회학자들** (모의)

956
clinical
[klínikəl]

형 **임상의; 냉담한; 간소한**
- **clinic** (전문 분야) 병원
- **clinician** 임상의(직접 환자를 상대하는 의사)

clinical trials of a drug
약물의 **임상적** 시험 사용

957
optimism
[ɑ́ptəmìzəm]

명 **낙관주의** (↔ pessimism 비관주의)
- **optimistic** 낙관적인

⊕ altruism [ǽltruːìzm] 이타주의

optimism about the future
미래에 대한 **낙관론**

958
heritability
[hèritəbíləti]

명 **물려줄 수 있음, 상속 가능성**
- **heritable** 상속 가능한
- **heritage** (국가·사회의) 유산

the **heritability** of common diseases
일반적 질병의 **유전[상속] 가능성** (모의)

091 청각 형태의 암호화

적용 독해 ▶ p. 338

959
encode
[inkóud]

동 **암호화하다**
- **encoded** 암호화된
- **encoder** 암호기, 부호기

to be **encoded** in DNA
DNA에 **암호화되다**

960
auditory
[ɔ́ːditɔ̀ːri]

형 **청각의**

비교 audible 잘 들리는

in an **auditory** form
청각 형태로 (모의)

961
visual
[víʒuəl]

형 **시각의**
- **visually** 시각적으로
- **visualize** 시각화하다

to be presented **visually**
시각적으로 보여지다 (모의)

962 **interval** [íntərvəl]	명 (두 사건 사이의) **간격; 중간 휴식시간; 사이**	at half hour **intervals** 30분 **간격**으로
963 **resemble** [rizémbl]	동 **닮다, 비슷하다** • **resemblance** 닮음, 유사함	to **resemble** the actual stimuli 실제 자극과 **유사하다** 모의
964 **similar** [símələr]	형 **유사한** • **similarly** 유사하게 • **similarity** 비슷함, 닮은 점	auditorially **similar** letter 청각적으로 **유사한** 글자 모의

092 음높이와 음악의 정의

직용 독해 p. 338

965 **critic** [krítik]	명 **비평가, 평론가**	a music **critic** 음악 **평론가**
966 **distinguish** [distíŋgwiʃ]	동 **구별하다**(differentiate)	to **distinguish** between right and wrong 옳고 그름을 **구별하다**
967 **involve** [inválv]	동 **수반하다, 포함하다;** (사람을) **관련시키다** • **involvement** 관련, 관여	Any investment **involves** an element of risk. 어떤 투자든 위험 요소를 **수반한다**.
968 **pitch** [pitʃ]	명 **소리의 높낮이, 음의 높이;** (야구의) **투구;** (감정활동의) **정도** 동 **내던지다, 투구하다**	to lower the **pitch** of one's voice 목소리의 **음 높이**를 낮추다
969 **constant** [kánstənt]	형 **끊임없는; 일정한, 변함없는**(fixed) • **constancy** 불변성; 지조 • **constantly** 끊임없이, 거듭	to need **constant** attention **끊임없는** 관심을 필요로 하다
970 **fluctuate** [flʌ́ktʃuèit]	동 **변동[등락]을 거듭하다**(vary) • **fluctuation** 변동, 등락	**fluctuating** prices **변동이 심한**[오르내리는] 물가 to **fluctuate** between *A* and *B* A와 B 사이에서 **오르내리다**
971 **defining** [difáiniŋ]	형 **본질적인 의미를 규정하는** • **define** 정의하다; 규정하다 • **definition** (단어의) 정의; 의미 ⊕ elusive 규정하기 힘든, 찾기 힘든	the **defining** features of music 음악의 **본질적인 의미를 규정하는**[결정적인] 특징 수능

▢972 **feature** [fíːtʃər]	명 **특징, 특색** 동 **특징으로 삼다**	to have no distinguishing **features** 두드러지는 **특징**이 없다
▢973 **discrete** [diskríːt]	형 **별개의**(separate)	to pass through several **discrete** stages 몇 개의 **별개의** 단계를 거치다
▢974 **generalization** [dʒènərəlizéiʃən]	명 **일반화** • **generalize** 일반화하다; 개략적으로 말하다	to make the mistake of hasty **generalization** 성급한 **일반화**의 오류를 범하다
▢975 **put forward**	(안건 · 의견을) **내놓다, 제안하다**	to *put forward* a suggestion 제안을 **내놓다**
▢976 **counter-example** [káuntərigzæ̀mpl]	명 (정리·명제에 대한) **반증, 반례**(反例)	to put forward **counter-examples** **반례**를 제기하다 (수능)
▢977 **notional** [nóuʃənəl]	형 **개념상의, 관념적인** • **notion** 개념, 관념	**notional** value **개념상의** 가치

093 기념비적인 예술의 의미

적용 독해 › p. 340

▢978 **monumental** [mɑ̀njəméntl]	형 **기념비적인**(historic); **엄청난, 대단한** • **monument** 기념물 • **monumentality** 기념비성, 장대하고 장엄함 ⊕ gorgeous 아주 멋진 magnificient 참으로 아름다운 splendid 정말 좋은 majestic 장엄한 picturesque 그림 같은, 생생한 fancy 장식이 많은; 값비싼	a **monumental** achievement **기념비적인** 업적
▢979 **come close to**	**~에 근접하다; 거의 ~할 뻔하다** ⊕ approximately 거의 (정확하게), ~가까이	to *come close to* the target figure 목표치**에 근접하다**
▢980 **characteristic** [kæ̀riktərístik]	명 **특성, 특질** 형 **특유의, 특징적인**	the basic **characteristic** of Egyptian art 이집트 예술의 기본적인 **특질** (수능)

▢ 981 **fully** [fúli]	부 **완전히, 충분히**	to be **fully** aware of the problem 그 문제를 **충분히** 인식하고 있다
▢ 982 **massiveness** [mǽsivnìs]	명 **거대함, 육중함**	the **massiveness** of the cathedral 그 성당의 **거대함**
▢ 983 **admittedly** [ədmítədli]	부 **인정하건대, 사실을 인정하자면**	The Egyptians **admittedly** achieved some amazing things. 이집트인들은 **인정하건대** 몇몇 놀라운 것들을 이루어냈다. (수능)
▢ 984 **respect** [rispékt]	명 **존경**(심), **경의;** (측)**면, 점, 사항** • **in this respect** 이런 점에서, 이 점에 있어서는 비교 respective 각각의, 각자의 respectable 존경할 만한 respectful 존경심을 보이는, 경의를 표하는	In this **respect** we are very fortunate. 이 **점**에 있어서 우리는 아주 운이 좋다.
▢ 985 **sculpture** [skʌ́lptʃər]	명 **조각품; 조각, 조소**	to collect modern **sculpture** 현대 **조각품**을 수집하다
▢ 986 **memorial** [məmɔ́ːriəl]	명 **기념비** 형 (죽은 사람을) **기념하기 위한, 추모의** • **memorable** 기억할 만한 (unforgettable) ⊕ immemorial 태곳적부터의	the city's war **memorial** 그 도시의 전쟁 **기념비**
▢ 987 **possess** [pəzés]	동 **소유하다; 지니다** • **possession** 소유, 소지; 소유물 • **possessor** 소유자, 주인(owner)	to **possess** a sense of humour 유머 감각을 **지니다**
▢ 988 **mountain range**	**산맥** ⊕ summit 산꼭대기, 정상	the great **mountain range** of the Alps 알프스의 거대한 **산맥**
▢ 989 **carve** [kɑːrv]	동 **조각하다;** (글씨를) **새기다** • **carving** 조각품; 새긴 무늬	to be **carved** in wood 나무에 **새겨**지다 (수능)

SET 21 예술 (2)

094 사진이 미술에 준 변화

적용 독해 p. 340

990 **photography** [fətάgrəfi]	명 사진술, 사진 촬영; 사진	landscape **photography** 풍경 사진 (촬영)
991 **come along**	(예기치 않게) 생기다, 나타나다; 함께 가다	Jobs like this don't **come along** very often. 이런 일자리는 그리 자주 **생기지** 않는다.
992 **imitate** [ímitèit]	동 모방하다; 흉내 내다(mimic) • **imitation** 모조품; 모방 • **imitative** 모방적인	to **imitate** nature 자연을 **모방하다** (수능)
993 **impressionist** [impréʃənist]	명 인상파 화가	**impressionists** such as Monet and Pissarro 모네와 피사로 같은 **인상파 화가들**
994 **in place of**	~을 대신하여	to use olive oil *in place of* butter 버터 **대신에** 올리브 오일을 사용하다
995 **landscape** [lǽndskèip]	명 풍경, 경치; 풍경화 + terrain [təréin] 지형, 지역	to paint **landscape** **풍경**을 그리다 (수능)
996 **by and large**	대체로, 전반적으로 + largely 크게, 대체로, 주로	*By and large*, the photograph was a challenge to painting. **대체로** 사진은 회화에 대한 도전이었다. (수능)
997 **reproduction** [rìːprədʌ́kʃən]	명 생식, 번식; 복제; (음의) 재생 • **reproduce** 복사[복제]하다; 재생하다 • **reproductive** 생식의, 번식의	the **reproduction** of works of art 예술품의 **복제**
998 **native** [néitiv]	형 태어난 곳의, 토박이의; ~ 원산[토종]의(indigenous) • **native to** ~에 고유한; ~이 원산지인	festivals **native** to India 인도 **고유의** 축제

095 영화 *Apocalypse Now*

적용 독해 ▶ p. 342

999 **apocalypse** [əpɑ́kəlìps]	명 (세계의) **파멸; 세상의 종말; 대재앙**	an environmental **apocalypse** 환경적 **대재앙**
1000 **for good reason**	**정당한 사유로, 충분한 이유로**	Jim was alarmed by the news, and *for good reason*. Jim은 그 소식에 놀랐는데, **그럴 만한 이유가 있었다**.
1001 **be set in**	(특정 장소·시대 등) **~을 배경으로 하다**	The novel *is set in* the African Congo. 그 소설은 아프리카의 콩고를 **배경으로 한다**. (수능)
1002 **setting** [sétiŋ]	명 (소설 등의) **배경; 무대; 설정**	short stories with a contemporary **setting** 현대를 **배경**으로 한 단편 소설들
1003 **incidental** [ìnsədéntl]	형 **부수적인** • **incident** (불쾌한) 일; 사건	**incidental** expenses **부수적인** 비용
1004 **detail** [ditéil]	명 **세부 사항** 동 **상세히 알리다** + in-depth 철저하고 상세한, 면밀한	incidental **details** 부수적인 **세부 사항들** (수능)
1005 **theme** [θiːm]	명 **주제, 테마**	the main **theme** 주요 **주제**
1006 **spiritual** [spíritʃuəl]	형 **정신의; 종교적인, 영적인** • **spirit** 정신, 영혼 + mystical 신령스러운; 신비주의의	the central character's **spiritual** journey 주인공의 **영적인** 여정 (수능)
1007 **confront** [kənfrʌ́nt]	동 (곤란한 상황에) **맞서다, 직면하게 하다; 맞닥뜨리다** • **confrontation** 대치, 대립	to be **confronted** by an armed man 무장한 남자와 **맞닥뜨리다**
1008 **civilisation** [sìvəlizéiʃən]	명 **문명(= civilization); 문명 사회** • **civilize** 개화[교화]하다, (태도를) 세련되게 하다	to represent the worst aspects of **civilisation** **문명**의 최악의 측면을 나타내다 (수능)

▢ 1009 **contemporary** [kəntémpərèri]	형 **동시대의; 현대의** • **contemporaneous** 동시에 발생[존재]하는	a composer **contemporary** with Beethoven 베토벤과 **같은 시대에 산** 작곡가
▢ 1010 **audience** [ɔ́:diəns]	명 **청중; 시청자**	to attract a large female **audience** 많은 여성 **관람객**을 끌어 모으다
▢ 1011 **identify** [aidéntəfài]	동 (신원을) **확인하다, 식별하다** • **identity** 신원, 신분 • **identical** 동일한, 똑같은 • **identification** 신원 확인, 신분 증명 • *identify with* ~와 동일시하다; ~와 공감하다, ~을 잘 이해하다	Which of the characters do you most *identify with*? 너는 등장인물 중 어떤 캐릭터에 가장 **동질감을 느끼니**?
▢ 1012 **literal** [lítərəl]	형 (어구의 뜻이) **문자 그대로의; 직역의** • **literally** 문자 그대로, 그야말로 비교 literary 문학의, 문학적인 literate 글을 읽고 쓸 줄 아는 (↔ illiterate)	a **literal** meaning **문자 그대로의** 의미

096 상황을 창작하는 영화감독

적용 독해 ▶ p. 342

▢ 1013 **as compared to**	**~와 비교해서**	*as compared to* the same period last year 작년의 같은 시기**와 비교해서**
▢ 1014 **celluloid** [séljəlɔ̀id]	명 **셀룰로이드**(영화 필름에 쓰던 물질)**; 영화**	the recorded **celluloid** 녹화된 **영화 필름** (수능)
▢ 1015 **compose** [kəmpóuz]	동 **구성하다**(make up)**; 작곡하다** • **composition** 구성, 구성 요소들; 작품 • **composer** 작곡가	to **compose** the committee 위원회를 **구성하다**
▢ 1016 **separate** [sépərət]	형 **분리된; 별개의** 동 [sépərèit] **분리하다[되다]** • **separation** 분리, 구분; 헤어짐	to keep meat **separate** from other food 고기를 다른 식품과 **분리하여** 보관하다
▢ 1017 **strip** [strip]	명 **가느다란 조각; 길고 좁은 땅** 동 **옷을 벗다[벗기다]**	Cut a **strip** of paper 12cm wide. 종이를 12cm 너비의 **조각**으로 잘라라.

▢ 1018 **shorten** [ʃɔ́ːrtən]	동 **짧게 하다; 단축하다** (↔ lengthen)	to get this skirt **shortened** 이 치마를 **줄이다**
▢ 1019 **assemble** [əsémbəl]	동 **모으다, 모이다; 조립하다** • **assembly** 의회; 집회 cluster 무리, 송이; (소규모로) 모이다	to **assemble** the bookcase 책장을 **조립하다**
▢ 1020 **combine** [kəmbáin]	동 **결합하다[되다]; 혼합하다** • **combination** 결합, 조합 merge 합병하다; 어우러지다	to **combine** several factors 몇 가지 요소를 **결합하다**
▢ 1021 **filmic** [fílmik]	형 **영화의**	a new **filmic** style 새로운 **영화의** 스타일
▢ 1022 **invariable** [invɛ́əriəbl]	형 **변함없는, 변치 않는** (unchanging)	an **invariable** routine **변함없는** 틀에 박힌 일상
▢ 1023 **inescapable** [ìniskéipəbl]	형 **피할 수 없는, 불가피한** • **escapable** 도망칠 수 있는, 피할 수 있는 • **escape** 달아나다(flee)	laws of space and time invariable and **inescapable** 변하지 않고 **피할 수 없는** 공간과 시간의 법칙 (수능)
▢ 1024 **actuality** [æktʃuǽləti]	명 **실제; 현실, 사실**	the **actualities** of prison life 감옥 생활의 **실제**
▢ 1025 **obedient** [oubíːdiənt]	형 **말을 잘 듣는, 복종하는** (↔ disobedient) • **obedience** 복종, 순종	an **obedient** child **순종적인[말을 잘 듣는]** 아이
▢ 1026 **proper** [prápər]	형 **적절한, 제대로 된** (↔ improper)	to follow the **proper** procedures **적절한** 절차를 따르다

097 음악적 경험이 중요한 어린아이들

적용 독해 ▶ p. 344

▢ 1027 **inseparable** [insépərəbl]	형 **불가분한, 갈라 놓을 수 없는**	an **inseparable** part of the human experience 인간 경험에서 **분리할 수 없는** 부분 (모의)
▢ 1028 **tight** [tait]	형 **촘촘한, 꽉 조이는** • **tightly** 촘촘하게, 단단히 • **tightness** 견고함; 긴장	**tightly** closed eyes **꼭** 감은 눈

▢ 1029 **weave** [wiːv]	통 (천을) **짜다; 엮다, 엮어서 만들다** (-wove-woven)	to be **woven** into basket **엮어서** 바구니로 **만들다**
▢ 1030 **fabric** [fǽbrik]	명 **직물, 천; 구조**	a patterned cotton **fabric** 무늬가 있는 면**직물**
▢ 1031 **nuance** [njúːɑːns]	명 **뉘앙스, 미묘한 차이**	cultural **nuances** 문화적 **뉘앙스** (모의)
▢ 1032 **instrumental** [ìnstrəméntəl]	형 **중요한; 악기에 의한** 명 **기악곡** • **instrument** 기구, 계기 • **instrumentality** 수단, 방편	**instrumental** music **기악곡** (모의)
▢ 1033 **mention** [ménʃən]	동 **언급하다, 거론하다** 명 **언급, 거론**	the above-**mentioned** aspects 위에서 **언급한** 측면들 (모의)
▢ 1034 **artistically** [ɑːrtístikəli]	부 **예술적으로** • **artistic** 예술적인, 예술적 감각이 있는 비교 artfully 교묘하게, 교활하게	in an **artistically** meaningful way **예술적으로** 의미 있는 방식으로 (모의)

Review

학습한 주요 단어를 깊이 있게 이해하기

determinism

- **the belief that what you do and what happens to you are caused by things that you cannot control**
  당신이 하는 일과 당신에게 일어나는 일은 스스로 통제할 수 없는 것들에 의해 야기된다는 믿음 ⇒ **결정론**

clinical

- **relating to treating or testing people who are sick**
  아픈 사람들을 치료하거나 테스트하는 것과 관련된 ⇒ **임상의, 임상적인**
- **cold and calm** 냉정하고 침착한 ⇒ **냉담한**
- **(of a room) very plain; without decoration**
  (방이) 매우 소박한; 장식이 없는 ⇒ **간소한**

incidental

- **happening as a minor part or result of something else**
  어떤 것의 사소한 부분으로서 또는 결과로서 발생하는 ⇒ **부수적인**

SET 22

예술 (3)

098 Whitman의 시적 명성에 대한 생각

적용 독해 ➤ p. 344

▢ 1035 **address oneself to**	(문제에 대해) **고심하다[다루다]; ~에 주의를 기울이다** (concentrate on, attend to)	We must *address ourselves to* the problem of traffic pollution. 우리는 차량 공해 문제를 **고심해**야 한다.
▢ 1036 **fame** [feim]	명 **명성** • **famed** 아주 유명한, 저명한 (renowned) ⊕ reputation 평판, 명성	to gain international **fame** 국제적인 **명성**을 얻다
▢ 1037 **poetic** [pouétik]	형 **시의; 시적인** • **poet** 시인 • **poetry** (집합적으로) 시(詩), 운문(verse)	**poetic** language **시적인** 언어
▢ 1038 **earthly** [ə́ːrθli]	형 **세속적인**	**earthly** desires **세속적인** 욕망들
▢ 1039 **immortality** [ìmɔːrtǽləti]	명 **불멸** • **immortal** 죽지 않는 (↔ mortal)	to believe in the **immortality** of the soul 영혼의 **불멸**을 믿다
▢ 1040 **ancient** [éinʃənt]	형 **고대의; 아주 오래된** ⊕ antique 골동품인; 골동품 ceramic 도자기 medi(a)eval 중세의	this **ancient** desire to live forever 영원히 살아남고자 하는 이 **아주 오래된** 열망 (수능)
▢ 1041 **attend to**	**~에 주의를 기울이다, ~에 주목하다**	to *attend to* the poet's work 그 시인의 작품에 **주목하다** (수능)
▢ 1042 **personality** [pəːrsənǽləti]	명 **성격, 인격; 개성** ⊕ temper 성질 temperate 온화한, 차분한	to be attracted to the greatness of his **personality** 그의 **인격**의 위대함에 이끌리다 (수능)
▢ 1043 **vibrant** [váibrənt]	형 **활기찬, 생기가 넘치는**	a **vibrant** city **활기찬** 도시

1044 **spring** [spriŋ]	동 (갑자기) **뛰어오르다** 명 **봄; 샘; 용수철; 탄력** elastic 탄력 있는 비교 offspring 자식; (동식물의) 새끼	**spring to one's feet** **벌떡 일어나다**
1045 **tremendous** [triméndəs]	형 **엄청난**(huge); **굉장한, 대단한** • **tremendously** 굉장히, 대단히	a **tremendous** explosion **엄청난** 폭발
1046 **charisma** [kərízmə]	명 **카리스마, 사람들을 휘어잡는 매력**	to lack the **charisma** **카리스마**가 부족하다
1047 **electoral** [iléktərəl]	형 **선거의**	the **electoral** system **선거** 제도
1048 **parade** [pəréid]	명 **퍼레이드, 거리 행진**(procession)	the annual Thanksgiving Day **parade** 매년 열리는 추수감사절 **행진**
1049 **instability** [ìnstəbíləti]	명 **불안정** (↔ stability)	political **instability** 정치적 **불안정**
1050 **democracy** [dimákrəsi]	명 **민주주의; 민주 국가** • **democratize** 민주화하다	the principles of **democracy** **민주주의** 원칙들
1051 **celebrity** [səlébrəti]	명 **유명 인사; 명성**(fame)	to achieve **celebrity** status overnight 하룻밤 사이에 **유명 인사**의 지위에 오르다
1052 **rejoice** [ridʒɔ́is]	동 **크게 기뻐하다, 흡족함을 느끼다**	to **rejoice** at the news of his safe return 그의 무사 귀환 소식에 **크게 기뻐하다**

099 예술의 영향

적용 독해 p. 346

1053 **firm** [fəːrm]	형 **확고한; 단단한; 단호한** 명 **회사** • **firmly** 확고히; 단호히	to have a **firm** belief **확고한** 믿음을 가지다

☐ 1054 **representation** [rèprizentéiʃən]	명 **묘사, 표현; 대표자를 내세움** • **represent** 대표[대리]하다; 표현하다 • **representative** 대표자; 대표하는 ⊕ delegate 대표자 designate 지정하다, 지명하다	the **representation** of the visible world 눈에 보이는 세계에 대한 **묘사**
☐ 1055 **cowardly** [káuərdli]	형 **겁이 많은, 비겁한** • **coward** 겁쟁이, 비겁자 ↔ courageous 용감한(brave, valiant)	**cowardly** people **비겁한** 사람들 (수능)
☐ 1056 **confident** [kánfidənt]	형 **자신감 있는; 확신하는** • **confidence** 신뢰; 자신감; 확신	to feel **confident** about asking questions **자신감**을 갖고 질문을 하다
☐ 1057 **pride** [praid]	명 **자부심, 긍지; 자존심** • **proud** 자랑스러워하는 • **proudly** 자랑스럽게 ⊕ conceit 자만심 vanity 자만심, 허영심 arrogant 오만한 boast 자랑하다	to express feelings of **pride** **자신감**의 감정을 표현하다 (수능)
☐ 1058 **infectious** [infékʃəs]	형 **전염되는, 병을 옮길 수 있는** (contagious) • **infection** 감염, 전염; 전염병	an **infectious** disease **전염**병 (수능)
☐ 1059 **intensity** [inténsəti]	명 **강렬함, 격렬함;** (빛의) **강도, 세기** • **intense** 극심한, 강렬한 • **intensify** 격렬해지다; 강화하다	to measure light **intensity** 빛의 **세기**를 측정하다
☐ 1060 **indulge** [indʌ́ldʒ]	동 **마음껏 하다;** (욕구를) **채우다, 충족시키다**	to **indulge** one's passion for art 예술에 대한 열정을 **충족시키다**
☐ 1061 **fantasy** [fǽntəsi]	명 (기분 좋은) **공상, 상상**	to have a **fantasy** **공상**을 하다
☐ 1062 **disgust** [disgʌ́st]	명 **혐오감, 역겨움** 동 **혐오감을 유발하다, 역겹게 만들다** ⊕ disgusting 역겨운, 혐오스러운 nasty (아주 나빠서) 끔찍한, 형편없는	Violence **disgusts** me. 폭력은 내게 **혐오감을 유발**한다.
☐ 1063 **glamorous** [glǽmərəs]	형 **활기찬, 생기가 넘치는** • **glamor** 화려함, 매력	a **glamorous** actress **매력적인** 여배우

1064 **unmoved** [ʌnmúːvd]

형 (마음이) **흔들리지 않는, 냉정한**

She seemed **unmoved** by the tragedy.
그녀는 그런 비극에도 **마음이 흔들리지 않는** 듯했다.

SET 22

100 소설의 영화화

적용 독해 p. 346

1065 **take it for granted (that)**

~을 당연시하다, 당연히 ~할 것이라고 믿다

He *took it for granted* that he would pass the exam.
그는 자신이 그 시험을 **당연히** 통과할 것이라고 **여겼다.**

1066 **director** [diréktər]

명 (영화의) **감독, 연출자;** (회사의) **임원; 책임자**
- **direct** ~로 향하다; 지휘하다; 감독하다; (길을) 안내하다
- **direction** 방향
- **directive** 지시; 지시하는

a famous film **director**
유명 영화 **감독**

1067 **project** [prádʒekt]

명 **계획된 일, 프로젝트; 연구 과제**
- **projection** 예상, 추정; (영상의) 투영
- **projected** 예상된

to go ahead with a **project**
프로젝트를 추진하다

1068 **novelization** [nàvəlaizéiʃən]

명 **소설화**

novelization of a film
영화를 **소설화하기** (수능)

1069 **barbarous** [báːrbərəs]

형 **잔혹한, 악랄한; 상스러운**

barbarous behavior
상스러운[야만적인] 행동

1070 **hybrid** [háibrid]

명 **혼합물**(mixture); (동식물의) **잡종**

a **hybrid** art
혼합 예술 (수능)

1071 **genre** [ʒáːnrə]

명 (예술 작품의) **장르**

literary **genres**
문학 **장르**

1072 **exceptionally** [iksépʃənəli]

부 **유난히, 특별히**
- **exceptional** 특출한(outstanding); 예외적인
- **exception** 예외

exceptionally cold weather
유난히 추운 날씨

▢ 1073 **potent** [póutnt]	형 **강한, 강력한**	a **potent** weapon **강력한** 무기
▢ 1074 **rectangle** [réktæ̀ŋgl]	명 **직사각형**	to draw a **rectangle** **직사각형**을 그리다
▢ 1075 **correspond** [kɔ̀:rəspɑ́nd]	동 **일치하다, 부합하다;** (~에) **해당하다, 상응하다** • **correspondence** 서신; 관련성	to **correspond** to those written in the report 보고서에 적혀 있는 것과 **일치하다**
▢ 1076 **vision** [víʒən]	명 **시력, 시야; 환상; 예지력**	to have good **vision** **시력**이 좋다
▢ 1077 **suitable** [sjú:təbl]	형 **적합한, 적절한** (↔ unsuitable)	a **suitable** place for a picnic 소풍에 **적합한** 장소

101 미술품의 위치

적용 독해 ▶ p. 348

▢ 1078 **fine art**	**미술;** (집합적) **미술품**	a **fine art** dealer **미술품** 중개인
▢ 1079 **watercolour** [wɔ́:tərkʌ̀lər]	명 **수채화 물감; 수채화**	a **watercolour** painting **수채화**
▢ 1080 **townspeople** [táunzpì:pl]	명 **도시인; 도시[읍] 주민**	Dutch **townspeople** 네덜란드 **시민들** (모의)
▢ 1081 **aesthetic** [esθétik]	형 **미적인; 미학적, 심미적** • **aesthetics** 미학 • **aestheticism** 유미주의, 예술지상주의	**aesthetic** value **미적** 가치 (모의)
▢ 1082 **territoriality** [tèrətɔ̀:riǽləti]	명 **영토권** • **territory** 지역, 영토 • **territorial** 영토의	to focus on **territoriality** **영토권**에 초점을 두다 (모의)
▢ 1083 **monetary** [mɑ́nətèri]	형 **금전적인; 화폐의**	**monetary** value **금전적** 가치 (모의)
▢ 1084 **standing** [stǽndiŋ]	명 **지위** 형 **서서 하는; 상설의, 고정적인**	to raise the cultural **standing** 문화적 **지위**를 높이다 (모의)

SET 23 예술 (4) / 문화 (1)

102 영화의 문법

적용 독해 ▶ p. 348

□ 1085 **vague** [veig]	형 **어렴풋한, 모호한, 애매한** • **vaguely** 어렴풋이, 모호하게 • **vagueness** 애매함, 분명치 않음	**vaguely** defined rules **어렴풋이** 정의된 규칙 (모의)
□ 1086 **cinematic** [sìnəmǽtik]	형 **영화의** • **cinema** 영화, 극장	**cinematic** language **영화** 언어 (모의)
□ 1087 **syntax** [síntæks]	명 **구문론; 문법**	the **syntax** of film 영화의 **문법** (모의)
□ 1088 **systematic** [sìstəmǽtik]	형 **체계적인, 조직적인** • **system** 제도, 체계	**systematic** arrangement **체계적인** 방식 (모의)
□ 1089 **arrangement** [əréindʒmənt]	명 **준비, 마련; (처리) 방식** • **arrange** 마련하다; 정리하다	living **arrangements** 생활 **방식**
□ 1090 **determinant** [ditə́ːrminənt]	명 **결정 요인** • **determine** 결정하다, 확정하다 • **determination** 투지; 결정	the **determinant** of success or failure 성공이나 실패를 **결정하는 요인**
□ 1091 **workable** [wə́ːrkəbl]	형 **운용 가능한, 실행 가능한** (practical)	to be both **workable** and useful **운용할 수 있고** 유용하다 (모의)
□ 1092 **descriptive** [diskríptiv]	형 **서술하는; 기술적인**(언어의 규칙을 제시하는 것이 아니라 실제 사용을 보여주는) (↔ prescriptive) • **description** 서술, 기술 ⊕ inscribe (돌 · 금속에) 쓰다, 새기다	**descriptive** rather than prescriptive 규범적이지 않고 **기술적인** (모의)
□ 1093 **prescriptive** [priskríptiv]	형 **규범적인; 지시하는, 권위적인** 비교 prescription 처방전	**prescriptive** grammar **규범적** 문법

▢ 1094 **laughable** [lǽfəbl]	형 **웃기는, 터무니 없는(absurd)** • **laughably** 우습게, 바보스럽게 mock 놀리다 ridicule 비웃다, 조롱하다	to sound **laughable** **웃기는** 것처럼 들리다 (모의)

103 영화의 연기

적용 독해 ▶ p. 350

▢ 1095 **pure** [pjuər]	형 **순전한, 깨끗한** (↔ impure) • **purely** 순전히, 전적으로, 오직 • **purity** 순수성, 순도 • **purify** 정화하다, 정제하다 sheer (섞이지 않은) 순수한, 순전한	the **pure** acting of the movies 영화의 **순전한** 연기 (모의)
▢ 1096 **be accustomed to**	**~에 익숙하다**	to *be accustomed to* people whose expression is indistinct 표현이 불분명한 사람들**에 익숙하다** (모의)
▢ 1097 **indistinct** [ìndistíŋkt]	형 **불분명한, 희미한**	**indistinct** memories **희미한** 기억
▢ 1098 **overemphasized** [òuvərémfəsàizd]	형 **지나치게 강조된**	the **overemphasized** expression **지나치게 강조된** 표현 (모의)
▢ 1099 **naturalistic** [nǽtʃərəlístik]	형 **자연주의적인, 자연을 모방하는** • **naturalist** 박물학자	**naturalistic** settings **자연을 모방한** 환경
▢ 1100 **depict** [dipíkt]	동 **묘사하다, 그리다** • **depiction** 묘사, 서술 • **depictive** 묘사적인	to be **depicted** as a lonely woman 외로운 여인으로 **묘사되다**

104 예술가의 개념

적용 독해 ▶ p. 350

▢ 1101 **erroneous** [iróuniəs]	형 **잘못된, 틀린** • **erroneously** 잘못되게, 틀리게	**erroneous** conclusions **잘못된** 결론
▢ 1102 **be credited to**	(공적 · 성과 등이) **~의 덕분이다, ~에 의해 이루어지다**	to *be credited to* the persons who originated them 그것들을 처음 발명한 사람**의 덕분이다** (모의)

1103 **originate** [ərídʒənèit]	동 **비롯되다, 유래하다; 발명하다, 고안하다** • **origin** 기원, 출신 • **original** 원래의, 독창적인; 원본	to **originate** the theory 그 이론을 **창안하다**
1104 **entity** [éntəti]	명 **독립체, 개체**	to combine into one **entity** 하나의 **독립체**로 합치다 (모의)
1105 **oneness** [wʌ́nis]	명 **하나됨, 일체**	the essential **oneness** of mankind 근본적인 인류의 **하나됨**
1106 **originality** [ərìdʒənǽləti]	명 **독창성** • **origination** 창작, 발명 • **originative** 창조적인, 발명의	a man of great **originality** **독창성**이 풍부한 사람
1107 **authorship** [ɔ́:θərʃìp]	명 **원작자; 저작** • **author** 저자, 작가	the **authorship** of the play 그 희곡의 **원작자**

SET 23

105 작곡을 빨리 할 수 있는 이유

적용 독해 ❯ p. 352

1108 **on the part of**	**~가 만든, ~가 한** (made or done by someone) (= on one's part)	an error of judgement *on the part of* the pilot 조종사**가 한** 판단 착오
1109 **admiration** [æ̀dməréiʃən]	명 **감탄, 존경** • **admire** 존경하다 • **admirable** 감탄스러운 비교 admiral 장군 adore 흠모하다; 아주 좋아하다	to cause great wonder and **admiration** 커다란 경이감과 **감탄**을 불러일으키다 (모의)
1110 **misdirect** [mìsdirékt]	동 **잘못 이용하다; 엉뚱한 방향으로 보내다**	Their efforts have been largely **misdirected**. 그들의 노력이 크게 **잘못 이용되어** 왔다.
1111 **credit** [krédit]	명 **신용 거래; (계좌) 잔고; 칭찬, 인정**	At least give him **credit** for trying. 최소한 그가 노력한 것에 대해서는 **인정**해 줘야 해.

1112 **rapidity** [rəpídəti]	명 **신속; 속도** • **rapid** 빠른	to get credit for incredible **rapidity** of composition 믿을 수 없는 작곡 **속도**에 대해 칭찬을 받다 (모의)
1113 **complicated** [kámpləkèitid]	형 **복잡한**(complex) • **complication** (상황을 복잡하게 하는) 문제 + intricate (여러 부분으로 되어 있어) 복잡한	a **complicated** system **복잡한** 시스템

106 문자의 탄생

적용 독해 ▶ p. 352

1114 **administrative** [ədmínistrèitiv]	형 **관리상의, 행정상의** • **administration** 관리, 행정; 집행	an **administrative** authority **행정** 당국 (수능)
1115 **commodity** [kəmádəti]	명 **상품, 물품; 원자재**	to govern **commodity** production **상품** 생산을 관장하다 (수능)
1116 **redistribution** [ridìstrəbjú:ʃən]	명 (자원의) **재분배** • **redistribute** 재분배하다 • **distribute** 나누어 주다	the **redistribution** of wealth 부의 **재분배**
1117 **tablet** [tǽblit]	명 **정제, 알약**(pill); (글자가 새겨진) **점토판, 비석**	the discovery of administrative **tablets** 행정용 **점토판**의 발견 (수능)
1118 **token** [tóukən]	명 (돈을 대신하는) **토큰; 상품권; 표시, 징표**	a **token** of appreciation 감사의 **표시**
1119 **governance** [gʌ́vərnəns]	명 **통치, 지배** • **govern** 통치하다, 지배하다 • **government** 정부; 통치 체제	centralized economic **governance** 중앙 집권화된 경제적 **지배** (수능)
1120 **domestic** [dəméstik]	형 **국내의; 가정의, 집안의** • **domesticate** (동물을) 길들이다, 사육하다; (작물을) 재배하다 + poultry 가금(家禽: 닭·오리·거위 등) tame 길들이다	the growing problem of **domestic** violence 증가하는 **가정** 폭력 문제

▢1121 **literacy** [lítərəsi]	명 **글을 읽고 쓸 줄 아는 능력, 문해력** (the ability to read and write) (↔ illiteracy 문맹) • **literate** 글을 읽고 쓸 줄 아는	basic **literacy** skills 기본적인 **글을 읽고 쓰는** 기술
▢1122 **pictogram** [píktəgræ̀m]	명 **그림 문자, 상형 문자**	the use of **pictograms** **그림 문자**의 사용 (수능)
▢1123 **intelligible** [intélidʒəbl]	형 (쉽게) **이해할 수 있는** (understandable) 비교 intelligent 총명한 intellectual 지능의, 지적인	a readily **intelligible** lecture 쉽게 **이해할 수 있는** 강의
▢1124 **nonliterate** [nɑ̀nlítərit]	형 **문자가 없는, 읽고 쓸 수 없는**	mutually intelligible by literate and **nonliterate** parties 읽고 쓸 줄 아는 측과 **읽고 쓸 수 없는** 측이 서로 이해할 수 있는 (수능)

107 구성원을 택하는 전략

적용 독해 ▶ p. 354

▢1125 **rationale** [ræ̀ʃənǽl]	명 (결정의) **이유, 근거**(reason)	to have a **rationale** (논리적) **근거**를 가지다 (수능)
▢1126 **survivability** [sərvàivəbíləti]	명 **존속[생존] 가능성; 생존 능력** • **survival** 생존	to assess the **survivability** **존속 가능성**을 평가하다 (수능)
▢1127 **turn out**	**~인 것으로 판명되다[밝혀지다]**	to *turn out* to be false 거짓**인 것으로 판명되다**
▢1128 **associate with**	**~와 함께하다, ~와 어울리다**	Don't *associate with* bad friends. 나쁜 친구들**과 어울리지** 마라.
▢1129 **perform** [pərfɔ́ːrm]	동 **행하다, 수행하다; 공연하다** • **performance** 공연; 연기; 성과, 실적	to **perform** a function 기능[직능]을 **수행하다** (수능)
▢1130 **especially** [ispéʃəli]	부 **특히**(particularly); **특별히, 유난히**	Drive carefully, **especially** with all this fog. 조심해서 운전해라, **특히** 이런 짙은 안개 속에서는.

1131 **capacity** [kəpǽsəti]	명 (~을 할 수 있는) **능력;** (공간의) **용량, 수용력**	a **capacity** of 40 liters 40리터의 **용량**
1132 **limit** [límit]	명 **한계; 제한** 동 **제한하다**(restrict) parameter (일정하게 정한) 한도	off **limit** 출입 **제한** 구역 (수능)
1133 **strategy** [strǽtidʒi]	명 **전략, 계획** • **strategic** 전략적인, 전략상 중요한	to adopt a **strategy** **전략**을 채택하다
1134 **exact** [igzǽkt]	형 **정확한; 정밀한**(precise); (사람이) **꼼꼼한, 빈틈없는** • **exactly** 정확히, 꼭	to do the **exact** same thing **정확히**[완전히] 똑같은 일을 하다 (수능)
1135 **solely** [sóulli]	부 **오로지, 단지; 단독으로** • **sole** 유일한; 혼자의	She is not **solely** to blame. **오로지** 그녀만 책임 있는 것이 아니다.
1136 **live on**	**~을 주로 먹고 살다, ~을 주식으로 하다**	Small birds *live* mainly *on* insects. 작은 새들은 **주로** 곤충들을 **먹고 산다.**

Review

학습한 주요 단어를 깊이 있게 이해하기

aesthetic

- **concerned with beauty and art, and the understanding of beautiful things**
  아름다움과 예술, 그리고 아름다운 것에 대한 이해와 관련 있는 ⇒ **심미적, 미학적**
- **made in an artistic way and beautiful to look at**
  예술적으로 만들어져 보기에 아름다운 ⇒ **미적인, 미를 살려 만든**

prescriptive

- **telling people how a language should be used, rather than describing how it is used**
  언어가 어떻게 사용되는지 서술[묘사]하기보다는 어떻게 언어가 사용되어야 하는지를 말하는 ⇒ **규범적인**
- **telling people what they should do**
  사람들에게 무엇을 해야 하는지 말하는 ⇒ **지시하는, 권위적인**

SET 24

문화 (2)

108 기록 문화와 영리 기업

적용 독해 ▶ p. 354

▢ 1137 **driving force**	**원동력, 추진력** ⊕ workforce 노동자; 노동력 food drive 음식 모으기 운동	the **driving force** for an advance 진보의 **원동력** (수능)
▢ 1138 **written language**	**문자 언어, 문어**(文語)	to teach the **written language** **문자 언어**를 가르치다
▢ 1139 **accompany** [əkʌ́mpəni]	동 **수반하다,** (사람과) **동행하다;** (일이) **동반되다;** (피아노로) **반주를 해주다**	to **accompany** economic activity 경제 활동을 **수반하다** (수능)
▢ 1140 **transaction** [trænsǽkʃən]	명 **거래, 매매**(deal) • **transact** 거래하다 ⊕ barter 물물교환하다	financial **transactions** 금융 **거래**
▢ 1141 **keep track of**	**~에 대해 계속 알고[파악하고] 있다** ⊕ track 추적하다 trek (힘들게 오래) 걷다; 트레킹	to *keep track of* where your money is going 당신의 돈이 어디로 빠져나가는지 **계속 파악하다**
▢ 1142 **wheel and deal**	(사업 • 정치에서) **술책을 부리다, 권모술수를 쓰다**	He is known for his *wheeling and dealing*. 그는 **술책을 부리는** 것으로 유명하다.
▢ 1143 **bet** [bet]	명 **내기; 내깃돈** 동 **돈을 걸다;** (~이) **틀림없다**	to have[make] a **bet** **내기**를 하다
▢ 1144 **contract** [kɑ́:ntrækt]	명 **계약; 약정서** 동 **줄어들다;** (병에) **걸리다; 계약하다**	to draw up a **contract** **계약서**를 작성하다
▢ 1145 **profit** [prɑ́fit]	명 **이익, 이윤** (↔ loss) 동 **이익을 얻다** • **profitable** 수익성이 있는; 유익한	to turn[make] a **profit** **수익[이익]**을 내다

▢1146 **leave behind**	~을 뒤에 남기다; ~을 남기고 죽다; ~을 훨씬 앞서다	to *leave behind* the great literary works 위대한 문학 작품들을 **뒤에 남기다** (수능)
▢1147 **literary** [lítərèri]	형 **문학의; 문학적인**	a **literary** prize **문학**상
▢1148 **pile** [pail]	명 **더미, 무더기** 동 (물건을 차곡차곡) **쌓다** • *pile up* (양이) 많아지다, 쌓이다 (accumulate)	a big **pile** of garbage 커다란 쓰레기 **더미**
▢1149 **receipt** [risíːt]	명 **영수증; 수령, 받기**	to make out a **receipt** **영수증**을 작성하다
▢1150 **enterprise** [éntərpràiz]	명 **기업; 대규모 사업; 진취성, 기획력**	commercial **enterprises** 영리 **기업들** (수능)

109 선사 문화의 이해

적용 독해 ▶ p. 356

▢1151 **prehistoric** [prìːhistɔ́ːrik]	형 **선사 시대의** 비교 historic 역사적으로 중요한, 역사에 남을 만한 historical 역사상의, 역사와 관련된	**prehistoric** art **선사 시대의** 예술 (수능)
▢1152 **draw an analogy**	유사성을 끌어내다	to *draw an analogy* between two events 두 사건 간의 **유사점을 이끌어 내다**
▢1153 **primitive** [prímətiv]	형 **원시 사회의, 원시의; 원초적인**	**primitive** tribes **원시** 부족들
▢1154 **plant** [plænt]	명 **식물, 초목; 공장** 동 (나무를) **심다** ⊕ vegetation 초목(plants and trees) botanical 식물의	indoor **plants** 실내 **식물**
▢1155 **inorganic** [inɔːrgǽnik]	형 **무생물의, 무기물의**	Rocks and minerals are **inorganic**. 바위와 광물은 **무생물**이다.

□ 1156
sphere
[sfiər]

명 **영역**(domain); **둥근 물체**
(a round object)

hemisphere (지구의) 반구
biosphere 생물권

organic **spheres**
생물체의 **영역** (수능)

□ 1157
animated
[ǽnəmèitd]

형 **활기찬, 활발한**(lively);
만화 영화로 된

- **animate** 생기를 불어 넣다
- **animation** 생기, 활기; 만화 영화, 동영상

an **animated** discussion
활기찬 토론

□ 1158
totality
[toutǽləti]

명 **전체; 총액**

the **totality** of one's life experiences
인생 경험의 **총체**

□ 1159
dual
[djúːəl]

형 **두 부분으로 된, 이중의**

dual expressions
두 부분으로 된 표현 (수능)

□ 1160
mythology
[miθάlədʒi]

명 **신화; 근거 없는 믿음**

Greek **mythology**
그리스 **신화**

□ 1161
conceptualize
[kənséptjuəlàiz]

동 **~을 개념화하다**

to **conceptualize** thought processes
사고 과정을 **개념화하다**

□ 1162
preoccupation
[priὰkjəpéiʃən]

명 (생각에) **사로잡힘, 집착**

- **preoccupy** (생각·걱정이) 뇌리를 사로잡다

visual **preoccupation**
시각적인 **집착** (수능)

□ 1163
inhabit
[inhǽbit]

동 **살다, 거주하다; 서식하다**

- **inhabitant** 주민; 서식 동물

the rare species that **inhabit** the area
그 지역에 **사는** 희귀종들

□ 11644
profound
[prəpáund]

형 (영향·느낌이) **엄청난, 깊은;**
(지식이) **심오한**

- **profoundly** 깊이; 극심하게

to feel a **profound** sense of sadness
깊은 슬픔을 느끼다

□ 1165
unlettered
[ʌnlétərd]

형 **글을 못 읽는, 문맹의**

an **unlettered** humanity
문맹의 인류 (수능)

SET 24

 적용 독해 p. 356

1166 **dominant** [dámənənt]	형 **우세한, 지배적인** • **dominate** 지배하다, 군림하다 • **domination** 지배, 통치; 우세	the **dominant** culture **지배적인** 문화 (수능)
1167 **serve as**	(특정한 용도로) **쓰일 수 있다;** (특정한) **효과를 낳다;** (~으로) **근무[복무]하다**	to *serve as* a means for reproduction 재생산하는 수단**으로 쓰일 수 있다** (수능)
1168 **directive** [diréktiv]	명 **지시, 명령** 형 **지시하는** • **direct** 직접적인; 지휘하다 • **direction** 방향; 지시	to implement a **directive** **지시**를 실행하다
1169 **prescription** [priskrípʃən]	명 **처방전; 처방된 약** • **prescribe** 처방을 내리다; 규정하다	**prescriptions** for proper living 적절한 삶에 대한 **처방전** (수능)
1170 **propaganda** [pràpəgǽndə]	명 (지도자·정당에 대한 허위·과장된) **선전**	a **propaganda** campaign **선전** 캠페인
1171 **civics lesson**	**국민 윤리 교육** • **civics** (교과로서의) 국민윤리	two-hour **civics lessons** 두 시간짜리 **국민 윤리 교육** (수능)
1172 **editorial** [èditɔ́:riəl]	명 **사설** 형 **편집의** • **edit** 편집하다; 수정하다 • **editor** 편집장, 편집자	**editorials** on responsible behavior 책임 있는 행동에 관한 **사설** (수능)
1173 **despite** [dispáit]	전 **~에도 불구하고**(in spite of)	**despite** the obstacles and difficulties 장애물과 어려움**에도 불구하고** (수능)
1174 **obstacle** [ábstəkl]	명 **장애**(hindrance)**; 장애물** 유 barrier 장벽, 장애물 hinder 방해하다, ~을 못하게 하다	a major **obstacle** 중대한 **장애**
1175 **more often than not**	**자주, 대개** (many times, usually)	*More often than not*, we take bus to work. 우리는 **자주** 버스로 출근한다.
1176 **wind up**	(어떤 상황에) **처하게 되다;** (연설·모임을) **마무리짓다**	to *wind up* in prison **결국에는** 교도소 신세를 **지다**

1177 **utopian** [juːtóupiən]
형 **유토피아적인, 이상적인**
• **utopia** 유토피아, 이상향
this **utopian** aspect of movies
영화의 이러한 **이상적인** 측면 (수능)

111 문화 유산의 의미

적용 독해 ▶ p. 358

1178 **heritage** [héritidʒ]
명 **유산**
+ heir 상속인, 계승자
inherit 상속받다
legacy 유산(inheritance)
heredity 유전, 유전적 특징
cultural **heritage**
문화 **유산** (수능)

1179 **selective** [səléktiv]
형 **선택적인, 선별적인**
• **select** 선택하다
• **selection** 선정
+ opt (~을 하거나 하지 않기로) 택하다
the **selective** breeding of cattle
소의 **선택적** 사육

1180 **material** [mətíəriəl]
명 **재료; 직물(fabric)**
형 **물질[물리]적인**
• **materialism** 물질주의, 유물론
material comforts
물질적 위안

1181 **artefact** [áːrtəfækt]
명 **인공물, 가공품(= artifact)**
material **artefacts**
물리적 **인공물** (수능)

1182 **be passed onto**
~에게 전해지다[옮겨지다]
a heritage that is to *be passed onto* an imagined future
상상된 미래로 **전해지게** 되는 유산 (수능)

1183 **It follows** (that)
결과적으로 ~라고 할 수 있다
+ ensue (어떤 일·결과가) 뒤따르다
Interest rates are going down, so *it follows that* house sales will improve.
금리가 내려가고 있으니 **결과적으로** 주택 매매가 좀 더 활성화**될 것이다**.

1184 **infinity** [infínəti]
명 **무한성, 무한히 많음**
• **infinite** 무한한
the near **infinity** of the past
거의 **무한하게 많은** 과거의 것들 (수능)

1185 **discard** [diskáːrd]
동 (불필요한 것을) **버리다, 폐기하다**
+ dump (쓰레기를) 버리다
to **discard** old clothes
헌옷을 **버리다**

문화 (3)

112 텔레비전 광고

적용 독해 p. 358

1186 **fragmentation** [frӕ̀gməntéiʃən]	명 분열, 파쇄 • **fragment** 조각, 파편; 산산이 부수다	the **fragmentation** of television audiences 텔레비전 시청자의 **분열** (수능)
1187 **channel** [tʃǽnəl]	명 채널, 주파수대; 경로, 수단 ⊕ route 경로, 노선 canal 운하, 수로 ditch 배수로	a movie **channel** 영화 **채널**
1188 **launch** [lɔːntʃ]	명 개시, 출시 동 시작[착수]하다; 출시하다; 발사하다	to **launch** a campaign to raise money 모금 운동을 **시작하다**
1189 **nostalgically** [nɑstǽldʒikəli]	부 향수에 젖어 • **nostalgia** 향수 • **nostalgic** 향수를 불러일으키는	to look back **nostalgically** **향수에 젖어** 회상하다 (수능)
1190 **transmission** [trӕnsmíʃən]	명 전송, 전달 • **transmit** 전송하다; 전염시키다	a single spot **transmission** 한 곳에서의 **전송** (수능)
1191 **straightforward** [strèitfɔ́ːrwərd]	형 간단한; 솔직한	a **straightforward** television advertising **간단한** TV 광고 (수능)
1192 **coverage** [kʌ́vəridʒ]	명 보도, 방송; (방송의) 범위, 서비스 구역; 보급률	the **coverage** of their target markets 그들의 목표 시장의 점유 **범위** (수능)
1193 **arguable** [áːrgjuːəbl]	형 주장할 수 있는, 논쟁의 소지가 있는(debatable) • **argue** 언쟁하다, 주장하다 • **argument** 언쟁, 말다툼 ⊕ quarrel 언쟁; 언쟁을 벌이다	It is **arguable** that advertisers worry rather too much about this problem. 광고주들이 이 문제에 대해 오히려 너무 많이 걱정하는 것일 수 있다고 **주장할 여지가 있다**. (수능)

□ 1194
considerable
[kənsídərəbl]

형 **상당한, 많은**
• **considerably** 상당히, 많이
비교 considerate 사려 깊은, 배려하는

to gain **considerable** benefits from the price competition
가격 경쟁으로부터 **상당한** 이익을 얻다 (수능)

□ 1195
broadcast
[brɔ́ːdkæ̀st]

명 **방송**
동 **방송하다**
• **broadcaster** 방송인
+ anchor (뉴스의) 앵커, 진행자; 닻
commentary 실황 방송; 해설

a **broadcasting** station
방송국

□ 1196
public
[pʌ́blik]

형 **대중의, 공공의** (↔ private)
+ publicity 매스컴의 관심, 홍보
publication 출판, 간행물
publicly 공공연하게, 공적으로
overtly 명시적으로, 공공연하게

to build up **public** awareness
대중의 인식을 형성하다 (수능)

□ 1197
awareness
[əwɛ́ərnis]

명 (중요성에 대한) **의식, 관심**
• **aware** 알고 있는, 관심이 많은

environmental **awareness**
환경에 대한 **인식**

113 건물의 기능과 의미

적용 독해 ▶ p. 360

□ 1198
religious
[rilídʒəs]

형 **종교의; 신앙심이 깊은**
• **religion** 종교
+ creed (종교적) 교리; 신념

religious beliefs
종교적 믿음

□ 1199
ritual
[rítʃuəl]

명 **의식 절차, 의례**
형 **의식상의, 의식을 위한**

religious **ritual**
종교 **의식** (수능)

□ 1200
layout
[léiàut]

명 (건물 등의) **배치, 레이아웃**

physical **layout**
물리적 **배치** (수능)

□ 1201
inhibit
[inhíbit]

동 **억제하다, 못하게 하다**
• **inhibition** 억제; 방해
• **inhibitive** 억제하는
비교 inhabit 거주하다, 서식하다

to **inhibit** brain development
두뇌 발달을 **저해하다**

□ 1202
backstage
[bǽkstèidʒ]

부 **무대 뒤에서; 막후에서, 은밀히**

to go **backstage** in a theater
극장의 **무대 뒤로** 가다 (수능)

1203 **integral** [íntigrəl]
형 필수적인; (필요한 부분이 갖춰져) 완전한
• **integrality** 완전성, 절대 필요성
• **integrity** 진실성, 완전한 상태
an **integral** part of the design
설계의 **필수적인** 부분 (수능)

1204 **ensure** [inʃúər]
동 반드시 ~하게 하다, 보장하다
to **ensure** fair competition
공정한 경쟁을 **보장하다**

1205 **uphold** [ʌphóuld]
동 유지시키다, 옹호하다
to **uphold** the law
법을 **유지하다** (수능)

114 문화적 요소의 전파

적용 독해 ❯ p. 360

1206 **come into contact**
접촉하다, 만나다
when two cultures *come into contact*
두 문화가 **접촉할** 때 (수능)

1207 **item** [áitəm]
명 항목, 물품
to exchange every cultural **item**
모든 문화 **항목**을 교환하다 (수능)

1208 **element** [éləmənt]
명 요소, 성분
cultural **elements**
문화적 **요소들** (수능)

1209 **compatibility** [kəmpætəbíləti]
명 양립[공존] 가능성; 호환성
• **compatible** 양립 가능한; 호환되는
compatibility with already existing cultural traits
이미 존재하는 문화적 특성과의 **양립 가능성** (수능)

1210 **dye** [dai]
명 염료, 염색약
동 염색하다, 물들이다
men's hair **dyes**
남성용 머리 **염색약** (수능)

1211 **spread** [spred]
동 펼치다; 확산하다
명 확산, 전파
to **spread** into parts of rural Africa
아프리카의 시골 지역으로 **퍼지다** (수능)

1212 **rural** [rúərəl]
형 시골의, 지방의 (↔ urban 도시의)
rural areas
시골 지역

1213 **status** [stéitəs]	명 **신분, 자격; 지위**	a person's **status** 어떤 사람의 **지위** 수능
1214 **customary** [kʌ́stəmèri]	형 **관례적인; 습관적인**(habitual) • **custom** 관습, 풍습	**customary** unit **관습적** 단위 수능
1215 **adopt** [ədɑ́pt]	동 **채택하다; 입양하다** • **adoption** 채택; 입양 비교 adapt 조정하다; 적응하다(adjust)	to **adopt** the metric system 미터법을 **채택하다** 수능
1216 **interface** [íntərfèis]	명 (컴퓨터) **인터페이스; 접점** 동 **접속하다** • *interface with* ~와 상호 교류하다	to *interface with* the rest of the world 세계의 다른 나라들**과 상호 교류하다** 수능

115 시선과 권력

적용 독해 ▶ p. 362

1217 **gaze** [geiz]	동 **응시하다, 바라보다**(stare) 명 **응시, 시선** ⊕ glare 노려보다, 쏘아보다	to avoid his **gaze** 그의 **시선**을 피하다
1218 **in essence**	**본질적으로** • **essence** 본질, 정수	*In essence*, they are not different. **본질적으로**, 그것들은 다르지 않다.
1219 **subordinate** [səbɔ́ːrdənət]	형 **종속된, 부차적인**(secondary) 명 **부하, 하급자**(inferior)	to ignore **subordinates** **하급자들**을 무시하다 수능
1220 **humility** [hjuːmíləti]	명 **겸손** • **humiliate** 굴욕감을 주다 ⊕ insult 모욕하다; 모욕	an act of genuine **humility** 진정 **겸손**한 행동
1221 **dictate** [díkteit]	동 **받아쓰게 하다; 지시[명령]하다** 명 **명령** • **dictation** 받아쓰기 ⊕ dictator 독재자	to **dictate** what students should wear 학생들에게 무엇을 입을지 **지시하다**
1222 **royalty** [rɔ́iəlti]	명 **왕족; 저작권 사용료** • **royal** 국왕의 비교 loyalty 충성, 충실 / loyal 충성스러운 / sovereign [sɑ́vərin] 군주, 국왕; (국가가) 자주적인	in the presence of **royalty** **왕족**이 있는 곳에서 수능

▢ 1223 **bow** [bau]	동 **절하다; (고개를) 숙이다** 명 **절, 인사**	to **bow** his head 그의 머리를 **숙이다**
▢ 1224 **indifferent** [indífərənt]	형 **무관심한** • **indifference** 무관심, 냉담 ⊕ differential 차이, 격차; 차등을 두는	to be **indifferent** to public opinion 여론에 **무관심하**다
▢ 1225 **subject** [sʌ́bdʒikt]	명 **주제; 과목; 신하; 실험 대상자** 형 **~당할 수 있는; ~의 지배를 받는**	All **subjects** face the king. 모든 **신하들**이 왕 쪽을 향한다. (수능)

116 음식과 야외 활동

적용 독해 ▶ p. 362

▢ 1226 **play a part**	(~에서) **역할을 담당하다;** (~에) **관여하다**	to *play a part* in reducing poverty 빈곤을 줄이는 데 **역할을 하다**
▢ 1227 **outdoors** [áutdɔ̀ːrz]	부 **야외에서** 명 (the) **야외, 전원**	to enjoy the great **outdoors** 멋진 **전원**을 즐기다
▢ 1228 **endless** [éndlis]	형 **무한한, 끝없는**	**endless** possibilities **무한한** 가능성 (수능)
▢ 1229 **wilderness** [wíldərnis]	명 **황야, 황무지**	a **wilderness** area **황야** 지역
▢ 1230 **dining** [dáiniŋ]	명 **식사, 정찬** • **dine** (잘 차린) 식사를 하다 • **diner** 작은 식당	fine **dining** 훌륭한 **식사**
▢ 1231 **gourmet** [gúərmei]	명 **미식가** 형 (음식이) **고급의**	a **gourmet** meal **고급** 음식
▢ 1232 **cereal** [síəriəl]	명 **곡물; 시리얼**	dry **cereal** 마른 **시리얼** (수능)
▢ 1233 **on the move**	**이동 중인, 옮겨 다니는** ⊕ portable 휴대용의	cold snacks eaten *on the move* **이동하면서** 먹는 데워 먹지 않는 간식 (수능)
▢ 1234 **freeze-dried** [friːz dráid]	형 **동결 건조된**	a **freeze-dried** meal **동결 건조된** 음식 (수능)

SET 26

문화 (4)

117 문화적 지식

적용 독해 p. 364

▢ 1235 **acquire** [əkwáiər]	동 **습득하다, 획득하다** • **acquisition** 습득 • **acquisitive** 소유욕이 많은 비교 inquire 문의하다 require 요구하다, 필요로 하다	to **acquire** cultural knowledge 문화적 지식을 **획득하다** (수능)
▢ 1236 **naive** [nɑːíːv]	형 **순진한**	a **naive** question **순진한** 질문
▢ 1237 **realist** [ríːəlist]	명 **현실주의자** • **reality** 현실, 실제 • **realistic** 현실적인, 실질적인	a naive **realist** 순진한 **현실주의자** (수능)
▢ 1238 **anthropologist** [æ̀nθrəpɑ́lədʒist]	명 **인류학자** • **anthropology** 인류학 • **anthropological** 인류학의	a cultural **anthropologist** 문화**인류학자**
▢ 1239 **attempt** [ətémpt]	명 **시도** 동 **시도하다, 애써 해보다**	to **attempt** to repair the equipment 장비를 수리하려고 **시도하다**
▢ 1240 **classic** [klǽsik]	형 **일류의, 최고 수준의** 명 **고전, 명작** 비교 classical 고전주의의, 고전적인	a **classic** novel **최고의** 소설
▢ 1241 **elder** [éldər]	명 (*pl.*) **원로들, 어른들** 형 **나이가 더 많은** • **the elderly** 연세 드신 분들, 어르신들	the village **elders** 마을 **어른들**
▢ 1242 **plot** [plɑt]	명 **구성, 줄거리; 음모**(conspiracy)	the general **plot** 일반적인 **줄거리** (수능)
▢ 1243 **tragedy** [trǽdʒidi]	명 **비극; 비극 작품** • **tragic** 비극적인, 비극의	the motivation of the great **tragedy** 그 위대한 **비극 작품**의 동기 (수능)

1244 **turn** [təːrn]

명 (예상치 못한 방향으로의) **전환** (unexpected change)
동 **돌리다; (방향을) 바꾸다**
+ turnaround (상황의) 호전
overturn 뒤집히다, 뒤집다

at each **turn** in the story
이야기가 **전환**될 때마다 (수능)

1245 **version** [vəːrʒən]

명 (변형된) **판(版)**; (사건에 대한) **설명, 견해**

a very different **version**
매우 다른 **판(版)** (수능)

118 초기 과학 발전의 추진력

적용 독해 ▶ p. 364

1246 **renowned** [rináund]

형 **유명한, 명성 있는**(celebrated, noted)

a **renowned** French scholar
한 **유명한** 프랑스 학자 (수능)

1247 **scholar** [skálər]

명 **학자**
• **scholarship** 장학금; 학문

a classical **scholar**
고전**학자**

1248 **community** [kəmjúːnəti]

명 **지역사회; 공동체**
• **communal** 공동의; 집단들이 관련된

small **communities**
소규모 **공동체들** (수능)

1249 **passion** [pǽʃən]

명 **격정, 열정**
• **passionate** 열정적인
+ enthusiastic 열렬한, 열광적인

a man of **passion**
정열적인 사람

1250 **prejudice** [prédʒudis]

명 **편견**
동 **편견을 갖게 하다**
+ stereotype 고정관념

racial **prejudice**
인종 **편견**

1261 **in itself**

그것 자체가, 본질적으로

In itself, it's not a difficult problem to solve.
그것이 **본질적으로** 해결하기 어려운 문제는 아니다.

1252 **empire** [émpaiər]

명 **제국**
+ realm [relm] 왕국(kingdom); 영역
border 국경 (지역)

the Roman **empire**
로마 **제국**

1253 **rigid** [rídʒid]

형 **엄격한, 융통성 없는**(inflexible)
• **rigidity** 엄격; 강직

rigid social control
엄격한 사회적 통제 (수능)

1254 **beneficial** [bènəfíʃəl]	형 **유익한, 이로운**(advantageous, favorable) • **benefit** 혜택, 이득 • **beneficiary** 수혜자 비교 beneficent 선을 베푸는, 친절한	**beneficial** to science 과학에 **이로운** 수능
1255 **nurture** [nə́ːrtʃər]	동 **양육하다, 육성하다** 명 **양육, 육성**	to **nurture** rural leadership 농촌 지도자를 **육성하다**
1256 **freewheeling** [fríːwìːliŋ]	형 **자유분방한**	a **freewheeling** lifestyle **자유분방한** 생활 방식
1257 **incentive** [inséntiv]	명 **장려책, 우대책**	tax **incentives** to encourage savings 저축 장려를 위한 세금 **우대 조치들**
1258 **commerce** [kámәːrs]	명 **무역, 상업** • **commercial** 상업의; 광고	the rise in **commerce** **무역**의 융성 수능
1259 **decline** [dikláin]	명 **감소, 하락, 쇠퇴** 동 **줄어들다;** (정중히) **거절하다** • **declining** 쇠퇴하는, 기우는 • **declination** 기움, 경사 어원 de(down) + cline(bend) > 아래로 기울다	a sharp **decline** 급격한 **감소**
1260 **authoritarian** [əθɔ̀ːrətέəriən]	형 **권위주의적인, 독재적인** • **authority** 지휘권, 권한 • **authorize** 인가하다, 권한을 부여하다	the decline of **authoritarian** religion **권위주의적인** 종교의 쇠퇴 수능

119 문화적 진화와 유전

적용 독해 ▶ p. 366

1261 **ancestor** [ǽnsestər]	명 **조상, 선조** • **ancestral** 조상의, 조상 전래의	the common **ancestor** of Neanderthals and modern people 네안데르탈인과 현대인의 공통 **조상** 수능
1262 **sophisticated** [səfístəkèitid]	형 **세련된; 정교한; 지적인** • **sophistication** 교양, 세련	pretty **sophisticated** language 상당히 **세련된** 언어 수능

▢ 1263 **gene** [dʒiːn]	명 **유전자** • **genetic** 유전의, 유전학의 • **genetic engineering** 유전 공학 • **genetically** 유전적으로	a dominant **gene** 우성 **유전자**
▢ 1264 **toolkit** [túːlkit]	명 **연장 세트(a set of tools); 도구들** utensil (가정에서 사용하는) 기구, 도구	to provide a **toolkit** **연장 세트**를 제공하다
▢ 1265 **undoubtedly** [ʌndáutidli]	부 **의심할 여지 없이, 확실히**	Genes would **undoubtedly** have changed. 유전자는 **의심할 여지없이** 변해 왔을 것이다. (수능)
▢ 1266 **revolution** [rèvəljúːʃən]	명 **혁명; 회전** • **revolutionary** 혁명의, 혁신적인 twist 회전, 선회	a scientific **revolution** 과학의 **혁명**
▢ 1267 **mutation** [mjuːtéiʃən]	명 **돌연변이; 변화** • **mutant** 돌연변이의	genetic **mutation** 유전적 **돌연변이**
▢ 1268 **gut** [gʌt]	명 **소화관, 내장;** (신체의) **배;** (*pl.*) **배짱**	the large **gut** 대장
▢ 1269 **vice versa**	**거꾸로, 반대로**	to call black white, and **vice versa** 흑을 백이라 하고 **백을 흑이라 하다**
▢ 1270 **retain** [ritéin]	동 **유지하다, 보유하다** • **retention** 유지, 보유; 잔류 비교 detain 구금[억류]하다	to **retain** freshness 신선도를 **유지하다**
▢ 1271 **lactose** [lǽktous]	명 **젖당, 락토오스**	to digest **lactose** **젖당**을 소화시키다
▢ 1272 **digestion** [didʒéstʃən]	명 **소화, 소화력** • **digestive** 소화의 • **digest** 소화하다; 요약(문) ingestion (음식물의) 섭취	to have a good **digestion** **소화력**이 좋다
▢ 1273 **descent** [disént]	명 **하강, 내리막; 혈통, 가문** • **descend** 내려오다 (↔ ascend 올라가다) • **descendant** 자손, 후예	to be of Scottish **descent** 스코틀랜드 **혈통**이다

1274 **cart** [kɑːrt]	명 **수레; 카트** 동 **운반하다**	a horse and **cart** 말 한 마리가 끄는 **수레**
1275 **top-down** [tɑ́pdàun]	형 **하향식의** (↔ bottom-up 상향식의)	a **top-down** explanation **하향식** 설명 (수능)

120 물질주의에 대한 인식

적용 독해 ❯ p. 366

1276 **entitled** [intáitld]	형 **~라는 제목의** • **entitle** 자격을 주다; 제목을 붙이다	a report **entitled** *Yearning for Balance* '균형을 갈망하며'**라는 제목의** 보고서 (모의)
1277 **nationwide** [néiʃənwàid]	형 **전국적인** ⊕ worldwide 전세계적인	based on a **nationwide** survey of Americans 미국인에 대한 **전국적인** 조사를 토대로 한 (모의)
1278 **survey** [sə́ːrvei]	명 (설문) **조사; 측량** 동 (설문) **조사하다; 점검하다**	to conduct a **survey** **조사**를 실시하다
1279 **priority** [praiɔ́ːrəti]	명 **우선 사항, 우선권** • **prior** 사전의, 우선하는 • **prioritize** 우선순위를 매기다	a high **priority** **우선순위**가 높은 사항
1280 **atomize** [ǽtəmàiz]	동 **원자화하다, 세분화하다** • **atom** 원자 • **atomic** 원자(력)의, 핵무기의	to **atomize** the whole sector 전 분야를 **세분화하다**
1281 **focus group**	**포커스 그룹**(시장 조사를 위해 모인 각 계층을 대표하는 사람들); **초점[표적] 집단** • **focus** 초점; 초점을 맞추다 • **focal** 중심의, 초점의	consumers in **focus groups** **포커스 그룹**의 소비자들
1282 **pursuit** [pərsjúːt]	명 **추구; 추적** • **pursue** 추구하다	the **pursuit** of material gain 물질적 이익의 **추구** (모의)

SET 27

문화 ⑸ / 사회 ⑴

121 대중문화의 비평가들

적용 독해 ▶ p. 368

▢ 1283 **afford** [əfɔ́ːrd]	동 ~할 형편이 되다; 제공하다 • **affordable** 입수 가능한, (가격이) 알맞은	the enjoyment **afforded** by products of mass culture 대중문화의 산물들이 **제공하는** 즐거움 (모의)
▢ 1284 **champion** [tʃǽmpiən]	명 챔피언 동 ~을 위해 싸우다, ~을 옹호하다 • **championship** 선수권 대회	to **champion** children's rights 어린이들의 권리를 **옹호하다**
▢ 1285 **critique** [kritíːk]	명 비평한 글, 평론 동 비평하다	social **critique** 사회 **비평** (모의)
▢ 1286 **refusal** [rifjúːzəl]	명 거부, 거절 • **refuse** 거절하다	a **refusal** of the vulgar enjoyments 저속한 즐거움에 대한 **거부** (모의)
▢ 1287 **soap opera**	연속극, 멜로 드라마	a daily **soap opera** 일일 **연속극**
▢ 1288 **divorce** [divɔ́ːrs]	명 이혼; 분리, 단절 동 이혼하다; 분리하다, 단절시키다	to **divorce** the critic from a mindless crowd 아무 생각 없는 군중으로부터 비평가를 **분리하다** (모의)
▢ 1289 **righteous** [ráitʃəs]	형 (도덕적으로) 옳은; 당연한	the **righteous** logic **정당한** 논리 (모의)
▢ 1290 **corruption** [kərʌ́pʃən]	명 부패, 타락; 오염 • **corrupt** 부패한, 부정직한; 타락시키다	the depths of the **corruption** **타락**의 깊이 (모의)
▢ 1291 **hierarchical** [hàiərɑ́ːrkikəl]	형 계급[계층]에 따른 • **hierarchy** 계층, 계급; 지배층	to create **hierarchical** differences **위계상의** 차이를 만들다 (모의)

1292 **contrary** [kάntreri]
형 **반대의, 상반되는**
• **contrary to** ~에 반대되는
contrary to the pleasures of the crowd
군중의 즐거움과는 **상반되는** (모의)

122 음식과 집단 정체성

적용 독해 ▶ p. 368

1293 **ethnicity** [eθnísəti]
명 **민족성, 민족**
• **ethnic** 민족의, 민족 전통적인
race 인종, 종족; 경주
racist 인종 차별주의자
a reflection of one's **ethnicity**
민족성의 반영

1294 **fatherland** [fά:ðərlæ̀nd]
명 **조국** (강한 애국심을 표현할 때 사용)
our love for **fatherland**
조국에 대한 우리의 사랑 (모의)

1295 **recollection** [rèkəlékʃən]
명 **기억**(memory)
• **recollect** 기억해 내다
To the best of my **recollection**, I was not present at that meeting.
내 **기억**이 정확하다면 나는 그 모임에 참석하지 않았다.

1296 **keen** [ki:n]
형 **간절히 ~하고 싶은; 열정적인, 강한**
the **keen** sensual pleasure of our childhood
우리의 유년기의 **강렬한** 감각적 만족 (모의)

1297 **sensual** [sénʃuəl]
형 (육체적으로) **감각적인, 관능적인**
sensual pleasure
감각적 쾌락

1298 **loyalty** [lɔ́iəlti]
명 **충실, 충성**
• **loyal** 충실한, 충성스러운
traitor 배반자, 반역자
betray 배신하다
rebel 반역자; 반란을 일으키다
the **loyalty** to Uncle Sam
미국 정부에 대한 **충성** (모의)

1299 **cuisine** [kwizí:n]
명 **요리법; 요리**
French **cuisine**
프랑스 **요리(법)**

1300 **civilization** [sìvəlizéiʃən]
명 **문명**
• **civil** 시민의; 민간의
• **civilize** 교화하다, (태도를) 세련되게 하다
a community and its **civilization**
한 공동체와 그 공동체의 **문명** (모의)

1301 **destiny** [déstəni]	명 **운명**(fate) • **destine** 예정해 두다; 운명짓다 • **destined** ~할 운명인 비교 destination 목적지, 도착지	the **destiny** of a community 한 공동체의 **운명** (모의)

123 저작권 보호

적용 독해 p. 370

1302 **draw on**	(정보 · 경험 등) **~을 활용하다, ~에 의지하다**	to *draw on* their experience of design 그들의 디자인 경험을 **활용하다** (수능)
1303 **spark** [spɑːrk]	명 **불꽃, 불똥** 동 **불러 일으키다, 촉발하다** ⊕ glimmer (희미하게) 깜박이는 빛; 깜박이다 glisten 반짝이다	to **spark** inspiration 영감을 **불러일으키다** (수능)
1304 **inspiration** [ìnspəréiʃən]	명 (예술가의) **영감, 착상** • **inspire** 영감을 주다, 고무[격려]하다	a rich source of **inspiration** **영감**의 풍부한 원천
1305 **copyright** [kɑ́piràit]	명 **저작권, 판권**	Who owns the **copyright** on this song? 이 노래의 **저작권**은 누구에게 있나요?
1306 **take ... to court**	**재판을 걸다**	to *take* the case *to the court* 그 사건에 **재판을 걸다**
1307 **prosecute** [prɑ́sikjùːt]	동 **기소하다** • **prosecution** 기소, 고발 • **prosecutor** 검찰 ⊕ accusation 비난, 고발	The police decided not to **prosecute**. 경찰은 **기소하지** 않기로 결정했다.
1308 **numerous** [njúːmərəs]	형 **많은**(many) ⊕ numerical 수의, 숫자상의	**numerous** smartphones all with similar functionality 모두 유사한 기능을 가진 **많은** 스마트폰들 (수능)
1309 **functionality** [fʌ̀ŋkʃənǽləti]	명 **기능성**(practicality); **기능, 목적** • **function** 기능; 행사 • **functional** 기능상의, 실용적인 ⊕ malfunction 기능 불량	new software with additional **functionality** **기능**이 추가된 새 소프트웨어

1310 **author** [ɔ́ːθər]	명 **저작자, 작가** 동 **쓰다, 저술하다**	a best-selling **author** 베스트셀러 **작가**
1311 **sign over to**	동 (권리·재산을 ~에게) **양도하다**	to *sign* the copyright *over to* someone else 저작권을 다른 누군가에게 **양도하다** 수능

124 도덕적 발달 과정

적용 독해 p. 370

1312 **agent** [éidʒənt]	명 **대리인, 에이전트** • **agency** 대리점, 대행사	to act as **agents** for Mr. Lane Lane씨의 **대리인** 역할을 하다
1313 **decency** [díːsnsi]	명 **예의, 품위** • **decent** 예의 바른, 품위 있는	common **decency** 기본적인 **예의**
1314 **qualify** [kwáləfài]	동 **자격을 얻다[주다]** • **qualifier** 예선 통과자 • **qualification** 자격, 자격증	to **qualify** them for membership 그들에게 구성원 **자격을 주다** 수능
1315 **grasp** [græsp]	동 **움켜잡다; 파악하다** 명 **꽉 쥐기; 파악**	to **grasp** how complex it is 그것이 얼마나 복잡한지를 **이해하다** 수능
1316 **oversimplified** [òuvərsímpləfàid]	형 **지나치게 단순화된**	an **oversimplified** view of how genes work 유전자가 작동하는 방식에 대한 **지나치게 단순화된** 견해 수능
1317 **nonsensical** [nɑnsénsikəl]	형 **터무니 없는, 무의미한** • **nonsense** 터무니 없는 생각, 허튼소리	a **nonsensical** idea **터무니 없는** 생각
1318 **versus** [və́ːrsəs]	전 **~ 대(對); ~에 비해**	nature **versus** nurture 천성 **대** 양육 수능
1319 **a long way off**	**멀리 떨어진 곳에**	Spring is *a long way off*. 봄은 **아직도 멀었다**.

적용 독해 p. 372

1320 **minority** [minɔ́:rəti]	명 소수, 소수 집단 (↔ majority) • **minor** 작은; 미성년자	the influence of **minorities** **소수 집단**의 영향 수능
1321 **troublemaker** [trʌ́blmèikər]	명 말썽꾼 troublesome 골칫거리인, 고질적인	He used to be a **troublemaker** at school. 그는 학창 시절에 **문제아**였다.
1322 **extremist** [ikstrí:mist]	명 극단주의자, 과격주의자 • **extreme** 극단적인 • **extremism** 극단주의	right-wing **extremists** 우익 **과격파**
1323 **majority** [mədʒɔ́:rəti]	명 다수; 득표 차; 성년 • **major** 주요한, 중대한	members of the **majority** **다수 집단**의 구성원 수능
1324 **get across**	(의미가 ~에게) **전달되다, 이해되다**	to *get* the point *across* 의견을 **이해시키다** 수능
1325 **ultimately** [ʌ́ltimətli]	부 궁극적으로, 결국 • **ultimate** 최종적인; 최고의	to **ultimately** lead to social change **궁극적으로** 사회 변화를 가져오다 수능
1326 **Christianity** [krìstʃiǽnəti]	명 기독교 사상	early **Christianity** 초기 **기독교 사상**
1327 **trade unionism**	명 노동조합 운동	the history of **trade unionism** **노동조합 운동**의 역사
1328 **feminism** [fémənìzəm]	명 남녀평등주의 • **feminine** 여성의 gender 성별; 성 구분	to embrace **feminism** **남녀평등주의**를 받아들이다
1329 **outspoken** [àutspóukən]	형 노골적으로 말하는, 거침없이 말하는	an **outspoken** minority **거침없이 말하는** 소수 집단 수능

SET 28 사회 (2)

126 지도 제작과 지형

적용 독해 p. 372

1330 **depiction** [dipíkʃən]	명 **묘사, 서술** • **depict** 묘사하다, 그리다	the **depiction** of hills and valleys 언덕과 계곡의 **묘사** (수능)
1331 **flatland** [flǽtlænd]	명 **평지**	a vast **flatland** 넓은 **평지**
1332 **wrinkle** [ríŋkəl]	명 **주름** 동 **주름을 잡다, 찡그리다**	fine **wrinkles** 잔**주름**
1333 **contour line**	명 **등고선** • **contour** 윤곽, 등고선	to draw **contour lines** **등고선**을 그리다 (수능)
1334 **elevation** [èləvéiʃən]	명 **승격; 해발 높이, 고도** • **elevate** 승진시키다; 올리다	at the same **elevation** 동일한 **고도**에서 (수능)
1335 **steep** [stiːp]	형 **가파른, 비탈진** • **steepen** 가파르게 하다	a **steep** slope **가파른** 경사 (수능)
1336 **farther** [fάːrðər]	부 **더 멀리** 형 **더 먼**	to lie **farther** apart **더 멀리** 떨어져 있다 (수능)
1337 **hollow** [hάlou]	형 (속이) **빈, 움푹 꺼진** 명 **분지; 움푹 들어간 곳**	a wooded **hollow** 숲이 무성한 **분지**

127 지도가 주는 메시지

적용 독해 p. 374

1338 **grid** [grid]	명 **격자무늬;** (지도의) **격자 눈금, 기준선망**	New York's **grid** of streets **격자무늬**로 나 있는 뉴욕의 거리
1339 **certainty** [sə́ːrtnti]	명 **확실한 것, 확실성** (↔ uncertainty)	with absolute **certainty** 절대적 **확신**을 가지고

☐ 1340 **legend** [lédʒənd]	명 **전설;** (지도의) **범례, 기호 일람표** • **legendary** 전설적인	the **legend** information **범례** 정보 (수능)
☐ 1341 **scale** [skeil]	명 **규모; 등급;** (지도의) **축척, 축소 · 확대 비율**	a **scale** of 1/50,000 1 대 50,000의 **축척**
☐ 1342 **authoritative** [əθɔ́ːrətèitiv]	형 **권위적인; 권위 있는** • **authority** 지휘권; 권한	an **authoritative** truth about the world 세계에 대한 **권위 있는** 진실 (수능)
☐ 1343 **ideology** [àidiάlədʒi]	명 **이데올로기, 이념** • **ideological** 이념적인, 사상적인	the powerful carriers of **ideology** 강력한 **이데올로기**의 전달자들 (수능)
☐ 1344 **unnoticeably** [ʌnnóutisəbli]	부 **눈에 띄지 않게**	to sneak into the classroom **unnoticeably** **눈에 띄지 않게** 교실에 몰래 들어가다

128 판권 보호와 창의성

적용 독해 ▶ p. 374

☐ 1345 **publication** [pʌ̀bləkéiʃən]	명 **출판, 발행; 발표** • **publicate** 출판하다, 발표하다 비교 publicize 알리다, 광고하다	the **publication** of his first novel 그의 첫 소설 **출판**
☐ 1346 **steady** [stédi]	형 **꾸준한; 변동 없는** • **steadily** 꾸준하게, 한결같이	to have increased **steadily** over the years 수년에 걸쳐 **꾸준히** 늘어 왔다 (수능)
☐ 1347 **extension** [iksténʃən]	명 **확대; 연장** • **extend** 연장하다, 확대하다 • **extensive** 아주 넓은, 광범위한	an **extension** of the contract 계약의 **연장**
☐ 1348 **act** [ækt]	명 **행동**(deed)**; 법률** 동 **행동하다; 연기하다** • **action** 행동, 조치 • **activity** 활기, 활동	the Copyright Term Extension **Act** of 1998 1998년의 판권 기간 연장**법** (수능)
☐ 1349 **starving** [stάːrviŋ]	형 **굶주리는** • **starve** 굶다 • **starvation** 기아, 굶주림	**starving** writers **굶주리는** 작가들 (수능)

▢ 1350 **impoverished** [impávəriʃd]	형 **빈곤한;** (질적으로) **저하된** • **impoverish** 빈곤하게 하다; (질을) 떨어뜨리다 어원 im(into) + poverished(poor)	**impoverished** descendants **빈곤한** 후손들 (수능)
▢ 1351 **descendant** [diséndənt]	명 **자손, 후손; 유래한 것** ⊕ descend 내려오다; 경사지다 plunge (갑자기) 거꾸러지다; 급락하다	a direct **descendant** of the king 그 왕의 직계 **후손**
▢ 1352 **in reality**	**실제로는, 사실은**	It looks easy, but *in reality* it's difficult. 볼 때는 쉬워 보이는데, **실제로는** 어렵다.
▢ 1353 **beneficiary** [bènəfíʃièri]	명 **수혜자** • **benefit** 혜택, 이익 • **beneficial** 이로운, 유익한	the main **beneficiary** of the cuts in income tax 소득세 삭감의 주된 **수혜자**
▢ 1354 **transnational** [trænsnǽʃənəl]	형 **초국가적인, 다국적의**	**transnational** publishing companies **다국적** 출판사들 (수능)
▢ 1355 **be supposed to**	**~하기로 되어 있다, ~ 해야 한다**	I thought we **were supposed to** be paid today. 저는 우리가 오늘 급여를 받기로 **되어 있다고** 생각했는데요.
▢ 1356 **reasonable** [ríːzənəbl]	형 **타당한; 적정한** • **reason** 이유, 근거, 이성, 판단하다 • **reasoning** 추리, 추론	to place **reasonable** time limits on ~에 **적정한** 기한을 두다 (수능)
▢ 1357 **outdated** [áutdèitid]	형 **시대에 뒤진** (↔ updated 최신의) ⊕ cliché [kliʃéi] 상투적인 문구	**outdated** works **시대에 뒤진** 작품들 (수능)
▢ 1358 **frustrate** [frʌ́streit]	동 **좌절시키다** • **frustrated** 좌절한 • **frustration** 좌절감, 불만	to **frustrate** new creative endeavors 새로운 창의적인 노력을 **좌절시키다** (수능)
▢ 1359 **endeavor** [indévər]	명 **노력, 애씀** 동 **노력하다**(strive) • **endeavoring** 노력하는	new creative **endeavors** 새로운 창의적인 **노력** (수능)

SET 28

▢ 1360 **poetry** [póuitri]	명 (집합적) **시**(詩) • **poem** (한 편의) 시 • **poetic** 시적인 • **poet** 시인	a **poetry** reading **시** 낭독
▢ 1361 **lyrics** [líriks]	명 **노랫말, 가사** • **lyric** 서정시의, 노래의	music and **lyrics** 작곡 및 **작사[가사]**

129 사회인류학과 문화인류학

적용 독해 ▶ p. 376

▢ 1362 **debate** [dibéit]	명 **토론; 논쟁** 동 **논의하다** • **debatable** 이론[논란]의 여지가 있는 (arguable)	the **debates** between social and cultural anthropologists 사회 인류학자와 문화 인류학자 사이의 **논쟁** 모의
▢ 1363 **concern** [kənsə́ːrn]	동 **~에 관한 것이다; 영향을 미치다** 명 **우려; 관심사** • **concerning** ~에 관하여 • **concerned** 걱정하는; 관심이 있는	to **concern** the differences between the concepts 개념들 간의 차이**에 관한 것이다** 모의
▢ 1364 **kinship** [kínʃip]	명 **친족, 친족임; 연대감** • **kin** 친족, 친척	the ties of **kinship** **친족** 관계
▢ 1365 **classificatory** [klæsifikéitəri]	형 **분류상의, 유형을 나누는** • **classify** 분류하다, 유형을 나누다 • **classification** 분류, 유형	**classificatory** schemes **분류**안 모의
▢ 1366 **scheme** [skiːm]	명 (운영) **계획, 제도; 책략** 동 **책략을 꾸미다, 획책하다** • **schematic** 도식으로 나타낸, 도식적인	a training **scheme** 훈련 **계획**

130 지역 네트워크와 범세계적인 네트워크

적용 독해 ▶ p. 376

▢ 1367 **lie in**	**~에 있다**(to exist or be found in something)	His skill *lies in* his ability to communicate complex ideas simply. 그의 기술은 복잡한 생각을 간단하게 전달하는 능력**에 있다**.

□ 1368 **self-contained** [sèlf kəntéind]	형 **자족적인, 자립하는** • **self-containment** 자기 충족	a **self-contained** life **자족적인** 삶
□ 1369 **outreach** [áutrìːtʃ]	명 **봉사 활동, 원조 활동**	**outreach** program **봉사[원조]** 프로그램
□ 1370 **solidarity** [sɑ̀lədǽrəti]	명 **결속력, 연대** 비교 solidity 견고함, 튼튼함	the highest levels of **solidarity** 가장 높은 수준의 **결속력** (수능)
□ 1371 **unfavorable** [ʌnféivərəbl]	형 **호의적이 아닌; 불리한** • **favor** 호의, 친절	**unfavorable** policies **불리한** 정책들 (수능)
□ 1372 **ally** [əlái]	명 **동맹국; 협력자** 동 **지지하다, 편들다** • **alliance** 연합, 동맹	possible **allies** 잠재적인 **협력자들** (수능)
□ 1373 **cosmopolitan** [kɑ̀zməpɑ́lətən]	형 **범세계적인** • **cosmopolitanism** 범세계주의 + cosmos 우주	**cosmopolitan** networks **범세계적인** 네트워크 (수능)

SET 28

131 역사의 바다에 숨어 있는 사이렌

적용 독해 ▶ p. 378

□ 1374 **siren** [sáiərən]	명 **사이렌** (아름다운 노래로 선원들을 유혹하여 위험에 빠뜨렸다는 신화 속 존재); (경보) **사이렌**	**a siren call** (덫에 걸리게 하는) **유혹, 현혹**
□ 1375 **tempt** [tempt]	동 **유혹하다, 부추기다** • **temptation** 유혹 • **tempting** 솔깃한, 구미 당기는 + seduce 꾀다, 유혹하다(lure)	to **tempt** people to join 사람들이 가입하도록 **유혹하다**
□ 1376 **reef** [riːf]	명 **암초**	the **reefs** of misunderstanding and misinterpretation 오해와 오역의 **암초** (수능)
□ 1377 **misinterpretation** [misintə̀ːrpritéiʃən]	명 **오역**	to be open to **misinterpretation** **잘못 해석**될 소지가 있다

▢ 1378 **superior** [səpíəriər]	형 **우월한** (↔ inferior 열등한) • **superiority** 우월성, 우세 ⊕ supremacy 패권, 우위	**superior** standards **우월한** 기준 (수능)
▢ 1379 **resultant** [rizʌ́ltənt]	형 (앞에 언급한) **그 결과로 생긴, 그에 따른**	a **resultant** misunderstanding **그에 따른** 오해 (수능)
▢ 1380 **misappreciation** [misəprìːʃiéiʃən]	명 **잘못된 평가[인식]**	a complete **misappreciation** 완전히 **잘못된 평가**
▢ 1381 **modern** [mɑ́dərn]	형 **현대의, 최신의** • **modernize** 현대화하다 • **modernity** 현대성	**modern** art **현대** 미술
▢ 1382 **unjustified** [ʌndʒʌ́stifàid]	형 **정당하지 않은** • **justification** 정당화	**unjustified** criticisms **정당하지 않은** 비판 (수능)

Review

학습한 주요 단어를 깊이 있게 이해하기

version
- **a form of something that is different from the original**
  원본과는 다른 어떤 것의 형태 ⇒ **(제품·책 등의) 판(版), 버전**
- **a description of an event from the position of a particular person or group of people**
  특정한 사람이나 집단의 입장에서 하는 사건에 대한 묘사
  ⇒ **(특정 입장에서의) 견해, 설명**

priority
- **something that you think is more important than other things and should be dealt with first**
  다른 것들보다 더 중요하다고 생각하여 먼저 다루어져야 하는 어떤 것 ⇒ **우선 사항**

hierarchical
- **arranged according to people's or things' level of importance, or relating to such a system**
  사람이나 사물의 중요도에 따라 배열된, 또는 그러한 체계와 관련 있는
  ⇒ **계급[계층]에 따른**

legend
- **a list that explains the symbols on a map**
  지도의 기호를 설명하는 목록 ⇒ **범례**

SET 29 사회 (3)

132 과학 사학자의 역할

적용 독해 ▶ p. 378

□ 1383 **clarify** [klǽrəfài]	동 **명확하게 하다, 분명히 말하다** • **clarification** 깨끗하게 함, 정화; 해명 • **clarity** 명료성, 명확성	to **clarify** an understanding of contemporary scientific methods 당대의 과학적 방법들에 대한 이해를 **명확하게 하다** 수능
□ 1384 **progressive** [prəgrésiv]	형 **점진적인** • **progression** (점진적) 진행	**progressive** accumulation **점진적인** 축적 수능
□ 1385 **breakthrough** [bréikθrùː]	명 **돌파구**	to make a **breakthrough** **돌파구**를 찾다
□ 1386 **relevant** [réləvənt]	형 **관련 있는, 적절한** (↔ irrelevant) • **relevance** 적절, 타당성; 관련성	a **relevant** suggestion **적절한** 제안
□ 1387 **phase** [feiz]	명 **단계, 국면** 동 **단계적으로 하다**	numerous **phases** 무수한 **단계들** 수능
□ 1388 **definitive** [difínətiv]	형 **최종적인, 확정적인** • **definitively** 결정적으로	a **definitive** answer **최종적인** 대답, 확답
□ 1389 **evaluation** [ivæ̀ljuéiʃən]	명 **평가** • **evaluate** 평가하다	the **evaluation** of past discoveries 과거의 발견에 대한 **평가** 수능
□ 1390 **institutional** [ìnstitjúːʃənl]	형 **제도적인** • **institution** 제도, 관습; 기관 • **institutionalized** 일상화된	an **institutional** factor **제도적** 요인 수능
□ 1391 **socio-economic** [sóusiouìːkənámik]	형 **사회경제적인**	**socio-economic** backgrounds **사회경제적** 배경
□ 1392 **blind to**	**~을 알지 못하는**	to *be blind to* the fact that ~ ~라는 사실을 **알지 못하다** 수능

1393 **frame** [freim]	명 **틀, 액자; 프레임** 동 **틀에 넣다; 체계를 세우다** • **framed** 액자에 넣은, 틀에 끼운 • **framework** 뼈대, 틀, 체제	to **frame** the new law 새 법의 **틀을 세우다**
1394 **subject to**	(영향을 받아) **~하게 되어 있는; ~에 종속되는**	*subject to* historical change 역사적 변화의 **영향을 받게 되어 있는** 수능

133 유럽 최초의 인류

적용 독해 p. 380

1395 **game** [geim]	명 **게임, 경기; 사냥감**	to live primarily on large **game** 주로 큰 **사냥감**을 먹고 살다 수능
1396 **reindeer** [réindìər]	명 **순록**	herds of **reindeer** **순록** 무리
1397 **spear** [spiər]	명 **창** 동 (창으로) **찌르다**	to hurl a **spear** **창**을 던지다
1398 **bow and arrow**	**활과 화살**	to hunt with **bow and arrow** **활과 화살**로 사냥하다 수능
1399 **mankind** [mæ̀nkáind]	명 **인류**	**mankind** fossil **인류** 화석
1400 **mercilessly** [mə́ːrsilisli]	부 **인정사정없이, 무자비하게** • **mercy** 자비 • **merciful** 자비로운	to exploit **mercilessly** **인정사정없이** 착취하다 수능
1401 **exploit** [iksplɔ́it]	동 (부당하게) **이용하다; 착취하다;** (자원을) **개발하다** 명 **위업, 공적**	to **exploit** one's privilege 특권을 **이용하다**
1402 **afloat** [əflóut]	형 (물에) **떠 있는** • **float** (물에) 뜨다	to keep the boat **afloat** 보트를 **물에 떠 있게** 하다
1403 **antler** [ǽntlər]	명 (사슴의) **가지진 뿔**	with its **antlers** held high 그 **가지진 뿔**을 높이 쳐들고 수능

1404 **glide** [glaid]	동 **미끄러지듯 가다**	to **glide** over the water's surface 수면 위를 **미끄러지듯이 가다** (수능)
1405 **overtake** [òuvərtéik]	동 **따라잡다, 추월하다** 비교 undertake 착수하다, 떠맡다	to be **overtaken** by competitors 경쟁자들에게 **추월당하다**
1406 **prey** [prei]	명 **먹이, 사냥감; 희생자**	the easily overtaken and killed **prey** 쉽게 따라잡아서 죽인 **먹이** (수능)
1407 **aboard** [əbɔ́ːrd]	형 **탑승한**(on board) 비교 abroad 해외로, 해외에서	We went **aboard**. 우리는 **탑승을** 했다.
1408 **tribal** [tráibəl]	형 **부족의, 종족의** • **tribe** 부족, 종족	**tribal** leaders **부족**의 지도자들

134 북아메리카 최초의 이주민

적용 독해 p. 380

1409 **injure** [índʒər]	동 **부상을 입다[입히다]; 해치다** • **injury** 부상, 상처 • **injured** 부상을 입은 + casualty 사상자, 희생자	to be severely **injured** 심각한 **부상을 입다** (모의)
1410 **gigantic** [dʒaigǽntik]	형 **거대한, 막대한**	**gigantic** animals **거대한** 동물들 (모의)
1411 **band** [bænd]	명 (함께 어울려 다니는) **무리; 끈, 띠; 악단** 동 **띠를 두르다**	a small **band** of volunteers 소규모의 자원봉사자 **무리**
1412 **at the height of**	**~이 한창일 때, ~의 정점에서**	*at the height of* the last glacial period 마지막 빙하기가 **한창일 때** (모의)
1413 **glacial** [gléiʃəl]	형 **빙하기의, 빙하의** • **glacier** 빙하	the **glacial** period **빙하기**
1414 **continent** [kɑ́ːntənənt]	명 **대륙** • **continental** 유럽 대륙의	separate **continents** 별개인 **대륙들** (모의)

▢ 1415 **imperceptible** [ìmpərséptəbəl]	형 (너무 작아서) **감지할 수 없는** (↔ perceptible)	Time slipped away **imperceptibly**. 시간이 **알아차릴 수 없게** 흘러갔다.
▢ 1416 **immigrant** [ímigrənt]	명 (다른 나라에서 온) **이민자, 이주민** • **immigrate** 이민해 오다 비교 emigrate (다른 나라로) 이주하다	the first **immigrants** to the new land 새로운 땅의 최초의 **이주민** (모의)
▢ 1417 **unpopulated** [ʌnpápjulèitid]	형 **사람이 살지 않는, 무인의** • **populate** 살다, 거주하다(inhabit)	to remain **unpopulated** **사람이 살지 않는** 채로 남아 있다 (모의)

135 완곡어법

적용 독해 ▶ p. 382

▢ 1418 **euphemism** [júːfəmìzəm]	명 **완곡어법, 완곡한 표현**	'Pass away' is a **euphemism** for 'die'. '세상을 떠나다'는 '죽다'의 **완곡한 표현**이다.
▢ 1419 **substitute** [sʌ́bstitjùːt]	명 **대체물, 대리자** 동 **대체하다, 대신하다** • **substitution** 대리, 대용	to **substitute** coal for oil 석유를 석탄으로 **대체하다**
▢ 1420 **objectionable** [əbdʒékʃənəbəl]	형 **불쾌한, 무례한** • **objection** 이의, 반대	less **objectionable** way of saying **불쾌감**이 덜한 방식으로 말하기 (수능)
▢ 1421 **blunt** [blʌnt]	형 **직설적인; 무딘, 뭉툭한** 동 **둔화시키다**	a **blunt** speaking **직설적인** 발언
▢ 1422 **smooth out**	(종이 · 시트 등을) **평평하게 펼치다**	They *smoothed out* the map on the table. 그들은 지도를 탁자에 놓고 **평평하게 폈다**.
▢ 1423 **edge** [edʒ]	명 **가장자리, 모서리** ⊕ verge 길가, 도로변	the **edge** of the table 식탁 **가장자리**
▢ 1424 **unbearable** [ʌnbɛ́ərəbəl]	형 **견딜 수 없는** (↔ bearable)	to make the unbearable **bearable** **견딜 수 없는** 것을 견딜 만하게 하다 (수능)

☐ 1425 **offensive** [əfénsiv]	형 **불쾌한, 공격적인** (↔ inoffensive 남의 마음을 상하게 하지 않을) • **offend** 기분 상하게 하다	**offensive** remarks **불쾌한** 발언
☐ 1426 **misperception** [mìspərsépʃən]	명 **잘못된 인식, 오해**	to create **misperceptions** of important issues 중요한 문제점들에 대해 **잘못된 인식**을 만들어 내다 (수능)
☐ 1427 **at variance** (with)	(~와) **상충하는, 모순되는**	to be totally *at variance with* the evidence 전적으로 증거**와 모순되다**
☐ 1428 **rot** [rɑt]	동 **썩다, 부패하다** 명 **부패** • **rotten** 썩은, 부패한 non-perishable 상하지 않는	**rotting** slums **썩어가는** 빈민가 (수능)
☐ 1429 **slum** [slʌm]	명 **빈민가**	a **slum** area **빈민가** 지역
☐ 1430 **substandard** [sʌ̀bstǽndərd]	형 **수준 이하의, 열악한**	**substandard** housing **수준 이하의** 주거 (수능)
☐ 1431 **miserable** [mízərəbəl]	형 **비참한, 보잘것 없는** • **misery** 고통(distress); 빈곤(poverty)	**miserable** conditions **비참한** 상태 (수능)

SET 29

Review

학습한 주요 단어를 깊이 있게 이해하기

euphemism
- **a mild or pleasant word or phrase that is used instead of one that is unpleasant or offensive**
  불쾌하거나 무례한 말 대신에 쓰는 부드럽거나 듣기 좋은 단어 또는 어구
  ⇒ **완곡어법**

blunt
- **without a sharp edge or point**
  날카로운 가장자리나 뾰족한 끝이 없는 ⇒ **무딘, 뭉툭한**
- **saying exactly what you think without trying to be polite**
  예의를 갖추려고 하지 않고 생각하는 것을 정확하게 말하는 ⇒ **직설적인**

136 첨단 기술과 재료

적용 독해 p. 382

1432 **limitation** [lìmətéiʃən]	명 제한, 제약; 한계	the **limitations** of our minds 우리 생각의 **한계** (수능)
1433 **secure** [sikjúər]	형 안심하는; 안전한, 확실한 (↔ insecure) 동 확보하다 • **security** 보안; 보장	to **secure** the ingredients 재료를 **확보하다** (수능)
1434 **ingredient** [ingríːdiənt]	명 (요리 등의) 재료; 구성 요소	natural **ingredient** 천연 **소재**
1435 **bring forth**	~을 낳다, ~을 생산하다	to *bring forth* seemingly unending numbers of new inventions 끝이 없을 것 같은 무수한 새로운 발명품을 **낳다** (수능)
1436 **combination** [kɑ̀mbənéiʃən]	명 조합, 결합 • **combine** 결합하다 + unify 통합하다	in **combination** with ~와 **결합하여**
1437 **witness** [wítnis]	명 목격자, 증인 동 목격하다	to **witness** a fundamental shift 근본적인 변화를 **목격하다** (수능)
1438 **refined** [rifáind]	형 정제된, 개선된; 교양 있는 • **refine** 정제하다; 개량하다	in increasingly **refined** amounts 점차 **정제된** 분량으로 (수능)
1439 **outpace** [àutpéis]	동 앞지르다, 앞서다 어원 out(better) + pace	Demand is **outpacing** production. 수요가 생산을 **앞지르고** 있다.
1440 **moment** [móumənt]	명 잠깐, 잠시; (특정한) 시기 + momentary 순간적인, 잠깐[찰나]의 momentum 탄력; 가속도	**the moment when ...** **~하는 순간**

▢ 1441 **rare** [rɛər]	형 **희귀한, 드문** • **rarely** 드물게, 좀처럼 ~하지 않는 barely 간신히; 거의 ~ 아니게	**rare** metals **희귀** 금속 (수능)
▢ 1442 **wind turbine**	**풍력발전용 터빈**	A **wind turbine** turns wind energy into electricity. **풍력발전용 터빈**은 풍력 에너지를 전기로 바꾼다.
▢ 1443 **solar panel**	**태양 전지판**	green technologies such as **solar panels** **태양 전지판**과 같은 친환경 기술 (수능)
▢ 1444 **climate** [kláimit]	명 **기후; 풍조** • **climatic** 기후의	**climate** change **기후** 변화 (수능)

137 구전의 문제점을 해결한 인쇄기

적용 독해 ▶ p. 384

▢ 1445 **printing press**	**인쇄기**	the invention of the **printing press** **인쇄기**의 발명
▢ 1446 **boost** [buːst]	동 **신장시키다, 북돋우다** 명 **격려; 부양책; 밀어 올리기** • **booster** 추진 로켓; (약의 효능) 촉진제	to **boost** the power of ideas 생각의 능력을 **신장시키다** (수능)
▢ 1447 **word of mouth**	**구전**(口傳), **입소문**	to spread by **word of mouth** **구전**으로 퍼져 나가다 (수능)
▢ 1448 **equivalent** [ikwívələnt]	형 (가치 등이) **동등한, 맞먹는** 명 **~에 상당하는 것, 등가물**	The certification is **equivalent** to a degree. 그 수료증은 학위와 **동등하다**.
▢ 1449 **advent** [ǽdvent]	명 **출현, 도래**	the **advent** of literacy 글을 읽고 쓸 줄 아는 능력의 **출현** (수능)
▢ 1450 **scroll** [skroul]	명 **두루마리** 동 (컴퓨터) **스크롤하다**	handwritten **scrolls** 손으로 쓴 **두루마리** (수능)
▢ 1451 **fidelity** [fidéləti]	명 **충실함, 신의; 정확도, 충실도**	the **fidelity** of the translation to the original text 원본 텍스트에 대한 번역본의 **충실도[정확도]**

□ 1452
monk
[mʌŋk]

명 수도승, 승려

a well-trained **monk**
잘 훈련된 **수도승** (수능)

□ 1453
transcribe
[trænskráib]

동 (연설 · 대화 등을) **그대로 받아 적다, ~을 글로 옮기다**
- **transcription** 그대로 옮겨 적기, 필사(筆寫)
- **transcript** 필기록

to **transcribe** four pages of text per day
하루에 4쪽의 문서를 **필사하다** (수능)

138 저개발 세계의 농업

적용 독해 › p. 384

□ 1454
agriculture
[ǽgrikʌ̀ltʃər]

명 농업
- **agricultural** 농업의
- **agriculturalist** 농업 전문가

the population involved in **agriculture**
농업에 종사하는 인구

□ 1455
incapable
[inkéipəbl]

형 **할 수 없는; 무능한** (↔ capable)
- **incapacity** 무능력

incapable of competing
경쟁**할 수 없는** (수능)

□ 1456
export crop

수출 작물

to grow **export crops**
수출 작물을 재배하다 (수능)

□ 1457
at the expense of

~을 희생하면서, ~을 잃어 가며

at the expense of basic food production
기초식품 생산을 **희생하면서** (수능)

□ 1458
capitalist
[kǽpətəlist]

명 **자본주의자**
형 **자본주의적인**
- **capitalistic** 자본가의
- **capitalism** 자본주의

capitalist mode of production
자본주의적 생산 방식 (수능)

□ 1459
mode
[moud]

명 **방식; 기분, 태도**

a **mode** of life
생활 **방식**

139 종의 진화와 어업

적용 독해 › p. 386

□ 1460
mature
[mətjúər]

형 **어른스러운; 성인이 된, 다 자란** (↔ immature)
동 **어른이 되다, 성숙해지다**
- **maturity** 성숙함

+ ripe 숙성한, 익은
juvenile 청소년의; 어린애 같은

to **mature** younger
더 어린 나이에 **성숙해지다** (수능)

1461 **cod** [kɑd]	명 (어류) **대구**	fishing for **cod** **대구** 낚시
1462 **hard-pressed**	형 **시달리는; ~을 하는 데 애를 먹는**	species **hard-pressed** by excessive fishing 과도한 어로 행위에 **시달리는** 종들 (수능)
1463 **excessive** [iksésiv]	형 **지나친, 과도한** • **excess** 지나침; 초과량 • **exceed** 넘다, 초과하다	**excessive** noise **과도한** 소음
1464 **fishery** [fíʃəri]	명 **어장; 어업**	industrial **fisheries** 기업적인 **어업** (수능)
1465 **intensive** [inténsiv]	형 **집중적인; 철두철미한** • **intense** 극심한, 강렬한 • **intensity** 강렬함, 강도	two weeks of **intensive** training 2주간의 **집중적인** 훈련
1466 **larvae** [lɑ́ːrvə]	명 **유충, 애벌레** (단수형: larva)	the **larva** of a butterfly 나비 **유충**
1467 **grave** [greiv]	명 **무덤, 묘** 형 **심각한**	at **grave** risk **심각한** 위기에 처한 (수능)

SET 30

140 종자 개량과 산업

적용 독해 ▶ p. 386

1468 **seed** [siːd]	명 **씨, 종자** 동 **씨가 맺다; 씨앗을 뿌리다** ⊕ sprout 싹이 나다 scatter 흩뿌리다	**seed** improvement **종자** 개량 (수능)
1469 **improvement** [imprúːvmənt]	명 **향상, 개선** • **improve** 개선되다	a significant **improvement** 중요한 **개선**
1470 **domain** [douméin]	명 **영역; 소유지;** (컴퓨터) **도메인**	a public **domain** 공공 **영역** (수능)
1471 **common good**	**공공의 이익, 공익**	to serve the **common good** **공익**을 도모하다

1472 **sector** [séktər]	명 **부문, 분야**	a **sector** of economy 경제의 한 **부문** (수능)
1473 **split** [split]	동 **분열되다, 나뉘다** 명 **분열, 불화**	to **split** into halves 반반으로 **나뉘다** (수능)
1474 **pace** [peis]	명 **속도** ⊕ swift 신속한	to gather **pace** **속도**가 점차 빨라지다
1475 **hybrid** [háibrid]	명 **잡종; 혼합물**(mixture)	**hybrid** breeding of maize 옥수수의 **잡종** 번식 (수능)
1476 **breeding** [bríːdiŋ]	명 **사육, 번식** • **breed** 새끼를 낳다; 번식하다; 품종 ⊕ hatch 부화하다	the **breeding** season **번식**기
1477 **grain** [grein]	명 **곡물;** (물질의) **알갱이; 아주 조금**	America's **grain** exports 미국의 **곡물** 수출품
1478 **suited** [súːtid]	형 **어울리는, 적합한** (↔ unsuited) • **suit** 어울리다, ~에 맞다	**suited** for seed saving 종자를 보관하기에 **적합한** (수능)
1479 **replant** [riplǽnt]	동 **옮겨 심다, 이식하다** 비교 implant (생각을) 심다, 뿌리내리게 하다; (인공 물질을) 주입하다	to be suited for **replanting** **옮겨 심기**에 적합하다 (수능)
1480 **patent** [péitənt]	명 **특허권** 형 **특허의**	the **patent** law **특허**법 (수능)

Review

학습한 주요 단어를 깊이 있게 이해하기

mode

- **a particular way of doing something**
  어떤 일을 하는 특정한 방식 ⇒ **방식, 방법, 유형**
- **a particular way of feeling or behaving**
  느끼거나 행동하는 특정한 방식 ⇒ **기분, 태도**
- **a particular style or fashion in clothes, art, etc.**
  옷, 예술 등에서의 특정한 스타일이나 패션 ⇒ **유행, 스타일**

산업 (2)

141 초기의 수산 양식

적용 독해 p. 388

1481 **aquaculture** [ǽkwəkʌ̀ltʃər]	명 **수산 양식**	the **aquaculture** industry **수산 양식** 산업 (수능)
1482 **industry** [índəstri]	명 **산업; 근면성** • **industrial** 산업의 • **industrious** 근면한, 부지런한	**industry** figure **업계** 인물 (수능)
1483 **costly** [kɔ́stli]	형 **많은 돈이 드는; 대가가 큰** (expensive)	**costly** lessons **비싼 대가를 치른** 교훈 (수능)
1484 **in respect of**	**~에 대한, ~와 관련하여** (concerning)	a claim for damages *in respect of* injuries 부상**에 대한** 손해 배상 청구
1485 **high-density** [háidénsəti]	형 **고밀도의, 밀도가 높은** • **density** 밀도, 농도	**high-density** rearing **고밀도의** 사육 (수능)
1486 **rearing** [ríəriŋ]	명 **양육;** (동물·조류의) **사육** • **rear** 기르다; (어떤 것의) 뒤쪽	livestock **rearing** 가축 **사육**
1487 **outbreak** [áutbrèik]	명 (전쟁·사고·질병의) **발생, 발발**	**outbreaks** of infectious diseases 전염성 질병의 **발발** (수능)
1488 **devastate** [dévəstèit]	동 (지역을) **완전히 파괴하다;** (사람에게) **엄청난 충격을 주다** • **devastation** 대대적 파괴 + catastrophe 참사, 재앙(disaster)	to **devastate** the caged fish 가두리에 있는 어류를 **황폐화하다** (수능)
1489 **cage** [keidʒ]	명 **우리, 새장** 동 **우리[새장]에 가두다** • **caged** 우리[새장]에 갇힌	a monkey **cage** 원숭이 **우리**

1490 **insufficient** [ìnsəfíʃənt]	형 **불충분한** (↔ sufficient) • **insufficiency** 불충분, 부족 ⊕ scarce 부족한, 드문 sparse 드문, 희박한	**insufficient** time **불충분한** 시간
1491 **pen** [pen]	명 (가축의) **우리** 동 (우리에) **가두다**	a sheep **pen** 양의 **우리**
1492 **barren** [bǽrən]	형 **척박한, 황량한** (↔ fertile 비옥한)	**barren** underwater deserts **불모의** 해저 사막 (수능)
1493 **in place**	**실행 중인, 가동 중인; 제자리에 있는**	Stricter regulations are *in place*. 더 엄격한 규제들이 **시행되고** 있다. (수능)
1494 **overall** [òuvərɔ́ːl]	형 **전반적인, 전체의**	to decrease the **overall** amount **전반적인** 양을 줄이다 (수능)
1495 **clean up**	**~을 치우다, ~을 청소하다** ⊕ sanitary 위생의, 위생적인 garbage (음식물·휴지 등의) 쓰레기 rubbish 쓰레기, (질이) 형편없는 것 sewage 하수, 오물	to *clean up* beaches 해변을 **청소하다**

142 인기 앨범을 만드는 방식

적용 독해 ➤ p. 388

1496 **playlist** [pléilìst]	명 (라디오 프로그램의) **음악 목록, 재생 목록**	to get on a radio **playlist** 라디오 방송의 **음악 목록**에 올라가다 (수능)
1497 **rotation** [routéiʃən]	명 **회전, 순환, 교대** • **rotate** 회전하다; (일을) 교대로 하다	**in heavy rotation** (라디오에) **많이 방송되는** (수능)
1498 **influence** [ínfluəns]	명 **영향, 영향력** 동 **영향을 주다** • **influential** 영향력 있는	its **influence** over a generation 한 세대에 대한 그것의 **영향력** (수능)
1499 **generation** [dʒènəréiʃən]	명 **세대** • **generate** 발생시키다, 만들어내다 • **generative** 발생의, 생성의 ⊕ sibling 형제자매	a **generation** gap **세대**차

▢ 1500 **unparalleled** [ʌnpǽrəlèld]	형 **비할 데 없는, 견줄 데 없는** (unequalled) • **parallel** 평행한; 아주 유사한	her **unparalleled** beauty 그녀의 **비길데 없는** 아름다움
▢ 1501 **brutal** [brúːtəl]	형 **잔혹한, 악랄한** • **brutally** 잔혹하게 • **brute** 짐승, 야수 • **brutality** 잔인성, 야만성 ⊕ savage 야만적인, 몹시 사나운 cruelty 잔인함 tyranny 폭압; 독재	a **brutally** competitive business **잔혹하게** 경쟁적인 사업 (수능)
▢ 1502 **rock** [rɑk]	명 **암석; 록 음악** 동 **흔들리다** • **rocky** 바위로 된	a **rock** band **록** 밴드
▢ 1503 **terminal** [tə́ːrminəl]	명 **공항 터미널; 단말기** 형 **더 이상 손을 쓸 수 없는, 구제불능의** • **terminate** 끝나다, 종료하다 • **termination** 종료	The industry is in **terminal** decline. 그 산업은 **더 이상 손을 쓸 수 없는** 사양길에 들어섰다.

143 기술적 문제의 해결 방식

적용 독해 ❯ p. 390

▢ 1504 **shelf** [ʃelf]	명 **선반; 책꽂이**	supermarket **shelves** 슈퍼마켓 **선반들**
▢ 1505 **open-ended** [òupənéndid]	형 **제약을 두지 않은,** (정정·추가 등) **조정이 가능한**	an **open-ended** conversation **제한 없는** 대화 (수능)
▢ 1506 **conversation** [kɑ̀nvərséiʃən]	명 **대화, 회화** • **conversational** 대화에서 쓰이는, 구어의(colloquial) ⊕ informal 일상어의, 격식에 얽매이지 않는	the main topic of **conversation** **대화**의 주제
▢ 1507 **seeming** [síːmiŋ]	형 **외견상의, 겉보기의**(apparent) • **seemingly** 외견상으로, 겉보기에는	**seeming** clarity **외견상의** 명료성 (수능)
▢ 1508 **clarity** [klǽrəti]	명 (표현의) **명료성;** (사고력의) **명확성** • **clarify** 명확하게 하다	**clarity** of vision 비전의 **명확성**

1509 **territory** [téritɔ̀:ri]	명 **지역; 영역** • **territorial** 영토의 • **territoriality** 영토권 colony 식민지	**territorial** dispute **영토** 분쟁
1510 **eventually** [ivéntʃuəli]	부 **결국** • **eventual** 궁극적인, 최종적인	to **eventually** solve the problem **결국** 문제를 해결하다 (수능)

144 삼림 벌채의 악영향

적용 독해 p. 390

1511 **fertility** [fəːrtíləti]	명 **비옥함, 생식력** (↔ infertility) • **fertile** 비옥한 • **fertilizer** 비료	the declining **fertility** of its soil 감소하는 토양 **비옥도** (수능)
1512 **yield** [jiːld]	동 **산출[생산]하다; 굴복하다; 양도하다** 명 (농작물의) **산출량, 수확량** • **yielding** ~의 수확량을 내는; 유연한; 순종적인	agricultural **yield** 농작물의 **산출량** (수능)
1513 **forest** [fɔ́rist]	명 **숲, 삼림** 동 **~에 삼림을 조성하다** • **forestry** 임학, 삼림 관리	to be densely **forested** 빽빽한 **숲이 조성되다** (수능)
1514 **imperial** [impíəriəl]	형 **제국의, 황제의** • **imperium** 통치권, 주권 • **imperious** 고압적인 • **imperative** 반드시 해야 하는, 긴요한; 위엄 있는	**imperial** power **황제[제국]의** 지배력
1515 **timber** [tímbər]	명 **목재;** (목재용) **수목**	to sell the **timber** on the open market **목재를** 일반 시장에서 팔다 (수능)
1516 **crop** [krɑp]	명 **농작물; 수확량**(harvest)	**crop** yield **농작물** 수확량
1517 **pastureland** [pǽstʃərlæ̀nd]	명 **목초지, 방목지**	**pastureland** for cattle 소 **목초지**

1518 **mineral** [mínərəl]	명 **광물, 미네랄** + copper 구리, 동	rich in **minerals** **미네랄**이 풍부한 (수능)
1519 **deforestation** [difɔ̀:ristéiʃən]	명 **삼림 벌채, 삼림 파괴**	a massive **deforestation** 대규모 **삼림 벌채**
1520 **harsh** [ha:rʃ]	형 **가혹한, 혹독한**	**harsh** weather **혹독한** 날씨
1521 **overgraze** [óuvərgrèiz]	동 (목초지에 동물을) **지나치게 많이 방목하다**	**overgrazing** of livestock 가축의 **지나친 방목** (수능)
1522 **livestock** [láivstɑ̀k]	명 **가축**	**livestock** farming **목축**
1523 **energy** [énərdʒi]	명 **정력, 활기; 에너지** • **energetic** 정력적인, 활동적인 • **energetically** 정력적으로 • **energize** 활기[기운]를 북돋우다 + vigorous 활발한, 격렬한 mighty 강력한, 힘센	solar **energy** 태양 **에너지**
1524 **infrastructure** [ínfrəstrʌ̀ktʃər]	명 **사회[공공] 기반 시설** + structural 구조적인	to maintain its **infrastructure** **사회 기반 시설**을 유지하다 (수능)
1525 **welfare** [wélfɛ̀ər]	명 **복지** + pension 연금; 생활 보조금	social **welfare** 사회 **복지**

SET 31

Review

학습한 주요 단어를 깊이 있게 이해하기

yield

- **to produce or provide a plant or crop**
  식물이나 농작물을 생산하거나 제공하다 ⇒ **산출하다, 생산하다**
- **to stop resisting something**
  저항하려던 것을 그만두다 ⇒ **굴복하다**
- **to allow something to be controlled by another person**
  다른 사람이 장악하도록 허용하다 ⇒ **내주다, 양도하다**

산업 (3)

145 고객 제안과 상품 개발

적용 독해 p. 392

1526 **customer** [kʌ́stəmər]	명 손님, 고객 • **customary** 관례적인, 습관적인 (habitual) 비교 customs 세관, 관세	the voice of the **customer** **고객**의 목소리 (수능)
1527 **tiny** [táini]	형 아주 작은	a **tiny** phone **아주 작은** 전화기 (수능)
1528 **carpenter** [kɑ́ːrpəntər]	명 목수 • **carpentry** 목수일; 목공품	a **carpenter**'s shop **목공소**
1529 **request** [rikwést]	명 요청, 요구 동 요청하다 + solicit 간청[요청]하다 entreat 간청[애원]하다(beg)	to make **requests** for new product features 새로운 상품의 특징을 **요구하다** (수능)
1530 **lightweight** [láitwèit]	형 가벼운 (↔ heavyweight)	a **lightweight** circular saw **가벼운** 원형 톱 (수능)
1531 **circular** [sə́ːrkjulər]	형 원형의, 둥근; 순회하는 • **circulate** 순환하다; 유포되다	a **circular** building **원형** 건물
1532 **saw** [sɔː]	명 톱 동 톱질하다 비교 sew[sou] 바느질하다 sow[sou] (씨를) 뿌리다	a power **saw** 전동 **톱**
1533 **get through**	~을 해내다[끝내다]; (많은 양을) 써 버리다	to have a lot of work to *get through* **끝내야** 할 일이 많다
1534 **situation** [sìtʃuéiʃən]	명 상황, 처지, 환경 • **situate** 위치시키다 • **situational** 상황에 따른	to be in a difficult **situation** 힘든 **상황**에 처해 있다

□ 1535
worthless
[wə́:rθlis]

형 **가치 없는, 쓸모없는** (↔ valuable)

to turn out to be **worthless**
가치 없음이 드러나다 (수능)

146 기후 변화에 따른 지원책

적용 독해 ➤ p. 392

□ 1536
persistently
[pərsístəntli]

부 **끈질기게, 집요하게**
- **persist** 집요하게 계속하다
- **persistent** 끈질긴, 집요한
- **persistence** 고집; 지속됨

persistently high interest rates
지속적으로 높은 금리

□ 1537
in the face of

~에도 불구하고; ~에 직면하여

in the face of growing threats
점점 커지는 위협**에 직면하여** (수능)

□ 1538
carbon emission

탄소 배출
- **carbon** 탄소
- **emission** 배출(물), 배기가스

carbon emission from deforestation
벌채로부터 발생하는 **탄소 배출** (수능)

□ 1539
tropical
[trάpikəl]

형 **열대 지방의, 열대의**

tropical vegetation
열대 식물

□ 1540
carbon credits

탄소 배출권 (할당된 양을 넘는 이산화탄소를 배출할 때는 배출권을 구입하도록 한 제도)

carbon credits for forest preservation
삼림 보존을 위한 **탄소 배출권** (수능)

□ 1541
cost-effective
[kɔ:stiféktiv]

형 **비용 효율성이 높은**

the most **cost-effective** forms
비용 효율성이 가장 **높은** 형태 (수능)

□ 1542
reform
[ri:fɔ́:rm]

명 **개혁**
동 **개혁하다**

reforms in education
교육 **개혁**

□ 1543
removal
[rimú:vəl]

명 **제거, 철폐**
- **remove** 치우다; 벗다; 없애다

the **removal** of direct subsidies
직접 보조금의 **제거** (수능)

□ 1544
subsidy
[sʌ́bsidi]

명 **보조금, 장려금**
- **subsidiary** 부수적인(additional); 자회사의
- **subsidize** 보조금을 주다

agricultural **subsidies**
농업 **보조금**

1545 **recipient** [risípiənt]	명 (어떤 것을) **받는 사람; 수령인** • **receipt** 영수증	**recipients** of awards 상을 **받는 사람들**
1546 **destructive** [distrʌ́ktiv]	형 **파괴적인** (↔ constructive) • **destruction** 파괴, 말살 • **destroy** 파괴하다 + collapse 붕괴되다 doom 파멸; 불행한 운명을 맞게 하다 impair 손상[악화]시키다 shatter 산산이 부서지다	**destructive** industrial agriculture **파괴적인** 산업화 농업 (수능)
1547 **switch** [switʃ]	명 **전환; 스위치** 동 **전환되다, 바뀌다**	the essential **switch** to conservation agriculture 보존 농업으로의 근본적인 **전환** (수능)
1548 **conservation** [kɑ̀nsərvéiʃən]	명 **보호, 보존** • **conserve** 아끼다, 보호하다 + conservative 보수적인	wildlife **conservation** 야생 동물 **보호**

147 잡지의 구독과 판매

적용 독해 ▶ p. 394

1549 **consumer** [kənsjúːmər]	명 **소비자** • **consume** 소모하다 • **consumption** 소비, 소비량	most **consumer** magazines 대부분의 **소비자** 잡지들 (수능)
1550 **subscription** [səbskrípʃən]	명 **구독료, 구독; 기부금** • **subscribe** 구독하다; 가입하다 어원 sub(under) + scribe(write) > (구독을 위해) 서류 밑에 서명하다	**subscription** prices **구독** 가격 (수능)
1551 **account for**	**설명하다**(explain); (부분·비율을) **차지하다**	to *account for* almost 90 percent 거의 90퍼센트를 **차지하다** (수능)
1552 **circulation** [sə̀ːrkjuléiʃən]	명 **순환; 유통; 판매 부수** • **circulate** 순환하다; 유통되다	total magazine **circulation** 잡지의 전체 **판매 부수** (수능)
1553 **single-copy** [síŋglkɑ́pi]	명 **낱권**	**single-copy** sales **낱권** 판매 (수능)

▢ 1554 **newsstand** [njúːzstæ̀nd]	명 **신문·잡지 판매대, 가판대**	at the **newsstand** or bookstore **가판대**나 서점에서
▢ 1555 **revenue** [révənjùː]	명 **수익, 수입**	to bring in more **revenue** per magazine 잡지 한 권당 더 많은 **수익**을 가져오다 (수능)
▢ 1556 **issue** [íʃuː]	명 **쟁점;** (정기 간행물의) **호; 발행** 동 **발표하다; 발행하다**	the price of buying single **issues** 낱**권**을 살 때의 가격 (수능)
▢ 1557 **explore** [iksplɔ́ːr]	동 **답사[탐험]하다; 탐구하다** • **exploration** 탐사; 탐구 • **explorer** 답사자, 탐험가	to **explore** a new magazine 새로운 잡지를 **탐색하다** (수능)
▢ 1558 **insert** [insə́ːrt]	동 **끼우다, 삽입하다** 명 **삽입 광고** • **insertion** 삽입, 끼워 넣기 비교 insult 모욕하다; 모욕	an 8-page **insert** on the new model 신형 모델에 대한 8쪽 짜리 **삽입 광고**
▢ 1559 **distribute** [distríbjuːt]	동 **나누어 주다; 유통시키다** • **distribution** 분배, 배부	nationally **distributed** brands of fruit juice 전국적으로 **유통되는** 과일 주스 상표
▢ 1560 **association** [əsòusiéiʃən]	명 **협회; 연계, 유대** • **associate** 연상하다, 결부짓다; 어울리다 ⊕ league 연합, 연맹; (스포츠의) 리그	professional **associations** 전문가 **협회** (수능)
▢ 1561 **objectivity** [ɑ̀bdʒektívəti]	명 **객관성** (↔ subjectivity) • **objective** 객관적인; 목표 ⊕ objection 이의, 반대 object 물체; 반대하다	to work toward **objectivity** **객관성**을 지향하다 (수능)

148 안전한 대안을 거부하는 업계

적용 독해 ▸ p. 394

▢ 1562 **ingenuity** [ìndʒənjúːəti]	명 **기발한 재주, 독창성** (inventiveness) • **ingenious** 기발한, 독창적인 비교 genuine 진품의(authentic); 진실한	through the application of human **ingenuity** 인간의 **독창성**을 적용함으로써 (모의)

□ 1563
set the record straight

기록을 바로잡다

History *sets the record straight*.
역사는 **기록을 바로잡는다**. (모의)

□ 1564
refrigeration
[rifrìdʒəréiʃən]

명 **냉장, 냉각**
• **refrigerate** 냉장하다

chemicals used in **refrigeration**
냉장에 사용되는 화학물질

□ 1565
vehicle
[víːikl]

명 **차량; 수단, 매개체**

the motor **vehicle** industry
자동차 업계 (모의)

□ 1566
pesticide
[péstəsàid]

명 **살충제, 농약**

crops sprayed with **pesticide**
농약을 뿌린 작물들

□ 1567
synthetic
[sinθétik]

형 **합성한, 인조의**(man-made)
• **synthesis** 종합; 합성
• **synthesize** 합성하다, 종합하다

synthetic drugs
합성 약물

149 정보의 경제학

적용 독해 ▶ p. 396

□ 1568
prosper
[práspər]

동 **번영하다, 번창하다**
• **prosperity** 번영, 번창
⊕ flourish 번창하다, 잘 자라다(thrive)

to **prosper** economically
경제적으로 **번창하다** (수능)

□ 1569
economics
[ìːkənámiks]

명 **경제학; 자본 조건, 경제적 측면**

the **economics** of family life
가정 생활의 **경제적 측면**

□ 1570
encompass
[inkʌ́mpəs]

동 (많은 것을) **포함하다, 아우르다; 에워싸다**
⊕ compass (도달 가능한) 범위; 나침반; 컴퍼스

The group **encompasses** all ages.
그 집단은 모든 연령대를 **아우른다**.

□ 1571
category
[kǽtəgɔ̀ːri]

명 **부문, 범주**
• **categorize** 분류하다
• **categorization** 범주화, 분류
⊕ repertoire [répərtwɑ̀ːr] 목록

five major **categories**
다섯 개의 주요 **부문** (수능)

SET 33 철학 (1)

150 정치 권력에 대한 인식

적용 독해 p. 396

1572 **cross-cultural** [krɔ̀ːskʌ́ltʃərəl]	형 **비교 문화적인** • **culture** 문화; 배양하다	from a **cross-cultural** perspective **비교 문화적** 관점에서 (수능)
1573 **equation** [ikwéiʒən]	명 **방정식, 등식; 동일시** • **equate** 동일시하다 + formula 공식; 방식	a chemical **equation** 화학 **방정식**
1574 **questionable** [kwéstʃənəbl]	형 **의심스러운, 미심쩍은** • **questionnaire** 설문지, 질문서	highly **questionable** conclusion 심히 **의심스러운** 결론
1575 **conceivably** [kənsíːvəbli]	부 **아마도, 상상컨대** • **conceive** 상상하다; 임신하다 • **conceivable** 상상할 수 있는, 가능한 (↔ inconceivable 생각할 수 없는)	The disease could **conceivably** be transferred to humans. 그 질병이 **아마도** 인간에게 전염이 될 수 있을 것 같다.
1576 **bothersome** [bɑ́ðərsəm]	형 **성가신** • **bother** 성가시게 하다 + nuisance 성가신 사람, 골칫거리	**bothersome** questions **성가신** 질문
1577 **autonomy** [ɔːtɑ́nəmi]	명 **자율성, 자치권** • **autonomous** 자주적인, 자율적인	their personal **autonomy** 그들의 개인적 **자율성** (수능)
1578 **notably** [nóutəbəli]	형 **특히**(especially); **현저히, 뚜렷이** (remarkably) • **notable** 주목할 만한, 눈에 띄는	a **notably** successful project **뚜렷이** 성공한 프로젝트
1579 **allergic to**	**~에 대해 알레르기가 있는; ~을 몹시 싫어하는** • **allergy** 알레르기	*allergic to* housework 집안일을 **몹시 싫어하는**
1580 **fixation** [fikséiʃən]	명 **집착** • **fix** 고정시키다; 해결책	Western **fixation** 서양의 **고정관념** (수능)

1581 **leap** [liːp]	동 **뛰어오르다; 급증하다** 명 **도약; 급증** 비교 reap (좋은 결과를) 거두다, 수확하다	the **leap** from 'the political' to 'domination' '정치적인 것'에서 '지배'로의 **도약** (수능)
1582 **shaky** [ʃéiki]	형 **떨리는; 불안한** • **shake** 흔들리다; 털다 sway (천천히) 흔들리다 tremble (몸을) 떨다; (가볍게) 흔들리다	a **shaky** foundation **불안정한** 기초
1583 **personhood** [pə́ːrsənhùd]	명 **개성, 개인적 특질**	political **personhood** 정치적 **개성** (수능)
1584 **obsession** [əbséʃən]	명 **강박관념; 집착** • **obsessional** 강박관념에 사로잡힌 • **obsessive** 집착하는	cultural **obsessions** 문화적 **강박관념** (수능)

151 과학만능주의와 과학 철학

적용 독해 ▶ p. 398

1585 **advocate** [ǽdvəkèit]	동 **지지하다, 옹호하다** 명 **지지자, 옹호자** • **advocacy** 지지; 변호	a leading **advocate** of reform 주도적인 개혁 **옹호자**
1586 **scientism** [sáiəntìzəm]	명 **과학만능주의; 과학자적인 사고**	excessive faith in science, or **scientism** 과학에 대한 지나친 믿음, 혹은 **과학만능주의**
1587 **advance** [ədvǽns]	명 **발전; 전진; 선금** 동 **증진되다; 진격하다** • **advanced** 선진의, 고급의 • **advancement** 발전; 승진	with the **advance** of science 과학의 **발전**과 함께 (수능)
1588 **slip into**	(모르는 사이에) **~로 빠져들다** • **slip** 미끄러지다; (작은) 실수	to *slip into* recession 경기 침체**에 빠져들다**
1589 **value-laden** [vǽljuːléidn]	형 **개인적인 의견에 영향을 받는, 가치 판단적인**	**value-laden** ways of encountering the world 세상을 접하는 **가치 판단적인** 방식 (수능)
1590 **label** [léibl]	명 (상품의) **라벨, 꼬리표**(tag) 동 **라벨을 붙이다; ~로 규정짓다** • **labelling** 라벨 작업; 라벨 정보	to **label** as merely subjective 주관적인 것에 불과한것으로 **규정짓다** (수능)

1591 **of little account**

거의 중요하지 않은
- ***of no account*** 중요하지 않은 (= of no importance)

His opinion is **of little account** to me.
그의 의견은 나에게 **거의 중요하지 않다**.

152 질병에 대한 원시 사회의 생각

적용 독해 ▶ p. 398

1592 **influenza** [ìnfluénzə]

명 **인플루엔자, 유행성 감기**(flu)

to contract **influenza**
인플루엔자에 걸리다 (수능)

1593 **mother-in-law** [mʌ́ðərinlɔ̀ː]

명 **시어머니, 장모**

his **mother-in-law**
그의 **장모** (수능)

1594 **supernaturalistic** [sùːpərnǽtʃərəlɑ́stik]

형 **초자연적인**

their **supernaturalistic** theories
그들의 **초자연적인** 이론들 (수능)

1595 **prevailing** [privéiliŋ]

형 **우세한, 지배적인**(predominant)
- **prevail** 만연하다, 승리하다(triumph)
- **prevalent** 만연한, 널리 퍼져 있는 (widespread)

the **prevailing** moral point of view
지배적인 도덕적 관점 (수능)

1596 **tribesman** [tráibzmən]

명 **부족[종족] 구성원**
- **tribe** 부족, 종족
- **tribal** 부족의, 종족의

A **tribesman** is a man who belongs to a tribe.
부족 구성원은 부족에 소속된 사람이다.

1597 **recovery** [rikʌ́vəri]

명 (건강의) **회복;** (분실물을) **되찾음**
- **recover** 회복하다; 되찾다
- **recoverable** 되찾을 수 있는

recovery from disease
질병으로부터의 **회복** (수능)

1598 **vital** [váitl]

형 **필수적인, 매우 중요한; 활력이 넘치는**(dynamic)
- **vitality** 활력
- **vitalize** 활력을 북돋아 주다

to be of **vital** concern
매우 중요한 관심사이다 (수능)

1599 **misbehavior** [mìsbihéivjər]

명 **버릇없는 태도, 불량한 행동**
- **misbehave** 못된 짓을 하다, 비행을 저지르다

social **misbehavior**
사회적 **부정 행위** (수능)

1600 **pillar** [pílər]

명 **기둥, 대들보;** (시스템·신념 등의) **기본적인 부분**
- **pillared** 기둥으로 받쳐진

the most important **pillars** of order
질서의 가장 중요한 **부분** (수능)

SET 33

▢ 1601 **take over**	**~을 넘겨받다;** (정권을) **탈취하다, 장악하다**	to *take over* the running of the business 사업 운영권을 **넘겨받다**
▢ 1602 **priest** [priːst]	명 **사제, 성직자** • **priesthood** 사제직	a Catholic **priest** 카톨릭 **사제**

153 돈에 대한 관점

적용 독해 ▶ p. 400

▢ 1603 **bare** [bɛər]	형 **벌거 벗은; 가장 기본적인** • **barely** 간신히; 거의 ~아니게 ⊕ barefoot 맨발의	the **bare** necessities of life **가장 기본적인** 생활필수품들
▢ 1604 **minimum** [mínəməm]	형 **최저의, 최소한의** (↔ maximum) 명 **최소한도, 최저** • **minimize** 최소화하다 • **minimal** 아주 적은, 최소의	**minimum** wage **최저** 임금
▢ 1605 **means** [miːnz]	명 **수단, 방법; 재력**	an effective **means** of communication 효율적인 의사전달 **수단**
▢ 1606 **confuse** [kənfjúːz]	동 **혼란시키다; 혼동하다** • **confusion** 혼란, 혼동 • **confused** 혼란스러워 하는 ⊕ mystify 혼란스럽게[얼떨떨하게] 만들다 perplex (이해할 수 없어서) 당혹스럽게 하다(puzzle)	to **confuse** means with ends 수단을 목적과 **혼동하다** (수능)
▢ 1607 **sacrifice** [sǽkrəfàis]	명 **희생, 희생물; 제물** 동 **희생하다**	to **sacrifice** happiness for money 돈을 위해서 행복을 **희생하다** (수능)
▢ 1608 **elevate** [éləvèit]	동 **승진시키다**(promote); (들어)**올리다** • **elevation** 승진; 고도	to **elevate** material wealth 물질적 부유함을 **높이다** (수능)
▢ 1609 **liberate** [líbərèit]	동 **해방시키다** • **liberal** 자유로운, 관대한 • **liberalize** 완화하다	to **liberate** us from work 우리를 일로부터 **해방시키다** (수능)

1610 **paycheck** [péitʃek]

명 봉급, 급료

to worry about the next **paycheck**
다음 번 **봉급**에 대해 걱정하다 (수능)

154 도덕적 원칙

적용 독해 p. 400

1611 **pause** [pɔːz]

동 잠시 멈추다, 정지시키다
명 멈춤

to **pause** to reflect on their own moral principles
잠시 멈추어 그들 자신의 도덕적 원칙을 생각해보다 (수능)

1612 **practical** [prǽktikəl]

형 현실적인; 실현 가능한 (workable)
- **practically** 사실상
- **practicable** 실행 가능한
- viable 실행 가능한, 성공할 수 있는

the **practical** implications of those principles
그 원칙들의 **실질적인** 함축된 의미 (수능)

1613 **standard** [stǽndərd]

명 기준, 수준
- **standardize** 표준화하다

moral **standards**
도덕적인 **기준** (수능)

1614 **code** [koud]

명 암호, 부호; (사회적) 관례, 규칙

moral **code**
도덕적 **규칙** (수능)

1615 **conduct** [kʌ́ndəkt]

동 (활동을) 하다; 지휘하다
명 행동, 수행
- **conductor** 지휘자; 전도체
- **conductive** 전도성의

the **conduct** required by the principle
그 원칙에 의해 요구되는 **행동** (수능)

1616 **violate** [váiəlèit]

동 위반하다, 침해하다
- **violation** 위반; 침해

to **violate** that principle
그 원칙을 **위배하다** (수능)

1617 **esteem** [istíːm]

명 (대단한) 존경
동 (대단히) 존경하다; ~라고 생각하다
- **esteemed** 존경받는

She is held in high **esteem** by her colleagues.
그녀는 동료들의 많은 **존경**을 받고 있다.

155 지식의 본질

적용 독해 p. 402

1618 **disappointed** [dìsəpɔ́intid]
형 실망한, 낙담한
- **disappoint** 실망시키다, 좌절시키다
- **disappointment** 실망, 낙심

disappointed fans
실망한 팬들

1619 **cure** [kjuər]
동 낫게 하다, 치유하다
명 치유하는 약, 치유

to **cure** the world's ills
세상의 불행을 **치유하다** (수능)

1620 **abolish** [əbάliʃ]
동 폐지하다
- **abolition** 폐지

to **abolish** wars and starvation
전쟁과 기아를 **없애다** (수능)

1621 **gross** [grous]
형 총계의; 중대한; 역겨운

gross human inequality
중대한 인간 불평등 (수능)

1622 **inequality** [ìnikwάləti]
명 불평등
- **inequal** 불평등한, 불균등한
- **unequal** 불공평한(unfair)

inequality of opportunity
기회의 **불평등**

1623 **universal** [jù:nəvə́:rsəl]
형 일반적인, 보편적인
- **universally** 도처에, 널리
- **universality** 보편성

+ ubiquitous [ju:bíkwətəs] 어디에나 있는, 아주 흔한

Happiness is not **universal**.
행복은 **보편적이지** 않다. (수능)

1624 **amoral** [eimɔ́:rəl]
형 도덕과 관계가 없는
비교 immoral 부도덕한

Knowledge is **amoral**.
지식은 **도덕과 관계가 없다**. (수능)

1625 **morality** [mərǽləti]
명 도덕, 도덕성
- **moral** 도덕적인

비교 morale 사기, 의욕

matters of public **morality**
공공의 **도덕**과 관련된 문제들

1626 **neutral** [njú:trəl]
형 중립적인
- **neutralize** 중화하다, 상쇄하다
- **neutrality** 중립

neutral territory
중립 영토

▢ 1627 **further** [fə́ːrðər]	부 **더 멀리에** 형 **추가의** 동 **발전시키다, 성공시키다**	to **further** their favorite hopes 그들이 선호하는 희망을 **발전시키다** (수능)
▢ 1628 **flaw** [flɔː]	명 **결함**(defect, fault) • **flawed** 결함이 있는 (↔ flawless) ➕ faulty 흠[결함]이 있는, 불완전한 (defective)	fundamental **flaw** 근본적인 **결함** (수능)
▢ 1629 **remedy** [rémədi]	명 **처리 방안; 치료(약)** 동 **바로잡다, 개선하다** • **remedial** 교정(개선)하기 위한 ➕ therapy 치료, 요법	to **remedy** the social ills of the world 세계의 사회적인 불행을 **바로잡다** (수능)
▢ 1630 **absurd** [əbsə́ːrd]	형 **우스꽝스러운, 터무니없는** (ridiculous) • **absurdity** 부조리, 불합리	an **absurd** idea **터무니없는** 생각

156 객관성과 감정

적용 독해 ▶ p. 402

▢ 1631 **as far as ... concerned**	**~에 관한 한**	*as far as* life *is concerned* 삶**에 관한 한** (수능)
▢ 1632 **truthful** [trúːθfəl]	형 **진실한, 정직한**(honest) • **truth** 사실; 진리	a **truthful** answer **진실한** 대답
▢ 1633 **filter** [fíltər]	명 **필터, 여과장치** 동 **거르다, 여과하다** • **filtration** 여과, 거르기 ➕ infiltrate 잠입하다, 스며들다	an air **filter** 공기 **필터**
▢ 1634 **turn down**	**~을 거절[거부]하다;** (소리·온도를) **낮추다**	His application *was turned down*. 그의 신청이 **거절되었다**.
▢ 1635 **possibility** [pɑ̀səbíləti]	명 **가능성** (↔ impossibility) • **possible** 가능한 • **possibly** 아마(perhaps)	the **possibility** of enjoyment 즐거움의 **가능성** (수능)
▢ 1636 **enjoyment** [indʒɔ́imənt]	명 **즐거움, 기쁨** • **enjoyable** 즐거운	**enjoyment** of the game 게임의 **즐거움**

157 인생을 대하는 자세

적용 독해 ▶ p. 404

□ 1637 **bump** [bʌmp]
명 (도로의) **턱, 튀어나온 부분; 쿵 하고 부딪힘**
동 **~에 부딪히다**
• **bumpy** 울퉁불퉁한
a **bump** in the road
도로의 **튀어나온 부분**

□ 1638 **upside down**
부 (아래위가) **거꾸로, 뒤집혀**
+ upside 괜찮은 면 (↔ downside 불리한 면)
to hold a pen **upside down**
펜을 **거꾸로** 잡다

□ 1639 **track** [træk]
명 (걸어다녀서 생긴) **길; 발자국; 선로**
동 **추적하다**
+ orbit 궤도
platform (기차역의) 플랫폼; 연단
railway **tracks**
철도 **선로**
track record
실적 수능

□ 1640 **bottom** [bɑ́təm]
명 **맨 아래, 바닥**
• **bottomless** 바닥이 안 보이는, 무한한
at the **bottom**
맨 아래에 수능

□ 1641 **start out**
(사업·일을) **시작하다**
+ commence 시작되다[하다]
to *start out* in business
사업을 **시작하다**

□ 1642 **cool** [ku:l]
형 **시원한; 멋진, 끝내 주는**
동 **식다;** (감정이) **가라앉다**
It is really **cool**.
그건 정말 **멋져**.

158 옷에 대한 애착

적용 독해 ▶ p. 404

□ 1643 **materialistic** [mətìəriəlístik]
형 **물질주의의, 물질(만능)주의적인**
• **materialism** 물질주의, 유물론
to live in a **materialistic** world
물질주의적인 세계에 살다

□ 1644 **attachment** [ətǽtʃmənt]
명 **애착; 부착**
• **attach** 붙이다, 첨부하다
• **attached** 애착을 가진; ~ 소속의; 부착된
attachments to certain clothes
특정한 옷에 대한 **애착** 수능

□ 1645 **fragment** [frǽgmənt]
명 (깨진 물건의) **조각, 파편; 일부분**
동 **산산이 부수다**
• **fragmentary** 단편적인, 부분적인
fragments from old songs
옛날 노래의 **일부분** 수능

□ 1646 **evoke** [ivóuk]
동 (기억·이미지를) **떠올려 주다, 환기시키다**
+ arouse (느낌·태도를) 불러일으키다, 자아내다
to **evoke** memories
추억을 **생각나게 하다** 수능

1647 **cherish** [tʃériʃ]	동 **소중히 여기다;** (마음속에) **간직하다** • **cherished** 소중히 간직되는 (treasured)	**cherished** dream **소중한** 꿈
1648 **worn** [wɔːrn]	형 (오래되어) **닳은;** **몹시 지쳐 보이는**(weary)	a **worn**-thin dress **닳아서** 얇아진 드레스 (수능)
1649 **closet** [klázit]	명 **벽장**	to hang in the back of a **closet** **벽장** 뒤편에 걸다 (수능)
1650 **faint** [feint]	형 (빛·냄새가) **희미한;** (가능성이) **아주 적은** 동 **기절하다**(pass out) ⊕ dim (빛이) 어둑한, 흐릿한	**faint** scent of pine **옅은** 소나무 향 (수능)
1651 **scent** [sent]	명 **향기; 냄새** ⊕ odor 냄새 stink (고약한) 냄새가 나다; 악취	the **scent** of wild flowers 야생화 **냄새**
1652 **pine** [pain]	명 **소나무**	a **pine** table **소나무** 탁자
1653 **linger on**	**오래도록 남아있다** (remain for a long time) • **lingering** 오래 끄는	to *linger on* dinner 식탁에서 (떠나지 않고) **오래 남아있다**
1654 **impractical** [impræktəkəl]	형 (계획이) **비현실적인;** (옷이) **비실용적인**	an **impractical** white scarf **비실용적인** 흰색 스카프 (수능)
1655 **elegance** [éligəns]	명 **우아함, 고상함** • **elegant** 우아한, 품격 있는 ⊕ delicate 섬세한, 우아한; 연약한 subtle 미묘한; 교묘한	the promise of **elegance** **우아함**에 대한 기대 (수능)
1656 **rip** [rip]	동 **찢다; 떼어내다**	a **ripped** T-shirt **찢어진** 티셔츠 (수능)
1657 **rag** [ræg]	명 **해어진 천, 누더기** • **ragged** 누더기가 된, 다 해어진 ⊕ shabby 다 낡은, 허름한	to be dressed in **rags** **누더기**를 걸치고 있다

SET 34

□ 1658
bin
[bin]

명 (뚜껑이 달린) **통; 쓰레기통**

a rubbish **bin**
쓰레기**통**

□ 1659
fade
[feid]

동 (색깔이) **바래다; 서서히 사라지다**
⊕ eclipse 빛을 잃게 만들다

faded blue jeans
색이 바랜 청바지

159 이론의 과학적 검증

적용 독해 ❯ p. 406

□ 1660
practice
[prǽktis]

명 **실행, 실천; 관행; 연습**
동 **연습하다**

the theory and **practice** of teaching
교수[가르침]의 이론과 **실천**

□ 1661
adequate
[ǽdikwət]

형 **충분한, 적절한**
• **adequacy** 적절, 타당성
⊕ valid 유효한; 타당한

adequate scientific testing
적절한 과학적 검증 (수능)

□ 1662
affirm
[əfə́ːrm]

동 **단언하다, 사실이라고 확언하다** (confirm)
• **affirmative** 긍정의, 동의하는

to **affirm** a particular theory
특정 이론을 **사실이라고 확언하다** (수능)

□ 1663
dilemma
[dilémə]

명 **딜레마, 진퇴양난**

the familiar **dilemma** in the social sciences
사회과학에서 널리 알려진 **딜레마** (수능)

□ 1664
empirical
[empírikəl]

형 **경험에 의거한, 실증적인** (↔ theoretical)
• **empirically** 경험적으로
• **empiricism** 경험[실증]주의

positive **empirical** evidence
긍정적인 **경험에 의거한** 증거 (수능)

□ 1665
falsify
[fɔ́ːlsəfài]

동 (문서를) **위조하다, 변조하다**

The certificate has clearly been **falsified**.
그 증서는 확실히 **위조되**었다.

□ 1666
testability
[tèstəbíləti]

명 **검증성, 실험 가능성**
• **testify** 증언하다; 증명하다

the real power of scientific **testability**
과학적 **검증성**의 진정한 위력 (수능)

□ 1667
weed
[wiːd]

명 **잡초**
동 **잡초를 뽑다**
• **weed out** 제거하다

to *weed out* those that do not fit the evidence
그 증거와 일치하지 않는 것들을 **제거하다** (수능)

SET 35 철학 (3)

160 중재와 옹호

적용 독해 p. 406

1668 **mediation** [mìːdiéiʃən]	명 **중재, 조정** • **mediate** 중재하다, 조정하다 • **mediator** 중재인 비교 meditate 숙고하다, 명상하다	**Mediation** is a process that has much in common with advocacy. **중재**는 옹호와 많은 공통점이 있는 과정이다. 수능
1669 **opposing** [əpóuziŋ]	형 **대립하는, 서로 겨루는** • **oppose** 반대하다, 겨루다 • **opposition** (~에 대한 강한) 반대	to adopt a neutral role between two **opposing** parties **대립하는** 두 상대 사이에서 중립적인 역할을 취하다 수능
1670 **take up**	(제의를) **받아들이다;** (공간을) **차지하다**	to *take up* a challenge 도전을 **받아들이다**
1671 **problematic** [prɑ̀bləmǽtik]	형 **문제가 많은**	very **problematic** results 매우 **문제가 많은** 결과 수능
1672 **undertake** [ʌ̀ndərtéik]	동 (책임을 맡아서) **착수하다**	to **undertake** a task 과제에 **착수하다**
1673 **blurred** [bləːrd]	형 **흐릿한; 구별이 잘 안 되는, 모호한** • **blur** 흐릿한 것; 흐릿해지다	The roles become **blurred**. 그 역할들이 **모호해**진다. 수능
1674 **counterproductive** [kàuntərprədʌ́ktiv]	형 **역효과를 낳는**	**counterproductive** activities **역효과를 낳는** 행위들
1675 **take sides**	(불화가 있는 상황에서) **편을 들다**	a mediator who *takes sides* **편을 드는** 중재자 수능

161 사람과 기계의 협업

적용 독해 p. 408

1676 **arise** [əráiz]	동 **발생하다**(occur); (잠자리에서) **일어나다**	A new crisis has **arisen**. 새로운 위기가 **발생했다**.

▢ 1677 **collaborative** [kəlǽbərèitiv]	형 **공동의, 공동 제작의** • **collaborate** 협력하다 • **collaboration** 협력	**collaborative** systems **협업** 시스템 (수능)
▢ 1678 **automate** [ɔ́:təmèit]	동 (일을) **자동화하다** • **automatically** 자동적으로; 기계적으로 • **automatic** 자동의, 무의식적인	whatever tasks can be **automated** **자동화**될 수 있는 작업은 무엇이든 (수능)
▢ 1679 **keep alert**	**경계를 게을리하지 않다** • **alert** 기민한; 경계하는	to *keep alert* for long period 오랫동안 **경계를 유지하다** (수능)
▢ 1680 **accuracy** [ǽkjərəsi]	명 **정확성** • **accurate** 정확한	the extreme **accuracy** required by machines 기계에 의해 요구되는 극도의 **정확성** (수능)
▢ 1681 **divide up**	동 **나누다** (split up) • **divided** 분열된 • **dividend** 배당금	to *divide up* the machine and human components 기계적 구성요소와 인간적 구성요소를 **나누다** (수능)
▢ 1682 **component** [kəmpóunənt]	명 (구성) **요소, 부품** ⊕ segment 부분; 한 조각	key **components** of the plan 그 계획의 핵심 **요소**
▢ 1683 **take advantage of**	**~을 이용하다**	to *take advantage of* human strengths and capabilities 인간의 강점과 능력을 **이용하다** (수능)
▢ 1684 **genetically** [dʒənétikəli]	부 **유전적으로** • **genetic** 유전의, 유전학의 • **genetics** 유전학	**genetically** modified foods **유전적으로** 조작된 식품
▢ 1685 **unsuited** [ʌnsjú:tid]	형 **부적합한, 어울리지 않는**	to be biologically **unsuited** 생물학적으로 **부적합하다** (수능)

162 물체의 성질에 대한 견해차

적용 독해 ▶ p. 408

▢ 1686 **object** [ɑ́bdʒikt]	명 **물체; 대상; 목표**(aim) 동 [əbdʒékt] **반대하다**	to detect a metal **object** 금속 **물체**를 탐지하다

1687 **causality** [kɔːzǽləti]	명 **인과 관계** 비교 casualty [kǽʒuəlti] 사상자	to find **causality** between the events 그 사건들 사이의 **인과 관계**를 찾다
1688 **float** [flout]	동 (물에) **떠가다**(drift); (가라앉지 않고) **뜨다**	A piece of wood **floats**. 나무 조각은 **뜬다**. 수능
1689 **sink** [siŋk]	동 **가라앉다; 침몰시키다**	The boat **sank** after hitting a rock. 그 배는 암초에 부딪힌 후 **가라앉았다**.
1690 **exclusively** [iksklúːsivli]	부 **독점적으로; 오로지**(only) • **exclusive** 독점적인, 배타적인 • **exclusivity** (특권층만 누리는) 고급스러움 • **exclude** 제외하다 • **exclusion** 제외, 배제 • **exclusionary** 배제하기 위한	a club **exclusively** for women **오로지** 여성만을 위한 클럽, 여성 전용 클럽
1691 **consist** [kənsíst]	동 (부분·요소로) **이루어져 있다** (be made up); **~와 일치하다**	Water **consists** of hydrogen and oxygen. 물은 수소와 산소로 **이루어져 있다**.
1692 **substance** [sʌ́bstəns]	명 **물질; 실체; 본질, 핵심**	a harmful **substance** 유해 **물질**
1693 **orient** [ɔ́ːrient]	동 (~을) **지향하게 하다,** (특정 목적에) **맞추다** • **oriented** ~을 중시하는, ~ 지향의	policies **oriented** toward the needs of working mothers 일하는 엄마들의 요구를 **중시하는** 정책

SET 35

163 프로토피아

적용 독해 ▶ p. 410

1694 **destination** [dèstənéiʃən]	명 **목적지,** (물품의) **도착지**	our final **destination** 우리의 최종 **목적지**
1695 **subtle** [sʌtl]	형 **미묘한, 감지하기 힘든; 교묘한**	**subtle** differences **미묘한** 차이들

1696 **enlightenment** [inláitnmənt]

명 **깨우침, 계몽;** (18세기의) **계몽주의 시대**

- **enlighten** 이해시키다, 깨우치다

lighten 가볍게 하다; 밝아지다
illuminate 비추다; (이해하기 쉽게) 밝히다

He devoted himself to **enlightenment** and education.
그는 **계몽**과 교육에 헌신했다.

164 이슈와 정체성

적용 독해 p. 410

1697 **gender** [dʒéndər]

명 **성, 성별**

issues of class, race and **gender**
계층, 인종, **성** 같은 쟁점들

1698 **principal** [prínsəpəl]

형 **주요한, 주된**
명 **교장; 학장**

the **principal** reason for his decision
그의 결정의 **주된** 이유
assistant principal 교감 (모의)

1699 **famine** [fǽmin]

명 **기근**

a severe **famine**
심각한 **기근**

1700 **civil war**

명 **내전; 미국 남북 전쟁**

martial 싸움의, 전쟁의
slaughter 도살, 살육(massacre)
troop 병력, 군대
fort 보루, 요새

30 years of bitter **civil war**
30년간의 참혹한 **내전**

1701 **lobby** [lɑ́bi]

명 (건물의) **로비**
동 (정치적인) **로비를 하다**

to **lobby** their leaders to provide humanitarian relief
그들의 지도자들에게 인도주의적 구호를 제공하라는 **로비를 하다** (모의)

165 인권의 이상과 현실

적용 독해 p. 410

1702 **in so far as**

~하는 한에 있어서는

That's the truth, *in so far as* I know it.
그건 사실이야, 내가 아는 **한은**.

1703 **sympathize** [símpəθàiz]

동 **동정하다; 지지하다, 공감하다**

- **sympathy** 동정, 공감

in so far as we **sympathize** with the victims
우리가 피해자들과 **공감하는** 한 (모의)

1704 **ideal** [aidíːəl]	형 **이상적인** 명 **이상**	political **ideals** 정치적 **이상**
1705 **legal** [líːgəl]	형 **법률과 관련된; 합법적인** (↔ illegal) + lawsuit 소송, 고소 sue 고소하다 bribe 뇌물; 뇌물을 주다	**legal** analysis **법률적** 분석 (모의)
1706 **oppression** [əpréʃən]	명 **압박, 억압** • **oppress** 탄압하다 • **oppressive** 억압하는 + persecution 박해 discrimination 차별 tease 놀리다	political **oppression** 정치적 **억압**
1707 **corporation** [kɔ̀ːrpəréiʃən]	명 (큰 규모의) **기업** • **corporate** 기업의, 법인의 비교 cooperate 협력하다 + headquarters 본사	multinational **corporations** 다국적 **기업들** (모의)
1708 **proclaim** [proukléim]	동 **선언하다, 선포하다**(declare) • **proclamation** 선언(서)	to **proclaim** a state of emergency 비상사태를 **선포하다**
1709 **implement** [ímpləmənt]	동 **시행하다**(carry out) 명 **도구**	to **implement** policies 정책을 **시행하다**

SET 35

166 개에 대한 기대와 오해

적용 독해 ▶ p. 412

1710 **expectation** [èkspektéiʃən]	명 **기대, 예상** • **expect** 기대하다; 예상하다 • **expectant** 기대하는	to live up to **expectations** **기대**에 부응하다
1711 **with respect to**	**~에 대하여; ~와 관련하여** (in connection with)	I don't feel inferior to anyone *with respect to* my appearance. 나는 외모**에 관하여** 누구에게도 열등감을 느끼지 않는다.

▢ 1712 **snap at**	**~에 달려들다, ~을 덥석 물려고 하다**	The dog *snapped at* her. 그 개가 그녀**에게 달려들었다.**
▢ 1713 **hairdo** [hέərdùː]	명 **머리 모양, 헤어스타일**(hairstyle)	How do you like my **hairdo**? 제 **머리 모양** 어때요?
▢ 1714 **silhouette** [sìluːét]	명 **검은 윤곽; 실루엣**	the **silhouette** of chimneys and towers 굴뚝과 탑들의 **검은 윤곽**
▢ 1715 **switch on**	(스위치를) **켜다** (turn on)	Is it okay if I *switch* the TV *on*? TV 좀 **켜도** 돼요?

Review

학습한 주요 단어를 깊이 있게 이해하기

cherish

- **to love someone or something very much and want to protect it**
  누군가 또는 무언가를 매우 사랑하여 그것을 보호하길 원하다
  ⇒ **소중히 여기다, 아끼다**
- **to keep an idea, a hope, or a pleasant feeling in your mind for a long time**
  어떤 생각이나 희망, 또는 기분 좋은 느낌을 오랫동안 마음속에 간직하다
  ⇒ **(마음속에) 간직하다**

casuality

- **the relationship between something that happens and the thing that causes it**
  발생하는 일과 그 원인 사이의 관계 ⇒ **인과 관계**

sympathize

- **to show that you understand and feel sorry about someone's problems**
  누군가의 문제를 이해하고 딱하게 여긴다는 것을 나타내다
  ⇒ **동정하다, 측은히 여기다**
- **to feel or show support for or approval of something**
  어떤 것을 지지 혹은 찬성하거나 그러함을 나타내다 ⇒ **지지하다, 공감하다**

SET 36

동식물 (1)

167 텃새와 철새의 서식지 선택

적용 독해 ▶ p. 412

1716 **habitat** [hǽbitæ̀t]	명 (동물의) **서식지,** (식물의) **자생지**	to protect a **habitat** **서식지**를 보호하다
1717 **disperse** [dispə́ːrs]	동 (사방으로) **흩어지다, 해산하다** • **dispersal** 해산, 분산	The crowd began to **disperse**. 군중이 **흩어지기** 시작했다.
1718 **locate** [lóukeit]	동 **~의 정확한 위치를 찾아내다;** (어떤 장소에) **두다, 설치하다** • **location** 장소; (영화의) 야외 촬영지 • **be located in** ~에 (위치해) 있다 + search 찾기; 찾아보다 seek 찾다, 추구하다	to **locate** a habitat 서식지를 **찾아내다** (수능) The village is **located** in the highlands. 그 마을은 고지대에 **위치해 있다**.
1719 **nonbreeding** [nɑ̀nbríːdiŋ]	명 **비번식**	during the **nonbreeding** season **비번식**기 동안에는 (수능)
1720 **survivorship** [sərváivərʃìp]	명 **생존; 생존율; 생존자권**	in the form of lower nonbreeding **survivorship** 더 낮은 비번식기 **생존(율)**의 형태로 (수능)
1721 **migrant** [máigrənt]	명 **철새; 이주자**	winter **migrants** from Scandinavia 스칸디나비아에서 온 겨울 **철새들**
1722 **as opposed to**	**~와 달리, ~와는 대조적으로** • **oppose** 반대하다; 겨루다 + aversion 아주 싫어함, 혐오감	100 attended, *as opposed to* 200 the previous year. 전년도의 200명**과는 대조적으로** 100명이 참석했다.

168 코끼리 사회

적용 독해 ▶ p. 414

1723 **break up**	**부서지다;** (관계가) **끝이 나다** • **break down** 고장나다	Their marriage *has broken up*. 그들의 결혼 생활은 **끝났다**.

▢ 1724 **reunite** [ri:ju:náit]	동 **재회하다, 재결합하다** • **reunion** (친목) 모임; 재회, 재결합	The band will **reunite** for a world tour. 그 밴드는 세계 순회공연을 위해 **재결합할** 것이다.
▢ 1725 **primate** [práimèit]	명 **영장류;** (가톨릭의) **대주교**	A **primate** includes humans, monkeys and apes. **영장류**는 인간, 원숭이와 유인원을 포함한다.
▢ 1726 **elaborate** [ilǽbərit]	형 **정교한, 정성을 들인** 동 [ilǽbərèit] **자세히 말하다**	to evolve **elaborate** greeting behaviors **정교한** 인사 행동을 진화시키다 (수능)
▢ 1727 **long-standing** [lɔŋ-stǽndiŋ]	형 **오래된, 장기간 계속되는**	a **long-standing** relationship **오래된** 관계
▢ 1728 **acquaintance** [əkwéintəns]	명 **아는 사람, 지인; 지식** • **acquaint** 익히다, 숙지하다 • **acquainted** 알고 있는; 안면이 있는, 아는 • *be acquainted with* ~와 알게 되다	to shake hands with an **acquaintance** **지인**과 악수를 하다 (수능)
▢ 1729 **hug** [hʌg]	동 **껴안다**(embrace); (물건을) **끌어 안다**	to **hug** a close friend 친한 친구를 **껴안다** (수능)
▢ 1730 **tear up**	**눈물을 글썽이다** ➕ shed tears 눈물을 흘리다	She *teared up* as the award was presented to her. 상을 받았을 때 그녀는 **눈물을 글썽거렸다.**
▢ 1731 **trunk** [trʌŋk]	명 (코끼리의) **코;** (나무의) **줄기;** **여행용 큰 가방;** (차의) **트렁크;** (사람의) **몸통**	Elephants use their **trunks** to drink water. 코끼리는 **코**를 이용해서 물을 마신다.
▢ 1732 **theatrical** [θiǽtrikəl]	형 **연극의; 연극조의, 과장된**	Dance is a very **theatrical** art. 춤은 매우 **연극적인** 예술이다.
▢ 1733 **intimacy** [íntəməsi]	명 **친밀함** • **intimate** 친밀한	to reflect the level of **intimacy** **친밀**도를 반영하다 (수능)

▢ 1734 **strike a chord**	**공감을 불러일으키다**	These greetings *strike a* familiar *chord*. 이 인사들은 친밀한 **공감을 불러일으킨다**. (수능)

169 애완동물의 중요성

적용 독해 ▶ p. 414

▢ 1735 **adversity** [ædvə́ːrsəti]	명 **역경** • **adverse** 부정적인, 불리한; 반대의	to face **adversity** **역경**에 직면하다 (수능)
▢ 1736 **unemployment** [ʌ̀nimplɔ́imənt]	명 **실업, 실직** • **unemployed** 실직한, 실업자인	to tackle the problem of **unemployment** **실업** 문제를 해결하다
▢ 1737 **disability** [dìsəbíləti]	명 **장애** • **disabled** 장애가 있는	to have a learning **disability** 학습 **장애**가 있다
▢ 1738 **affection** [əfékʃən]	명 **애착, 보살핌;** (이성에 대한) **애정** • **affectionate** 다정한, 애정 어린	**affection** from a pet 애완동물로부터의 **보살핌** (수능)
▢ 1739 **endure** [indjúər]	동 **견디다, 참다**(bear); **지속되다** • **enduring** 오래가는, 지속되는	to **endure** hardship 고난을 **견디다** (수능)
▢ 1740 **hardship** [háːrdʃip]	명 **어려움, 곤란**	to suffer many **hardships** 많은 **곤란**을 겪다
▢ 1741 **reassure** [rìːəʃúər]	동 **안심시키다**	Teachers **reassured** anxious parents. 교사들은 걱정하는 부모들을 **안심시켰다**.
▢ 1742 **core** [kɔːr]	형 **핵심적인, 가장 중요한** 명 **핵심; 중심부**	**core** skills **핵심** 기술
▢ 1743 **essence** [ésəns]	명 **본질, 정수** • **essential** 필수적인	to damage one's core **essence** 사람의 핵심 **본질**을 손상시키다 (수능)
▢ 1744 **depressed** [diprést]	형 **우울한, 우울증을 앓는;** (산업이) **침체된, 불경기의** ⊕ gloomy 어둑어둑한, 음울한 (depressing)	to treat **depressed** patients **우울증을 앓는** 환자를 치료하다

SET 36

1745 **institutionalize** [ìnstitjúːʃənəlàiz]	동 **보호 시설로 보내다; 제도화하다**	the **institutionalized** aged **보호 시설에 수용된** 노인들 (수능)
1746 **incapacity** [ìnkəpǽsəti]	명 **무능력,** (질병으로) **정상 생활 불능 상태** • **incapable** ~을 할 수 없는; 무능한	temporary **incapacity** through illness 병으로 인한 일시적인 **정상 생활 불능 상태**
1747 **worship** [wə́ːrʃip]	동 **숭배하다, 섬기다; 예배를 보다** 명 **예배; 숭배**	to **worship** youth 젊음을 **숭배하다** (수능)
1748 **relive** [riːlív]	동 (상상 속에서) **다시 체험하다**	to **relive** a childhood moment 어린 시절의 순간을 **다시 체험하다** (수능)

170 멸종 위기의 새

적용 독해 ▶ p. 416

1749 **flightless** [fláitlis]	형 **날지 못하는** flight 비행, 항공편 aviation 항공, 항공술	**flightless** birds with long beaks 큰 부리를 가진 **날지 못하는** 새들
1750 **widespread** [wàidspréd]	형 **광범위한, 널리 퍼진**	a geographically **widespread** species 지리적으로 **널리 퍼져 있는** 종
1751 **reed** [riːd]	명 **갈대**	to cut down the **reed** beds **갈대**밭을 베어 넘어뜨리다 (수능)
1752 **furious** [fjúriəs]	형 **맹렬한, 격렬한; 몹시 화가 난**	at a **furious** rate **맹렬한** 속도로 (수능)
1753 **intent** [intént]	형 **강한 관심을 보이는, 몰두하는** 명 **의도**(intention) • **intend** 의도하다	to be **intent** on developing the lake 그 호수를 개발하는 데 **강한 관심을 보이**다 (수능)
1754 **compensate** [kámpənsèit]	동 **보완하다; 보상하다** • *compensate for* ~을 보완[보상]하다 (make up for)	to *compensate for* a defect 결함을 **보완하다** (수능)

▢ 1755 **crab** [kræb]	명 **게; 게살**	to do a **crab** walk **게**걸음을 치다
▢ 1756 **grebe** [gri:b]	명 **논병아리**	to compete with the **grebes** for food (수능) **논병아리들**과 먹이를 놓고 경쟁하다
▢ 1757 **zebra-striped** [zí:brə-straipt]	형 **얼룩말 줄무늬가 있는**	the **zebra-striped** chicks **얼룩말 줄무늬가 있는** 새끼들 (수능)
▢ 1758 **chick** [tʃik]	명 **새끼 새, 병아리**	Ten little **chicks** hatched out. 열 마리의 작은 **새끼 새들**이 부화되었다.

171 동물의 능력

적용 독해 ❯ p. 416

▢ 1759 **pronounce** [prənáuns]	동 **발음하다; 표명하다, 선언하다** • **pronunciation** 발음	to **pronounce** an opinion 의견을 **표명하다**
▢ 1760 **backbone** [bǽkbòun]	명 **척추, 등뼈(spine); 근간**	to form the **backbone** of the rural economy 농촌 경제의 **근간**을 이루다
▢ 1761 **amphibian** [æmfíbiən]	명 **양서류**	the decline of **amphibian** species **양서류** 종의 감소
▢ 1762 **reptile** [réptail]	명 **파충류**	a **reptile** that lives in the desert 사막에 사는 **파충류**
▢ 1763 **skeleton** [skélətn]	명 **뼈대, 골격; 해골**	a dinosaur **skeleton** 공룡의 **해골**
▢ 1764 **drive train**	명 **동력 전달 체계**	A car's **drive train** connects the engine to the wheels. 차의 **동력 전달 체계**는 엔진을 바퀴와 연결한다.
▢ 1765 **exterior** [ikstíəriər]	명 **외부; 겉모습** 형 **외부의**(↔ interior)	animals' varied **exteriors** 동물들의 다양한 **겉모습**

SET 36

SET 37

동식물 (2)

172 매미가 시간을 추적하는 법

적용 독해 ▶ p. 418

□ 1766
cicada [sikéidə]

명 **매미**

The average life span of a **cicada** is 17 years.
매미의 평균 수명은 17년이다.

□ 1767
insect [ínsekt]

명 **곤충**
⊕ pesticide 살충제

an **insect** bite
곤충에게 물림

□ 1768
cue [kjuː]

명 (무엇을 하라는) **신호**
동 **신호를 주다**

to use an external **cue**
외부의 **신호**를 사용하다 (수능)

□ 1769
enclosure [inklóuʒər]

명 (울타리를 친) **구역;** (편지에) **동봉된 것**
• **enclose** (담·울타리로) 두르다, 에워싸다; 동봉하다
⊕ seal 밀봉하다; 직인, 도장

an experimental **enclosure**
실험 **구역** (수능)
a wildlife **enclosure**
울타리를 친 야생 동물 보호 **구역**

□ 1770
emerge [imə́ːrdʒ]

동 **나타나다, 나오다;** (사실이) **드러나다**
• **emergent** 신생의, 신흥의
• **emergence** 출현, 발생
비교 emergency 비상 (사태)

to **emerge** as adults
성체(다 자란 동물)로 **나타나다** (수능)

□ 1771
lengthen [léŋkθən]

동 **길어지다, 늘이다** (↔ shorten 짧게 하다)

The days started to **lengthen**.
낮이 **길어지기** 시작했다.

□ 1772
daylight [déilàit]

명 (낮의) **햇빛, 일광**
⊕ twilight 황혼, 땅거미
lighting 조명
lighthouse 등대

Let some **daylight** into the room.
방에 **햇빛** 좀 들게 해라.

□ 1773
expose [ikspóuz]

동 (가려져 있던 것을) **드러내다** (reveal); (악행을) **폭로하다;** (해로운 환경에) **노출시키다**

to be **exposed** to radiation
방사능에 **노출되다**

1774 **coincide** [kòuinsáid]

동 **동시에 일어나다;** (의견이) **일치하다**

• **coincidence** 우연의 일치; 동시 발생

Her story **coincided** with her brother's.
그녀의 이야기는 오빠의 이야기와 **일치했다.**

1775 **peak** [piːk]

명 **절정, 최고조**

to reach its **peak**
최고조[절정]에 이르다

1776 **amino acid** [əmíːnou ǽsid]

명 **아미노산**

Eggs contain essential **amino acid.**
달걀에는 필수 **아미노산**이 들어 있다.

173 더 위험한 작은 동물들

적용 독해 ❯ p. 418

1777 **hiker** [háikər]

명 **도보 여행자, 하이커**

dangerous to **hikers**
도보 여행자들에게 위험한 (수능)

1778 **common sense** [kɑ̀mən séns]

명 **상식, 양식**

a **common-sense** approach to a problem
상식적인 문제 접근법

1779 **overcome** [òuvərkʌ́m]

동 **극복하다;** (남을) **이기다**

to **overcome** obstacles
장애를 **극복하다**

1780 **disadvantage** [dìsədvǽntidʒ]

명 **불리한 점, 약점** (↔ advantage)

to overcome **disadvantages**
불리함을 극복하다 (수능)
to have its own advantages and **disadvantages**
그것 자체의 장**단점**이 있다

1781 **weapon** [wépən]

명 **무기**

to develop a **weapon**
무기를 개발하다 (수능)

1782 **attack** [ətǽk]

명 **공격, 폭행**
동 **공격하다; 폭행하다**
⊕ counterattack 역습, 반격

to be **attacked** by tigers or bears
호랑이나 곰의 **공격을 받다** (수능)

1783 **incident** [ínsidənt]

명 (특이하거나 불쾌한) **일, 사건**
비교 accident 사고; 우연

to be based on a true **incident**
실제 **사건**을 토대로 하다

□ 1784
sting
[stiŋ]

동 (곤충이) **쏘다; 따끔거리다**
명 (곤충의) **침; 쏘인 상처**

a bee **sting**
벌 **쏘임** (수능)

□ 1785
creature
[krí:tʃər]

명 **생명체, 생물**

small dangerous **creatures**
작고 위험한 **생물들** (수능)

174 개가 행복한 이유

적용 독해 p. 420

□ 1786
in a flash

눈 깜짝할 사이에, 순식간에
• **flash** (잠깐) 비치다; 섬광, 번쩍임
비교 flesh 고기, 살

He was gone *in a flash*.
그는 **눈 깜짝할 사이에** 가버렸다.

□ 1787
expectantly
[ikspéktəntli]

부 **기대에 차서, 기대하며**

to stand **expectantly**
기대에 차서 서 있다 (수능)

□ 1788
adventure
[ədvéntʃər]

명 **모험; 모험심**
• **adventurous** 모험심이 강한, 모험을 즐기는

to be ready for an **adventure**
모험을 할 준비가 되다 (수능)

□ 1789
downpour
[dáunpɔ̀ːr]

명 **폭우**(a sudden heavy rain)
+ pour 붓다; 마구 쏟아지다
rainfall 강우(량)

to get caught in a **downpour**
폭우를 만나다

□ 1790
dash out

급히 뛰쳐나가다

to *dash out* into the street
거리로 **급히 뛰쳐나가다**

□ 1791
puddle
[pʌdl]

명 (비 온 뒤의) **물웅덩이**

to fall into a **puddle**
물웅덩이에 빠지다

□ 1792
dot
[dɑt]

명 (동그란) **점**
동 **여기저기 흩어 놓다, 산재하다**

Small villages **dot** the countryside.
작은 마을들이 그 시골 지역에 **산재해 있다**.

□ 1793
splash
[splæʃ]

동 (물 속에서) **첨벙거리다;**
(흙탕물을) **끼얹다; 후두둑 떨어지다**

The kids were **splashing** through the puddles.
그 아이들은 웅덩이에서 **첨벙거리고** 있었다.

□ 1794
paw
[pɔː]

명 (동물의 발톱이 달린) **발**
동 **발로 긁다**

the tiger's front **paws**
호랑이의 앞**발**

175 얼룩다람쥐가 내는 경고음

적용 독해 ❯ p. 420

▢ 1795 **ground squirrel** [gráund skwə́:rəl]	명 얼룩다람쥐	**Ground squirrels** live in holes in the ground. **얼룩다람쥐**는 땅 속의 구멍에 산다.
▢ 1796 **male** [meil]	명 **남자; 수컷** (↔ female 여자; 암컷) 형 **남성의; 수컷의**	The **male** is bigger than the female. **수컷**이 암컷보다 더 크다.
▢ 1797 **natal** [néitl]	형 **출생의, 태생의**(relating to birth)	to return to their **natal** island 그들이 **태어난** 섬으로 돌아가다
▢ 1798 **male-biased** [meil-báiəst]	형 **수컷 편향된**	**male-biased** dispersal **수컷 편향된** 분산 (수능)
▢ 1799 **imbalance** [imbǽləns]	명 **불균형**	to create an **imbalance** **불균형**을 만들어 내다 (수능)
▢ 1800 **stranger** [stréindʒər]	명 **낯선 사람** • **strange** 이상한; 낯선 ⊕ weird 기이한, 기묘한 odd 이상한, 특이한	a complete **stranger** 전혀 **모르는 사람**
▢ 1801 **asymmetry** [eisímətri]	명 **불균형; 비대칭** (↔ symmetry 대칭; 균형)	the power **asymmetry** between the two countries 두 나라 사이의 힘의 **불균형**
▢ 1802 **translate** [trænsléit]	동 **번역하다;** (다른 형태로) **바꾸다, 바뀌다** • **translation** 번역, 통역; (다른 형태로) 옮김, 변형 • **translator** 번역가, 통역사	All the hard work will **translate** into profits. 모든 힘든 작업이 수익으로 **바뀔** 것이다.
▢ 1803 **warn** [wɔ:rn]	동 **경고하다** • **warning** 경고(문) ⊕ beware 조심하다, 주의하다 cautious 조심스러운, 신중한	to **warn** people of danger 사람들에게 위험을 **경고하다**
▢ 1804 **kin** [kin]	명 **친족, 친척**(relative) • **kinship** 친족 관계; 강한 유대감	I'm her next of **kin**. 나는 그녀의 가장 가까운 **친척**이다.

SET 37

1805 **instance** [ínstəns]
명 사례, 경우
동 ~을 예로 들다
occasion (특정한) 경우, 때, 기회
in the rare **instances**
드문 **경우**에 (수능)

176 향유고래에 대한 연구
적용 독해 p. 422

1806 **suckle** [sʌkl]	동 젖을 먹이다; 젖을 빨다[먹다]	to **suckle** the baby 아기에게 **젖을 먹이다**
1807 **calf** [kæf]	명 (코끼리·고래 등의) **새끼; 송아지** (*pl.* calves)	a cow suckling her **calves** **송아지들**에게 젖을 먹이고 있는 암소
1808 **membership** [mémbərʃìp]	명 **회원** (자격); **회원들**	to determine the **membership** of these groups 이 집단들의 **구성원**을 밝혀내다 (수능)
1809 **sighting** [sáitiŋ]	명 (희귀한 것에 대한) **목격** • **sight** 시력; 보기, 봄; (*pl.*) 명소, 관광지 • *at the sight of* ~을 보고	A UFO **sighting** has been reported in the area. 그 지역에서 UFO **목격**이 보고되었다.
1810 **hang around**	**서성거리다, 빈둥거리다**	to *hang around* outside the store 가게 밖에서 **서성거리다**
1811 **zip over**	**재빠르게 나아가다** • **zip** 지퍼를 잠그다; 쌩[휙] 하고 가다; (파일을) 압축하다	to *zip over* in small boats 작은 보트를 타고 **재빠르게 나아가다** (수능)
1812 **submerge** [səbmə́ːrdʒ]	동 **잠수하다; 물 속에 넣다** • **re-submerge** 다시 잠수하다	Floods have **submerged** parts of the island. 홍수는 그 섬의 일부를 **물에 잠기게** 했다.

177 곤충의 체온 조절
적용 독해 p. 422

1813 **hive** [haiv]	명 **벌집; 벌떼**	Bees are buzzing around the **hive**. 벌들이 **벌집** 주위에서 윙윙거리고 있다.
1814 **mound** [maund]	명 **흙더미, 언덕**	a grassy **mound** 풀이 덮인 **언덕**

▢ 1815 **microclimate** [máikrouklàimit]	명 **미기후**(微氣候: 주변 지역과는 날씨가 다른 좁은 지역의 기후)	changes in **microclimate** **미기후**의 변화
▢ 1816 **insulation** [ìnsəléiʃən]	명 **절연[단열/방음] 처리** • **insulate** 절연[단열/방음] 처리를 하다; ~을 보호하다(shield)	better **insulation** of your home 가정의 **단열 처리** 개선
▢ 1817 **colony** [káləni]	명 **식민지;** (같은 지역에 서식하는 동식물의) **군집**	a **colony** of ants 개미 **군집**

Review

학습한 주요 단어를 깊이 있게 이해하기

institutionalize

- **to put someone in an institution such as a prison or a hospital**
  누군가를 감옥이나 병원과 같은 시설로 보내다 ⇒ **보호 시설로 보내다**
- **to make something become part of an organized system**
  어떤 것을 조직화된 체제의 일부가 되게 하다 ⇒ **제도화하다**

enclosure

- **a piece of land that is surrounded by a fence or wall and is used for a particular purpose**
  울타리나 담으로 둘러싸여 있고 특정한 목적을 위해 사용되는 한 구획의 땅
  ⇒ **구역, 둘러싸인 곳, (짐승의) 우리**
- **something that is included with a letter or in a package**
  편지나 소포에 함께 넣은 것 ⇒ **동봉된 것, 동봉물**

coincide

- (of two or more events) **to take place at the same time**
  (둘 이상의 일이) 동시에 일어나다
- (of ideas, opinions, etc.) **to be the same or very similar**
  (생각·의견 등이) 일치하다, 아주 비슷하다

dot

- **to spread things or people over an area; to be spread over an area**
  어떤 지역에 사물이나 사람을 퍼뜨리다; 한 지역에 퍼져 있다
  ⇒ **여기저기 흩어 놓다; 여기저기 흩어져 있다, 산재하다**
- **a small round mark**
  작고 동그란 표시 ⇒ **점**

SET 37

SET 38

성취

178 의도적인 변화

적용 독해 p. 424

1818 **gather lines**	**주름살이 늘다**	She *gathered lines* around her eyes. 그녀의 눈가에 **주름살이 늘었다**.
1819 **stick to**	**~을** (바꾸지 않고) **고수하다;** (어려움을 참고) **~을 계속하다**	to *stick to* routines 판에 박힌 일상을 **고수하다** (수능) to *stick to* one's principles 원칙을 **고수하다**
1820 **routine** [ruːtíːn]	명 (반복되는) **일과, 일상** 형 **정례적인, 일상적인**	a matter of **routine** **일상**적인 일 an exercise **routine** **정해진** 운동 **순서** (수능)
1821 **for no reason other than**	**~라는 이유만으로**	He was punished *for no reason other than* refusing to answer their questions. 그는 그들의 질문에 대답을 거부했**다는 이유만으로** 처벌받았다.
1822 **stem from**	**~에서 생겨나다**(come from); **~에서 기인하다**(be caused by)	Changing always *stems from* a firm decision. 변화는 항상 확고한 결심**에서 생겨난다**. (수능)
1823 **job number one**	**최우선, 가장 중요한 것**	Security has to be **job number one**. 안전이 **최우선**시되어야 한다.

179 업무 평가

적용 독해 p. 424

1824 **hold down**	**~을 억제하다**	to *hold down* consumer prices 소비자 물가를 **억제하다**

☐ 1825 **sale** [seil]	명 **판매; (*pl.*) 매출(량); 영업(부)** ➕ vendor 행상인, 판매 회사 auction 경매(comptetitive sale) bid 입찰에 응하다	**Sales** increased 24 percent. **매출**이 24퍼센트 증가했다. retail sales 소매 **판매** (수능)
☐ 1826 **downturn** [dáuntə̀ːrn]	명 (매출의) **감소, 하락;** (경기의) **하강, 침체** (↔ upturn 호전, 상승) ➕ slide 저하, 하락; 미끄러지다	the economic **downturn** of the late 1990s 1990년대 후반의 경기 **침체**
☐ 1827 **purchase** [pə́ːrtʃəs]	명 **구입, 구매** 동 **구입하다, 구매하다**	Products or services are not being **purchased**. 상품이나 서비스가 **구매되지** 않고 있다. (수능)
☐ 1828 **average** [ǽvəridʒ]	형 **평균의; 보통의** 명 **평균; 보통** 동 **평균 ~이 되다** ➕ moderate 보통의, 중간의	by an **average** of 15% **평균** 15%만큼 (수능)
☐ 1829 **loss** [lɔ(ː)s]	명 **분실, 손실**	The company's **losses** totaled almost $5 million. 그 회사의 **손실**은 총 5백만 달러에 달했다.
☐ 1830 **norm group** [nɔːrm gruːp]	명 **규준 집단, 준거 집단** • **norm** 표준, 규준 • **normative** 표준의, 규범적인	to compare to **norm group** **준거 집단**과 비교하다

180 성공적인 위험 감수

적용 독해 ▶ p. 426

☐ 1831 **risk** [risk]	명 **위험; 위험 요소** 동 **~을 위태롭게 하다**	**risk** taking **위험** 감수 (수능) to confront a **risk** situation **위험** 상황에 맞닥뜨리다 (수능)
☐ 1832 **slope** [sloup]	명 **경사지**(incline), (산)**비탈** 동 **경사지다**	to go to the edge of a difficult **slope** 급**경사**의 끝에 가다 (수능)
☐ 1833 **determine** [ditə́ːrmin]	동 **결정하다; 알아내다, 밝히다** • **determinant** 결정 요인 • **determinacy** 확정성	to **determine** which is right 어느 쪽이 옳은지를 **결정하다**

▢ 1834 **master** [mǽstər]	동 **~에 숙달하다** 명 **주인; 달인; 석사 학위** ➕ masterpiece 걸작, 명작 doctorate 박사 학위	to **master** new skills 새 기술**에 숙달하다** cotton **master** 목화 **농장주** (수능)
▢ 1835 **over the course of**	~ **동안**(during)	*over the course of* her long life 그녀는 긴 생애 **동안**
▢ 1836 **run** [rʌn]	(스키 등의 스포츠에서) **비탈 코스**	a ski **run** 스키 **비탈 코스**, 활강로

181 '아니오'라고 말하는 용기

적용 독해 ▶ p. 426

▢ 1837 **fall into the trap of**	**~하는 함정에 빠지다, ~하는 오류를 범하다**	Parents often *fall into the trap of* trying to do everything for their children. 부모들은 흔히 자녀들을 위해 모든 것을 해 주려고 **하는 오류를 범한다**.
▢ 1838 **please** [pliːz]	동 (남을) **기쁘게 하다; 기분을 맞추다**	to try to **please** people 사람들을 **기쁘게 하려고** 애쓰다 (수능)
▢ 1839 **go along with**	**~에 동조하다** ➕ alongside ~옆에, 나란히	to *go along with* one's views ~의 의견**에 동조하다**
▢ 1840 **lose track of**	**~을 놓치다, ~을 알지 못하게 되다**	It's easy to *lose track of* time in here. 여기 있으면 시간 가는 걸 **잊어버리**기가 쉽다.
▢ 1841 **relationship** [riléiʃənʃìp]	명 **관계** • **relation** 관계; 친척 ➕ correlation 연관성, 상관관계	a working relationship 업무상 **관계** poor **relation** 천덕꾸러기, (다른 비슷한 것들보다) 열등하게 여겨지는 것 (수능)
▢ 1842 **empower** [impáuər]	동 **권한을 주다**(authorize); **자율권을 주다** ➕ privilege 특권; 특권을 주다	The movement actively **empowered** women. 그 운동이 여성들에게 적극적으로 **자율권을 주었다**.

▢ 1843 **catch yourself**	(하던 말이나 일을) **갑자기 멈추다**	Suddenly, he *caught himself*. 갑자기 그는 **하던 말을 멈추었다**.

182 휴식의 필요

적용 독해 ❯ p. 428

▢ 1844 **pressure** [préʃər]	명 **압박, 압력**	to be under time **pressure** 시간적 **압박**을 받고 있다 (수능)
▢ 1845 **balance** [bǽləns]	명 **균형** (↔ imbalance 불균형) 동 **균형을 유지하다**	a **balance** between work and relaxation 일과 휴식 사이의 **균형** **balance sheet** 대차대조표
▢ 1846 **decline** [dikláin]	명 **감소, 하락** 동 **줄어들다, 감소하다; 거절하다**(refuse)	Jobs in manufacturing have steadily **declined**. 제조업 일자리는 꾸준히 **감소해** 왔다.
▢ 1847 **break out of**	**~에서 벗어나다, ~에서 탈피하다**	I want to *break out of* my daily routine. 나는 일상의 틀**에서 벗어나고** 싶다.
▢ 1848 **pattern** [pǽtərn]	명 (정형화된) **양식, 패턴** ⊕ paradigm 전형적인 예[양식]	behaviour **patterns** 행동 **양식**
▢ 1849 **pay attention to**	**~에 주의를 기울이다** • *call one's attention to* ~에 주의를 환기시키다	to *pay attention to* what he is saying 그가 하는 말**에 주의를 기울이다**
▢ 1850 **relaxation** [rìːlækséiʃən]	명 **휴식**; (규제의) **완화**	a few days of **relaxation** 며칠 동안의 **휴식**
▢ 1851 **get involved in**	**~에 열중하다; ~에 관여하다**	to *get involved in* living 생활**에 열중하다** (수능)
▢ 1852 **remaining** [riméiniŋ]	형 **남아 있는, 남은** • **remain** 계속 ~이다; 남다 • **remains** 남은 것; 유적 • **remnant** 남은 부분	in the **remaining** time **남아 있는** 시간에 (수능)

1853 **recreation** [rèːkriéiʃən]

명 **레크리에이션, 오락**
⊕ pastime 취미(hobby)

recreation facilities
휴양 시설

1854 **disorder** [disɔ́ːrdər]

명 **엉망, 어수선함;** (신체 기능의) **장애, 이상**

to develop stress-related **disorders**
스트레스와 관련된 **장애**를 발생시키다 (수능)

183 재택 근무의 효과

적용 독해 ▶ p. 428

1855 **interrupt** [ìntərʌ́pt]

동 (말·행동을) **방해하다, 가로막다**
• **interruption** 방해; 중단

I didn't mean to **interrupt**.
방해할 뜻은 없었어요.

1856 **chatter** [tʃǽtər]

동 **수다를 떨다, 재잘거리다**

We **chattered** about work.
우리는 일에 대해 **수다를 떨었다**.

1857 **coworker** [kóuwə̀ːrkər]

명 **동료(colleague)**
⊕ commute 통근하다

chattering **coworkers**
수다를 떠는 **동료들** (수능)

1858 **nonproductive** [nɑ̀nprədʌ́ktiv]

형 **비생산적인; 가치가 없는**

nonproductive investments
비생산적인 투자

1859 **free ... from**

~을 …에서 벗어나게 하다, ~에게서 …을 없애 주다

new drugs that can *free* people *from* pain
사람들을 고통**에서 벗어나게 하는** 신약

1860 **distraction** [distrǽkʃən]

명 **집중을 방해하는 것**
• **distract** 집중이 안 되게 하다
• **distracting** 주의를 흩뜨리는

There are too many **distractions**.
집중을 방해하는 것들이 너무 많다.

1861 **satisfaction** [sæ̀tisfǽkʃən]

명 **만족(감); 충족**
• **satisfy** 만족시키다
• **satisfying** 만족스러운, 만족감을 주는
⊕ gratify 충족시키다; 기쁘게 하다
complacent 자기만족적인, 현실에 안주하는

to enjoy the personal **satisfaction**
개인적인 **만족감**을 누리다 (수능)

 적용 독해 p. 430

1862 **be in the genes**	**집안 내림이다** (to be a quality that your parents have passed on to you)	It must *be in the genes.* **집안 내림인게**[유전적인게] 틀림없다.
1863 **have** (something) **going for** one	**~에게 이로운 어떤 것들이 있다**	You're young, intelligent, attractive — you *have a lot going for you!* 너는 젊고, 똑똑하고, 매력적이야. **너에게는 도움이 되는 이점들이 많아.**
1864 **proof** [pru:f]	명 **증거, 증명**(evidence) • **prove** 입증하다; (~임이) 드러나다 (turn out) ⊕ verify 확인하다; 입증하다	to have conclusive **proof** 결정적인 **증거**를 가지고 있다
1865 **have nothing to do with**	**~와 아무 관련이 없다**	Genes *have nothing to do with* success. 유전자는 성공**과 아무 관련이 없다.** 수능
1866 **copy** [kάpi]	동 **모방하다; 흉내내다**(mimic)	Children often **copy** what they see on television. 아이들은 텔레비전에서 본 것을 자주 **따라 한다.**
1867 **terrific** [tərífik]	형 **아주 좋은, 멋진, 훌륭한** ⊕ fabulous 기막히게 좋은[멋진] 비교 terrible 끔찍한, 소름끼치는	She's doing a **terrific** job. 그녀는 **멋진** 일을 하고 있다.
1868 **jot down**	(급히) **쓰다, 적다**	I'll just *jot down* the address for you. 내가 너 대신에 주소를 **적어 둘게.**
1869 **carry** something **around**	**~을 갖고[지니고] 다니다**	It's light enough to *carry around* in your pocket. 그것은 주머니에 넣고 **갖고 다닐** 만큼 가볍다.
1870 **jeans** [dʒi:nz]	명 **면바지, 청바지**	a pair of **blue jeans** **청바지** 한 벌

SET 39

미디어

185 인터넷과 음악 비평

적용 독해 ▶ p. 430

□ 1871 **prior to**	~ 이전에, ~ 앞에 • **priority** 우선순위	*prior to* file-sharing services 파일 공유 서비스 **이전에** (수능)
□ 1872 **land** [lænd]	명 **육지, 땅** 동 **착륙하다;** (다른 사람들이 원하는 것을) **차지하다, 획득하다** landfall 처음 보는[도착하는] 땅 plateau 고원, 대지	Music albums **landed** in the hands of music critics. 음악 앨범은 음악 비평가들의 손에 **들어갔다.** (수능)
□ 1873 **release** [rilíːs]	동 **풀어주다, 석방하다** 명 **발표, 개봉; 석방**	before the **release** **발매** 전에 (수능)
□ 1874 **preview** [príːvjùː]	명 **시사회; 시사평** 동 **시사평을 쓰다**	to **preview** them in their reviews 자신의 비평에서 **시사평을 쓰다** (수능)
□ 1875 **review** [rivjúː]	명 **검토; 논평** 동 **재검토하다**	a book **review** 서평
□ 1876 **advanced** [ədvǽnst]	형 **선진의, 고급의;** (발달 단계상) **후기의** • **advance** 전진; 발전 • **advancement** 발전; 승진	the **advanced** stages of the disease 그 질병의 **후기의** 단계들
□ 1877 **democratize** [dimákrətàiz]	동 **민주화하다** • **democratic** 민주주의의 • **democracy** 민주주의	to **democratize** undemocratic societies 비민주적인 사회를 **민주화하다**
□ 1878 **enable** [inéibl]	동 **~을 할 수 있게 하다, 가능하게 하다**(allow)	to **enable** you to access the Internet in seconds 몇 초 이내에 인터넷 접속을 **할 수 있게 하다**

▢ 1879 **publicize** [pʌ́bləsàiz]	동 **알리다, 광고하다** • **publicity** 매스컴의 관심; 홍보 • **publication** 출판, 발행	to **publicize** their views on new songs 신곡에 대한 그들의 견해를 **알리다** (수능)
▢ 1880 **bio** [báiou]	명 **생물학**(biology); (짧은) **전기; 약력** ⊕ antibiotic 항생제, 항생물질	a **bio** of the author 저자의 **약력**
▢ 1881 **preinternet**	형 **인터넷 이전의** (before the internet)	**preinternet** times **인터넷 이전의** 시대 (수능)
▢ 1882 **conscious** [kánʃəs]	형 **의식하는, 자각하는** • **consciously** 의식적으로, 의도적으로 • **unconsciously** 무의식적으로 • **subconsciously** 잠재의식적으로 비교 conscientious 양심적인, 성실한	He both **consciously** and unconsciously avoids conflict. 그는 **의식적으로나** 무의식적으로나 갈등을 피한다.

186 미디어 정보 해독력

적용 독해 ▶ p. 432

▢ 1883 **SNS**	**사회 관계망 서비스** (Social Networking Service)	to post lots of pictures on **SNS** 많은 사진들을 SNS에 올리다
▢ 1884 **peer-to-peer**	형 (컴퓨터 시스템이) **피투피(P2P)의;** **개인 대 개인의**	advancement of technology such as '**peer-to-peer** (P2P)' networking P2P 네트워킹과 같은 기술의 진보
▢ 1885 **bullying** [búliiŋ]	명 **약자 괴롭히기** • **bully** 괴롭히다, 협박하다 ⊕ alienate ~을 소외시키다	victims of **bullying** **괴롭힘**의 희생자들
▢ 1886 **relate** [riléit]	동 **관련시키다**(connect) • **relation** 관계; 친척 • **relationship** 관계 ⊕ correlation 연관성, 상관관계	all the costs that **relate** to the project 그 프로젝트와 **관련된** 모든 비용
▢ 1887 **principle** [prínsəpl]	명 **원칙; 주의, 신조** 비교 principal 주요한; 학장	a basic **principle** 기본 **원칙** (수능)
▢ 1888 **offline** [ɔ́(:)fláin]	형 **오프라인의,** **컴퓨터로 하는 것이 아닌**	the **offline** world **오프라인의** 세계 (수능)

□ 1889 **golden** [góuldən]	형 **금으로 만든; 특별한, 소중한**	a **golden** rule **황금률, 중요한** 원칙 (수능)
□ 1890 **long-term** [lɔ̀ŋtə́ːrm]	형 **장기적인** (↔ short-term)	the **long-term** impact **장기적인** 영향 (수능)
□ 1891 **trivial** [tríviəl]	형 **사소한, 하찮은**	a seemingly **trivial** act 겉보기에는 **사소한** 행동 (수능)
□ 1892 **crucial** [krúːʃəl]	형 **중대한, 결정적인**(critical) • **crucially** 결정적으로, 중대하게	a **crucial** factor **중대한** 요소

187 새로운 매체의 특성

적용 독해 ▶ p. 432

□ 1893 **media** [míːdiə]	명 (신문·텔레비전 등의) **매체, 대중 매체;** medium의 복수형	mass **media** 대중 **매체**
□ 1894 **the turn of the century**	**세기가 바뀌는 시기**	It was built at **the turn of the century**. 그것은 **세기가 바뀌는 무렵에** 지어졌다.
□ 1895 **hypertext** [háipərtèkst]	명 **하이퍼텍스트** (문장 중의 어구나 그것에 붙은 표제, 표제를 모은 목차 등이 서로 연결된 문자 데이터 파일)	**hypertext** markup language (HTML) **하이퍼텍스트** 기술용 언어 (정보검색 등에 사용되는 컴퓨터 언어)
□ 1896 **multimedia** [mə̀ltimíːdiə]	형 **다중[복수] 매체의, 멀티미디어의** 명 **멀티미디어 기능**	**multimedia** systems **멀티미디어** 시스템
□ 1897 **plain** [plein]	형 **분명한**(clear)**; 숨김없는; 평범한** 명 **평원** • **plainly** 분명히 ⊕ cosmetic 겉치레에 불과한, 허울뿐인; 화장품 crude 대충의, 대강의	the **plain** old telephone **평범한** 구식 전화 (수능)
□ 1898 **telephony** [təléfəni]	명 **전화 통화[통신] 방법** ⊕ telecommute 통신 시설을 이용하여 재택 근무하다	mobile or fixed **telephony** 이동식 또는 고정식 **전화 통신 방법** (수능)

1899
digitalize
[dídʒitəlàiz]

동 (데이터를) **디지털화하다**(digitize)

to **digitalize** mobile telephony
이동식 전화 통신을 **디지털화하다** 수능

188 인터넷으로 이동하는 신문

적용 독해 ❯ p. 434

1900
migrate
[máigreit]

동 **이동하다, 옮기다**
- **migration** 이주, 이동
- **migrant** 이주자, 철새
- **migratory** 이주하는

to **migrate** to the Internet
인터넷으로 **이동하다**

1901
due to

~ **때문에**(because of)

His mistake was *due to* youth and inexperience.
그의 실수는 어리고 경험이 부족하기 **때문에** 발생한 것이었다.

1902
entertainment
[èntərtéinmənt]

명 **오락, 연예**
- **entertain** 접대하다, 즐겁게 해주다
- **entertainer** 연예인

entertainment news
연예 뉴스 수능

1903
major
[méidʒər]

형 **주요한, 중대한** (↔ minor)
명 **전공; 소령**
+ staple 주된, 주요한

major newspaper
주요 신문 수능

1904
increasingly
[inkríːsiŋli]

부 **점점 더, 갈수록 더** (↔ decreasingly)
+ increase 증가하다
escalate 확대되다
heighten 고조되다(intensify)
soar 급증하다
mount (서서히) 증가하다

increasingly difficult
점점 더 힘들어지는

1905
wirelessly
[wáiərlisli]

부 **무선으로**
- **wireless** 무선; 무선의

to receive **wirelessly** from the web
인터넷에서 **무선으로** 받다

1906
trail
[treil]

명 **자국, 자취;** (특정 목적을 위해 따라 가는) **코스**
동 **끌다, 끌리다**
+ crawl (엎드려) 기다

migration **trail**
이동 **코스** 수능

적용 독해 ❯ p. 434

☐ 1907 **aura** [ɔ́rə]	명 (어떤 것에 서려 있는 독특한) **기운, 분위기**	an **aura** of mystery 신비로운 **기운**
☐ 1908 **undeserved** [ʌndizə́:rvd]	형 **받을 자격이 없는, 부당한** (↔ deserved) • **deserve** ~을 받을 만하다	The criticism was totally **undeserved**. 그 비난은 전적으로 **부당**했다.
☐ 1909 **convey** [kənvéi]	동 **전달하다; 운반하다** • **conveyer** 컨베이어 • **conveyance** 수송, 운송	to be **conveyed** in this high-tech manner 이런 첨단 기술 방식으로 **전달**되다 수능
☐ 1910 **somehow** [sʌ́mhàu]	부 **웬일인지, 어떻게든**	**Somehow**, I don't feel I can trust him. **웬일인지**, 나는 그를 믿을 수 있다는 기분이 안 들었다.
☐ 1911 **unfiltered** [ʌnfíltərd]	형 **여과되지 않은** (↔ filtered)	**unfiltered** information **여과되지 않은** 정보 수능
☐ 1912 **unedited** [ʌnéditid]	형 **편집되지 않은** (↔ edited)	**unedited** version **편집되지 않은** 판(版)
☐ 1913 **untreated** [ʌntríːtid]	형 **처리되지 않은** (↔ treated)	**untreated** sewage **처리되지 않은** 하수
☐ 1914 **dumb** [dʌm]	형 **벙어리의; 멍청한**	to make people **dumber** 사람들을 **더 멍청하게** 만들다 수능
☐ 1915 **rumor** [rú:mər]	명 **소문** ⊕ hearsay (다른 사람에게서) 전해 들은 말	to spread a **rumor** **소문**을 퍼뜨리다
☐ 1916 **publish** [pʌ́bliʃ]	동 **출판하다;** (인터넷에) **발표하다** • **publisher** 출판인, 출판사 • **publication** 출판, 발행	rumors **published** on the Internet 인터넷에 **발표된** 소문들 수능
☐ 1917 **gossip** [gɑ́səp]	명 (사생활에 대한 안 좋은) **소문, 험담**	to hear a piece of news or **gossip** 소식이나 **소문**을 듣다 수능

SET 40

건강 / 스포츠

190 음식의 다양성과 섭취량

적용 독해 p. 436

☐ 1918 **sensory** [sénsəri]	형 **감각의** numb 감각이 없는, 멍한 blank 얼빠진, 멍한 paralyze 마비시키다 stun 기절시키다, 망연자실하게 만들다	**sensory** organs **감각** 기관
☐ 1919 **define** [difáin]	동 **정의하다; 규정하다** • **definition** 정의 • **defining** 본질적인 의미를 규정하는	a term that is difficult to **define** **정의하기** 어려운 용어
☐ 1920 **appetite** [ǽpətàit]	명 **식욕; 욕구** • **appetizer** 전채, 식욕을 돋우기 위한 것	to lose one's **appetite** **식욕**을 잃다
☐ 1921 **subjective** [səbdʒéktiv]	형 **주관적인** (↔ objective 객관적인) • **subjectivity** 주관성, 주관적임 • **subject** 주제; 학과; 실험 대상; 신하	a **subjective** liking **주관적인** 애호 (수능)
☐ 1922 **overeat** [òuvəríːt]	동 **과식하다** devour 걸신 들린 듯 먹다 dine 만찬을 들다 nibble 조금씩 먹다 vomit 토하다 edible 먹을 수 있는, 식용의	When I'm stressed, I tend to **overeat**. 나는 스트레스를 받으면 **과식하는** 경향이 있다.
☐ 1923 **nutrient** [núːtriənt]	명 **영양소, 영양분** • **nutritional** 영양상의 • **nutrition** 영양	a lack of essential **nutrients** 필수 **영양소**의 부족
☐ 1924 **property** [prápərti]	명 (건물 등의) **재산, 소유물;** (사물의) **특성, 속성** estate 사유지, 토지; (주택·공장) 단지	Color is a **property** of light. 색은 빛의 **특성** 중 하나이다.
☐ 1925 **sufficient** [səfíʃənt]	형 **충분한** (↔ insufficient 불충분한) • **sufficiently** 충분히 ample 충분한(plenty of)	**sufficient** time to deal with the problem 그 문제를 처리할 **충분한** 시간

SET 40

191 물질대사

적용 독해 ▶ p. 436

▢ 1926 **metabolism** [mətǽbəlìzəm]	명 **신진대사, 물질대사** ⊕ metaphor 은유, 비유	the body's **metabolism** 인체의 **신진대사**
▢ 1927 **set the stage for**	**~을 준비하다; ~을 위한 장(場)을 마련하다**	to *set the stage for* the incredible technology today 놀라운 현대 과학기술**의 발판을 마련하다**
▢ 1928 **vigor** [vígər]	명 **활기, 활력**(vitality) • **vigorous** 활발한, 격렬한(energetic)	with renewed **vigor** and determination 새로운 **활력**과 각오로
▢ 1929 **active** [ǽktiv]	형 **활동적인, 적극적인**	an **active** lifestyle **활동적인** 생활

192 감정적 식사

적용 독해 ▶ p. 436

▢ 1930 **shortage** [ʃɔ́ːrtidʒ]	명 **부족** ⊕ shortcoming 결점, 단점	**shortage** of information 정보의 **부족** (모의)
▢ 1931 **disconnect** [dìskənékt]	동 **연결[접속]을 끊다** 명 **단절** • **connect** 잇다, 연결하다 • **connectivity** 연결	a **disconnect** between what we know and what we do 우리가 알고 있는 것과 우리가 행하는 것 사이에 존재하는 **단절** (모의)
▢ 1932 **obesity** [oubíːsəti]	명 **비만, 비대** • **obese** [oubíːs] 비만인	individuals who struggle with **obesity** **비만**과 씨름하는 사람들 (모의)
▢ 1933 **tend to**	**~하는 경향이 있다**	to *tend to* eat in response to emotions 감정에 반응하여 먹**는 경향이 있다** (모의)
▢ 1934 **overweight** [óuvərwèit]	형 **과체중의, 비만의, 중량 초과의** (↔ underweight) ⊕ stout 통통한(plump) chubby 불룩한, 통통한	to be a few pounds **overweight** 몇 파운드 **과체중**이다

▢ 1935
preoccupy
[priːɑ́kjəpài]

동 **뇌리를 사로 잡다, 몰두하다**
- **preoccupation** 사로잡힘, 집착
- **preoccupied with** ~에 사로잡힌, 정신이 팔린

haunt (불쾌한 생각이) 뇌리에서 떠나지 않다, 계속 떠오르다

to **preoccupy** oneself *with* eating
먹는 것에 **몰두하다** (모의)

193 접영의 탄생

적용 독해 p. 438

▢ 1936
stroke
[strouk]

명 (공을 치는) **타법, 스트로크; 수영법, 팔 젓기**

The crawl is my best **stroke**.
크롤은 내가 가장 잘하는 **수영법**이다.

▢ 1937
freestyle
[frístàil]

명 (수영의) **자유형**

to win the men's 400m **freestyle**
남자 400미터 **자유형**에서 우승하다

▢ 1938
backstroke
[bǽkstròuk]

명 (수영의) **배영**

Can you do the **backstroke**?
너 **배영** 할 줄 아니?

▢ 1939
breaststroke
[bréststròuk]

명 **평영**

to swim **breaststroke**
평영으로 헤엄치다

▢ 1940
reinterpret
[rìːintə́ːrprit]

동 **재해석하다, 새롭게[다르게] 해석하다**

The book **reinterprets** the Dracula legend.
그 책은 드라큐라 전설을 **재해석한다**.

▢ 1941
conventional
[kənvénʃənəl]

형 **전통적인, 종래의**

to use **conventional** methods
전통적인 방식들을 사용하다

▢ 1942
effective
[iféktiv]

형 **효과적인** (↔ ineffective); **실질적인**
- **effectively** 효과적으로; 실질적으로
- **effect** 영향, 효과

effective methods
효과적인 방법

▢ 1943
butterfly
[bʌ́tərflài]

명 (수영의) **접영, 버터플라이**

She was second in the 200m **butterfly**.
그녀는 200미터 **접영**에서 2위를 했다.

▢ 1944
recognition
[rèkəgníʃən]

명 **인정, 승인; 인식**

to win **recognition** as the fourth swimming stroke
네 번째 수영 영법으로 **인정**을 받다 (수능)

 적용 독해 p. 438

1945 **govern** [gʌ́vərn]	동 **통치하다; 지배하다, 좌우하다** • **gorvernment** 정부, 정권 • **governor** 주지사, 총독	Baseball is not **governed** by the clock. 야구는 시계에 의해 **좌우되지** 않는다. (모의)
1946 **be comprised of**	**~으로 구성되다**(consist of)	A football game *is comprised of* sixty minutes of play. 미식축구 경기는 60분 경기**로 구성된다**. (모의)
1947 **complete** [kəmplíːt]	형 **완벽한, 완전한** 통 **완료하다, 끝마치다** • **completion** 완료, 완성 • **completeness** 완성도, 완전성	The project should be **completed** within a year. 그 사업은 1년 이내에 **완료되**어야 한다.
1948 **leisurely** [líːʒərli]	형 **한가한, 여유로운** • **leisure** 여가 • **leisured** 일을 안 해도 되는, 여유가 많은 ⊕ urgent 긴급한	The pace of the game is **leisurely**. 경기의 속도가 **여유롭다**. (모의)
1949 **unhurried** [ənhə́rid]	형 **서두르지 않는, 느긋한** (↔ hurried) • **hurry** 서두르다, 급히 하다(rush) ⊕ haste 서두름, 급함	an **unhurried** schedule **느긋한** 일정
1950 **deadline** [dédlàin]	명 **기한, 마감 시간**	a very tight **deadline** 매우 빠듯한 **마감 시간**
1951 **wage** [weidʒ]	명 **임금, 급료**	**wages** paid by the hour 시간 단위로 지급되는 **임금** (모의)
1952 **proceed** [prousíːd]	동 **진행하다; 계속해서 ~하다** • **process** 과정, 절차 • **procession** 행진, 행렬 • **procedure** 절차 비교 preceed ~에 앞서다	to **proceed** according to the rhythm of nature 자연의 리듬에 따라 **진행하다** (모의)

195 댄스 대결

적용 독해 p. 440

□ 1953 **gap** [gæp]	명 **틈, 공백, 격차**	a natural **gap** 자연스러운 **간격** (수능)
□ 1954 **host** [houst]	명 (접대하는) **주인; 진행자; 주최측** 동 **진행하다, 주최하다** ⊕ hostess 여주인	a talk show **host** 토크쇼 **진행자**
□ 1955 **random** [rǽndəm]	형 **무작위의, 닥치는 대로 하는** • **randomly** 무작위로 ⊕ arbitrary 임의적인, 제멋대로인	in a **random** order **무작위**순으로
□ 1956 **cheer** [tʃiər]	명 **환호, 환호성** 동 **환호성을 지르다, 환호하다** • **cheerful** 발랄한, 쾌활한 ⊕ applause 박수 (갈채) solemn 침통한, 근엄한(serious)	**cheering** crowds **환호하는** 군중
□ 1957 **format** [fɔ́ːrmæt]	명 **구성 방식** 동 **포맷[서식]을 만들다**	according to the **format** **구성 방식**에 따라 (수능)
□ 1958 **battle** [bǽtl]	명 **전투, 투쟁** 동 **싸우다** ⊕ veteran (어떤 분야의) 베테랑; 참전 용사	to **battle** him on stage 그와 무대에서 **대결하다** (수능)
□ 1959 **propel** [prəpél]	동 **나아가게 하다, 추진시키다** • **propeller** 프로펠러	mechanically **propelled** vehicles 기계적으로 **나아가게** 만든 운송수단
□ 1960 **backspin** [bǽkspin]	명 (공의) **역회전; 등을 바닥에 대고 도는 춤 동작**	to propell oneself into a **backspin** **백스핀**으로 자신을 돌아가게 하다 (수능)
□ 1961 **spectator** [spékteitər]	명 **관중**	to attract **spectators** **관중**을 끌어모으다
□ 1962 **erupt** [irʌ́pt]	동 **분출하다;** (감정을) **터뜨리다** • **eruption** 분출, 폭발 • **eruptive** (화산) 분화의	to **erupt** into cheers 환호를 **터뜨리다**
□ 1963 **embarrassed** [imbǽrəst]	형 **당황한** • **embarrass** 당황스럽게 만들다 • **embarrassing** 난처한, 당혹스러운 ⊕ blush (부끄러움·당황으로) 얼굴을 붉히다	to look **embarrassed** **당황한** 것처럼 보이다

SET 41 인물 / 일화

196 Scott Adams와 편지

적용 독해 ▶ p. 440

▢ 1964 **comic strips**	명 (신문의) **연재 만화**	the most successful **comic strips** of all time 역대 가장 성공적인 **연재 만화** (수능)
▢ 1965 **dramatically** [drəmǽtikəli]	형 **극적으로** • **dramatic** 극적인, 감격적인 • **dramatize** 각색하다	**dramatically** change his life **극적으로** 그의 인생을 바꾸다 (수능)
▢ 1966 **cartooning** [kɑːrtúːniŋ]	명 **만화 제작** • **cartoon** 만화, 만화 영화 • **cartoonist** 만화가	TV program about **cartooning** **만화 제작**에 대한 TV 프로그램 (수능)
▢ 1967 **discourage** [diskə́ːridʒ]	동 **낙심시키다, 좌절시키다** (↔ encourage) • **discouraged** 낙담한 ⊕ courageous 용감한 despair 절망; 절망하다	Don't be **discouraged** by the first failure. 첫 번째 실패에 **좌절하지** 말라.
▢ 1968 **submit** [səbmít]	동 **제출하다; 항복하다**(yield) • **submission** 제출; 굴복 • **submissive** 순종적인, 고분고분한	to **submit** some cartoons 몇 편의 만화를 **제출하다** (수능)
▢ 1969 **stick with**	**~을 계속하다; ~의 곁에 머물다** ⊕ stick out ~을 내밀다	to *stick with* his original plan 그의 원래 계획을 **계속해 나가다**
▢ 1970 **hit** (it) **big**	**크게 성공하다**	The band has *hit big* in the US. 그 밴드는 미국에서 **크게 성공을 거두었다.**

197 Miloš Forman의 업적

적용 독해 ▶ p. 442

▢ 1971 **filmmaker** [fílmèikər]	명 **영화 제작자, 영화 회사**	a U.S. born **filmmaker** 미국에서 태어난 **영화 제작자** (수능)

SET 41

□ 1972
orphan
[ɔ́:rfən]

명 **고아**
동 **고아로 만들다**
- **orphaned** 어미 잃은, 고아가 된
- **orphanage** 고아원

a war **orphan**
전쟁 **고아**

□ 1973
relative
[rélətiv]

형 **상대적인**
명 **친척**
- **relate** 관련시키다
- **relation** 관계; 친척

He was raised by his **relatives**.
그는 **친척들**에 의해 양육되었다. 수능

□ 1974
emigrate
[émigrèit]

동 **이민가다, 이주하다**
- **emigration** 이민, 이주

비교 immigrate 이주해 오다

to **emigrate** to the U.S.
미국으로 **이주하다** 수능

□ 1975
celebration
[sèləbréiʃən]

명 **기념, 기념 행사**
- **celebrate** 기념하다, 축하하다
- **celebrity** 유명 인사, 명성

a **celebration** of the genius of Mozart
모차르트의 천재성에 대한 **기념** 수능

□ 1976
genius
[dʒí:njəs]

명 **천재성; 천재**

a stroke of **genius**
천재적 솜씨

□ 1977
sweep
[swi:p]

동 **쓸다** (-swept-swept)
명 **쓸기, 비질하기**
- **sweeping** 전면적인, 광범위한

to **sweep** eight Oscars
여덟 개의 오스카상을 **휩쓸다** 수능

□ 1978
autobiography
[ɔ̀:təbaiágrəfi]

명 **자서전**
- **autobiographical** 자전적인

비교 autograph (유명인의) 사인; 사인을 해주다

to write his **autobiography**
그의 **자서전**을 쓰다 수능

□ 1979
turnaround
[tə́:rnəràund]

명 (상황의) **호전;**
(의견·행동의) **180도 전환**

a **turnaround** in the economy
경기 **호전**

□ 1980
memoir
[mémwa:r]

명 (유명인의) **회고록;**
(다른 사람이 쓴) **전기**

a **memoir** about living in the country
그 나라에서의 생활을 적은 **회고록**

적용 독해 ▶ p. 442

▢ 1981 **treatment** [tríːtmənt]	명 **치료, 처치; 대우** • **treat** 다루다; 치료하다	to provide free medical **treatment** 무료로 의학적 **치료**[의료]를 제공하다 (수능)
▢ 1982 **disabled** [diséibld]	형 **장애를 가진**	**disabled** children of poor families 가난한 가정의 **장애** 어린이들 (수능)
▢ 1983 **local** [lóukəl]	형 **지역의, 현지의**	a **local** marketplace **현지** 시장 (수능)
▢ 1984 **souvenir** [sùːvəníər]	명 (휴가지에서 사는) **기념품**	a **souvenir** shop **기념품** 매장
▢ 1985 **spot** [spɑt]	명 (작은) **점, 반점; 얼룩** 동 **발견하다** • **spotted** 점무늬가 있는 • **spotless** 티끌 한 점 없는	to **spot** a carving 조각품을 하나 **발견하다** (수능)
▢ 1986 **opponent** [əpóunənt]	명 (게임·논쟁의) **상대; 반대자** • **oppose** 반대하다, 겨루다 + counterpart 상대 foe 적, 원수 hostile [hɑ́stl] 적대적인	a dangerous **opponent** 위험한 **상대**
▢ 1987 **bargaining** [bɑ́ːrgəniŋ]	명 **협상, 흥정** • **bargain** 흥정(하다)	wage **bargaining** 임금 **협상**
▢ 1988 **spirit** [spírit]	명 **정신; 기분** 동 **기운을 북돋우다, 활기를 띠게 하다**(inspirit) • **spiritual** 정신의 (↔ material) • **spirited** 기백이 넘치는, 활발한	The bargaining became **spirited**. 그 거래는 **활기를 띠게** 되었다. (수능)
▢ 1989 **intense** [inténs]	형 **극심한, 강렬한** • **intensify** 격렬해지다 • **intensive** 집중적인	**intense** pressure **극심한** 압박
▢ 1990 **back-and-forth** [bǽkənfɔ́ːrθ]	형 **앞뒤로의, 오락가락하는**	the **back-and-forth** interpretation **오가는** 통역 (수능)

▢ 1991 **sense** [sens]	명 **감각** 동 **감지하다, 느끼다** • **sensitive** 세심한 (↔ insensitive) • **sensible** 분별 있는, 합리적인	to **sense** something wrong 뭔가 잘못된 것을 **감지하다** (수능)
▢ 1992 **instantly** [ínstəntli]	부 **즉시** • **instant** 즉각적인, 순간 forthwith 곧, 당장	**instantly** recognize the error **즉시** 실수를 인정하다 (수능)
▢ 1993 **at length**	**마침내(finally), 한참 후에; 상세히**	*At length*, they settled the deal. **마침내** 그들은 거래를 성사시켰다. (수능)

199 긍정적인 면을 찾아라

적용 독해 ❯ p. 444

▢ 1994 **positive** [pázətiv]	형 **긍정적인** (↔ negative) 명 **긍정적인 것** • **positively** 긍정적으로; 분명히	to see the **positive** **긍정적인 면**을 찾아보다 (수능)
▢ 1995 **parent** [pέərənt]	명 **부모**(어머니나 아버지) 동 **부모 역할을 하다** • **parental** 부모의	in her desire to **parent** intentionally 의도적으로 **부모 역할을 하고자 하는** 그녀의 바람에서 (수능)
▢ 1996 **intentional** [intén∫ənəl]	형 **의도적인, 고의로 한**(deliberate, intended) • **intention** 의도, 목적 • **intentionally** 고의로, 의도적으로	**intentional** discrimination **의도적** 차별
▢ 1997 **accomplishment** [əkámpli∫mənt]	명 **업적, 성과; 재주** • **accomplish** 완수하다 • **accomplished** 기량이 뛰어난, 재주가 많은	one positive **accomplishment** 한 가지 긍정적인 **성과물** (수능)
▢ 1998 **lately** [léitli]	부 **최근에**(recently)	Have you seen her **lately**? 그녀를 **최근에** 봤나요?
▢ 1999 **cheerful** [t∫íərfəl]	형 **발랄한, 쾌활한**	to seem somewhat **cheerful** 다소 **쾌활해** 보이다 (수능)

2000 **in passing**	지나가는 말로(casually)	The report was mentioned *in passing*. 그 보도는 **지나가는 말로** 잠시 언급됐다.
2001 **hold onto**	~을 고수하다, ~을 꼭 잡다	*Hold onto* the rope and don't let go. 로프를 **꼭 잡고** 놓치지 마라.

200 콜럼버스가 병에 담은 메시지

적용 독해 p. 444

2002 **bottle** [bátl]	명 병 동 병에 담다 • **bottled** 병에 담긴	a whole **bottle** of wine 포도주 한 **병** 전부
2003 **deliver** [dilívər]	동 배달하다; (연설을) 하다; (아기를) 출산하다 • **delivery** 배달; 출산	to **deliver** the bottled messages 병에 넣은 메시지를 **전달하다** (수능)
2004 **wash up**	설거지를 하다; 세수를 하다; (육지로) 떠밀려오다	Spilled oil has *washed up* on beaches. 유출된 기름이 해변으로 **떠밀려왔다**.
2005 **get caught in**	~에 휘말리다, ~에 말려들다	His ship *got caught in* a bad storm. 그의 배는 심한 폭풍**에 휘말렸다**. (수능)
2006 **storm** [stɔːrm]	명 폭풍, 폭풍우 동 기습하다 • **stormy** 폭풍우가 몰아치는; 격렬한	tropical **storm** 열대 **폭풍우**
2007 **live to tell** the tale	(위험에서) **살아남아서 진상을 알리다**	to *live to tell* the king and queen of his discovery **살아남아서** 왕과 왕비에게 자신이 발견한 것을 **알리다** (수능)
2008 **overboard** [óuvərbɔ̀rd]	부 배 밖으로; (배 밖의) 물 속으로	to toss it **overboard** **배 밖으로** 그것을 던지다 (수능)
2009 **off the coast**	연안에서, 앞바다에서	to be found *off the coast* of Africa 아프리카의 **앞바다에서** 발견되다 (수능)

201 헤어지게 된 두 친구

적용 독해 ▶ p. 446

2010 **expense** [ikspéns]	명 **비용** • **expensive** 비싼 • **expenditure** 지출, 비용 dearly 비싼 대가를 치르고; 대단히, 몹시	the company's **expenses** 회사의 **경비** (수능)
2011 **dwindling** [dwíndliŋ]	형 **점점 줄어드는** • **dwindle** (점점) 줄어들다	**dwindling** revenue **줄어드는** 수익 (수능)
2012 **businesslike** [bíznislàik]	형 **효율적인, 업무에 충실한**	in a **businesslike** fashion **업무적인** 방식으로 (수능)
2013 **fashion** [fǽʃən]	명 **유행**; (특정한 행동) **방식** • **fashionable** 유행하는 • *in (a) ~ fashion* ~한 방식으로	How could they behave *in such a fashion*? 그들은 어떻게 **그런 식으로** 행동할 수가 있지?
2014 **disengage** [dìsiŋgéidʒ]	동 **떼어 내다; 관계를 끊다; 철수하다** • **disengagement** 이탈, 해방	to **disengage** herself from her sleeping son 그녀의 잠든 아들에게서 몸을 **떼다**
2015 **client** [kláiənt]	명 **의뢰인, 고객**	existing **clients** 현재의 **고객들** (수능)
2016 **salary** [sǽləri]	명 **급여, 봉급**	**annual salary** **연봉**

Review

학습한 주요 단어를 깊이 있게 이해하기

emigrate
- **to leave a country or region to live elsewhere**
  다른 곳에서 살려고 한 나라나 지역을 떠나다 ⇒ **이주하다, 이민가다**

disengage
- **to separate from someone or something**
  사람이나 사물로부터 분리하다 ⇒ **떼어 내다**
- **to remove troops from an area of conflict**
  분쟁 지역에서 병력을 없애다 ⇒ **철수하다**

202 잘못된 정치 인식과 미디어

적용 독해 p. 446

2017 **poll** [poll]	명 여론 조사(survey); 투표, 개표 동 여론 조사를 하다	the scientific opinion **polls** 과학적 **여론 조사** 모의
2018 **be equipped to**	~할 능력이 있다 • **equip** 장비를 갖추다 • **equipment** 장비, 설비	Citizens *are equipped to* play the role. 시민들이 그 역할을 **할 능력이 있다.** 모의
2019 **inadequately** [inǽdikwətli]	부 불충분하게, 부적당하게 • **inadequacy** 불충분, 부적당 • **inadequate** 불충분한, 부적당한	an **inadequately** informed public **불충분하게** 알고 있는 대중 모의
2020 **misinformed** [misinfɔ́ːrmd]	형 잘못 알고 있는 • **misinform** 잘못된 정보를 주다 • **misinformation** 오보, 허위 정보	a **misinformed** public **잘못 알고 있는** 대중 모의
2021 **irrationality** [iræ̀ʃənǽləti]	명 불합리, 부조리 • **irrational** 비이성적인 (unreasonable)	the difference between ignorance and **irrationality** 무지와 **불합리** 간의 차이 모의
2022 **self-government** [self-gʌ́vərnmənt]	명 자치 정부, 자치	local **self-government** 지방 **자치**
2023 **owe** [ou]	동 빚지다; 신세지다; ~덕분이다	Our misinformation **owes** partly to psychological factors. 우리가 잘못 아는 것은 부분적으로 심리적 요인 **탓이다.** 모의
2024 **distrust** [distrʌ́st]	명 불신(감) 동 불신하다 • **distrustful** 의심 많은	political **distrust** 정치적 **불신** 모의
2025 **polarization** [pòulərizéiʃən]	명 양극화, 극단적 이분화 • **polarize** 양극화되다, 양극화를 초래하다	regional **polarization** 지역 **양극화**

203 다양한 해석을 낳는 언어

적용 독해 ▶ p. 448

2026 **factual** [fǽktʃuəl]	형 사실에 근거한, 사실에 관한	**factual** information 사실에 관한 정보 (수능)
2027 **ambiguity** [æ̀mbigjúːəti]	명 애매성, 애매모호함 • **ambiguous** 애매모호한 (↔ unambiguous 분명한)	without any **ambiguity** 어떤 **애매모호함**도 없이 (수능)
2028 **valuable** [vǽljuːəbəl]	형 소중한; 가치가 큰 • **value** 가치; 소중하게 생각하다 • **valuables** 귀중품 invaluable 매우 유용한, 귀중한 (valuable) evaluate 평가하다 precious 귀중한, 값비싼	a **valuable** experience **소중한** 경험
2029 **mere** [miər]	형 그저, 불과; 단지 ~만의	**mere** information exchange **단지** 정보**만의** 교환 (수능)
2030 **joint** [dʒɔint]	형 공동의, 합동의 명 관절; 연결 부위	a **joint** effort **공동의** 노력 (수능)
2031 **imprecisely** [ìmprisáisli]	형 부정확하게 • **imprecise** 부정확한, 애매한 (↔ precise)	ideas expressed **imprecisely** **부정확하게** 표현된 개념들 (수능)
2032 **reliable** [riláiəbl]	형 신뢰할 수 있는(dependable) • **reliability** 신뢰도, 확실성 • **reliance** 의존, 의지(dependence)	a **reliable** witness **신뢰할 만한** 증인
2033 **adaptability** [ədæptəbíləti]	명 적응력, 적응성 • **adaptation** 적응, 각색	**adaptability** that make human beings strong 인간을 강하게 만드는 **적응성**

204 같은 내용, 다른 표현

적용 독해 ▶ p. 448

2034 **claim** [kleim]	동 주장하다; 요구하다 명 주장; 권리	the identical **claim** 동일한 내용의 **주장** (수능)

□ 2035
qualifier
[kwάləfàiər]

명 **수식어, 수식어구;**
(대회의) **예선 통과자**
• **qualify** 자격을 얻다; 수식하다, (의미를) 한정하다
• **qualification** 자격

A **qualifier** comes after a noun and gives more information about the person or thing.
수식어(구)는 명사 뒤에 와서 그 사람이나 물건에 대한 추가 정보를 준다.

□ 2036
chef
[ʃef]

명 **요리사, 주방장**

the head **chef** of a famous hotel
유명 호텔의 **주방장**

□ 2037
comparable
[kάmpərəbl]

형 **비슷한, 비교할 만한**
• **compare** 비교하다
비교 comparative (연구가) 비교를 통한, 비교의; 상대적인(relative)

comparable to some of the best
가장 좋은 몇몇에 **견줄 수 있는** 수능

□ 2038
scrutiny
[skrúːtəni]

명 **정밀 조사, 철저한 검토**
(inspection)
• **scrutinize** 세심히 살피다

a critical **scrutiny**
비판적인 **면밀한 검토** 수능

□ 2039
knowledgeable
[nάlidʒəbl]

명 **아는 것이 많은**(well-informed)

among the most **knowledgeable**
가장 **식견이 있는** 사람들 사이에서 수능

□ 2040
guard
[gɑːrd]

명 **경비 요원**
동 **보호하다; 감시하다**
• **guardian** 수호자, 후견인
⊕ escort 호위대; 호위하다
patrol 순찰을 돌다

to **guard** yourself
자신을 **보호하다** 수능

□ 2041
accountable
[əkáuntəbl]

형 (해명할) **책임이 있는**
• *hold (someone) accountable for* ~에 대해 ~에게 책임을 묻다

Someone must *be held accountable for* the killings.
누군가가 이들 죽음**에 대해 책임을 져야** 한다.

205 성향이 다른 사람들의 필요성

적용 독해 ▶ p. 450

□ 2042
acknowledge
[əknάlidʒ]

동 (사실로) **인정하다**
• **acknowledg(e)ment** 인정; 감사

to **acknowledge** the truth
사실을 **인정하다** 수능

□ 2043
surround
[səráund]

동 **에워싸다, 둘러싸다; 포위하다**
⊕ siege 포위 작전, 포위

Tall trees **surround** the lake.
키 큰 나무들이 호수를 **둘러싸고** 있다.

▢2044 **likelihood** [láiklihùd]	명 가능성(probability)	There is very little **likelihood** of that happening. 그런 일이 있을 **가능성**은 아주 적다.
▢2045 **shrink** [ʃriŋk]	동 줄어들다, 움츠러들다	The child **shrank** behind the sofa. 그 아이는 소파 뒤로 **몸을 움츠렸다**.

206 통찰력을 얻는 방법

적용 독해 ▶ p. 450

▢2046 **restructure** [riːstrʌ́ktʃər]	동 재구성하다	a **restructuring** of a problem 문제를 **재구성하는 것** (모의)
▢2047 **get stuck**	꼼짝 못하게 되다	The elevator *got stuck* on the fifth floor. 엘리베이터가 5층에서 **꼼짝 못하게 되었다**.
▢2048 **path** [pæθ]	명 길 (사람들이 오가서 생긴 작은 길) ➕ lane (시골의 좁은) 길; 차선	to lead to a different **path** 다른 **길**로 이어지다 (모의)
▢2049 **as a matter of fact**	사실은(in fact, actually)	*As a matter of fact*, the plan failed. 그 계획은 **사실상** 실패했다.
▢2050 **break away from**	~에서 달아나다[벗어나다]	to *break away from* everyday life 일상 생활**에서 벗어나다**

207 전문성 개발

적용 독해 ▶ p. 450

▢2051 **expertise** [èkspəːrtíːz]	명 전문 지식, 전문 기술	to develop **expertise** **전문 지식**을 개발하다
▢2052 **expert** [ékspəːrt]	명 전문가 형 전문가의; 숙련된	to become an **expert** on something 어떤 것에 **전문가**가 되다
▢2053 **carry over**	(다른 상황에도) **계속 이어지다** (continue to exist in a different situation)	to *carry over* to related domains 관계된 분야로 **이어지다** (수능)

2054 **imperfect** [impə́ːrfikt]	형 **불완전한** (↔ perfect) • **imperfectly** 불완전하게	an **imperfect** world **불완전한** 세계
2055 **as much as**	**비록 ~이긴 하지만** (even though), **~임에도 불구하고;** (~와 같은) **그만큼 많은**	*As much as* I respect him, I still have to disagree with him on this point. 내가 그를 존경**하기는 하지만**, 이 사항에 대해서는 여전히 그의 의견에 반대하지 않을 수 없다.
2056 **worth** [wəːrθ]	형 **~할 만한 가치가 있는** 명 **~어치, 값어치** • **worthy** (~을) 받을 만한	to be **worth** the effort 노력**할만한 가치가 있다** (수능) $2,000 **worth** of computer equipment 2천 달러 **상당**의 컴퓨터 기기

208 재해와 숫자의 크기

적용 독해 ❯ p. 452

2057 **magnitude** [mǽgnətjùːd]	명 (엄청난) **규모, 중요도; 지진 규모**	to grasp the **magnitude** of the problem 문제의 (**엄청난**) **규모**를 파악하다
2058 **sophistication** [səfìstəkéiʃən]	명 **교양, 세련;** (기술의) **정교함**	technological **sophistication** 기술적인 **정교함** (수능)
2059 **communicate** [kəmjúːnəkèit]	동 **연락을 주고받다, 의사소통을 하다** • **communicator** (자기) 의사를 전달하는 사람, 전달자	to **communicate** a message of hope 희망의 메시지를 **전하다**
2060 **scope** [skoup]	명 **범위;** (이룰 수 있는) **기회, 여지**(potential)	**scope** of potential or actual losses 잠재적 또는 실제적 손실의 **범위** (수능) the **scope** to improve our facilities 우리의 시설을 개선할 **여지**
2061 **behavioral** [bihéivjərəl]	형 **행동(상)의, 행동에 관한**	**behavioral** research **행동** 연구 (수능)

▢ 2062 **cast doubt on**	**~에 의혹을 던지다, ~에 의구심을 제기하다**	The incident *cast doubt on* her reliability. 그 사건은 그녀의 신뢰성**에 의혹을 던져 주었다**.
▢ 2063 **underestimate** [ʌ̀ndəréstimèit]	동 **과소평가하다;** (비용·규모를) **너무 적게 잡다** (↔ overestimate 과대평가하다) contempt 경멸, 멸시	Never **underestimate** the power of the media. 대중매체의 힘을 **과소평가하지** 마라.
▢ 2064 **paradox** [pǽrədɑ̀ks]	명 **역설; 역설적인 것[사람]**	'More haste, less speed' is a well-known **paradox**. '급할수록 천천히'는 잘 알려진 **역설**이다.
▢ 2065 **represent** [rèprizént]	동 (단체를) **대표하다;** (~을) **표현하다, 나타내다** • **representation** 묘사, 표현 • **representative** 대표자; 대리인; (단체를) 대표하는	to **represent** the views of us all 우리 모두의 견해를 **나타내다**

SET 42

Review

학습한 주요 단어를 깊이 있게 이해하기

qualifier
- **a person or team that has defeated others to enter a competition**
  대회에 참가하기 위해 다른 사람들을 이긴 사람이나 팀 ⇒ **예선 통과자**
- **a word (such as an adjective or adverb) or phrase that describes another word or group of words**
  다른 단어나 어구를 묘사하는 (형용사나 부사 같은) 단어나 구 ⇒ **수식어, 수식 어구**

magnitude
- **the great size or importance of something; the degree to which something is large or important**
  어떤 것의 큰 크기 또는 중요성; 어떤 것이 크거나 중요한 정도 ⇒ **규모, 중요도**
- **a number that shows the power of an earthquake**
  지진의 세기를 나타내는 숫자 ⇒ **진도**

SET 43

기타 (2)

209 정치적 목적이 있는 전쟁

적용 독해 ➤ p. 452

□ 2066
defenseless
[difénslis]

[형] **무방비 상태의, 방어할 수 없는**
- **defense** 방어
- **defensive** 방어의, 방어적인

⊕ shield 방패; 보호하다

to make the enemy **defenseless**
적을 **무방비 상태로** 만들다 (수능)

□ 2067
temporarily
[tèmpərérəli]

[형] **일시적으로**
- **temporal** 시간의, 한시적인; 속세의
- **temporary** 일시적인, 임시의 (↔ permanent)

to **temporarily** blind commanders
일시적으로 지휘관이 보지 못하게 하다 (수능)

□ 2068
blind
[blaind]

[형] **눈이 먼**
[동] **눈이 멀게 만들다**
- **blindness** 맹목, 무분별
- **blindly** 앞이 안 보이는 채로; 맹목적으로

⊕ mindlessly 분별없이, 어리석게

snow **blindness**
설**맹** (쌓인 눈의 반사 광선으로 인해 일어나는 눈의 염증) (수능)

□ 2069
commander
[kəmǽndər]

[명] **지휘관, 사령관**
- **command** 명령(하다), 지시(하다)

비교 commend 칭찬하다

a field **commander**
야전 **사령관**

□ 2070
strategist
[strǽtədʒist]

[명] **전략가**
- **strategy** 전략, 계획
- **strategic** 전략상 중요한, 전략적인

⊕ tactic (달성하기 위한) 전략, 전술

a military **strategist**
군사 **전략가**

□ 2071
famously
[féiməsli]

[형] **유명하게;**
멋지게(extremely well)
- **famous** 유명한 (↔ infamous 악명 높은)
- **fame** 명성

⊕ eminent 저명한, 탁월한

This insight was **famously** captured by Clausewitz.
이 통찰은 Clausewitz에 의해 **멋지게** 포착되었다. (수능)

2072 **constitutional** [kὰnstətjú:ʃənl]	명 **헌법의; 체제[구성]상의** • **constitute** ~을 구성하다 • **constitution** 헌법, 체질, 구조	its **constitutional** form 그것의 **체제상의** 형태 (수능)
2073 **will** [wil]	명 **의지** • **willful**(wilful) 고의적인, 고집이 센 • **willing** 기꺼이 하는 goodwill 친선, 호의	the freedom of the **will** **의지**의 자유
2074 **confrontation** [kὰnfrəntéiʃən]	명 **대치, 대립** • **confront** (힘든 상황이) 닥치다; 맞서다 • **confrontational** 대립을 일삼는	during the **confrontation** **대치**하는 동안 (수능)
2075 **attribution** [ætrəbjú:ʃən]	명 **귀착시킴, 귀인**(원인의 귀착) • **attribute** ~의 결과로 보다; 자질, 속성 비교 contribution 기여	acts of war without eventual **attribution** 궁극적인 **귀인**이 없는 전쟁 행위 (수능)

SET 43

210 기술적 진보와 관광 산업

적용 독해 ▶ p. 454

2076 **explosive** [iksplóusiv]	형 **폭발성의; 폭발적으로 증가하는** • **explode** 터지다, 폭발하다 • **explosion** 폭발, 폭발적인 증가	the **explosive** growth of the export market 수출 시장의 **폭발적** 성장
2077 **network** [nétwə̀:rk]	명 (그물처럼 얽힌) **망; 네트워크**	global transportation **networks** 전 세계의 **교통망** (모의)
2078 **accommodation** [əkὰmədéiʃən]	명 **거처, 숙소; 숙박 시설** • **accommodate** 공간을 제공하다 • **accommodating** 잘 협조하는	student **accommodation** 학생 **기숙사**
2079 **precondition** [prìkəndíʃən]	명 **전제 조건**	an essential **precondition** for negotiation 협상에 필수적인 **전제 조건**

211 포도주 시음 연구

적용 독해 ▶ p. 454

2080 **team up with**	**~와 한 팀이 되다, ~와 협력하다**	to *team up with* a school for the research project 연구 프로젝트를 위해 한 학교**와 협력하다**

2081 **statistician**
[stætistíʃən]

명 **통계 전문가, 통계학자**
- **statistics** 통계, 통계학
- **statistical** 통계적인

applied **statistician**
응용 **통계 전문가**

2082 **blind tasting**

블라인드 시음 (와인 라벨을 가리고 하는 시음 평가)
- **tasting** (특히 포도주) 시음

blind tastings of wines
와인에 대한 **블라인드 시음** (모의)

212 시선

적용 독해 ❯ p. 454

2083 **line of vision**

시선이 향하는 방향, 눈길(line of sight)

Please move; you're right in my **line of vision**.
조금만 비켜 주세요. 바로 제 앞에 계셔서 제가 앞이 안 보여요.

2084 **dribble**
[dríbl]

동 **드리블하다;** (침을) **질질 흘리다**

the basketball player who **dribbles** down court
코트를 **드리블해** 가는 농구 선수 (모의)

2085 **teammate**
[tíːmeìt]

명 (스포츠에서) **팀 동료**
- **mate** 친구, 동료

to throw a pass to his **teammate**
그의 **팀 동료**에게 패스하다

213 뇌의 특성

적용 독해 ❯ p. 454

2086 **file** something **away**

(서류 등을) **파일로 보관하다**

to *file* the letters *away* in a drawer
편지들을 서랍 속에 **파일로 보관하다**

2087 **hook**
[huk]

명 **고리,** (낚시) **바늘**
동 **갈고리로 걸다**

a fish **hook**
낚싯**바늘**

2088 **rival**
[ráivəl]

명 **경쟁자, 경쟁 상대**
동 (~에) **필적하다, 비할 만하다**
- **unrivalled** 타의 추종을 불허하는

have no **rivals**
필적할 대상이 전혀 없다

214 이상적인 거래

적용 독해 ▶ p. 456

2089 **resolve** [rizálv]	동 (문제를) **해결하다**(settle); **다짐하다** 명 **결심**(resolution)	our **resolve** to keep fighting 계속 싸우겠다는 우리의 **결의**
2090 **weary** [wí(:)əri]	형 (몹시) **지친; 지치게 하는**	to spend **weary** days **지치게 하는** 날들을 보내다 수능
2091 **till** [til]	동 **갈다, 경작하다**(cultivate)	to **till** the ground 땅을 **경작하다** 수능
2092 **spare** [spɛər]	동 **할애하다;** (수고를) **끼치지 않다, 모면하게 하다**	to thank Nature for **sparing** you much labor 당신이 많은 노동을 하는 **수고를 덜어 준** 것에 대해 자연에 감사해 하다 수능
2093 **asset** [ǽset]	명 **자산, 재산**	the net **asset** value of the company 그 회사의 순**자산** 가치
2094 **approximate** [əpráksimət]	형 **거의 정확한, 근사치인** 동 (특정 수치)**에 근접하다, ~의 근사치이다**	Total assets **approximated** $1.2 billion. 자산 총액은 12억 달러에 **육박했다**.
2095 **conditionally** [kəndíʃənəli]	부 **조건부로** • **conditional** 조건부의	The offer was made **conditionally**. 그 제의는 **조건부로** 한 것이었다.

215 생각에 도움을 주는 여행

적용 독해 ▶ p. 456

2096 **midwife** [mídwàif]	명 **산파, 조산사; 새로운 것이 나오도록 힘쓰는 사람**	Journeys are the **midwives** of thought. 여행은 생각의 **산파**(産婆)이다. 수능
2097 **conducive** [kəndjú:siv]	형 **~에 좋은, ~에 도움이 되는** (to)	Early rising is **conducive to** health. 아침 일찍 일어나는 것은 건강**에 좋다**.
2098 **introspective** [ìntrəspéktiv]	형 **자기 성찰적인**	**introspective** reflections **자기 성찰적인** 반성 수능

▢ 2099 **stall** [stɔːl]	명 (시장의) **가판대** 동 **멎다; 지연작전을 쓰다, 시간을 끌다**	They are still **stalling** on the deal. 그들이 그 거래에서 아직도 **지연작전을 쓰고** 있다.
▢ 2100 **mimic** [mímik]	동 **흉내를 내다, 모방하다**(imitate)	to **mimic** a series of human movements 일련의 인간 동작을 **모방하다**

Review

학습한 주요 단어를 깊이 있게 이해하기

attribution

- **the act of attributing something to a particular cause or person** (especially the act of saying that something was written, said, painted, etc. by a particular person)
어떤 것을 특정한 원인이나 사람에게 돌리는 행위 (특히 어떤 것을 특정한 사람이 쓰고, 말하고, 그렸다고 말하는 행위) ⇒ **귀착시킴, 귀속, 귀인(歸因)**

introspective

- **examining and considering your own ideas, thoughts, and feelings, instead of talking to other people about them**
남에게 말하지 않고, 자신의 발상, 생각, 그리고 감정을 검토하고 숙고하는
⇒ **자기 성찰적인**

conducive

- **making it easy, possible, or likely for something to happen**
어떤 일이 일어나기 쉽거나 가능하게 또는 가능성 있게 만드는
⇒ **~에 좋은, ~에 도움이 되는**

stall

- (of a vehicle or an engine) **to stop suddenly because of a lack of power or speed**
(차량 또는 엔진의) 동력 또는 속도의 부족으로 인해 갑자기 정지하다
⇒ **멎다, (갑자기) 시동이 꺼지다**
- **to try to avoid doing something or answering a question so that you have more time**
더 많은 시간을 갖기 위해 어떤 것을 하거나 질문에 대답하는 것을 피하려고 애쓰다
⇒ **지연 작전을 쓰다, 시간을 끌다**
- **a table or a small shop with an open front, especially outdoors, where goods are sold**
특히 야외에 있으며 물건을 파는 탁자나 앞이 탁 트인 작은 가게 ⇒ **가판대, 좌판**

적용
독해

001 학습 환경의 문제점

어휘 학습 p. 008

[1] Any learning environment that deals with only the database **instincts** or only the **improvisatory** instincts / **ignores** one half of our ability. [2] It is **bound** to fail. [3] It makes me think of jazz guitarists: [4] They're not going to make it / if they know a lot about music theory but don't know how to **jam** in a live concert. [5] Some schools and workplaces **emphasize** / a **stable**, rote-learned database. [6] They ignore the improvisatory instincts / **drilled** into us for millions of years. [7] **Creativity suffers**. [8] Others emphasize creative usage of a database, / without **installing** a **fund** of knowledge in the first place. [9] They ignore our need to **obtain** a deep understanding of a subject, // which includes memorizing and storing a richly structured database. [10] You get people / who are great improvisers but don't have depth of knowledge. [11] You may know someone like this where you work. [12] They may look like jazz musicians and have the appearance of jamming, / but in the end they know nothing. [13] They're playing **intellectual** air guitar. 20 수능

* rote-learned: 기계적으로 암기한

002 벤치마킹이 필요한 교사

어휘 학습 p. 010

[1] When teachers work in **isolation**, / they tend to see the world / through one set of eyes their own. [2] The fact that there might be someone somewhere *in the same building or* ***district*** who may be more successful / at teaching this or that subject or lesson / **is lost on** teachers / who close the door and work their way through the school calendar **virtually** alone. [3] In the **absence** of a process / that allows them to **benchmark** those who do things better or at least differently, / teachers are left with that one **perspective** — their own. [4] I taught various subjects under the social studies umbrella / and had very little idea of how my **peers** who taught the same subject did what they did. [5] The idea of meeting regularly to **compare notes**, plan common **assessments**, and share what we did well / never occurred to us. [6] Rather, / we spent much time in the social studies office / complaining about a lack of time and playing the **blame game**. 17 수능

001

[1] 데이터베이스에 근거한 직감만을 다루거나 즉흥적인 직감만을 다루는 어떤 학습 환경이든 / 우리 능력의 절반을 무시한다. [2] 그것은 반드시 실패한다. [3] 그것은 내게 재즈 기타리스트들을 생각나게 한다. [4] 그들은 성공하지 못할 것이다 / 음악 이론에 대해 많이 알고 있지만, 라이브 콘서트에서 즉흥 연주하는 법을 모른다면. [5] 일부 학교와 직장에서는 강조한다 / 안정적이고 기계적으로 암기한 데이터베이스를. [6] 그들은 즉흥적인 직감을 무시한다 / 수백만 년 동안 우리에게 주입되어 온. [7] 창의력이 악화된다. [8] 다른 곳들에서는 창의적인 데이터베이스의 사용을 강조한다 / 먼저 많은 지식을 자리잡게 하지 않고. [9] 그들은 어떤 주제에 대한 깊은 이해를 얻고자 하는 우리의 욕구를 무시하는데 / 그 욕구는 풍부하게 구조화된 데이터베이스를 암기하고 저장하는 것을 포함한다. [10] 여러분은 사람들을 얻게 된다 / 훌륭한 즉흥 연주자이지만 깊이 있는 지식은 없는. [11] 여러분은 일하는 곳에서 이런 사람을 알지도 모른다. [12] 그들은 재즈 뮤지션처럼 보이고 즉흥 연주를 하는 모습을 지니고 있을지 모르지만 / 결국 그들은 아무것도 모른다. [13] 그들은 지적으로 기타 연주 흉내를 내고 있는 것이다.

- ☐ **make it** 성공하다(succeed)
- ☐ **have the appearance of** ~의 모습을 가지고 있다
- ☐ **air guitar** 기타 연주 흉내(음악을 들으며 기타를 치는 것처럼 흉내 내는 것)

002

[1] 교사가 홀로 일을 할 때 / 그들은 세상을 보는 경향이 있다 / 오직 한 쌍의 눈, 즉 자기 자신의 눈으로. [2] 더 성공적일 수 있는 누군가가 '같은 건물 혹은 같은 지역' 어딘가에 있을 수 있다는 사실을 / 이런저런 과목이나 혹은 수업을 가르치는 데 있어서 / 교사는 이해하지 못한다 / 문을 닫고 거의 혼자서 학교의 연간 행사 계획표를 실천해 나가는 (교사는 이해하지 못한다). [3] 과정이 없는 상태에서 / 일을 더 잘하거나 최소한 다르게 하는 사람들을 벤치마킹할 수 있게 해주는 (과정이 없는 상태에서) / 교사들은 하나의 시각, 즉 자신의 시각만을 갖게 된다. [4] 나는 사회 과학 분야에 속한 다양한 과목을 가르쳤는데 / 동일한 과목을 가르치는 나의 동료들이 어떻게 가르치는지에 대해 아는 것이 거의 없었다. [5] 의견이나 정보를 교환하고, 공동 평가를 계획하고, 자신이 잘한 것을 공유하기 위해서 정기적으로 만난다는 생각을 / 우리는 전혀 해보지 않았다. [6] 오히려 / 우리는 사회 교과 교무실에서 많은 시간을 보냈다 / 시간이 부족한 것에 대해 불평하면서 그리고 서로 비난하고 책임 전가를 하면서.

- ☐ **umbrella** (다른 많은 부분 · 요소를 포괄하는) 상부, 상위

003 창의력 육성

어휘 학습 p. 011

[1] The creativity that children possess / needs to be **cultivated** throughout their development. [2] Research suggests / that **overstructuring** the child's environment may actually limit creative and **academic** development. [3] This is a central problem with much of science **instruction**. [4] The exercises or activities / are **devised** to **eliminate** different options / and to focus on predetermined results. [5] The answers are structured to fit the course assessments, / and the wonder of science is lost along with **cognitive intrigue**. [6] We define cognitive intrigue / as the wonder that **stimulates** and **intrinsically** motivates an individual to voluntarily engage in an activity. [7] The loss of cognitive intrigue / may be **initiated** by the sole use of play items with predetermined conclusions / and reinforced by rote instruction in school. [8] This is **exemplified** by toys, games, and lessons / that are an end **in and of themselves** and require little of the individual other than to master the planned **objective**. 17 수능

* rote: 기계적인 암기

004 효과적인 글쓰기

어휘 학습 p. 013

[1] What is the best order for a report, paper or other technical document? [2] Of course, it must be **logical**; // but that means simply / that the paper must have connection and **sequence**, / and a variety of orders is possible under this **heading**. [3] Too many writers / **interpret** the **term** *logical* to mean chronological, / and it has become **habitual** / to begin reports and papers with careful reviews of **previous** work. [4] Usually, / this is **tactically** weak. [5] Most readers of reports and papers / are reading the documents / because they are interested in, and know something about the subject. [6] Therefore, / to **rehearse** to them the findings of previous work / is simply to bore them with unnecessary **reminders**. [7] The interesting thing for them / is the new information — the new findings and conclusions. [8] So / it is usually best to start with those pieces of information. [9] To give a long chronological **account** of work or **procedures** / is normally **appropriate** / *only* when the essential point of the paper is the chronological sequence. 17 수능

* chronological: 연대순의

003

[1] 아이들이 지닌 창의력은 / 그들의 성장 기간 내내 육성되어야 할 필요가 있다. [2] 연구는 보여 준다 / 아이의 환경을 지나치게 구조화하는 것이 실제로 창의적 발달과 학문적 발달을 제한할 수도 있다는 것을. [3] 이것은 과학 교육의 많은 부분에서 가장 중요한 문제이다. [4] 연습이나 활동들은 / 다양한 선택권을 없애도록 만들어지고 / 미리 정해진 결과에 집중하도록 만들어진다. [5] 정답은 수업의 평가에 부합하도록 구조화된다 / 그래서 과학에 대한 경이감은 인지적 호기심과 더불어 상실된다. [6] 우리는 인지적 호기심을 정의한다 / 한 개인이 어떤 활동에 자발적으로 참여하도록 자극하고 내재적으로 동기를 부여하는 경이감으로. [7] 인지적 호기심의 상실은 / 미리 정해진 결론을 가지고 놀잇감을 한 가지 방식으로 사용함으로써 시작될 수도 있고 / 학교에서의 암기식 교육을 통해 강화될 수도 있다. [8] 이것의 전형적인 사례가 장난감, 게임, 그리고 수업에서 보인다 / 그 자체로 목적이 되어 계획된 목표를 숙달하는 것 이외에 개인에게 거의 아무것도 요구하지 않는.

☐ assessment 평가 ☐ end 목적, 목표 ☐ other than ~ 외에

004

[1] 보고서, 논문 또는 여타 전문적인 문서를 위한 최고의 순서는 무엇인가? [2] 물론, 그것은 논리적이어야 한다 // 하지만 그것은 의미할 뿐이다 / 그 논문이 연관성과 순서를 갖고 있어야 한다는 것을 / 그리고 이 표제 하에 다양한 순서가 가능하다는 것을. [3] 글을 쓰는 너무 많은 사람들이 / '논리적'이라는 용어를 연대기적이라는 의미라고 해석한다 / 그리고 습관이 되었다 / 보고서와 논문을 이전 작업에 대한 주의 깊은 재검토로 시작하는 것이. [4] 대개의 경우 / 이것은 전술적으로 취약하다. [5] 보고서와 논문을 읽는 대부분의 사람들은 / 그 문서를 읽고 있다 / 그 주제에 그들이 흥미가 있고 그 주제에 관해 뭔가 알기 때문에. [6] 그러므로 / 그들에게 이전 작업의 연구 결과를 되풀이하는 것은 / 불필요하게 상기시키는 것으로 그들을 지루하게 할 따름이다. [7] 그들에게 흥미로운 것은 / 새로운 정보, 즉 새로운 연구 결과와 결론이다. [8] 그래서 / 그러한 정보로 시작하는 것이 대체로 가장 좋다. [9] 작업이나 절차에 관한 긴 연대기적인 설명을 하는 것은 / 보통 적절하다 / 논문의 핵심적인 내용이 연대기적 순서일 때에만.

☐ technical 전문적인 ☐ findings 연구 결과

005 내적 동기 부여

어휘 학습 p. 015

[1] The **negative** effects of **extrinsic motivators** such as grades / have been **documented** with students from different cultures. [2] Although this matter is more complex than simply regarding all extrinsic **rewards** as controlling or **diminishing** learning, // we agree with Richard Ryan and his **colleagues** / that people across different cultures / are likely to express more satisfaction with their lives / when their **primary** goals are intrinsic rather than extrinsic. [3] Another **consistent** research finding is that / when a learning activity is undertaken **explicitly** to **attain** some extrinsic reward, / people respond / by seeking the least demanding way of ensuring the reward. [4] Since there are three decades of evidence / that **dominating** instruction with a system of controlling **external** rewards may **contribute** to **inferior** learning, / using a pedagogy based on theories of intrinsic motivation / appears to be a more reasonable and effective approach / to **enhancing** learning among culturally **diverse** students. 16 수능

* pedagogy: 교수법

006 행함으로써 배우기

어휘 학습 p. 017

[1] Many **disciplines** are better learned / by entering into the doing than by mere abstract study. [2] This is often the case with the most **abstract** / as well as the **seemingly** more practical disciplines. [3] For example, / within the **philosophical** disciplines, / logic must be learned through the use of examples and actual problem solving. [4] Only after some time and struggle / does the student begin to develop the **insights** and **intuitions** / that enable him to see the **centrality** and **relevance** of this mode of thinking. [5] This learning by doing / is essential in many of the sciences. [6] For instance, / only after a good deal of **observation** / do the sparks in the **bubble chamber** become **recognizable** / as the **specific** movements of **identifiable particles**. 15 수능

005

1 성적과 같은 외적인 동기 부여 요인의 부정적인 영향은 / 다양한 문화권 출신의 학생들에게서 서류로 입증되어 왔다. 2 비록 이 문제가 단지 모든 외적인 보상을 통제하거나 학습을 감소시키는 것으로 여기는 것보다 더 복잡하지만 / 우리는 Richard Ryan과 그의 동료들에게 동의한다 / 다양한 문화에 걸쳐있는 사람들은 / 그들의 삶에 더 만족감을 표현할 가능성이 있다 / 그들의 주된 목표가 외적이기보다는 내적일 때. 3 또 다른 일관된 연구 결과는 ~라는 것이다 / 어떤 외적인 보상을 얻기 위해 명시적으로 어떤 학습 활동을 할 때 / 사람들은 반응한다 / 그 보상을 보장해 주는 가장 덜 힘든 방식을 추구함으로써. 4 30년간의 증거가 있기 때문에 / 외적인 보상을 통제하는 체제를 가진 지배적인 가르침이 질 낮은 학습의 원인이 될 수도 있다는 // 내적인 동기 부여 이론에 기초를 둔 교수법을 사용하는 것이 / 더 합리적이고 효과적인 접근법인 것 같다 / 문화적으로 다양한 학생들 사이에서 학습을 증진시키는 데.

☐ grade 성적

006

1 많은 교과가 더 잘 학습된다 / 단순한 추상적인 공부에 의해서보다 실제로 행함으로써. 2 이것은 가장 추상적인 교과에서도 흔히 그러하다 / 표면적으로 더 실용적인 교과뿐만 아니라. 3 예를 들어 / 철학 교과 내에서 / 논리는 실례의 사용과 실제적 문제 해결을 통해서 학습되어야 한다. 4 어느 정도의 시간과 노력이 있은 뒤에야 / 학습자는 통찰력과 직관력을 발달시키기 시작한다 / 그에게 이런 사고방식의 중요성과 타당성을 알 수 있게 해주는. 5 행함으로써 배우는 이런 학습은 / 많은 과학 교과에서 필수적이다. 6 예를 들어 / 상당한 양의 관찰이 있은 뒤에야 / 거품 상자의 불꽃은 인식될 수 있게 된다 / 확인 가능한 미립자의 구체적 운동으로서.

☐ essential 필수적인, 매우 중요한 ☐ a good deal of 상당한 양의

007 놀이의 긍정적 기능

어휘 학습 ≫ p. 018

[1] The most normal and **competent** child / **encounters** what seem like **insurmountable** problems in living. [2] But by playing them out, / he may become able to **cope with** them in a step-by-step process. [3] He often does so / in **symbolic** ways that are hard for even him to understand, / as he is reacting to inner processes whose **origin** may be buried deep in his **unconscious**. [4] This may result in play that makes little sense to us at the moment, / since we do not know the purposes it serves. [5] When there is no immediate danger, / it is usually best to **approve** of the child's play without **interfering**. [6] Efforts to assist him in his **struggles**, / while **well intentioned**, / may **divert** him from seeking and eventually finding the solution that will serve him best. 15 수능

008 칭찬이 갖는 한계

어휘 학습 ≫ p. 020

[1] Although praise may **encourage** children to **continue** an activity / while an adult is watching, / according to recent studies, / they are less likely to continue the activity when the adult leaves / or to repeat the activity in the future. [2] Rather than increasing children's **commitment** to positive behavior, / praise encourages children to find ways / to get future **verbal** "**goodies**" from important adults. [3] In other words, / praise is like the large pink **icing** rose in the center of a cake. [4] It is **appealing** / and at first bite its sweetness tastes wonderful. [5] A couple more bites still might taste good, / but it quickly becomes **overly** sweet. [6] It has only one simple **flavor**; // we soon tire of it / and if we eat very much at any one time, / we might even feel slightly ill. [7] It may provide some quick energy / but it provides no **nourishment** and doesn't support growth or health. 13 수능

007

[1] 가장 정상적이고 유능한 아이라 하더라도 / 살면서 극복할 수 없는 문제들처럼 보이는 것을 만난다. [2] 하지만 그것들을 놀이로 해 봄으로써 / 아이는 점진적인 과정을 통해 그것들에 대처할 수 있게 될지도 모른다. [3] 그는 흔히 그렇게 한다 / 자기조차 이해하기 힘든 상징적인 방식으로 / 그 기원이 자신의 무의식 안에 깊이 숨겨져 있을지도 모르는 내부의 과정에 반응하고 있기 때문에. [4] 이것은 그 순간에는 우리가 거의 이해하기 어려운 놀이가 될 수 있다 / 우리가 그것이 기여하는 목적을 모르기 때문에. [5] 당면한 위험이 없을 때는 / 간섭하지 말고 아이의 놀이를 인정해 주는 것이 대개 제일 좋다. [6] 그 아이가 힘들어할 때 도와주려고 노력하게 되면 / 선의라 하더라도 / 그가 자신에게 가장 도움이 될 해결책을 모색해 마침내 찾아내는 것을 방해할 수 있다.

☐ serve 기여하다, 도움이 되다 ☐ immediate 당면한, 직접적인

008

[1] 칭찬은 아이들이 어떤 행동을 계속하도록 만들어 줄지 모른다 / 어른이 지켜보는 동안에는 // 최근의 연구에 따르면 / 그 어른이 떠나게 되면 그들이 그 행동을 계속할 가능성은 낮다 / 또는 이후에 그 행동을 반복할 (가능성은 낮다). [2] 바람직한 행동에 대한 아이들의 헌신을 늘리기보다는 / 칭찬은 아이들이 방법들을 찾게 만든다 / 중요한 어른들에게서 앞으로 언어의 '맛있는 것'을 얻을 방법을. [3] 다시 말해서 / 칭찬은 케이크 가운데에 있는 커다란 핑크색 장미꽃 모양의 설탕과자와 같다. [4] 그것은 매력적으로 보인다 / 그리고 처음 한 입은 그 달콤함이 굉장하다. [5] 몇 번 더 먹어도 여전히 맛있을 수는 있겠다 / 하지만 그것은 금방 지나치게 달게 된다. [6] 그것은 단 한 가지 단순한 맛만 가지고 있다. / 그래서 우리는 금방 그 맛에 싫증이 난다 / 그리고 한 번에 너무 많이 먹으면 / 약간 속이 울렁거릴 수도 있다. [7] 그것은 약간의 즉각적인 에너지를 줄지는 모른다 / 하지만 자양분을 주는 것은 아니며, 성장이나 건강에 도움이 되지 않는다.

☐ feel ill 속이 울렁거리다

009 비표준적인 영어 지도법

어휘 학습 » p. 022

[1] Standard English allows **access** to certain educational and economic opportunities, / which is the primary reason for teaching it. [2] Students realize this / when they interview for a first job / or when they plan for post-high school education. [3] So, / what should teachers do / when a student says, "I ain't got no pencil," or brings some other **nonstandard dialect** into the classroom? [4] Opinions vary / from '**rejection** and **correction**' to complete **acceptance**. [5] The approach most consistent with culturally **responsive** teaching / is to first accept the dialect and then build on it. [6] For example, / when the student says, "I ain't got no pencil," / the teacher might say, "Oh, you don't have a pencil. What should you do, then?" [7] Although results won't be **apparent** immediately, / the **long-range** benefits — both for language development and attitudes toward school — are **worthwhile**. 12 수능

010 교육 기술의 통합

어휘 학습 » p. 023

[1] Successful **integration** of an educational technology / is marked by that technology being regarded by users / as an unobtrusive **facilitator** of learning, instruction, or performance. [2] When the focus **shifts** from the technology being used to the educational purpose that technology **serves**, / then that technology is becoming a comfortable and **trusted** element, / and can **be regarded as** being successfully integrated. [3] Few people give a second thought to the use of a ball-point pen / although the **mechanisms** involved **vary** / — some use a twist mechanism and some use a push button on top, / and there are other variations as well. [4] Personal computers have reached a similar level of **familiarity** / for a great many users, // but certainly not for all. [5] New and **emerging** technologies / often introduce both **fascination** and **frustration** with users. [6] As long as the user's focus is on the technology itself rather than its use / in **promoting** learning, instruction, or performance, / then one ought not to conclude that the technology has been successfully integrated — / at least for that user. 21 수능

* unobtrusive: 눈에 띄지 않는

009

[1] 표준영어는 어떤 교육적이고 경제적인 기회에 접근할 수 있게 해 주는데 / 그것이 표준영어를 가르치는 주된 이유이다. [12] 학생들은 이것을 깨닫는다 / 첫 직장을 위해 면접을 볼 때 / 또는 고등학교 이후의 교육을 위해 계획을 세울 때. [3] 그래서 / 교사들은 어떻게 해야 하는가 / 학생이 "I ain't got no pencil (전 연필이 없어요)"이라고 말하면서 수업 시간에 어떤 다른 표준어가 아닌 사투리를 사용할 때. [4] 의견은 다양하다 / '거부하고 교정하기'부터 완전한 수용까지. [5] 문화적으로 반응하는 가르침과 가장 일치하는 접근은 / 먼저 사투리를 인정한 다음 그것을 기초로 가르치는 것이다. [6] 예를 들어 / 학생이 "I ain't got no pencil,"이라고 말하면 / 교사는 "Oh, you don't have a pencil. (오, 너는 연필이 없구나.) 그러면 넌 어떻게 해야겠니?"라고 말할 수 있다. [7] 비록 결과가 곧바로 분명하게 나타나지는 않겠지만 / 장기간의 이점은—언어 발달과 학교에 대한 태도 둘 다에 있어서—시간을 들일 만할 가치가 있다.

☐ consistent 일치하는

010

[1] 교육 기술의 성공적인 통합은 / 그 기술이 사용자에 의해 여겨지는 것으로 나타난다 / 학습이나 교육, 또는 수행의 눈에 띄지 않는 촉진자로. [2] 사용되고 있는 기술에서 기술이 이바지하는 교육적 목적으로 초점이 옮겨갈 때 / 그 기술은 편안하고 신뢰할 수 있는 요소가 되고 있으며 / 성공적으로 통합되고 있다고 여겨질 수 있다. [3] 볼펜 사용법에 대해 재고하는 사람들은 거의 없다 / 그 구조가 다양하긴 하지만 // (볼펜들 중) 어떤 것들은 돌리는 방법을 사용하고, 또 어떤 것들은 위에 달린 누름단추를 사용하며 / 그리고 다른 변형된 방법들도 있다. [4] 개인용 컴퓨터는 (볼펜과) 비슷한 수준의 친숙함에 도달했다 / 아주 많은 사용자들에게 // 하지만 분명 모두에게 그렇지는 않다. [5] 새롭게 떠오르는 기술은 / 흔히 사용자들에게 매력과 좌절감을 동시에 경험하게 한다. [6] 사용자의 초점이 기술의 사용이 아니라 기술 그 자체에 맞춰져 있는 한 / 학습, 교육 또는 수행을 촉진하는 데 있어서 // 그렇다면 그 기술이 성공적으로 통합되었다는 결론을 내려서는 안 된다 / 적어도 그 사용자에게는.

☐ second thought 재고 ☐ variation 변형, 변화

011 경험의 소멸

어휘 학습 p. 025

[1] The lack of real, direct experience in and with nature / has caused many children to regard the natural world as mere abstraction, / that fantastic, beautifully filmed place filled with **endangered rainforests** and **polar** bears in peril. [2] This **overstated**, often **fictionalized** version of nature / is no more real — and yet no less real — to them / than the everyday nature right outside their doors, / waiting to be discovered in a child's way, at a child's pace. [3] Consider the University of Cambridge study / which found that a group of eight-year-old children / was able to identify substantially more characters from **animations** / than common wildlife species. [4] One wonders / whether our children's inherent capacity to recognize, **classify**, and order information about their environment — abilities once essential to our very survival — / is slowly devolving to **facilitate** life in their increasingly virtualized world. [5] It's all part of what Robert Pyle first called "the **extinction** of experience." 18 모의

* peril: 위험 ** devolve: 퇴화하다

012 아동문학의 특성

어휘 학습 p. 026

[1] One of the most **demanding**, and at the same time inspiring, aspects of translating for children / is the potential for such creativity that arises from what Peter Hollindale has called the '**childness**' of children's texts: / 'the quality of being a child — **dynamic**, **imaginative**, experimental, interactive and **unstable**'. [2] The 'unstable' qualities of childhood that Hollindale **cites** / require a writer or translator to have an understanding of / the freshness of language to the child's eye and ear, / the child's **affective** concerns / and the **linguistic** and **dramatic play** of early childhood. [3] Translating sound, / for example, / whether in the **read-aloud** qualities of books for the younger child, / in animal **noises**, / children's poetry or in **nonsense rhymes**, / demands imaginative solutions — as indeed does working with visual material. [4] Such multi-faceted creativity / has, at times, placed children's literature / at the **forefront** of imaginative experimentation. 17 모의

* multi-faceted: 다면의

011

[1] 자연 속에서 그리고 자연과 함께하는 실제적이고 직접적인 경험의 부족은 / 많은 아이들이 자연 세계를 단지 추상적인 개념으로 여기게 해 왔다 / 즉 멸종 위기의 열대 우림과 위험에 처한 북극곰으로 가득찬 그렇게 환상적인, 아름답게 영화화된 장소로. [2] 이렇게 과장되고 자주 허구화된 형태의 자연은 / 그들에게 더 현실적이지 않지만, 덜 현실적이지도 않다 / 바로 문밖에 있는 일상의 자연보다 / 아이들의 방식과 속도로 발견되기를 기다리는. [3] 케임브리지 대학의 연구를 생각해보라 / 이 연구는 여덟 살 난 한 집단의 아이들이 / 애니메이션의 캐릭터를 상당히 더 많이 구별해낼 수 있다는 것을 발견했다 / 흔한 야생의 종보다. [4] 사람들은 궁금해한다 / 자신들의 환경에 대한 정보를 인식하고, 분류하고, 체계화할 우리 아이들의 내재적 능력, 즉 한때 바로 우리의 생존에 필수적이었던 능력이 / 서서히 퇴화하여 점점 더 가상화된 세계에서의 삶을 촉진하는지. [5] 그것은 모두 Robert Pyle이 처음으로 '경험의 소멸'이라고 불렀던 것의 일부이다.

- ☐ abstraction 추상적인 개념
- ☐ identify 구별하다, 확인하다
- ☐ substantially 상당히
- ☐ inherent 내재적인

012

[1] 아동을 위한 번역에 있어서 가장 힘들면서 동시에 가장 고무적인 양상 중 하나는 / Peter Hollindale이 아동용 텍스트의 '아이다움'이라고 부른 것에서 생긴 그런 창의성의 가능성이다 // (이 아이다움이란) 아이 상태의 특성, 즉 동적(動的)이며, 상상력이 풍부하며, 실험적이며, 상호작용적이며, 불안정한 특성을 말한다. [2] Hollindale이 언급하는 어린 시절의 '불안정한' 특성은 / 작가나 번역가에게 이해력을 가질 것을 요구한다 / 아이의 눈과 귀에 대한 언어의 신선함 / 아이의 정서상의 관심 사항 / 그리고 초기 어린 시절의 말놀이와 연극놀이에 대한 (이해력을). [3] 소리를 번역한다는 것은 / 예를 들면 / 더 어린 아이들을 위한 책의 낭독 특성에 / 동물의 소리에 / 아동용 시나 혹은 무의미한 노래에 포함되어 있는 / 상상력이 풍부한 해결책을 요구한다 / 시각 자료를 가지고 하는 작업이 정말로 그러는 것처럼. [4] 그런 다면적인 창의성은 / 때때로 아동문학을 가져다 놓았다 / 상상력이 풍부한 실험의 중심에.

- ☐ inspiring 고무적인
- ☐ experimental 실험적인
- ☐ interactive 상호작용적인
- ☐ concern 관심사
- ☐ at times 때때로

013 환경 저널리스트의 역할

어휘 학습 p. 028

[1] There is an African proverb / that says, 'Till the lions have their **historians**, tales of hunting will always **glorify** the hunter'. [2] The proverb is about power, control and law making. [3] **Environmental journalists** have to play the role of the 'lion's historians'. [4] They have to **put across** the point of view of the environment / to people who make the laws. [5] They have to be the voice of wild India. [6] The present **rate** of human **consumption** is completely **unsustainable**. [7] Forest, wetlands, wastelands, **coastal** zones, **eco-sensitive** zones, they are all seen as **disposable** / for the **accelerating** demands of human population. [8] But to ask for any change in human behaviour / — whether it be to **cut down on** consumption, **alter** lifestyles or decrease population growth — / is seen as a **violation** of human rights. [9] But at some point / human rights become 'wrongs'. [10] It's time we changed our thinking / so that there is no difference between the rights of humans and the rights of the rest of the environment. 21 수능

014 Minamata병

어휘 학습 p. 029

[1] An incident in Japan in the 1950s / **alerted** the world / to the **potential** problems of **organic mercury** in fish. [2] Factories were **discharging** mercury into the waters of Minamata Bay, / which also **harbored** a commercial fishing industry. [3] Mercury was being **bioaccumulated** in the fish **tissue** / and severe mercury **poisoning** occurred / in many people who consumed the fish. [4] The **disabling neurological symptoms** / were **subsequently** called Minamata disease. [5] Control over direct discharge of mercury from industrial operations / is clearly needed for prevention. [6] However, it is now recognized / that **traces** of mercury can appear / in lakes far removed from any such industrial discharge. [7] It is postulated / that such **contamination** may result from **airborne** transport / from remote power plants or **municipal** incinerators. [8] Strictly controlled **emission** standards for such sources are needed / to minimize this problem. [9] Fish **advisories** have been issued / for many lakes in the United States; / these recommend / limits on the number of times per month particular species of fish should be consumed. 18 수능

* postulate: 가정하다 ** incinerator: 소각로

013

[1] 아프리카 속담이 있다 / "사자들은 자신들의 역사가를 갖게 될 때까지, 사냥 이야기는 언제나 사냥꾼을 미화할 것이다."라는. [2] 이 속담은 권력, 통제, 법 제정에 관한 것이다. [3] 환경 저널리스트는 '사자의 역사가' 역할을 수행해야 한다. [4] 그들은 환경에 대한 관점을 이해시켜야 한다 / 법을 만드는 사람들에게. [5] 그들은 인도의 야생에 대한 목소리가 되어야 한다. [6] 현재 인간의 소비율은 완전히 지속할 수 없다. [7] 숲, 습지, 황무지, 해안 지대, 환경 민감 지역 모두 마음대로 이용할 수 있는 것으로 여겨진다 / 인구의 가속화되고 있는 수요를 위해. [8] 하지만 인간의 행동에 어떤 변화든 요구하는 것은 / 소비를 줄이는 것이든, 생활 방식을 바꾸는 것이든, 인구 증가를 줄이는 것이든 / 인권 침해로 여겨진다. [9] 그렇지만 어느 시점에 / 인권은 '옳지 않은 것'이 된다. [10] 우리의 생각을 바꿔야 할 때이다 / 인간의 권리와 나머지 환경의 권리 사이에 차이가 없도록.

☐ proverb 속담

014

[1] 1950년대에 일본에서의 한 사건이 / 세계에 경종을 울렸다 / 물고기에 들어 있는 유기 수은의 잠재적 문제에 대해. [2] 공장들이 Minamata 만의 수역에 수은을 방출하고 있었는데 / 그곳은 또한 상업적 어업이 이루어지는 곳이었다. [3] 물고기의 몸 조직 속에 수은이 생체 내에 축적되고 있었으며 / 심한 수은 중독이 발생했다 / 그 물고기를 먹은 많은 사람들에게. [4] 이 장애를 초래하는 신경학적 증상은 / 나중에 Minamata병으로 불렸다. [5] 산업 활동으로부터 나오는 수은을 직접적으로 방출하는 것에 대한 통제가 / 예방을 위해서 절실하게 필요하다. [6] 하지만 이제는 인식되고 있다 / 소량의 수은이 나타날 수 있다는 것이 / 그런 어떤 산업적인 방출로부터 멀리 떨어진 호수에서도. [7] 가정된다 / 그러한 오염이 공기를 통한 전파로 발생할 수 있다는 것이 / 멀리 떨어진 발전소나 지방자치단체의 소각로로부터의. [8] 그러한 오염원에 대한 엄격하게 통제된 배출 기준이 요구된다 / 이 문제를 최소화하기 위해서. [9] 물고기에 대한 주의보가 발표되었다 / 미국의 많은 호수들에 대해 // 이것들은 권고한다 / 한 달에 특정한 종의 물고기를 먹어야 할 횟수에 대한 제한을.

☐ issue 발표하다, 발부하다

015 탄소세의 도입

어휘 학습 ▶ p. 031

[1] In the early 1990s / Norway introduced a **carbon tax** on emissions from energy, / and it did seem to encourage environmental **innovation**. [2] However, / unexpected **circumstances** came / when they tried to **apply** this **approach globally**. [3] Agreeing on international taxes on emissions was **notoriously** hard, // as we already know / that the European Union has experienced terrible difficulties / in trying to **regularize** the complex and **myriad** differences in its members' sales taxes. [4] Besides, / although Sweden, Finland, and Denmark barely decided to introduce carbon taxes during the 1990s, / they have not **harmonized** their approaches with Norway or with each other. [5] If such similar countries can't come to an agreement, / there is little hope for doing so / with the **vastly** more diverse countries in the rest of the world. 13 수능

016 브라질 제안

어휘 학습 ▶ p. 033

[1] During the 1997 Kyoto **negotiations**, / Brazil made a suggestion / that has since become known as the Brazilian **Proposal**. [2] Its idea was / that countries should now share the **burden** of emissions **cuts** / according to how historically responsible they were for the problem. [3] In other words, / we should **calculate** / what **concentration** of **greenhouse** gases each country has put into the **atmosphere** over time / and use those **figures** to **allocate** emissions cuts. [4] That would mean, / for instance, that countries such as Germany and the United Kingdom, / which have been emitting for longer than most countries, / would bear a larger share than their **current** emissions **implied**. [5] It would also mean / that big emitters that had developed their industries more recently, such as Australia, / would bear less of a share. 12 수능

015

[1] 1990년대 초반에 / 노르웨이는 에너지에서 나오는 배출가스에 대한 탄소세를 도입했다 / 그리고 그것은 정말 환경적인 혁신을 장려하는 것처럼 보였다. [2] 하지만 / 예상치 못한 상황이 발생했다 / 그들이 이러한 접근법을 전 세계에 적용하려고 했을 때. [3] 배출가스에 대한 국제적인 세금에 동의하는 것이 / 악명이 높을 정도로 힘들었다 // 우리가 이미 알고 있듯이 / 유럽연합은 심한 어려움을 경험했다 / 회원국들의 판매세에 대해 복잡하고도 많은 차이점들을 공식화하고자 노력함에 있어서. [4] 게다가 / 비록 스웨덴, 핀란드, 그리고 덴마크가 1990년대에 탄소세를 도입하는 것을 가까스로 결정했지만 / 그들은 노르웨이와 혹은 서로 간에 접근 방법들을 맞추지 못했다. [5] 그러한 비슷한 국가들이 합의에 도달할 수 없다면 / 그렇게 할(합의에 도달할) 가망은 거의 없다 / 세계의 나머지 훨씬 더 다양한 나라들과.

☐ myriad 무수한

SET 04

016

SET 05

[1] 1997년 교토 협상 중 / 브라질은 한 가지 제안을 했다 / 그 후 브라질 제안으로 알려진. [2] 그 제안의 요점은 / 나라들이 배기가스 감축의 부담을 이제는 그들 서로가 나누어 가져야 한다는 것이었다 / 나라들이 그 문제에 대해 역사적으로 얼마나 책임감이 있었는가에 따라. [3] 다시 말해서 / 우리는 계산해야 한다 / 각 나라가 시간이 지남에 따라 그 동안 어느 정도 농도의 온실가스를 대기로 배출했는지를 / 그리고 그 수치들을 이용해 배기가스 감축을 할당해야 한다. [4] 그것은 의미할 것이다 / 예를 들면, 독일과 영국 같은 나라들이 / 대부분의 나라들보다 더 오랫동안 배기가스를 배출해 와서 / 그들의 현재 배기가스 배출이 암시했던 것보다 더 큰 몫을 부담하게 될 것이라는 것을. [5] 그것은 또한 의미할 것이다 / 호주처럼 더 최근에 산업을 발전시켰던 거대 배기가스 배출국들은 / 부담을 더 적게 지게 되리라는 것을.

☐ emit 방출하다 ☐ bear 부담하다, 떠맡다

017 기술과 환경 문제

어휘 학습 p. 034

[1] A currently popular **attitude** / is to blame technology or technologists / for having brought on the environmental problems we face today, / and thus to try to slow technological advance by **blocking** economic growth. [2] We believe this view to be **thoroughly misguided**. [3] If technology produced automobiles that **pollute** the air, / it is because pollution was not recognized as a problem / which engineers had to consider in their designs. [4] **Obviously**, / technology that produces pollution is **generally** cheaper, / but **now that** it has been decided that cleaner cars are wanted, / less polluting cars will be produced; / cars which **scarcely** pollute at all could even be made. [5] This last **option**, however, / would require several years and much **investment**. [6] Although technology is responsive to the will of the people, / it can seldom respond **instantaneously** / and is never free. 15 수능

018 방사능 폐기물 처리

어휘 학습 p. 035

[1] **Radioactive** waste **disposal** / has become one of the key environmental **battlegrounds** / over which the future of **nuclear** power has been fought. [2] **Environmentalists** argue that no system of waste disposal can be absolutely safe, / either now or in the future. [3] Governments and the nuclear industry have tried to find acceptable solutions. [4] But in countries where popular opinion is taken into **consideration**, / no **mutually** acceptable solution has been found. [5] As a result, / most spent fuel has been stored in the nuclear power plants where it was produced. [6] This is now causing its own problems / as **storage** ponds designed to store a few years' waste / become filled or **overflowing**. [7] One **avenue** that has been explored / is the **reprocessing** of spent fuel to remove the active ingredients. [8] Some of the recovered material / can be recycled as fuel. [9] The **remainder** must be stored safely / until it has become **inactive**. [10] But reprocessing has proved expensive / and can exacerbate the problem of disposal / rather than assisting it. [11] As a result, / it too appears publicly unacceptable. 19 모의

* exacerbate: 악화시키다

017

[1] 현재 대중의 태도는 / 기술 혹은 기술자들을 비난한다 / 오늘날 우리가 직면하고 있는 환경 문제들을 초래했던 것에 대해 / 그리고 이렇게 하여 경제 성장을 막음으로써 기술적인 진보를 늦추려고 하는 것에 대해. [2] 우리는 이러한 관점이 철저하게 오도된 것으로 믿는다. [3] 기술이 공기를 오염시키는 자동차를 생산했다면 / 그것은 오염이 문제로서 인식되지 않았기 때문이다 / 공학자들이 설계할 때 고려해야 했던. [4] 분명히 / 오염을 발생시키는 기술은 일반적으로 더 저렴하다 / 하지만 오염을 덜 시키는 자동차를 원한다는 결정이 내려졌으므로 / 오염을 덜 시키는 차들이 생산될 것이며 / 심지어 오염을 거의 시키지 않는 차들이 만들어질 수도 있다. [5] 그러나 이 마지막 선택은 / 수년간의 시간과 많은 투자를 필요로 할 것이다. [6] 기술이 사람들의 의지에 반응하긴 하지만 / 거의 즉각적으로 반응할 수 없으며 / 결코 무료가 아니다.

☐ bring on ~을 야기하다, ~을 초래하다

018

[1] 방사능 폐기물 처리는 / 핵심적인 환경 문제의 전쟁터(논쟁거리) 중 하나가 되었다 / 원자력의 미래에 맞서 싸워 온. [2] 환경운동가들은 어떤 폐기물 처리 체제도 절대적으로 안전할 수는 없다고 주장한다 / 지금이든 미래에서든. [3] 정부와 원자력 산업은 수용될 수 있는 해결책을 찾으려고 노력해 왔다. [4] 그러나 여론이 고려되는 국가들에서는 / 서로가 받아들일 수 있는 해결책이 전혀 발견되지 않았다. [5] 그 결과 / 대부분의 사용된 연료는 그것이 생산되었던 핵발전소에 저장되어 왔다. [6] 이것이 이제 그 자체의 문제를 일으키고 있다 / 몇 년간의 폐기물을 저장하기 위해 만들어진 저장조가 / 가득 차거나 넘쳐나면서. [7] 탐색되어 온 한 가지 방안은 / 활성 성분을 제거하기 위해 사용된 연료를 재처리하는 것이다. [8] 복구된 물질의 일부는 / 연료로 재활용될 수 있다. [9] 나머지는 안전하게 저장되어야 한다 / 그것이 비활성화 될 때까지. [10] 그러나 재처리는 비용이 많이 드는 것으로 판명되었고 / 처리 문제를 악화시킬 수 있다 / 그것을 도와주기보다는. [11] 그 결과 / 그것 또한 대중에게 인정받지 못하는 것 같다.

☐ ingredient 성분, 요소

019 숲에 대한 인식의 차이

어휘 학습 p. 037

[1] Perceptions of forest use and the value of forests as standing timber / vary considerably from indigenous peoples to national governments and Western scientists. [2] These differences in attitudes and values / lie at the root of conflicting management strategies / and stimulate **protest** groups such as the Chipko movement. [3] For example, / the cultivators of the Himalayas and Karakoram / view forests as essentially a **convertible** resource. [4] That is, / under increasing population pressure and growing demands for **cultivable** land, / the conversion of forest into cultivated **terraces** / means a much higher productivity can be **extracted** from the same area. [5] Compensation in the form of planting on terrace edges / occurs to **make up for** the **clearance**. [6] This **contrasts** with the national view of the value of forests as a renewable resource, / with the need or desire to keep a forest cover over the land for soil conservation, / and with a global view of protection for biodiversity and climate change purposes, / **irrespective of** the local people's needs. 19 모의

* timber: (목재가 되는) 수목 ** indigenous: 토착의

020 유머와 유대감

어휘 학습 p. 038

[1] Workers are united by laughing / at shared events, / even ones that may **initially** spark anger or **conflict**. [2] Humor **reframes** potentially **divisive** events into merely "laughable" ones / which are put in perspective as subservient to unifying values held by organization members. [3] Repeatedly **recounting** humorous incidents / **reinforces** unity based on key organizational values. [4] One team told repeated stories about a **dumpster** fire, / something that does not seem funny on its face, / but the reactions of workers **motivated** to **preserve** safety / sparked laughter / as the stories were shared multiple times by multiple parties in the workplace. [5] Shared events that cause laughter can **indicate** a sense of belonging / since "you had to be there" to see the humor in them, / and non-members were not and do not. [6] Instances of humor serve to **enact bonds** / among organization members. [7] Understanding the humor may even be required / as an informal **badge** of membership in the **organization**. 21 수능

* subservient: 도움이 되는

019

[1] 서 있는 수목으로서의 숲의 사용과 숲의 가치에 대한 인식은 / 토착민에서 중앙정부와 서구의 과학자에 이르기까지 상당히 다르다. [2] 태도와 가치에서의 이러한 차이는 / 상충하는 관리 전략의 뿌리에 놓여 있고 / Chipko 운동과 같은 항의 집단들을 자극한다. [3] 예를 들어 / 히말라야와 카라코람 지역의 경작자들은 / 숲을 근본적으로 바꿀 수 있는 자원으로 생각한다. [4] 다시 말해 / 늘어나는 인구 압박과 경작할 수 있는 땅에 대한 커지는 수요 아래에서 / 숲을 경작된 계단식 농경지로 바꾸는 것은 / 같은 지역에서 훨씬 더 높은 생산성을 끌어낼 수 있다는 것을 의미한다. [5] 계단식 농경지의 가장자리에 (농작물을) 심는 형태의 보상이 / 산림 벌채를 벌충하기 위해 일어나고 있다. [6] 이것은 숲의 가치를 다시 쓸 수 있는 자원으로 보는 국가적 관점과 대조되며 / 토양 보존을 위해 땅 위에 덮여 있는 숲을 유지하려는 필요나 욕구와 (대조되고) / 그리고 생명 다양성과 기후 변화의 목적을 위한 세계적인 보호 관점과 (대조된다) / 지역민의 필요와 관계없이.

☐ conflicting 상충하는 ☐ conversion 바꿈, 전환

SET 05

020

SET 06

[1] 직원들은 웃음으로써 단합된다 / 공유된 사건에서 / 심지어 처음에는 분노나 갈등을 불러일으킬 수 있는 사건조차도. [2] 유머는 어쩌면 불화를 일으킬 수 있는 사건을 그저 '재미있는' 사건으로 재구성한다 / 조직 구성원들이 지닌 통합 가치에 도움이 된다고 제대로 평가하게 되는 (사건으로). [3] 유머러스한 사건들을 되풀이해서 자세히 이야기하는 것은 / 조직의 핵심 가치에 근거를 둔 단합을 강화한다. [4] 어떤 팀이 대형 쓰레기 수납기 화재에 관한 이야기를 되풀이해서 했는데 / 표면적으로는 재미있어 보이지 않는 것이었다 / 하지만 안전을 지켜야 하겠다는 동기를 부여받게 된 직원들의 반응이 / 웃음을 자아냈다 / 그 이야기가 직장의 여러 당사자에 의해 여러 번 공유됨에 따라. [5] 웃음을 유발하는 공유된 사건은 소속감을 나타낼 수 있다 / 왜냐하면 그 사건 속의 유머를 이해하려면 '여러분이 그곳에 있어야 했고' / 조직 구성원이 아닌 사람들은 그러지 않았고[그곳에 없었기에] 그러지 못하기[유머를 이해하지 못하기] 때문이다. [6] 유머의 사례는 유대감을 만드는 역할을 한다 / 조직 구성원들 사이에. [7] 유머를 이해하는 것은 심지어 요구될 수도 있다 / 조직 구성원임을 나타내는 비공식적 신분증으로.

☐ put ~ into perspective ~을 제대로 이해하다, ~을 전체적인 시야로 보다

☐ on its face(= on the face of it) 언뜻 보기에, 표면상으로는 ☐ a sense of belonging 소속감

021 언어 관행

어휘 학습 ▶ p. 039

[1] Imagine I tell you that Maddy is bad. [2] Perhaps you **infer** from my **intonation**, / or the **context** in which we are talking, / that I mean morally bad. [3] Additionally, you will probably infer that I am **disapproving** of Maddy, / or saying that I think you should disapprove of her, or similar, / given typical **linguistic conventions** and **assuming** I am **sincere**. [4] However, you might not get a more **detailed** sense of the particular sorts of way in which Maddy is bad, her typical **character traits**, and the like, / since people can be bad in many ways. [5] In contrast, / if I say that Maddy is wicked, / then you get more of a sense of her typical actions and attitudes to others. [6] The word 'wicked' is more specific than 'bad'. [7] I have still not exactly **pinpointed** Maddy's character / since **wickedness** takes many forms. [8] But there is more detail nevertheless, / perhaps a stronger connotation of the sort of person Maddy is. [9] In addition, and again assuming typical linguistic conventions, / you should also get a sense that I am disapproving of Maddy, / or saying that you should disapprove of her, or similar, / assuming that we are still discussing her moral character. 21 수능

* connotation: 함축

022 현상에 대한 파악

어휘 학습 ▶ p. 041

[1] Suppose we know that Paula suffers from a **severe phobia**. [2] If we **reason** that Paula is afraid either of snakes or spiders, / and then establish that she is not afraid of snakes, // we will **conclude** that Paula is afraid of spiders. [3] However, our conclusion is reasonable / only if Paula's fear really does concern either snakes or spiders. [4] If we know only that Paula has a phobia, / then the fact that she's not afraid of snakes / is entirely consistent with her being afraid of heights, water, dogs or the number thirteen. [5] More generally, / when we are presented with a list of **alternative** explanations for some **phenomenon**, / and are then persuaded that all but one of those explanations are **unsatisfactory**, // we should pause to **reflect**. [6] Before conceding that the remaining explanation is the correct one, / consider whether other plausible options are being ignored or **overlooked**. [7] The fallacy of false choice **misleads** / when we're insufficiently **attentive** to an important hidden assumption, / that the choices which have been made explicit **exhaust** the **sensible** alternatives. 20 수능

* plausible: 그럴듯한 ** fallacy: 오류

021

[1] 내가 여러분에게 Maddy가 나쁘다고 말한다고 생각해 보라. [2] 아마 여러분은 나의 억양으로 추론한다 / 혹은 우리가 말하고 있는 상황으로부터 (추론한다) / 내 뜻이 도덕상 나쁘다는 것이라고. [3] 게다가 여러분은 아마도 내가 Maddy를 못마땅해하고 있다고 추론할 것이다 / 혹은 여러분이 그녀를 못마땅해하거나 이와 비슷해야 한다고 내가 말하고 있다고 / 일반적인 언어 관행을 고려하고 내가 진심인 것을 추정한다면. [4] 하지만 여러분은 Maddy가 나쁜 특정한 종류의 방식, 즉 그녀의 일반적인 성격 특성 등에 대해서는 더 자세하게 인식하지 못할 수도 있다 / 왜냐하면 사람들은 여러 방식으로 나쁠 수 있기 때문이다. [5] 그에 반해서 / 내가 Maddy는 사악하다고 말한다면 / 여러분은 그녀의 다른 사람들에 대한 전형적인 행동과 태도를 더 인식하게 된다. [6] '사악한'이라는 낱말은 '나쁜'보다 더 구체적이다. [7] 나는 여전히 Maddy의 성격을 정확하게 지적하지 않았다 / 사악함은 여러 형태를 띠기 때문에. [8] 하지만 그럼에도 불구하고 더 많은 세부 사항들이 있다 / Maddy가 어떤 사람인지에 대한 더 두드러진 함축 같은 것이. [9] 게다가, 그리고 다시 일반적인 언어 관행을 상정하면 / 여러분은 또한 내가 Maddy를 못마땅해하고 있다고 인식할 것이다 / 또는 여러분이 그녀를 못마땅해하거나 그와 비슷해야 한다고 내가 말하고 있다고 / 우리가 여전히 그녀의 도덕적 성격을 논하고 있다고 상정하면서.

☐ given ~을 고려할 때 ☐ nevertheless 그럼에도 불구하고

022

[1] 우리가 Paula가 극심한 공포증을 겪는다는 것을 안다고 가정해 보자. [2] Paula가 뱀이나 거미 둘 중 하나를 두려워한다고 추론하고 / 그러고나서 그녀가 뱀을 두려워하지 않는다는 것을 규명한다면 // 우리는 Paula가 거미를 두려워한다고 결론지을 것이다. [3] 하지만 우리의 결론은 타당하다 / 실제로 Paula의 두려움이 뱀이나 거미 둘 중 하나와 관계가 있는 경우에만. [4] 우리가 Paula가 공포증이 있다는 것만 알고 있다면 / 그녀가 뱀을 두려워하지 않는다는 사실은 / 그녀가 높은 곳, 물, 개, 또는 숫자 13을 두려워한다는 것과 완전히 일치한다. [5] 더 일반적으로는 / 우리에게 어떤 현상에 대한 일련의 대안적 설명이 제공되고 / 그런 다음 그 설명들 중 하나를 제외하고는 모든 것이 적절하지 않다는 것이 납득된다면 // 우리는 멈춰서 심사숙고해야 한다. [6] 남아 있는 그 설명이 옳은 것이라는 것을 인정하기 전에 / 타당해 보이는 다른 선택 사항들이 무시되거나 간과되고 있는지를 고려해 보라. [7] 잘못된 선택의 오류는 오도한다 / 우리가 숨어 있는 중요한 가정에 불충분하게 주의를 기울이면 / 명백한 것으로 밝혀진 선택 사항들이 합리적인 대안을 고갈시키도록.

☐ all but one 하나를 제외하고 모두 ☐ concede 인정하다

023 아이들의 시간 개념

어휘 학습 ▶ p. 043

1 The Swiss psychologist Jean Piaget frequently **analyzed** children's **conception** of time / **via** their ability to compare or **estimate** the time taken by pairs of events. 2 In a typical experiment, / two toy cars were shown running synchronously on **parallel** tracks, / one running faster and stopping further down the track. 3 The children were then asked to judge / whether the cars had run for the same time / and to **justify** their judgment. 4 **Preschoolers** and young school-age children confuse / **temporal** and **spatial dimensions**: 5 Starting times are judged by starting points, / stopping times by stopping points and **durations** by distance, / though each of these errors does not **necessitate** the others. 6 **Hence**, / a child may claim / that the cars started and stopped running together (correct) / and that the car which stopped further ahead, ran for more time (incorrect). 20 수능

* synchronously: 같은 시간에

024 모순되는 상식

어휘 학습 ▶ p. 045

1 Although **commonsense** knowledge may have merit, / it also has weaknesses, / not the least of which is that it often **contradicts** itself. 2 For example, / we hear that people who are similar will like one another ("Birds of a **feather flock** together") / but also that persons who are dissimilar will like each other ("Opposites attract"). 3 We are told that groups are wiser and smarter than individuals ("Two heads are better than one") / but also that group work **inevitably** produces poor results ("Too many cooks **spoil** the **broth**"). 4 Each of these contradictory **statements** may hold true / under particular conditions, // but without a clear statement of when they apply and when they do not, / aphorisms provide little insight into relations among people. 5 They provide even less guidance / in situations where we must make decisions. 6 For example, / when facing a choice that entails risk, / which guideline should we use — / "Nothing **ventured**, nothing gained" or "Better safe than sorry"? 20 수능

* aphorism: 격언, 경구(警句) ** entail: 수반하다

023

[1] 스위스의 심리학자 Jean Piaget는 아이들의 시간 개념을 자주 분석했다 / 짝 지은 사건에 소요되는 시간을 비교하거나 추정하는 아이들의 능력을 통해. [2] 한 대표적인 실험에서 / 두 대의 장난감 자동차가 같은 시간에 평행 선로에서 달리고 있는 것을 보여주었는데 / 한 대가 더 빠르게 달려 선로를 따라 더 먼 곳에서 멈췄다. [3] 그러고 나서 아이들은 판단하라고 요청 받았다 / 그 자동차들이 같은 시간 동안 달렸는지를 / 그리고 자신들의 판단을 정당화해보라고 (요청 받았다). [4] 미취학 아동과 어린 학령기 아동은 혼동한다 / 시간 차원과 공간 차원을. [5] 시작 시각은 시작 지점에 의해 판단된다 / 정지 시각은 정지 지점에 의해 그리고 지속 시간은 거리에 의해 (판단된다) / 비록 이 오류들 각각이 나머지 오류들을 필요로 하지는 않지만. [6] 따라서 / 아이는 주장할 수도 있다 / 그 자동차들이 동시에 달리기 시작해서 동시에 달리는 것을 멈췄고(맞는 사실이다) / 앞쪽 더 먼 곳에 멈춘 자동차가 더 오랜 시간 동안 달렸다(틀린 사실이다)고.

☐ school-age 학령기의

024

[1] 상식적인 지식에 장점이 있을 수 있지만 / 그것에는 약점도 있다 / 그중에서 중요한 것은 그것이 모순되는 경우가 많다는 것이다. [2] 예를 들어 / 우리는 비슷한 사람들이 서로 좋아하기 마련이라는 말('유유상종')을 듣는다 / 하지만 닮지 않은 사람들이 서로 좋아하기 마련이라는 말('정반대되는 사람들은 서로에게 끌린다')도 (듣는다). [3] 우리는 집단이 개인보다 더 현명하고 더 똑똑하다는 말('두 사람의 지혜가 한 사람의 지혜보다 낫다')을 듣는다 / 하지만 집단 작업이 불가피하게 좋지 않은 결과를 만든다는 말('요리사가 너무 많으면 수프를 망친다')도 (듣는다). [4] 이런 모순된 말들 각각은 사실일 수 있다 / 특정한 상황에서는 // 하지만 그것이 언제 적용되는지와 언제 적용되지 않는지에 관한 명확한 진술이 없으면 / 격언은 사람들 사이의 관계에 대한 통찰력을 거의 제공하지 못한다. [5] 그것들은 그야말로 거의 아무런 지침도 제공하지 못한다 / 우리가 결정을 내려야 하는 상황에서는. [6] 예를 들어 / 위험을 수반하는 선택에 직면할 때 / 우리는 어느 지침을 이용해야 하는가 / '모험하지 않으면 아무것도 얻을 수 없다' 혹은 '나중에 후회하는 것보다 조심하는 것이 낫다' 중에서?

☐ not the least of which is that ~ = and one of the most important of the weaknesses is that ~ 그 중에서 중요한 것은 ~이다 *cf*. not least 특히(especially, particularly)

☐ dissimilar 같지 않은, 다른 ☐ hold true 사실이다, 진실이다

025 섬광 기억

어휘 학습 ▶ p. 046

1 Finkenauer and Rimé **investigated** / the memory of the unexpected death of Belgium's King Baudouin in 1993 / in a large sample of Belgian citizens. 2 The data **revealed** / that the news of the king's death had been widely socially shared. 3 By talking about the event, / people **gradually constructed** / a social **narrative** and a **collective** memory of the emotional event. 4 At the same time, / they consolidated / their own memory of the personal circumstances in which the event took place, / an effect known as "**flashbulb** memory." 5 The more an event is socially shared, / the more it will be fixed in people's minds. 6 Social sharing may in this way help / to **counteract** some natural **tendency** people may have. 7 Naturally, / people should be driven to "forget" **undesirable** events. 8 Thus, / someone who just heard a piece of bad news / often tends initially to deny what happened. 9 The **repetitive** social sharing of the bad news / contributes to realism. 19 수능

* consolidate: 공고히 하다

026 기부 행위

어휘 학습 ▶ p. 047

1 **Psychologists** who study giving behavior / have noticed / that some people give **substantial** amounts to one or two **charities**, / while others give small amounts to many charities. 2 Those who **donate** to one or two charities / seek **evidence** / about what the charity is doing and whether it is really having a positive **impact**. 3 If the evidence indicates that the charity is really helping others, / they make a substantial donation. 4 Those who give small amounts to many charities / are not so interested in whether what they are doing helps others — psychologists call them warm **glow** givers. 5 Knowing that they are giving / makes them feel good, / **regardless of** the impact of their donation. 6 In many cases / the donation is so small — $10 or less — / that if they stopped to think, / they would realize / that the cost of **processing** the donation / is likely to **exceed** any **benefit** it brings to the charity. 18 수능

025

1 Finkenauer와 Rimé는 조사했다 / 1993년 벨기에 왕 Baudouin의 예기치 못한 죽음에 대한 기억을 / 벨기에 시민들의 많은 표본에서. 2 그 자료는 드러냈다 / 왕의 죽음에 대한 소식이 널리 사회적으로 공유되었다는 것을. 3 그 사건에 관해 이야기함으로써 / 사람들은 서서히 구축했다 / 그 감정적 사건의 사회적 이야기와 집단 기억을. 4 동시에 / 그들은 공고히 했다 / 그 사건이 발생했던 개인적 상황에 대한 자신들의 기억을 / 그것은 '섬광 기억'으로 알려진 효과이다. 5 한 사건이 사회적으로 더 많이 공유되면 될수록 / 그것은 사람들의 마음에 더 많이 고정될 것이다. 6 사회적 공유는 이런 식으로 도움이 될 수도 있다 / 사람들이 갖고 있을 수 있는 어떤 자연적인 성향을 중화시키는 데. 7 자연스럽게 / 사람들은 바람직하지 않은 사건을 '잊도록' 이끌릴 것이다. 8 그래서 / 방금 어떤 나쁜 소식을 들은 어떤 사람은 / 발생한 일을 처음에는 부인하는 경향이 종종 있다. 9 나쁜 소식의 반복되는 사회적 공유는 / 현실성에 기여한다.

☐ take place 발생하다 ☐ fix 고정시키다

SET 07

026

1 기부하는 행위를 연구하는 심리학자들은 / 알게 되었다 / 어떤 사람들은 한두 자선단체에 상당한 액수를 기부한다는 것을 / 반면에 어떤 사람들은 많은 자선단체에 적은 액수를 기부한다는 것을. 2 한두 자선단체에 기부하는 사람들은 / 증거를 찾는다 / 그 자선단체가 무슨 일을 하고 있는지와 그것이 실제로 긍정적인 영향을 끼치고 있는지에 관한. 3 자선단체가 정말로 다른 사람들을 도와주고 있다는 것을 증거가 보여준다면 / 그들은 상당한 기부금을 낸다. 4 많은 자선단체에 적은 액수를 내는 사람들은 / 그들이 하는 일이 다른 사람들을 돕는지에는 그렇게 많은 관심을 두지 않는데 / 심리학자들은 그들을 따뜻한 불빛 기부자라고 부른다. 5 그들이 기부하고 있다는 것을 아는 것이 / 그들을 기분 좋게 해준다 / 그들의 기부가 끼치는 영향과 관계없이. 6 많은 경우에 / 기부금은 10달러 이하의 매우 적은 금액이어서 / 곰곰이 생각해 본다면 / 그들은 알게 될 것이다 / 기부금을 처리하는 비용이 / 그것(기부금)이 자선단체에 가져다주는 모든 이점을 넘어서기 쉽다는 것을.

☐ indicate 나타내다, 보여주다

027 부정적 감정

어휘 학습 ▶ p. 048

1 **Grief** is unpleasant. 2 Would one not then **be better off** without it altogether? 3 Why accept it / even when the loss is real? 4 Perhaps we should say of it / what Spinoza said of **regret**: / that whoever feels it is "twice unhappy or twice **helpless**." 5 Laurence Thomas has suggested / that the **utility** of "negative **sentiments**" (emotions like grief, **guilt**, **resentment**, and anger, / which there is seemingly a reason to believe we might be better off without) / lies in their providing a kind of **guarantee** of **authenticity** / for such dispositional sentiments as love and respect. 6 No **occurrent** feelings of love and respect / need to be present / throughout the period in which it is true that one loves or respects. 7 One might therefore sometimes **suspect**, / in the absence of the positive occurrent feelings, / that one no longer loves. 8 At such times, / negative emotions like grief / offer a kind of testimonial / to the authenticity of love or respect. 17 수능

* dispositional: 성향적인 ** testimonial: 증거

028 업무와 정체성

어휘 학습 ▶ p. 049

1 Most often, / you will find or meet people who introduce themselves / **in terms of** their work or by what they spend time on. 2 These people introduce themselves / as a salesman or an **executive**. 3 There is nothing **criminal** in doing this, / but psychologically, / we become what we believe. 4 People who follow this practice / tend to / lose their **individuality** and begin to live with the **notion** that they are recognized by the job they do. 5 However, / jobs may not be **permanent**, / and you may lose your job for **countless** reasons, / some of which you may not even be responsible for. 6 In such a case, / these people suffer from an inevitable social and mental **trauma**, / leading to / emotional stress and a feeling that all of a sudden they have been **disassociated** from what once was their **identity**. 17 수능

027

1 슬픔은 불유쾌하다. 2 그렇다면 그것이 완전히 없는 상태라면 더 행복하지 않을까? 3 왜 그것을 받아들이는가 / 손해를 보는 것이 확실할 때조차도? 4 아마도 우리는 그것에 대해 말할 것이다 / 스피노자가 후회에 대해 이야기한 말을 / 즉, 누구든지 그것을 느끼는 자는 '두 배 불행하거나 두 배 무기력하다'는. 5 Laurence Thomas는 암시했다 / '부정적인 감정'(슬픔, 죄책감, 분개함, 분노와 같은 감정들인데 / 없으면 우리가 더 행복할 것이라고 믿을 이유가 있어 보이는 감정들)의 유용성은 / 그것들(부정적 감정)이 일종의 진실성을 보장해 준다는 점에서 찾을 수 있다 / 사랑과 존경심과 같은 그런 성향적인 감정에 대한 (진실성을). 6 그 어떤 현재 일어나고 있는 사랑과 존경의 감정도 / 존재할 필요는 없다 / 사랑하거나 존경하는 것이 사실인 그 기간 동안 줄곧. 7 그러므로 우리는 때때로 의심하게 될 것이다 / 현재 일어나고 있는 긍정적인 감정이 없는 상태에서 / 더 이상 사랑하지 않는다고. 8 그러한 때에 / 슬픔과 같은 부정적인 감정이 / 일종의 증거를 제공한다 / 사랑이나 존경심의 진실성에 대한.

☐ lie in ~에 있다

028

1 아주 자주 / 여러분은 자기 자신을 소개하는 사람들을 발견하거나 만날 것이다 / 자신이 하는 일이나 자신이 시간을 보내는 일의 관점에서. 2 이러한 사람들은 자기 자신을 소개한다 / 판매원이나 경영 간부로. 3 이렇게 할 때 죄가 되는 것은 없다 / 하지만 심리학적으로 / 우리는 우리가 (그렇다고) 믿는 존재가 된다. 4 이러한 관행을 따르는 사람들은 / 경향이 있다 / 자신들의 개성을 잃어버리고 자신들이 하는 일에 의해 인식된다는 개념으로 살기 시작하는 (경향이 있다). 5 하지만 / 일은 영구적이지 못할 수 있다 / 그리고 여러분은 무수하게 많은 이유로 인해 일자리를 잃을 수도 있는데 / 그 실직 원인 중 몇몇에 대해서는 여러분이 아무런 책임도 없을 수 있다. 6 그러한 경우에 / 이러한 사람들은 피할 수 없는 사회적, 정신적 외상 때문에 고통을 받는데 / 이는 초래한다 / 감정적 스트레스와 한때 자신들의 정체성이었던 것으로부터 갑자기 단절되었다는 느낌을.

☐ inevitable 피할 수 없는

029 타인의 시선과 수행 능력

어휘 학습 ▶ p. 051

[1] Interestingly, / being observed / has two quite **distinct** effects on **performance**. [2] In some cases, / performance is **decreased**, / even **to the point of non-existence**. [3] The **extreme** of this is stage **fright**, / the sudden fear of public performance. [4] There are many instances of well-known actors / who, **in mid-career**, develop stage fright and simply cannot perform. [5] The other extreme is that being observed enhances performance, / people doing whatever it might be better / when they know that others are watching. [6] The general rule seems to be that / if one is doing something new or for the first time, / then being observed while doing it / decreases performance. [7] On the other hand, / being observed while doing some task or **engaging** in some activity that is well known or well practiced / tends to enhance performance. [8] So, / if you are learning to play a new sport, / it is better to begin it alone, / but when you become **skilled** at it, / then you will probably perform better with an audience. 17 수능

030 좋음과 나쁨의 구별

어휘 학습 ▶ p. 052

[1] Some distinctions between good and bad / are **hardwired** into our **biology**. [2] **Infants** enter the world / ready to respond to pain as bad and to sweet (up to a point) as good. [3] In many situations, however, / the **boundary** between good and bad / is a **reference** point that changes over time and depends on the immediate **circumstances**. [4] Imagine that you are out in the country on a cold night, / **inadequately** dressed for the pouring rain, your clothes **soaked**. [5] A **stinging** cold wind completes your **misery**. [6] As you **wander** around, / you find a large rock that provides some **shelter** from the **fury** of the **elements**. [7] The biologist Michel Cabanac / would call the experience of that moment intensely **pleasurable** / because it **functions**, as pleasure normally does, to **indicate** the direction of a biologically significant improvement of circumstances. [8] The pleasant **relief** will not last very long, of course, / and you will soon be **shivering** behind the rock again, / driven by your renewed suffering to seek better shelter. 16 수능

* shiver: 떨다

029

1 흥미롭게도 / 다른 누군가가 지켜보고 있다는 것은 / 성과에 두 가지 매우 상이한 영향을 미친다. 2 어떤 경우에는 / 성과가 저하된다 / 심지어 성과가 아예 없는 지경까지. 3 이것의 극단적인 예는 무대 공포증인데 / 대중 공연에 대한 갑작스런 두려움을 말한다. 4 유명한 연기자들의 많은 사례가 있다 / 연기 인생 도중에 무대 공포증이 생겨서 공연을 전혀 할 수 없게 된. 5 반대의 극단적인 예는 다른 누군가가 지켜보는 것이 수행 능력을 높이는 것인데 / 사람들은 그 일이 무엇이든 더 잘한다 / 다른 사람들이 보고 있다는 것을 알 때. 6 일반적인 규칙은 이런 것 같다 / 어떤 사람이 새롭거나 처음으로 어떤 일을 하고 있다면 / 그 일을 하는 동안 다른 사람이 지켜보는 것이 / 수행 능력을 저하시키는 것 같다. 7 이와 반대로 / 잘 알고 있거나 많이 연습한 과제를 하거나 활동을 하는 동안 다른 사람이 지켜보는 것은 / 성과를 향상시키는 경향이 있다. 8 따라서 / 여러분이 새로운 스포츠를 배우고 있다면 / 혼자 그것을 시작하는 것이 낫다 / 하지만 그것에 숙달되면 / 관중이 있을 때 아마도 더 잘할 것이다.

☐ stage fright 무대 공포증 ☐ on the other hand 이와 반대로, 반면에

SET 08

030

1 좋음과 나쁨 사이의 몇 가지 구별은 / 우리의 생명 활동 안에 타고난다. 2 유아는 세상 속으로 들어간다 / 고통은 나쁘다고 반응하고 (어느 정도까지는) 달콤함은 좋다고 반응할 준비가 된 채로. 3 하지만 많은 경우에서 / 좋음과 나쁨의 경계는 / 시간이 지나면서 변하는 기준점이며 당면한 상황에 의해 결정된다. 4 추운 밤에 시골에서 바깥에 있다고 상상해 보라 / 폭우에 부적절한 옷을 입고 옷이 흠뻑 젖은 채로. 5 찌르는 듯한 차가운 바람으로 고통이 극에 달한다. 6 주변을 서성이다가 / 격렬한 악천후로부터 어떤 피난처를 제공하는 커다란 바위를 발견한다. 7 생물학자인 Michel Cabanac은 / 그 순간의 경험을 대단히 즐겁다고 보곤 했는데 / 즐거움이 보통 그렇듯이 그것이 생물학적으로 상황에 대한 상당한 개선의 방향을 보여주는 기능을 하기 때문이다. 8 물론 그 즐거운 안도는 아주 오래 지속되지는 않을 것이고 / 여러분은 곧 바위 뒤에서 다시 몸을 떨고 있게 될 것이며 / 새로워진 고통에 의해 결국 더 좋은 피난처를 찾게 될 것이다.

☐ distinction 구별 ☐ intensely 대단히, 강렬하게

031 회피 훈련

어휘 학습 ▶ p. 054

1 Sometimes, / after **punishment** has been **administered** a few times, / it needn't be continued, / because the mere **threat** of punishment is enough to **induce** the **desired** behavior. 2 Psychologists call this **avoidance** training / because the person is learning to avoid the possibility of a punishing ***consequence***. 3 Avoidance training / is responsible for many everyday **behaviors**. 4 It has taught you / to carry an umbrella when it looks like rain / to avoid the punishment of getting wet, / and to keep your hand away from a hot iron / to avoid the punishment of a burn. 5 Avoidance training, however, / doesn't always work **in our favor**. 6 For instance, / a child who has been repeatedly **criticized** for poor performance on math / may learn to **dodge** difficult math problems / in order to avoid further punishment. 7 Unfortunately, / because of this avoidance, / the child fails to develop his math skills and therefore improve the capabilities he has, / and so a **vicious** cycle has **set in**. 8 The avoidance must be **unlearned** / through some positive experiences with math / in order for this cycle to be broken. 16 수능

032 색깔의 영향

어휘 학습 ▶ p. 056

1 The impact of color / has been studied for **decades**. 2 For example, / in a factory, / the **temperature** was **maintained** at 72°F / and the walls were painted a cool blue-green. 3 The **employees** complained of the cold. 4 The emperature was maintained at the same level, / but the walls were painted a warm **coral**. 5 The employees stopped complaining about the temperature / and reported they were quite comfortable. 6 The psychological effects of warm and cool hues seem to be used effectively / by the coaches of the Notre Dame football team. 7 The locker rooms used for half-time breaks / were **reportedly** painted to take advantage of the emotional impact of certain hues. 8 The home-team room was painted a bright red, / which kept team members excited or even angered. 9 The visiting-team room was painted a blue-green, / which had a calming effect on the team members. 10 The success of this application of color / can be **noted** in the records / set by Notre Dame football teams. 15 수능

* hue: 색조, 색상

031

1 때때로 / 처벌이 몇 번 가해진 후에는 / 그것(처벌)이 계속될 필요가 없다 / 그 이유는 처벌하겠다고 단순히 위협만 해도 바라는 행동을 끌어내기에 충분하기 때문이다. 2 심리학자들은 이것을 회피 훈련이라고 부른다 / 당사자가 처벌 결과의 가능성을 피하는 법을 배우고 있으므로. 3 회피 훈련은 / 많은 일상 행동의 원인이 된다. 4 그것은 여러분에게 가르쳤다 / 비가 올 것 같을 때 우산을 가져가라고 / 젖게 되는 처벌을 피하기 위해 // 그리고 뜨거운 다리미에서 손을 멀리해야 한다는 것을 (가르쳤다) / 화상을 입는 처벌을 피하기 위해. 5 하지만 회피 훈련이 / 항상 우리에게 유리하게 작용하는 것은 아니다. 6 예를 들어 / 수학에서의 부진한 (학업) 성취로 반복해서 야단을 맞은 아이는 / 어려운 수학 문제를 요리조리 피하는 방법을 배우게 될 것이다 / 더 심한 처벌을 면하기 위해. 7 불행하게도 / 이러한 회피 때문에 / 그 아이는 자신의 수학 기술을 발전시키지 못하고 따라서 자신이 갖춘 능력을 개선하지 못하게 된다 / 그래서 악순환이 시작된 것이다. 8 회피는 (그것을) 배우지 않았던 상태로 되돌려져야 한다 / 수학에서의 몇 가지 긍정적인 경험을 통해 / 이 (악순환의) 고리를 끊기 위해서.

☐ be responsible for ~의 원인이 되다

SET 08

032

1 색깔의 영향은 / 수십 년 동안 연구되어 왔다. 2 예를 들어 / 어떤 공장에서 / 온도가 72°F로 유지되었다 / 그리고 벽들은 시원한 청록색으로 칠해졌다. 3 직원들은 춥다고 불평했다. 4 온도는 동일한 수준으로 유지되었다 / 하지만 벽들은 따뜻한 산호색으로 칠해졌다. 5 직원들은 온도에 관한 불평을 멈추었다 / 그리고 그들은 아주 편안하다고 보고했다. 6 따뜻하고 시원한 색조의 심리적 효과는 효율적으로 사용되는 것 같다 / Notre Dame 미식축구 팀 코치들에 의해서. 7 하프타임 휴식 시간에 사용되는 라커룸들이 / 특정한 색조의 감정적 영향을 이용하기 위해서 칠해졌다고 한다. 8 홈 팀의 라커룸은 밝은 빨간색으로 칠해졌는데 / 이것이 팀원들을 흥분하거나 심지어 분노에 찬 상태로 있게 했다. 9 방문 팀의 라커룸은 청록색으로 칠해졌는데 / 이것이 팀원들을 차분하게 하는 효과를 나타냈다. 10 이런 색깔 적용의 성공은 / 기록에서 잘 볼 수 있다 / Notre Dame 미식축구 팀에 의해 세워진.

☐ application 적용, 응용

033 내성적인 사람의 외향성

어휘 학습 p. 057

1 Some years ago, / a psychologist named Richard Lippa / called a group of **introverts** to his **lab** / and asked them to act like **extroverts** / while **pretending** to teach a math class. 2 Then he and his team, / with video cameras in hand, / **measured** the length of their **strides**, the amount of eye contact they made with their "students," the percentage of time they spent talking, and the volume of their speech. 3 They also rated / how generally extroverted those **fake** extroverts appeared, / based on their recorded voices and body language. 4 Then Lippa did the same thing with actual extroverts / and compared the results. 5 He found that / although the **latter** group **came across** as more extroverted, / some of the fake extroverts were surprisingly **convincing**. 6 It seems that most of us know how to fake it / to some **extent**. 7 Whether or not we're aware / that the length of our strides and the amount of time we spend talking and smiling / mark us as introverts and extroverts, // we know it unconsciously. 15 수능

034 자기 감시

어휘 학습 p. 058

1 **Self-monitoring** refers to / how much people try to control the way they **present** themselves to others. 2 Those who have high self-monitoring / want their behavior to be socially acceptable. 3 They **adjust** themselves to any social **signal** / that indicates appropriate or inappropriate behavior. 4 For example, / if they are in a meeting and see others making suggestions, / they will try to make suggestions as well. 5 They are also good at **managing** / what others think about them. 6 **In contrast**, / those who have low self-monitoring / are not very **sensitive** to signals indicating socially acceptable behavior. 7 They are not too concerned about behaving the right way in a specific context. 8 For example, / if they are in a meeting with the president of an organization, / they may act bored. 9 They are not deeply concerned about how others see them. 14 수능

033

1 수년 전에 / Richard Lippa라는 이름의 심리학자가 / 내성적인 사람들 한 집단을 그의 실험실에 불러 놓고 / 그들에게 외향적인 사람들처럼 행동할 것을 요청했다 / 수학 수업을 가르치는 체하면서. 2 그러고나서 그와 그의 팀은 / 손에 비디오카메라를 들고 / 그들의 보폭, 그들이 '학생들'과 시선을 마주치는 양, 이야기하는 데 사용하는 시간의 비율과 그들의 성량을 측정했다. 3 그들은 또한 평가했다 / 가짜로 외향적인 사람들이 전반적으로 얼마나 외향적인 것처럼 보이는지도 / 그들의 녹화된 목소리와 몸짓언어에 근거하여. 4 그 다음 Lippa는 실제 외향적인 사람들과도 똑같은 실험을 하여 / 그 결과를 비교했다. 5 그는 알아냈다 / 비록 후자 집단이 더 외향적인 인상을 주기는 했지만 / 가짜로 외향적인 사람들의 일부는 놀랍게도 (진짜 외향적인 사람처럼) 그럴듯해 보였다는 것을. 6 우리 대부분은 속이는 방법을 알고 있는 것처럼 보인다 / 어느 정도까지는. 7 우리가 인지하고 있든지 아니든지 간에 / 우리의 보폭과 우리가 이야기하고 미소를 짓는 데 보내는 시간의 양이 / 우리를 내성적인 사람과 외향적인 사람으로 특징짓는다는 것을 // 우리는 그것을 무의식적으로 알고 있다.

☐ come across as ~라는 인상을 주다 ☐ mark 특징짓다, 나타내다

SET 09

034

1 자기 감시는 관련이 있다 / 다른 사람들에게 자신의 모습을 나타내는 방식을 사람들이 얼마나 통제하려고 노력하는지와. 2 높은 수준의 자기 감시를 지닌 사람들은 / 자신의 행위가 사회적으로 용인될 수 있기를 바란다. 3 그들은 자기 자신을 어떤 사회적 신호에 맞춘다 / 적절하거나 부적절한 행위를 알려주는. 4 예를 들어 / 그들이 회의에 참석하여 다른 사람들이 여러 안을 제시하는 것을 보는 경우 / 그들도 또한 여러 안을 제시하려 할 것이다. 5 그들은 또한 관리하는 것에 능숙하다 / 다른 사람들이 그들에 대해 생각하는 것을. 6 대조적으로 / 낮은 수준의 자기 감시를 지닌 사람들은 / 사회적으로 용인될 수 있는 행위를 나타내는 신호에 그리 민감하지 않다. 7 그들은 어느 특정 상황에서 올바른 방식으로 행동하는 것에 대해 별로 걱정하지 않는다. 8 예를 들어 / 한 조직의 장(長)과 함께 회의에 참석한 경우 / 그들은 지루하다는 행동을 보일지도 모른다. 9 그들은 다른 사람들이 그들을 바라보는 방식에 대해 깊이 걱정하지 않는다.

☐ refer to ~와 관련이 있다, ~을 나타내다 ☐ be concerned about ~에 대해 걱정하다

035 감정 억제의 문제점

어휘 학습 p. 059

[1] To say that we need to **curb** anger and our negative thoughts and emotions / does not mean that we should **deny** our feelings. [2] There is an important distinction to be made / between denial and **restraint**. [3] The latter **constitutes** a **deliberate** and **voluntarily** adopted discipline / based on an **appreciation** of the benefits of doing so. [4] This is very different from the case of someone / who **suppresses** emotions such as anger out of a feeling that they need to present a **facade** of self-control, / or out of fear of what others may think. [5] Such behaviour / is like closing a wound which is still **infected**. [6] We are not talking about rule-following. [7] Where denial and suppression occur, / there comes the danger that / in doing so / the individual **stores up** anger and resentment. [8] The trouble here is that / at some future point / they may find they cannot **contain** these feelings any longer. 13 수능

036 탐욕과 공동 자원

어휘 학습 p. 060

[1] To **describe** what happens to common **resources** as a result of human **greed**, / Garrett Hardin used the example of an area of **pasture** / on which all the **cattle**-owners are **permitted** to **graze** their animals free of **charge**. [2] Each cattle-owner / seeks to **maximize** his gain / and in doing so / considers the relative advantage and disadvantage of adding one more animal to the **herd**. [3] The advantage is that / the cattle-owner receives the whole of the profit / from the sale of the additional animal. [4] The disadvantage is that / the extra grazing / contributes to the **deterioration** of the pasture. [5] However, / the disadvantage is shared among all the cattle-owners using the pasture, / so the individual owner suffers only a **fraction** of the disadvantage. [6] Consequently, / the advantage is bound to exceed the disadvantage. [7] Thus, / it is inevitable that more and more animals will be brought onto the pasture / until overgrazing totally destroys the pasture. 13 수능

035

1 우리가 분노와 부정적인 생각과 감정을 억제할 필요가 있다고 말하는 것은 / 우리의 감정을 부정해야 함을 의미하지는 않는다. 2 구분해 두어야 할 중요한 차이점이 있다 / 부인과 자제 사이에는. 3 후자(자제)는 의도적이고 자발적으로 취해진 규율로 여겨진다 / 그렇게 하는 것이 가져오는 이점들에 대한 이해에 기반을 둔 (규율로). 4 이것은 다음과 같은 사람의 경우와 매우 다르다 / 겉으로는 자기 통제를 보일 필요가 있다고 느껴서 분노와 같은 감정을 억제하거나 / 혹은 다른 이들이 어떻게 생각할지에 대한 두려움에서 (억제하는 사람의 경우와는). 5 그러한 행동은 / 여전히 감염된 상처를 덮어두는 것과 같다. 6 우리는 규율 준수에 대해서 이야기하고 있는 것이 아니다. 7 부인과 억압이 일어나는 곳에서 / 위험성이 오기 마련이다 / 그렇게 함으로써(부인과 억압의 발생으로) / 그 사람은 분노와 분한 마음을 쌓아둔다. 8 여기서 문제는 / 미래의 어느 시점에서 / 그들이 더는 이러한 감정을 억누르고 있을 수 없다는 것을 알게 된다는 것이다.

☐ adopt 취하다 ☐ discipline 규율, 절제력

036

1 인간 탐욕의 결과로서 공동의 자원에 일어나는 일을 설명하기 위해 / Garrett Hardin은 목초지의 예를 사용했는데 / 그 목초지에서는 모든 가축 소유주들이 무료로 자신의 가축들을 방목할 수 있도록 허용된다. 2 각 가축의 소유주들은 / 자신의 이익을 극대화하기를 추구하며 / 그렇게 하면서 / 가축 한 마리를 더 무리에 추가하는 것의 상대적인 장단점을 고려한다. 3 장점은 / 가축 소유주가 이익 전체를 가진다는 것이다 / 추가되는 가축의 판매에서 나오는. 4 단점은 / 추가적인 방목은 / 목초지 악화의 원인이 된다는 것이다. 5 하지만 / 그 단점은 목초지를 사용하는 모든 가축 소유주들 사이에서 공유된다 / 그래서 개별 소유주는 단점의 불과 일부만을 겪게 된다. 6 결과적으로 / 장점이 단점을 초과하게 되어 있다. 7 그러므로 / 점점 더 많은 가축이 목초지로 몰려나올 것이 불가피하다 / 과도한 방목이 목초지를 완전히 파괴할 때까지.

☐ consequently 결과적으로 ☐ exceed 초과하다

037 이웃과의 유대 형성

어휘 학습 ▶ p. 062

[1] Do you worry about losing your good health? [2] Do you fear / that crime, war, or **terrorist** attacks will **disrupt** the economy and your **security**? [3] These are **legitimate** concerns / that many people share. [4] We live in difficult and uncertain times. [5] But are these fears real? [6] Research shows / that people who watch a lot of news on television / **overestimate** the threats to their **well-being**. [7] Why? [8] It's because television focuses on news / that makes the world seem like a more dangerous place than it actually is. [9] Afraid of the world that is **portrayed** on TV, / people stay in their homes with close family / and do not build bonds with their neighbors. [10] Thus they become more **vulnerable**. [11] Surrounding ourselves with a wall of fear, / however, / is not the answer. [12] The only way to overcome this problem / is to be more connected to others, / and this connection will reduce fear and isolation. 12 수능

038 사회적 관계 유지

어휘 학습 ▶ p. 063

[1] Researchers have suggested that / maintaining good social relations / depends on two **complementary** processes: / being sensitive to the needs of others / and being motivated to **make amends** or pay **compensation** when a violation does occur. [2] In short, / maintaining good social relations / depends on the capacity for guilt. [3] Martin L. Hoffman, / who has focused on the guilt that comes from harming others, / suggests that the motivational basis for this guilt is **empathetic distress**. [4] Empathetic distress occurs / when people realize that their actions have caused harm or pain to another person. [5] Motivated by feelings of guilt, / they are **inclined** to make amends for their actions. [6] Making amends / serves to repair damaged social relations and **restore** group harmony. 13 수능

037

1 당신은 건강을 잃을까봐 걱정하고 있는가? 2 당신은 두려운가 / 범죄, 전쟁, 혹은 테러리스트들의 공격이 경제와 당신의 안전을 파괴할까봐? 3 이것들은 정당한 걱정이다 / 많은 사람들이 공유하고 있는. 4 우리는 어렵고 불확실한 시대에 살고 있다. 5 그러나 이러한 두려움들은 현실적인가? 6 연구는 보여주고 있다 / 텔레비전에서 많은 뉴스를 보는 사람들이 / 그들의 안녕에 대한 위협을 과대평가하고 있다는 것을. 7 이유는? 8 그것은 텔레비전이 뉴스에 집중하기 때문이다 / 세상을 실제보다도 더 위험한 장소처럼 보이게 만드는 (뉴스에). 9 텔레비전에 묘사되는 세상을 두려워하여 / 사람들은 가까운 가족들과 함께 그들의 가정에 머물면서 / 그들의 이웃들과 유대를 형성하지 않는다. 10 그리하여 그들은 더 공격받기 쉬워진다. 11 우리 자신을 두려움의 벽으로 둘러싸는 것이 / 하지만 / 해답은 아니다. 12 이 문제를 극복하는 유일한 방법은 / 타인들과 더 연결되는 것이고 / 이 연결은 두려움과 고립을 줄일 것이다.

☐ concern 걱정, 관심사 ☐ isolation 고립

SET 09

SET 10

038

1 연구자들은 언급해 왔다 / 사회적으로 좋은 관계를 유지하는 것이 / 두 가지 상호보완적인 과정에 달려 있다는 점을 / 즉 타인의 요구에 민감한 것과 / 위반 행위가 정말로 생기면 보상이나 배상이 가능하도록 자극을 받는 것(이라는 과정에). 2 요약하면 / 좋은 사회적 관계를 유지하는 것은 / 죄책감에 대한 수용 능력에 달려 있다. 3 Martin L. Hoffman은 / 타인에게 해를 입히면 생기는 죄책감에 초점을 맞춰 왔는데 / 그는 이러한 죄책감에 대해 동기가 유발되는 기반은 고통의 공감이라고 시사한다. 4 고통의 공감은 생긴다 / 사람들이 자신들의 행동이 다른 사람에게 손해나 고통을 일으켰음을 깨달을 때. 5 죄책감으로 인해 자극을 받으면 / 사람들은 자신의 행동에 대해 보상을 하려는 경향이 있다. 6 보상하는 것은 / 손상된 사회적 관계를 회복하고 집단의 화합을 복원하는 역할을 한다.

☐ capacity 수용 능력

039 걱정의 부정적 영향

어휘 학습 ▶ p. 064

[1] **Anxiety** has a **damaging** effect on **mental** performance of all kinds. [2] It is in one sense a useful response gone awry / — an overly **zealous** mental preparation for an **anticipated** threat. [3] But such mental rehearsal is **disastrous** cognitive **static** / when it becomes **trapped** in a **stale** routine that captures attention, / **intruding** on all other attempts to focus elsewhere. [4] Anxiety **undermines** the intellect. [5] In a complex, intellectually demanding and high-pressure task such as that of air traffic controllers, / for example, / having **chronically** high anxiety is an almost sure predictor that / a person will eventually fail in training or in the field. [6] The anxious are more likely to fail / even given superior scores on intelligence tests, / as a study of 1,790 students in training for air traffic control **posts** discovered. [7] Anxiety also **sabotages** academic performance of all kinds: / 126 different studies of more than 36,000 people found that / the more **prone** to anxieties a person is, / the poorer his or her academic performance is. 13 수능

* go awry: 빗나가다

040 성공적으로 사과하는 법

어휘 학습 ▶ p. 065

[1] **Apologies** often fail. [2] One reason apologies fail is that / the "**offender**" and the "**victim**" usually see the event differently. [3] Examining personal narratives, / researchers have found that those who cause harm tend to **minimize** the offense / — probably to protect themselves from **shame** and guilt. [4] They also tend to **downplay** the consequences of their actions. [5] These tendencies can **inflame** the anger of the hurt person, / who, in contrast, / may see an offense as bigger than it really is. [6] Those who are hurt / tend to see the act as one with severe consequences and / as part of an **ongoing** pattern that is **inexcusable** and **immoral**. [7] Each person has his or her own truth, / and there is **distortion** on both sides. [8] Therefore, / to apologize sincerely / we must first listen attentively to how the other person really feels about what happened / — not simply **assert** what we think happened. 13 수능

039

1 걱정은 모든 종류의 정신적인 활동에 해로운 영향을 준다. 2 그것은 어떤 면에서 실패로 돌아간 유용한 반응으로 / 예상된 위협에 대한 지나치게 열성적인 정신적 준비이다. 3 그러나 그러한 정신적 예행 연습이 파멸적인 인지적 정지 상태가 된다 / 주의력을 빼앗는 진부한 일상에 사로잡힐 때 / 다른 곳에 집중하려는 온갖 시도를 방해하여. 4 걱정은 지적 능력을 약화시킨다. 5 항공교통관제사와 같이 복잡하고 지적으로 힘들고 압박이 심한 업무에서는 / 예를 들어 / 만성적으로 많은 걱정을 하는 것은 거의 확실한 예측 변수이다 / 그 사람이 결국 훈련이나 실전에서 실패할 것이라는. 6 걱정이 많은 사람들은 통과하지 못할 가능성이 높다 / 지능 검사에서 더 우수한 성적을 받았을 때조차도 / 항공교통관제사 훈련을 받는 1,790명의 학생들에 대한 연구에서 밝혀진 바와 같이. 7 걱정은 또한 모든 종류의 학업을 방해한다 / 36,000명 이상을 대상으로 한 126가지 다른 연구는 발견했다 / 걱정에 빠지기 쉬운 사람일수록 / 학업 성취도가 더 부진하다는 것을 .

☐ demanding 지나친 요구를 하는　☐ air traffic controller 항공교통관제사

SET 10

040

1 사과는 흔히 실패한다. 2 사과가 실패하는 한 가지 이유는 / "잘못한 사람"과 "당한 사람"이 대개 사건을 다르게 보기 때문이다. 3 개인적인 이야기들을 검토하면서 / 연구자들은 해를 가한 사람들은 잘못한 일을 축소하려는 경향이 있다는 것을 알아냈는데 / 이는 아마도 수치심과 죄책감으로부터 스스로를 보호하기 위해서일 것이다. 4 그들은 또한 자신들의 행동 결과를 대단치 않게 생각하는 경향이 있다. 5 이러한 경향은 상처 입은 사람의 노여움을 악화시킬 수 있는데 / 상처 입은 사람은 반대로 / (기분이 상하게 된) 사건을 실제보다 더 크게 생각할 수도 있다. 6 상처 입은 사람들은 / 그러한 행위를 심각한 결과를 수반하는 것으로 보는 경향이 있다 / 그리고 용서할 수 없고 비도덕적인 계속 진행 중인 패턴의 일부로 (보는 경향이 있다). 7 각 사람은 자신만의 진실을 가지고 있고 / 양쪽 모두에 왜곡이 있다. 8 따라서 / 진정으로 사과하기 위해서는 / 일어난 일에 대해서 상대방이 정말로 어떻게 느끼는지에 대해 우선적으로 주의 깊게 들어야 한다 / 우리가 일어났다고 생각하는 것을 단순히 주장할 것이 아니라.

☐ in contrast 반대로

041 감정적 두뇌

어휘 학습 ▶ p. 066

[1] When you walk into a store, / you are **besieged** by information. [2] Even *purchases* that seem simple / can quickly turn into a cognitive quagmire. [3] Look at the jam **aisle**. [4] A **glance** at the shelves / can **inspire** a whole range of questions. [5] Should you buy the smooth-**textured** strawberry jam / or the one with less sugar? [6] Does the more expensive jam taste better? [7] **Rational** models of decision-making suggest that / the way to find the best product / is to **take** all of this information **into account** / and to carefully analyze the different **brands** on display. [8] But this method can **backfire**. [9] When we spend too much time thinking in the supermarket, / we can **trick** ourselves into choosing the wrong things / for the wrong reasons. [10] Making better decisions when picking out jams or bottles of wine / is best done with the emotional brain, / which **generates** its **verdict automatically**. 13 수능

* quagmire: 수렁, 진창

042 외모가 투표에 미치는 영향

어휘 학습 ▶ p. 068

[1] Research has shown that / we automatically **assign** to good-looking individuals / such **favorable** traits as talent, kindness, honesty, and intelligence. [2] Furthermore, / we make these **judgements** / without being aware that physical **attractiveness** plays a role in the process. [3] Some consequences of this unconscious assumption that "good-looking equals good" / scare me. [4] For example, / a study of the 1974 Canadian **federal elections** found / that attractive **candidates** received more than two and a half times as many **votes** as unattractive candidates. [5] Despite such evidence of **favoritism** toward handsome **politicians**, / **follow-up** research **demonstrated** / that voters did not realize their bias. [6] In fact, / 73 percent of Canadian voters surveyed / denied in the strongest possible terms / that their votes had been influenced by physical **appearance**; // only 14 percent even allowed for the possibility of such influence. [7] Voters can deny the impact of attractiveness on **electability** all they want, / but evidence has continued to **confirm** its troubling **presence**. 13 수능

041

1 여러분이 상점에 들어가면 / 여러분은 정보에 둘러싸여 있다. 2 단순해 보이는 구매조차도 / 금세 인지적 수렁으로 변할 수 있다. 3 잼이 진열된 통로를 보라. 4 선반을 슬쩍 보기만 해도 / 온갖 질문이 떠오를 수 있다. 5 여러분은 부드러운 질감의 딸기 잼을 사야 할 것인가 / 아니면 설탕이 덜 들어간 것(을 사야 할 것인가)? 6 더 비싼 잼이 더 맛이 있을까? 7 의사 결정의 합리적 모델은 제시한다 / 최고의 상품을 찾는 방법은 / 이 모든 정보를 고려하는 것이라고 / 그리고 진열된 서로 다른 상표들을 신중하게 분석하는 것이라고. 8 그러나 이 방법은 역효과를 낳을 수 있다. 9 우리가 슈퍼마켓에서 생각하느라 너무 많은 시간을 보낼 때 / 우리는 스스로를 속여 엉뚱한 상품을 사게 될 수 있다 / 잘못된 이유로. 10 잼이나 와인을 고를 때의 더 나은 결정은 / 감정적 두뇌를 사용할 때 가장 잘 이루어지는데 / 그 두뇌는 무의식적으로 결정을 내린다.

☐ cognitive 인식의, 인지의

042

1 연구에서 밝혀졌다 / 우리는 잘생긴 사람들에게 무의식적으로 부여한다 / 재능, 상냥함, 정직 그리고 지성과 같은 좋은 특성들을. 2 더군다나 / 우리는 이러한 판단을 한다 / 신체적인 매력이 그러한 과정에서 한몫을 한다는 인식 없이. 3 "잘생긴 것이 좋은 것이다."라는 이러한 무의식적인 가정의 일부 영향력들은 / 나를 두렵게 한다. 4 예를 들어 / 1974년 캐나다 연방 선거에 대한 연구는 보여주었다 / 매력적인 후보자들이 매력적이지 않은 후보자들보다 두 배 반 이상의 득표를 했다는 것을. 5 잘생긴 정치인들을 향한 치우친 애정에 대한 그와 같은 증거에도 불구하고 / 후속 연구는 보여주었다 / 유권자들이 자신들의 편견을 깨닫지 못했다는 것을. 6 사실은 / 조사에 참여한 캐나다 유권자들 중 73퍼센트가 / 가능한 가장 강력한 어조로 부인했다 / 자신들의 투표가 신체적인 외모에 영향을 받았다는 것을 // 14퍼센트조차도 그러한 영향의 가능성을 인정할 정도였다. 7 유권자들은 (신체적인) 매력이 선출될 가능성에 미치는 영향력을 자신이 원하는대로 부인할 수는 있겠지만 / 증거는 그 성가신 존재를 계속 확인해 왔다.

☐ bias 편견, 선입견　☐ term 말투, 말씨

043 결과를 통제할 수 있다는 착각

어휘 학습 p. 070

1 Interestingly, / people are more **overconfident** / when they feel like they have control of the **outcome** // — even when this is clearly not the case. 2 For example, / it is documented that / if people are asked to **bet** on whether a coin **toss** is heads or tails, / most bet larger amounts / if the coin is yet to be tossed. 3 If the coin is tossed and the outcome is **concealed**, / people will offer lower amounts / when asked for bets. 4 People act / as if their **involvement** will somehow affect the outcome of the toss. 5 In this case, / control of the outcome is clearly an **illusion**. 6 This perception / occurs in investing, as well. 7 Even without information, / people believe / the **stocks** they own will perform better than stocks they do not own. 8 However, / **ownership** of a stock / only gives the illusion of having control of the performance of the stock. 12 수능

044 감정적인 식사

어휘 학습 p. 071

1 Emotional eaters / **manifest** their problem in lots of different ways. 2 For many people, / one of the classic signs of emotional eating / is night eating. 3 Night eaters are often eating / **in response to** anxiety or to the emotional **turmoil** / they've experienced throughout the day. 4 Boredom and loneliness / are also more likely to come to the **surface** / when the **rush** of the day is done and the night **stretches** ahead. 5 Sometimes / emotional eating / is a reaction to a specific situation. 6 You had a bad day at work. 7 The kids have been so demanding that you are completely **worn out**. 8 You and your significant other are fighting. 9 It doesn't matter what the circumstances are; // the end result is that / 99 times out of 100 / you **end up** on the **couch** / with a **bowl** of **chips** or bag of cookies in your hand, / telling yourself it's the only way you can relax. 12 수능

043

1 흥미롭게도 / 사람들은 더 자신만만하다 / 자신들이 결과에 대한 통제력을 지니고 있다고 느낄 때 // 심지어 명백히 그렇지 않을 때도 그렇다. 2 예를 들면 / 자료로 입증된다 / 동전던지기에서 앞면이 나올 것인지 뒷면이 나올 것인지에 대해 내기를 걸도록 요청을 받으면 / 대부분의 사람들이 더 많은 금액을 건다 / 동전이 아직 던져지지 않았을 때. 3 동전이 던져졌고 그 결과가 감춰진 경우에는 / 사람들은 더 적은 금액을 걸려 한다 / 내기를 걸라는 요청을 받았을 때. 4 사람들은 행동한다 / 마치 자신들의 참여가 동전 던지기 결과에 어떻게든 영향을 미칠 것처럼. 5 이 경우 / 결과에 대한 통제력은 명백한 착각이다. 6 이런 인식은 / 투자에서도 또한 나타난다. 7 심지어 아무런 정보 없이도 / 사람들은 믿는다 / 자신들이 소유한 주식이 자신들이 소유하지 않은 주식들보다 더 좋은 성과를 올리게 될 것이라고. 8 하지만 / 주식의 보유는 / 그 주식의 성과에 대한 통제력을 지니고 있다는 착각을 제공할 뿐이다.

☐ the case 실정, 진상 ☐ heads 동전의 앞면 ☐ tails 동전의 뒷면

044

1 감정적으로 식사를 하는 사람들은 / 많은 다양한 방식으로 자신들의 문제를 드러낸다. 2 많은 사람들에게 있어서 / 감정적인 식사의 고전적인 표시들 중 하나는 / 야식이다. 3 야식을 하는 사람들은 종종 먹는다 / 불안이나 감정적인 혼란에 반응하여 / 그들이 낮 동안에 경험했던. 4 따분함과 외로움도 / 또한 표면으로 나타날 가능성이 더 높다 / 낮 동안의 분주함이 끝나고 밤이 앞에 펼쳐질 때. 5 때때로 / 감정적인 식사는 / 특정한 상황에 대한 반응이다. 6 당신은 기분 나쁜 하루를 직장에서 보냈다. 7 아이들이 너무나 힘들게 해서 당신은 완전히 지쳐 있다. 8 당신과 당신의 중요한 타인이 다투고 있다. 9 어떤 상황이냐는 중요하지 않다 // 마지막 결과는 / 100번 중 99번이 / 소파에서 끝이 난다 / 손에 한 사발의 감자튀김이나 한 봉지의 쿠키를 들고서 / 스스로에게 그것이 당신이 마음을 풀 수 있는 유일한 방식이라고 말하는 것으로 .

☐ boredom 따분함

045 안전장치와 위험보상

어휘 학습 ▶ p. 072

[1] "Why, in country after country that **mandated** seat belts, / was it impossible to see the **promised** reduction / in road accident **fatalities**?" [2] John Adams, professor of geography at University College London, / wrote in one of his many essays on risk. [3] "It appears that / measures that protect drivers from the consequences of bad driving / encourage bad driving. [4] The principal effect of seat belt legislation / has been a shift in the burden of risk / from those already best protected in cars, / to the most vulnerable, pedestrians and **cyclists**, outside cars." [5] Adams started to group these **counterintuitive** findings / under the concept of *risk compensation*, / the idea that humans have an **inborn tolerance** for risk. [6] As safety features are added to vehicles and roads, / drivers feel less vulnerable / and tend to take more chances. [7] The phenomenon can be observed / in all aspects of our daily lives. [8] Children who wear protective gear during their games / have a tendency to take more physical risks. [9] Hikers take more risks / when they think a **rescuer** can access them easily. 13 수능

046 가능성에 대한 예상

어휘 학습 ▶ p. 073

[1] By expecting what's likely to happen next, / you prepare for the few most likely **scenarios** / so that you don't have to **figure** things **out** / while they're happening. [2] It's therefore not a surprise / when a restaurant server **offers** you a menu. [3] When she brings you a glass with a clear fluid in it, / you don't have to ask if it's water. [4] After you eat, / you don't have to figure out why you aren't hungry anymore. [5] All these things are expected / and are therefore not problems to solve. [6] Furthermore, / imagine how demanding it would be / to always consider all the possible uses for all the familiar objects / with which you interact. [7] *Should I use my hammer or my telephone / to* ***pound*** *in that nail?* [8] On a daily basis, / functional **fixedness** is a relief, not a **curse**. [9] That's why / you shouldn't even attempt to consider all your options and possibilities. [10] You can't. [11] If you tried to, / then you'd never get anything done. [12] So don't knock the box. [13] **Ironically**, / although it limits your thinking, / it also makes you smart. [14] It helps you to stay one step ahead of reality. 21 모의

045

[1] "왜 안전벨트를 의무화한 나라들에서 / 기대한 만큼 감소하는 것을 보는 것이 불가능한가 / 도로상의 사고로 인한 사망자 수가?" [2] John Adams는 / 런던대학의 부속 단과대학 지리학교수로서 / 위험에 관한 자신의 많은 글 중 하나에 (다음과 같이) 썼다. [3] "다음처럼 보인다 / 운전자들을 잘못된 운전의 결과로부터 보호하는 수단들이 / 바람직하지 않은 운전을 조장하는것으로. [4] 안전벨트 법률 제정의 주요 효과는 / 위험에 대한 부담이 옮겨가는 것이었다 / 차량 안에서 이미 가장 잘 보호받고 있는 사람들로부터 / 가장 취약한 사람들인 차 밖에 있는 보행자들과 자전거를 타는 사람들로." [5] Adams는 이러한 직관에 반한 연구 결과들을 정리하기 시작했다 / '위험 보상'이란 개념에 의거하였는데 / 그것은 인간은 위험에 대해 타고난 내성이 있다는 생각이다. [6] 두드러진 안전장치들을 차량이나 도로에 추가할수록 / 운전자들은 위기의식을 덜 느끼게 되고 / 더 많은 모험을 하는 경향이 있다. [7] 그러한 현상은 관찰될 수 있다 / 우리의 일상적인 삶의 모든 면에서. [8] 게임을 하는 동안 보호 장구를 착용한 어린이들은 / 더 많은 신체적인 위험을 무릅쓰는 경향이 있다. [9] 도보 여행을 하는 사람들은 더 위험을 무릅쓴다 / 구조자가 자신들에게 쉽게 접근할 수 있다고 생각할 때.

☐ after <어떤 일이 반복·계속됨을 나타낼 때> day after day of hot weather 매일같이 계속되는 더운 날씨

☐ take a chance 모험을 하다

SET 11

SET 12

046

[1] 다음에 무슨 일이 일어날지 예상함으로써 / 여러분은 가장 가능성이 높은 몇 가지 시나리오에 대비한다 / 상황 파악을 할 필요가 없도록 하기 위해 / 그것들이 일어나는 동안에. [2] 그러므로 놀랄 일이 아니다 / 음식점 종업원이 여러분에게 메뉴를 제공하는 것은. [3] 그녀가 여러분에게 투명한 액체가 담긴 유리잔을 가져다줄 때 / 여러분은 그것이 물인지 묻지 않아도 된다. [4] 식사를 한 후에 / 여러분은 왜 더 이상 배가 고프지 않은지 알아낼 필요가 없다. [5] 이 모든 것들은 예상되며 / 따라서 해결해야 할 문제가 아니다. [6] 더욱이 / 얼마나 힘들 것인지 상상해 보라 / 모든 친숙한 물건들에 대한 모든 가능한 사용 방법들에 대해 끊임없이 고려하는 것이 / 여러분이 상호작용하는 (물건들과). [7] 나의 망치나 전화기를 사용해야 하나 / 저 못을 박기 위해서? [8] 매일을 살아가는 데 있어서 / 기능적 고착화는 저주가 아니라 안도이다. [9] 그것이 이유이다 / 여러분이 모든 선택권과 가능성을 고려하려는 시도조차 해서는 안 되는. [10] 그럴 수도 없다. [11] 여러분이 그렇게 하려고 한다면 / 여러분은 결코 그 어떤 일도 끝낼 수 없을 것이다. [12] 그러니 상자를 두드리지 말라. [13] 역설적이게도 / 비록 그것이 여러분의 사고를 제한하지만 / 그것은 또한 여러분을 똑똑하게 만들어 준다. [14] 그것은 여러분이 현실보다 한발 앞서도록 도와준다.

☐ functional fixedness 기능적 고착화 (어떤 물체가 가장 많이 쓰이는 용도로만 그 물체를 인식하는 경향)

047 반동 효과

어휘 학습 p. 073

[1] "If I say to you, 'Don't think of a white bear', / you will find it difficult / not to think of a white bear. [2] In this way, / 'thought suppression can actually increase the thoughts one wishes to suppress / instead of calming them'. [3] One common example of this is / that people on a diet who try not to think about food / often begin to think much more about food. [4] This process is therefore also known as the ***rebound effect***. [5] The ironic effect / seems to be caused by the **interplay** of two related cognitive processes. [6] This dual-process system involves, first, an intentional operating process, / which consciously attempts to locate / thoughts unrelated to the suppressed ones. [7] Second, and simultaneously, / an unconscious monitoring process / tests whether the operating system is functioning effectively. [8] If the monitoring system encounters thoughts **inconsistent** with the **intended** ones, / it **prompts** the intentional operating process / to ensure that these are replaced by appropriate thoughts. [9] However, it is argued, / the intentional operating system can fail / due to increased cognitive **load** caused by **fatigue**, stress and emotional factors, // and so the monitoring process / filters the inappropriate thoughts into consciousness, / making them highly accessible. 21 모의

048 정신적노화

어휘 학습 p. 074

[1] From the late nineteenth century on, / the **dullness** found in the senile, / their isolation and **withdrawal**, / their **clinging to** the past / and lack of interest in **worldly affairs** / were characteristically represented as the *symptoms* of senility / — the social shame of the inevitable deterioration of the brain. [2] Following World War II, / academic **discourse** on **aging** typically represented these / as the ***causes*** of senility. [3] The location of senile mental deterioration / was no longer the aging brain but a society that, / through **involuntary retirement**, / social isolation, / and the **loosening** of traditional family **ties**, / stripped the elderly of the roles that had sustained meaning in their lives. [4] When elderly people were **deprived** of these meaningful social roles, / when they became increasingly isolated and were cut off from the interests and activities that had earlier **occupied** them, / not surprisingly, their mental functioning deteriorated. [5] The elderly did not so much lose their minds as lose their place. 20 모의

* senile: 노쇠한 ** deterioration: 노화

047

[1] 내가 여러분에게 '백곰을 생각하지 말라.'라고 말하면 / 여러분은 어렵다는 것을 알게 될 것이다 / 백곰을 생각하지 않는 것이. [2] 이런 식으로 / '사고의 억제는 억누르고 싶은 생각을 실제로 증가시킬 수 있다 / 가라앉히는 대신에'. [3] 이것의 한 가지 흔한 예는 / 다이어트를 하고 있어서 음식에 대해 생각하지 않으려고 노력하는 사람들이 / 흔히 음식에 대해 훨씬 더 많이 생각하기 시작한다는 것이다. [4] 따라서 이 과정은 '반동 효과'라고도 알려져 있다. [5] 그 아이러니한 결과는 / 관련된 두 가지 인지 과정의 상호작용에 의해 야기되는 것 같다. [6] 이 이중 처리 체계는 우선 의도적인 운영 과정을 포함하는데 / 그것은 의식적으로 찾아내려고 한다 / 억제된 생각과 무관한 생각을. [7] 다음으로, 그리고 동시에 / 무의식적인 감시 과정은 / 운영 체계가 효과적으로 작동하고 있는지 검사한다. [8] 감시 체계가 의도된 생각과 일치하지 않는 생각과 마주치는 경우 / 그것은 의도적인 운영 과정을 자극한다 / 반드시 이러한 생각이 적절한 생각에 의해 대체되도록 하게 하기 위해. [9] 하지만, 주장되는 바로는 / 의도적인 운영 체계는 작동을 멈출 수 있다 / 피로, 스트레스, 정서적 요인에 의해 생긴 인지 부하의 증가로 인해 // 그래서 감시 과정은 / 부적절한 생각을 의식으로 스며들게 하여 / 접근하기 쉽게 만든다는 것이다.

☐ suppression 억제, 억압 ☐ locate 찾아내다 ☐ simultaneously 동시에 ☐ filter 거르다, 스며들게 하다
☐ accessible 접근하기 쉬운

048

[1] 19세기 후반부터 줄곧 / 노쇠한 이들에게서 발견되는 활기 부족 / 그들의 고립과 위축 / 과거에 대한 연연 / 그리고 세상사에 대한 관심 결여는 / 노쇠의 '증상'으로 특징적으로 기술되었는데 / 노쇠는 사회적으로 안타까운 일인 뇌의 필연적인 노화를 말한다. [2] 제2차 세계 대전 후에 / 노화에 대한 학술적 담론은 이것들을 전형적으로 기술했다 / 노쇠의 '원인'으로. [3] 노쇠한 이들의 정신적 노화의 장소는 / 더 이상 노화한 뇌가 아니라 사회였다 / 비자발적 퇴직 / 사회적 고립 / 그리고 전통적인 가족 유대감의 해체를 통해 / 노인들로부터 그들의 삶에서 의미를 유지했던 역할을 빼앗아 버린 (사회였다). [4] 노인들이 이 의미 있는 사회적 역할을 박탈 당했을 때 / 그들이 점점 더 고립되고 예전에 그들의 마음을 사로잡았던 흥미와 활동으로부터 단절되었을 때 / 당연히 그들의 정신적 기능이 노화했다. [5] 그 노인들은 자신의 정신을 잃었다기보다는 자신의 위치를 잃었다.

☐ discourse 담론 ☐ strip 빼앗다 ☐ deprive 박탈하다 ☐ occupy (마음을) 사로잡다
☐ not so much *A* as *B* A가 아니라 B인

049 뒷공론의 동기

어휘 학습 ▶ p. 076

[1] To begin with a psychological reason, / the knowledge of another's personal affairs / can tempt the possessor of this information to repeat it as gossip / because as **unrevealed** information it remains socially inactive. [2] Only when the information is repeated / can its possessor turn the fact that he knows something into something socially valuable / like social recognition, prestige, and notoriety. [3] As long as he keeps his information to himself, / he may feel superior to those who do not know it. [4] But knowing and not telling / does not give him that feeling of "superiority / that, so to say, latently contained in the secret, / fully **actualizes** itself only at the moment of **disclosure**." [5] This is the main motive / for gossiping about well-known figures and superiors. [6] The gossip producer assumes / that some of the "fame" of the subject of gossip, / as whose "friend" he presents himself, / will **rub off on** him. 20 모의

* prestige: 명성 ** notoriety: 악명 *** latently: 잠재적으로

050 탈진실

어휘 학습 ▶ p. 076

[1] If one looks at the Oxford definition, / one gets the sense / that post-truth is not so much a claim that truth *does not exist* as that *facts are subordinate to our political point of view*. [2] The Oxford definition focuses on "*what*" post-truth is: / the idea that feelings sometimes **matter** more than facts. [3] But just as important is the next question, / which is *why* this ever occurs. [4] Someone does not argue against an obvious or easily confirmable fact for no reason; / he or she does so / when it is to his or her advantage. [5] When a person's beliefs are threatened by an "**inconvenient** fact," / sometimes it is **preferable** to **challenge** the fact. [6] This can happen at either a conscious or unconscious level (since sometimes the person we are seeking to **convince** is ourselves), / but the point is that this sort of post-truth relationship to facts occurs / only when we are seeking to assert something that is more important to us than the truth itself.

20 모의

* subordinate: 종속하는

049

[1] 심리적인 이유부터 시작하자면 / 다른 사람의 개인적인 일에 대해 아는 것은 / 이 정보를 가진 사람이 그것을 뒷공론으로 반복하도록 부추길 수 있는데 / 왜냐하면 숨겨진 정보로서는 그것이 사회적으로 비활동적인 상태로 남기 때문이다. [2] 그 정보가 반복될 때만 / 그 정보를 소유한 사람은 자신이 무언가를 알고 있다는 사실을 사회적으로 가치 있는 어떤 것으로 바꿀 수 있다 / 사회적 인지, 명성 그리고 악명과 같은. [3] 자신의 정보를 남에게 말하지 않는 동안은 / 그는 그것을 알지 못하는 사람들보다 자신이 우월하다고 느낄 수도 있다. [4] 그러나 알면서 말하지 않는 것은 / 그에게 그런 우월감을 주지 못한다 / 말하자면 그 비밀 속에 보이지 않게 들어 있다가 / 폭로의 순간에만 완전히 실현되는 (그런 우월감을). [5] 이것이 주요 동기이다 / 잘 알려진 인물과 우월한 사람에 대해 뒷공론을 하는. [6] 뒷공론을 만들어 내는 사람은 추정한다 / 그 뒷공론 대상자의 '명성' 일부가 / 자신을 그의 친구로 보이게 해서 / 자신에게 옮겨질 것이라고.

☐ tempt 부추기다, 유혹하다 ☐ figure 인물

050

[1] Oxford 사전의 정의를 보면 / 알게 된다 / 탈진실이란 진실이 '존재하지 않는다'는 주장이 아니라 '사실이 우리의 정치적 관점에 종속되어 있다'라는 주장이라는 것을. [2] Oxford 사전의 정의는 탈진실이란 '무엇인가'에 초점을 두는데 / 그것은 때로는 감정이 사실보다 더 중요하다는 생각이다. [3] 하지만 그다음 질문은 그에 못지않게 중요한데 / 그것은 '왜' 이런 일이 일어나는가이다. [4] 어떤 사람이 아무런 이유 없이 분명하거나 쉽게 확인할 수 있는 사실에 반대하는 게 아니다 / 그 사람은 그렇게 한다 / 그것이 자신의 이익에 부합할 때. [5] 어떤 사람의 믿음이 '불편한 사실'에 의해 위협받을 때 / 때로는 그 사실에 이의를 제기하는 것이 선호된다. [6] 이것은 의식적인 수준이나 무의식적인 수준에서 일어날 수 있다 (왜냐하면 때로는 우리가 납득시키려고 추구하는 사람이 우리 자신이기 때문에) / 하지만 핵심은 사실에 대한 이러한 종류의 탈진실적 관계가 일어난다는 것이다 / 진실 그 자체보다 우리에게 더 중요한 어떤 것을 추구하려고 할 때만.

☐ not so much *A* as *B* A가 아니라 B인 ☐ confirmable 확인할 수 있는 ☐ convince 납득시키다

051 성년기에 나타나는 특징

어휘 학습 ▶ p. 077

[1] Erikson believes that / when we reach the adult years, / several physical, social, and **psychological** stimuli **trigger** a sense of ***generativity***. [2] A central component of this attitude / is the desire to care for others. [3] For the majority of people, / **parenthood** is perhaps the most obvious and convenient opportunity to **fulfill** this desire. [4] Erikson believes that / another distinguishing feature of **adulthood** is the emergence of an inborn desire to teach. [5] We become aware of this desire / when the event of being physically capable of reproducing / is joined with the events of participating in a **committed** relationship, the establishment of an adult pattern of living, and the assumption of job responsibilities. [6] According to Erikson, / by becoming parents / we learn that we have the need to be needed by others who depend on our knowledge, protection, and **guidance**. [7] We become **entrusted** to teach / culturally appropriate behaviors, values, attitudes, skills, and information about the world. [8] By assuming the responsibilities of being primary **caregivers** to children / through their long years of physical and social growth, // we **concretely** express / what Erikson believes to be an inborn desire to teach. 19 모의

052 다른 사람과 비교하기

어휘 학습 ▶ p. 079

[1] People sometimes make downward social **comparisons** / — comparing themselves to inferior or **worse-off** others — / to feel better about themselves. [2] This is **self-enhancement** at work. [3] But what happens / when the only available comparison target we have / is superior or better off than we are? [4] Can self-enhancement **motives** still be served in such situations? [5] Yes, they can, / as **captured** by the **self-evaluation** maintenance model. [6] According to this theory, / we shift between two processes — reflection and comparison — / in a way that lets us maintain favorable **self-views**. [7] In areas that are *not* especially relevant to our **self-definition**, / we engage in *reflection*, / whereby we **flatter** ourselves by association with others' accomplishments. [8] Suppose you care very little about your own **athletic** skills, / but when your friend scores the winning goal during a **critical** soccer match, / you **beam** with pride, / experience a boost to your **self-esteem**, / and take delight in her victory celebrations / as if, by association, it were your victory too. 18 모의

* flatter: 치켜세우다, 아첨하다

051

1 Erikson은 믿는다 / 우리가 성년에 이를 때 / 몇 가지 신체적, 사회적, 그리고 심리적 자극이 '생식성'에 대한 인식을 촉발한다고. 2 이러한 태도의 한 가지 중심적인 구성요소는 / 다른 사람들을 돌보고자 하는 욕구이다. 3 대다수 사람에게는 / 부모가 되는 것이 아마 이러한 욕구를 충족할 가장 분명하고 편안한 기회일 것이다. 4 Erikson은 믿는다 / 성인기의 또 다른 독특한 특징은 가르치고자 하는 타고난 욕구의 출현이라고. 5 우리는 이 욕구를 인식하게 된다 / 신체적으로 자손을 퍼뜨릴 수 있는 일이 / 헌신적인 관계, 성인 생활 패턴의 정착, 그리고 업무 책임 떠맡기에 참여하는 일들과 결합할 때. 6 Erikson에 따르면 / 부모가 됨으로써 / 우리는 우리의 지식, 보호, 그리고 지도에 의존하는 다른 사람들에 의해 필요해지고 싶은 욕구가 있다는 것을 알게 된다. 7 우리는 가르치는 일을 위임받게 된다 / 문화적으로 적절한 행동, 가치, 태도, 기술, 그리고 세상에 대한 정보를. 8 아이들의 일차적인 돌봄 제공자가 되는 책임을 떠맡음으로써 / 그들이 신체적, 사회적으로 성장하는 긴 세월 동안 // 우리는 구체적으로 표현한다 / Erikson이 가르치고자 하는 타고난 욕구라고 믿는 것을.

☐ emergence 출현 ☐ assumption 떠맡기

052

1 사람들은 때때로 아래로 향하는 사회적 비교를 한다 / 즉 자신을 열등하거나 상황이 더 나쁜 다른 사람들과 비교한다 / 자신에 대해 더 낫다고 느끼기 위해. 2 이것은 자기 고양감이 작동하는 것이다. 3 그러나 어떤 일이 생기는가 / 우리가 가지고 있는 유일하게 이용할 수 있는 비교 대상이 / 우리보다 우월하거나 상황이 더 나을 때는? 4 그런 상황에서도 자기 고양감의 동기가 여전히 도움이 될까? 5 그럴 수 있다 / 자기 평가 유지 모델에 의해 포착된대로. 6 이 이론에 따르면 / 우리는 반영과 비교라는 두 가지 과정 사이에서 이동한다 / 유리한 자기관을 유지시켜주는 방식으로. 7 자기 인식과 특별히 관련되지 '않은' 곳에서는 / 우리는 '반영'을 하고 / 그럼으로써 다른 사람들이 성취한 것과 관련지어서 자신을 치켜세운다. 8 여러분이 자신의 운동 기술에 신경을 거의 쓰지 않는다고 가정하자 / 하지만 친구가 중요한 축구 시합에서 결승골을 넣을 때 / 여러분은 자랑스럽게 활짝 웃고 / 자부심을 올리는 힘을 경험하고 / 그리고 그녀의 승리 축하를 기뻐한다 / 마치 연상에 의해 그것이 여러분의 승리인 것처럼 .

☐ be better off 상황이 더 낫다 ☐ boost (밀어 올리는) 힘

053 타인의 성향에 맞추기

어휘 학습 p. 080

[1] Let me spend a moment / on the idea of adjusting to another person's mental **orientation**. [2] What I mean is this. [3] At any moment, / a person has a particular **take on** what is happening. [4] The person notices this rather than that, / and she has feelings and makes judgements about one rather than another aspect of events. [5] If she is hungry, / for example, / she may notice that a shop is selling **groceries**; / her friend may notice only that it sells newspapers. [6] If she is short of money, / she may **resent** that the fruit is **overpriced**; / **meanwhile** her friend may feel tempted / by some juicy peaches. [7] In one sense / the two friends are experiencing the same shop and its **contents**, / but they are having quite different experiences of that shop. [8] A more extreme case arises / when one person **comprehends** things in a **peculiar** and individual way, / for instance, in mistaking the shop for a cinema. 18 모의

054 두려움의 기능

어휘 학습 p. 081

[1] From an evolutionary perspective, / fear has contributed to both **fostering** and limiting change, / and to preserving the species. [2] We are **programmed** to be afraid. [3] It is a survival need, / as is stability, / which is another force of nature that can limit the capacity to change. [4] Stable patterns are necessary / **lest** we live in **chaos**; / however, they make it difficult to **abandon** entrenched behaviors, / even those that are no longer useful, constructive, or health creating. [5] And fear can keep you from changing / when you don't want to risk a step into unknown territory; // for example, / some people choose not to leave an **unfulfilling** job or a failing relationship / because they fear the unknown more than the known. [6] On the other hand, / fear can also motivate change / in order to avoid something you're afraid of, such as dying young / — as one of your parents might have. 17 모의

* entrenched: 굳어버린

053

1 잠시 생각해 보겠다 / 다른 사람의 정신적 성향에 맞춘다는 생각에 대해. 2 내 말뜻은 다음과 같다. 3 어떤 순간이든지 / 사람은 일어나고 있는 일에 대한 특별한 의견을 갖고 있다. 4 그 사람은 저것보다는 이것을 주목하며 / 사건의 저런 측면보다는 이런 측면에 대한 느낌을 가지고 판단을 한다. 5 그녀가 배가 고프다면 / 예를 들어 / 그녀는 한 상점이 식료품을 팔고 있다는 것을 알아챌 수도 있으며 / 친구는 그 상점이 신문을 판다는 것만을 알아챌 수도 있다. 6 돈이 부족하다면 / 그녀는 과일 가격이 너무 비싸게 책정되어 있다고 화를 낼지도 모르며 / 한편 친구는 유혹을 받을지도 모른다 / 몇몇 과즙이 풍부한 복숭아에. 7 어떤 의미에서 / 그 두 친구는 똑같은 상점과 그 내용물을 경험하고 있지만 / 그들은 그 상점에 대한 아주 다른 경험을 하고 있다. 8 좀 더 극단적인 사례가 발생한다 / 한 사람이 특이한 개인적 방식으로 사물을 이해할 때 / 예컨대 그 상점을 영화관으로 오인하는 경우처럼.

☐ mistake *A* for *B* A를 B로 착각하다

054

1 진화의 관점에서 볼 때 / 두려움은 변화를 조성하고 제한하며 / 종을 보존하는 데 기여해 왔다. 2 우리는 두려워하도록 프로그램이 되어 있다. 3 그것은 생존의 필수 사항인데 / 안정이 그러하듯이 / 그것은 변화하는 능력을 제한할 수 있는 자연의 또 다른 힘이다. 4 안정적인 패턴이 필요하다 / 우리가 혼돈 속에 살지 않도록 / 하지만 그것은 굳어버린 행동마저도 버리는 것을 어렵게 만든다 / 더 이상 쓸모도 없고, 건설적이지도 않으며, 건강한 상태를 만들어 내지도 않는 행동마저도. 5 그리고 두려움은 여러분이 변하는 것을 저지할 수도 있다 / 위험을 무릅쓰고 미지의 영역으로 발걸음을 내딛고 싶지 않을 때 // 예를 들어 / 어떤 사람들은 성취감이 없는 일이나 소원해지는 관계라도 저버리지 않기를 바라는데 / 알려진 것보다는 알려지지 않은 것을 두려워하기 때문이다. 6 반면에 / 두려움은 또한 변화를 자극할 수 있다 / 젊은 나이에 죽는 것과 같은 여러분이 염려하는 것을 피할 수 있도록 / 여러분의 부모 중 한 분이 그랬을 수도 있듯이.

☐ lest ~하지 않도록 ☐ risk 위험을 무릅쓰고 ~하다

055 통제 불가능에 대한 인식

어휘 학습 p. 082

[1] When people try to control situations that are **essentially uncontrollable**, / they are inclined to experience high levels of stress. [2] Thus, / suggesting that they need to take active control / is bad advice in those situations. [3] What they need to do / is to accept that some things are beyond their control. [4] Similarly, / teaching people to accept a situation that could readily be changed / could be bad advice; / sometimes the only way to get what you want / is to take active control. [5] Research has shown / that when people who feel helpless fail to take control, / they experience negative **emotional** states / such as anxiety and depression. [6] Like stress, / these negative emotions can **damage** the **immune** response. [7] We can see from this / that health is not **linearly** related to control. [8] For **optimum** health, / people should be encouraged / to take control to a point but to recognize when further control is impossible. 17 모의

056 탐구의 동기

어휘 학습 p. 083

[1] Psychologists Dember and Earl suggested / that the motivation for **exploration** had its roots in a **curiosity drive**. [2] They suggested that curiosity is stimulated by **novelty** / and argued that novelty is in the eye of the **beholder**. [3] We could have seen something many times before, / but as the result of having new skills or competence, / we discover new or different **aspects** of that object. [4] This is very important for understanding / why people will often return to explore things that they explored before / or do things they have done before. [5] In our daily lives, / for example, / we might decide to listen to a piece of music / that we have listened to many times. [6] By returning to that music with a new or fresh perspective, / perhaps as a result of listening to other music, / we find something new and interesting. [7] One reason that people can play a card game such as bridge over and over / is that no matter how many times you have played the game, / it will be different in some way. 17 모의

055

1 사람들이 근본적으로 통제할 수 없는 상황을 통제하려 할 때 / 그들은 높은 수준의 스트레스를 경험하는 경향이 있다. 2 따라서 / 적극적 통제를 취할 필요가 있다고 제안하는 것은 / 그러한 상황에서 잘못된 충고이다. 3 그들이 할 필요가 있는 것은 / 어떤 일은 그들의 통제 밖에 있음을 인정하는 것이다. 4 마찬가지로 / 사람들에게 손쉽게 바뀔 수 있는 상황을 받아들이라고 가르치는 것은 / 잘못된 충고가 될 수 있는데 / 때때로 원하는 것을 얻는 유일한 방법은 / 적극적인 통제를 하는 것이기 때문이다. 5 연구는 보여주었다 / 무력함을 느끼는 사람들이 통제하는 데 실패할 때 / 부정적인 감정 상태를 경험한다는 것을 / 불안과 우울증과 같은. 6 스트레스처럼 / 이런 부정적인 감정은 면역 반응을 손상할 수 있다. 7 이것으로부터 우리는 알 수 있다 / 건강이 통제와 곧장 연결되어 있지 않다는 것을. 8 최적의 건강을 위해 / 사람들에게 권장되어야 한다 / 어느 정도까지는 통제하지만 더 이상의 통제가 불가능한 때를 인식하도록.

☐ be inclined to ~하는 경향이 있다 ☐ depression 우울증

056

1 심리학자 Dember와 Earl은 시시했다 / 탐구의 동기는 호기심의 욕구에 뿌리를 두고 있다고. 2 그들은 호기심이 신기함에 의해 자극을 받는다고 시사했다 / 그리고 신기함은 보는 사람의 눈에 따라 다르다고 주장했다. 3 우리는 전에 어떤 것을 여러 번 보았을 수도 있다 / 하지만 새로운 기술이나 능력을 갖추게 된 결과로 / 우리는 음악 작품을 그 물건의 새롭거나 다른 측면을 발견한다. 4 이것은 이해하는 데 매우 중요하다 / 왜 사람들이 이전에 탐구했던 것들을 탐구하기 위해서 자주 돌아가거나 / 이전에 했던 것들을 하기 위해서 자주 돌아가곤 하는지를. 5 일상생활에서 / 예를 들어 / 우리는 음악 작품을 듣기로 할 수도 있을 것이다 / 여러 번 들었던. 6 새롭거나 신선한 관점을 가지고 그 음악으로 돌아감으로써 / 아마도 다른 음악을 들은 결과로 / 우리는 새롭고 흥미로운 어떤 것을 발견한다. 7 사람들이 브리지와 같은 카드 게임을 반복해서 할 수 있는 한 가지 이유는 / 그 게임을 아무리 여러 번 했더라도 / 그것이 어떤 면에서 다를 것이기 때문이다.

☐ perspective 관점 ☐ competence 능력

057 일상 속의 숫자

어휘 학습 ▶ p. 083

1 We sometimes solve number problems / almost without realizing it. 2 For example, / suppose you are conducting a meeting / and you want to ensure that everyone there has a copy of the **agenda**. 3 You can deal with this / by labelling each copy of the **handout** in turn / with the initials of each of those present. 4 As long as you do not **run out of** copies / before completing this process, // you will know that you have a sufficient number to **go around**. 5 You have then solved this problem / without **resorting to** arithmetic and without explicit counting. 6 There are numbers at work for us here all the same / and they allow precise comparison of one collection with another, / even though the members that **make up** the collections could have entirely different characters, // as is the case here, where one set is a collection of people, while the other consists of pieces of paper. 7 What numbers allow us to do / is to compare the relative size of one set with another. 21 모의

* arithmetic: 산수

058 외적 표현

어휘 학습 ▶ p. 084

1 **Externalization** is the **foundation** / from which many narrative conversations are built. 2 This requires a particular shift / in the use of language. 3 Often externalizing conversations / involve tracing the influence of the problem in a child's life over time / and how the problem has **disempowered** the child by limiting his ability to see things in a different light. 4 The counsellor helps the child to change / by **deconstructing** old stories and reconstructing preferred stories about himself and his life. 5 To help the child to develop a new story, / the counsellor and child search for times when the problem has not influenced the child or the child's life / and focus on the different ways the child thought, felt and behaved. 6 These exceptions to the problem story / help the child create a new and preferred story. 7 As a new and preferred story begins to emerge, / it is important to assist the child / to **hold on to**, or stay connected to, the new story. 18 모의

057

1 우리는 가끔 숫자 문제를 푼다 / 거의 깨닫지도 못한 채. 2 예를 들어 / 여러분이 회의를 진행하고 있다고 가정해 보라 / 그리고 그곳에 있는 모든 사람이 의제의 사본을 가질 수 있도록 확실히 하고 싶어한다고 (가정해 보라). 3 여러분은 이것을 처리할 수 있다 / 그 유인물의 각 사본에 차례대로 적음으로써 / 참석한 사람들 각자의 이름 첫 글자들을 넣어서. 4 사본이 떨어지지 않는 한 / 이 과정을 완료하기 전에 // 여러분은 사람들에게 돌아갈 충분한 수의 사본이 있다는 것을 알 것이다. 5 그렇다면 여러분은 이 문제를 해결한 것이다 / 산수에 의존하지 않고 명시적인 계산 없이. 6 그래도 여기에는 우리에게 영향을 미치고 있는 숫자가 있다 / 그리고 숫자들은 하나의 집합과 다른 집합을 정확히 비교할 수 있게 하는데 / 그 집합을 구성하는 것들이 완전히 다른 특징을 가질 수 있음에도 그러하다 // 이번 경우가 그러한데, 한 세트는 사람의 집합이고 다른 세트는 종이들로 구성되어 있다. 7 숫자가 우리로 하여금 할 수 있게 하는 것은 / 한 세트의 상대적인 크기를 다른 세트와 비교하는 것이다.

- ☐ conduct a meeting 회의를 진행[주관]하다
- ☐ initial 이름의 첫 글자
- ☐ explicit 명시적인, 명백한
- ☐ all the same 그래도, 여전히

058

1 외적 표현은 토대이다 / 그것으로부터 많은 이야기식 대화가 이루어지는. 2 이것은 특별한 전환을 요구한다 / 언어의 사용에 있어서. 3 흔히 외적으로 표출하는 대화는 / 시간이 흐르는 동안 아이의 삶에서 문제가 미친 영향을 추적하는 것을 포함한다 / 그리고 어떻게 그 문제가 다른 관점에서 상황을 보는 아이의 능력을 제한함으로써 아이를 무기력해지게 했는가를 (추적하는 것을 포함한다). 4 상담사는 아이가 변화하는 것을 도와준다 / 아이가 옛 이야기를 해체하고 자신과 자신의 삶에 관한 선호되는 이야기를 재구성함으로써. 5 아이가 새로운 이야기를 전개하는 것을 돕기 위해 / 상담사와 아이는 그 문제가 아이와 아이의 삶에 영향을 미치지 않았던 시간을 찾아내어 / 아이가 생각하고, 느끼고, 행동했던 다른 방식들에 초점을 둔다. 6 그 문제가 있는 이야기에 대한 이러한 예외들은 / 새로운, 선호되는 이야기를 만들어 내도록 아이에게 도움을 준다. 7 새로운 선호되는 이야기가 나오기 시작할 때 / 아이를 돕는 것이 중요하다 / 그 새로운 이야기에 매달리거나 연결된 상태를 유지하도록.

- ☐ narrative (사건에 대한) 묘사[서술/이야기]
- ☐ shift 전환
- ☐ reconstruct 재구성하다

SET 13

059 에너지 효율

어휘 학습 ▶ p. 085

[1] Experts have identified a large number of measures / that promote energy efficiency. [2] Unfortunately / many of them are not cost effective. [3] This is a **fundamental requirement** for energy efficiency investment / from an economic perspective. [4] However, / the calculation of such cost effectiveness is not easy: / it is not simply a case of looking at **private** costs and comparing them to the **reductions** achieved. [5] There are **significant** externalities to take into account / and there are also **macroeconomic** effects. [6] For instance, / at the aggregate level, / improving the level of national energy efficiency / has positive effects on macroeconomic issues / such as energy **dependence**, climate change, health, national competitiveness and reducing fuel **poverty**. [7] And this has direct repercussions at the individual level: / households can reduce the cost of electricity and gas bills, / and improve their health and comfort, // while companies can increase their competitiveness and their **productivity**. [8] Finally, / the market for energy efficiency / could contribute to the economy / through job and firms creation. 21 수능

* aggregate: 집합의 ** repercussion: 반향, 영향

060 대체 에너지와 시간

어휘 학습 ▶ p. 086

[1] Biological **organisms**, / including human societies both with and without market systems, / **discount** distant **outputs** / over those **available** at the present time / based on risks **associated** with an uncertain future. [2] As the timing of inputs and outputs varies greatly / depending on the type of energy, // there is a strong case to **incorporate** time / when assessing energy alternatives. [3] For example, / the energy output from solar panels or wind power engines, / where most investment happens before they begin producing, / may need to be assessed differently / when compared to most **fossil** fuel **extraction** technologies, // where a large **proportion** of the energy output comes much sooner, / and a larger (relative) proportion of inputs is applied during the extraction process, / and not upfront. [4] Thus / fossil fuels, particularly oil and natural gas, / in addition to having energy quality advantages (cost, **storability**, **transportability**, etc.) over many **renewable** technologies, / also have a “temporal advantage” / after accounting for human behavioral preference for current consumption/return.

19 수능

* upfront: 선행 투자의

059

[1] 전문가들은 다수의 대책을 찾아냈다 / 에너지 효율을 증진하는. [2] 유감스럽게도 / 그중 많은 수는 비용 효율적이지 않다. [3] 이것은 에너지 효율을 위한 투자의 근본적인 필요조건이다 / 경제적 관점에서. [4] 하지만 / 그러한 비용 효율성의 산정은 쉽지 않다 / 그것은 단순히 사적 비용을 보고 그것을 달성한 절감액과 비교하는 경우가 아니기 때문이다. [5] 고려해야 할 중요한 외부 효과가 있고 / 거시 경제적 효과도 있다. [6] 예를 들어 / 총체적[집합적] 차원에서 / 국가의 에너지 효율 수준을 높이는 것은 / 거시 경제적 문제에 긍정적인 영향을 미친다 / 에너지 의존도, 기후 변화, 보건, 국가 경쟁력, 연료 빈곤을 감소시키는 것과 같은. [7] 그리고 이것은 개인적 차원에서 직접적인 영향을 미친다 / 즉, 가정은 전기 비용과 가스 요금을 줄일 수 있고 / 자신의 건강과 안락을 증진할 수 있다 // 반면에 회사는 자체 경쟁력과 생산성을 증대시킬 수 있다. [8] 결국 / 에너지 효율 시장은 / 경제에 이바지할 수 있다 / 일자리와 기업 창출을 통해.

☐ externality 외부 효과　☐ household 가정

060

[1] 생물학적 유기체들은 / 시장 시스템이 있거나 없는 두 가지 인간 사회를 다 포함한 / (시간상으로) 멀리 있는 생산물들을 평가절하한다 / 현재 이용할 수 있는 것들보다 / 불확실한 미래와 관련된 위험에 기초하여. [2] 투입과 생산의 시기가 크게 다르기 때문에 / 에너지 유형에 따라 // 시간을 포함시키려는 강력한 사례가 있다 / 대체 에너지를 평가할 때. [3] 예를 들어 / 태양 전지판이나 풍력 엔진으로부터의 에너지 생산은 / 대부분의 투자가 생산하기 전에 발생하는데 / 다르게 평가될 필요가 있을 수 있다 / 대부분의 화석 연료 추출 기술과 비교했을 때 // 거기서는(대부분의 화석 연료 추출 기술에서는) 많은 비율의 에너지 생산이 훨씬 더 빨리 가능하고 / 더 큰 (상대적) 비율의 투입이 추출 과정 동안에 적용되고 / 선행 투자되지는 않는다. [4] 따라서 / 화석 연료, 특히 석유와 천연가스는 / 많은 재생 가능 기술보다 에너지 품질 이점(비용, 저장성, 운송 가능성 등)이 있을 뿐만 아니라 / '시간적 이점'도 또한 갖는다 / 현재의 소비/수익에 대한 인간의 행동 선호를 설명하는 것에 비추어 보면.

☐ solar panel 태양 전지판

SET 14

061 에너지와 기후 변화에 대한 투자

어휘 학습 ▶ p. 087

[1] I expect that global society will increase **annual** investments / from 24% today to 36% of the GDP in 2052. [2] Much of this investment / will be in energy-**efficient** goods that are more expensive / than old-fashioned **stuff** designed for an **era** of cheap energy. [3] Another share will be invested / in the shift from coal to more expensive **fuels**, / like conventional gas. [4] Some will go into the construction of new renewable energy supply, / even during the years before it becomes **competitive**. [5] And a lot will go into repair of climate damage / or **adaptation** to future climate damage // — for example, / investing in new protective walls along the coast / to keep the rising ocean back. [6] These huge increases in investment / would not **come about** / if investment was left to the market. [7] Rather, / they will happen only through state **intervention**, / based on **parliamentary** decision. [8] It will be either direct, / when the government invests the tax dollars / in whatever capacity it considers to be most necessary, // or indirect, / when the government passes **legislation** that makes the desired activity more **profitable**. 17 수능

062 관광산업과 환경보호

어휘 학습 ▶ p. 088

[1] The impacts of **tourism** on the environment / are evident to scientists, / but not all **residents attribute** environmental damage to tourism. [2] Residents commonly have positive views / on the economic and some **sociocultural** influences of tourism on quality of life, / but their **reactions** to environmental impacts / are mixed. [3] Some residents feel / tourism provides more parks and recreation areas, / improves the quality of the roads and public **facilities**, / and does not contribute to **ecological** decline. [4] Many do not blame tourism / for traffic problems, **overcrowded** outdoor recreation, or the **disturbance** of peace and tranquility of parks. [5] Alternatively, / some residents express concern / that tourists overcrowd the local fishing, hunting, and other recreation areas / or may cause traffic and **pedestrian** congestion. [6] Some studies suggest / that variations in residents' feelings about tourism's relationship to environmental damage / are related to the type of tourism, / the extent to which residents feel the natural environment needs to be protected, / and the distance residents live from the tourist **attractions**. 17 수능

* tranquility: 고요함 ** congestion: 혼잡

061

[1] 나는 국제사회가 연간 투자를 늘릴 것으로 예상한다 / 오늘날 GDP의 24%에서 2052년에 36%로. [2] 이 투자의 많은 부분은 / 더 비싼 에너지 효율이 높은 제품에 이루어질 것이다 / 저렴한 에너지 시대를 위해 고안된 구식의 물건보다는. [3] 다른 지분은 투자될 것이다 / 석탄에서 더 비싼 연료로의 이동에 / 재래식 가스와 같은. [4] (투자의) 일부는 신 재생 에너지 공급의 구축에 들어갈 것이다 / 그것[신 재생 에너지 공급]이 경쟁력이 있게 되기 여러 해 전이라도. [5] 그리고 (투자의) 많은 부분은 기후 변화로 인한 피해를 복구하는 일로 들어갈 것이다 / 또는 미래의 기후 변화로 인한 피해에 대한 적응에 (들어갈 것이다) // 예를 들어 / 해안을 따라 새로운 보호벽에 투자하는 것처럼 / 해수면 상승을 막기 위해. [6] 이러한 엄청난 투자의 증가는 / 일어나지 않을 것이다 / 투자가 시장에 맡겨진다면. [7] 오히려 / 그것[투자의 엄청난 증가]은 국가의 개입을 통해서만 일어날 것이다 / 의회의 결정에 근거하여. [8] 그것은 직접적일 것이다 / 정부가 세금을 투자한다는 점에서 / 정부가 가장 필요하다고 여기는 어떤 생산 능력에라도 // 아니면 간접적일 것이다 / 정부가 바람직한 활동을 더 수익성이 있게 만드는 법률을 통과시킨다는 점에서.

☐ old-fashioned 구식의 ☐ conventional 재래식의 ☐ tax dollar 세금

062

[1] 관광산업이 환경에 미치는 영향은 / 과학자들에게는 명확하지만 / 모든 주민들이 환경 훼손을 관광산업의 탓으로 돌리지는 않는다. [2] 주민들은 대개 긍정적인 견해를 가지고 있다 / 관광산업이 삶의 질에 미치는 경제적인 그리고 몇 가지 사회문화적인 영향에 대해 / 하지만 환경적 영향에 대한 그들의 반응은 / 엇갈린다. [3] 몇몇 주민들은 느낀다 / 관광산업이 더 많은 공원과 휴양지를 제공하고 / 도로와 공공시설의 질을 개선하며 / 생태계 쇠퇴의 원인이 되지는 않는다고. [4] 많은 이들이 관광산업을 탓하지는 않는다 / 교통 문제와 초만원인 야외 오락 활동 또는 공원의 평화로움과 고요함을 방해하는 것에 대해. [5] 그 대신에 / 몇몇 주민들은 우려를 표한다 / 관광객들이 현지의 낚시터, 사냥터 및 기타 휴양지에 지나치게 몰리거나 / 교통과 보행자 혼잡을 초래할지도 모른다는. [6] 몇 가지 연구들은 보여 준다 / 환경 훼손과 관광산업의 관계에 대해 주민들이 가지는 생각의 차이가 / 관광산업의 유형과 연관되고 / 주민들이 자연환경이 보호될 필요가 있다고 느끼는 정도(와 연관되며) / 그리고 주민들이 관광 명소에서 떨어져 사는 거리와 연관이 있음을.

☐ evident 명확한 ☐ contribute to ~의 원인이 되다

SET 14

063 재정 위기

어휘 학습 ▶ p. 090

[1] Both the **budget** deficit and federal debt have soared / during the recent financial crisis and **recession**. [2] During 2009–2010, / nearly 40 percent of federal **expenditures** were **financed** by borrowing. [3] The huge recent federal deficits / have pushed the federal debt / to levels not seen since the years immediately following World War II. [4] The rapid growth of **baby-boomer** retirees / in the decade immediately ahead / will mean higher spending levels and larger and larger deficits for both Social Security and Medicare. [5] Moreover, / more than half of Americans age 18 and older / derive benefits from various transfer programs, / while paying little or no personal income tax. [6] All of these factors / are going to make it extremely difficult / to slow the growth of federal spending and keep the debt from **ballooning** out of control. [7] **Projections** indicate / that the **net** federal debt will rise to 90 percent of GDP by 2019, / and many believe it will be even higher / unless constructive action is taken soon. 19 모의

* deficit: 부족, 결손 ** federal: 연방의 *** soar: 급등하다, 치솟다

064 촉각의 특성

어휘 학습 ▶ p. 091

[1] People don't usually think of touch as a temporal phenomenon, / but it is **every bit** as time-based as it is spatial. [2] You can carry out an experiment / to see for yourself. [3] Ask a friend to **cup** his hand, / **palm** face up, / and close his eyes. [4] Place a small ordinary object in his palm / — a ring, an eraser, anything will do / — and ask him to identify it / without moving any part of his hand. [5] He won't have a clue / other than weight and maybe overall size. [6] Then tell him to keep his eyes closed and move his fingers over the object. [7] He'll most likely identify it at once. [8] By allowing the fingers to move, / you've added time / to the sensory **perception** of touch. [9] There's a direct analogy / between the fovea at the center of your retina and your **fingertips**, / both of which have high **acuity**. [10] Your ability to make complex use of touch, / such as **buttoning** your shirt or **unlocking** your front door in the dark, / depends on continuous **time-varying** patterns of touch **sensation**. 21 수능

* analogy: 유사 ** fovea: (망막의) 중심와(窩) *** retina: 망막

063

1 재정 적자와 연방 정부의 부채가 모두 치솟았다 / 최근의 재정 위기와 경기 침체 동안에. 2 2009 ~ 2010년 동안 / 연방 정부 지출의 거의 40퍼센트가 대출에 의해 자금이 충당되었다. 3 최근의 막대한 연방 재정 적자는 / 연방 정부의 부채를 밀어 올렸다 / 제2차 세계대전 직후의 몇 년 이후로는 본 적이 없던 수준으로. 4 베이비붐 세대 퇴직자의 빠른 증가는 / 곧 직면할 10년 동안에 / 사회 보장 연금과 노인 의료 보험 제도의 더 높은 지출 수준과 점점 더 커지는 적자를 의미할 것이다. 5 더욱이 / 18세 이상의 미국인들 중 절반이 넘는 사람들이 / 다양한 (소득) 이전 지원 프로그램으로부터 보조금을 얻어내는데 / 반면에 개인 소득세를 거의 혹은 전혀 내지 않는다. 6 이러한 모든 요인들은 / 대단히 어렵게 만들 것이다 / 연방 정부의 재정 지출 증가를 늦추고 부채가 통제 불능 상태로 불어나지 않도록 막는 것을. 7 예측들은 보여준다 / 연방 정부의 순부채가 2019년쯤에는 국내 총생산의 90퍼센트까지 증가하리라는 것을 / 그리고 많은 사람들은 그것(순부채)이 훨씬 더 높아질 것이라고 믿는다 / 빨리 건설적인 조치가 취해지지 않으면.

☐ finance 자금을 조달하다 ☐ income tax 소득세

064

1 사람들은 보통 촉각을 시간의 현상으로 생각하지 않지만 / 그것은 공간적인 만큼 전적으로 시간에 기반을 두고 있다. 2 여러분은 실험을 할 수 있다 / 직접 알아보기 위해. 3 친구에게 손을 컵 모양으로 동그랗게 모아 쥐고 / 손바닥이 위로 향하게 하고 / 눈을 감으라고 요청해 보라. 4 그의 손바닥에 작은 평범한 물건을 올려놓아라 / 반지, 지우개, 무엇이든 괜찮다 / 그리고 그것이 무엇인지 알아보라고 요청해 보라 / 손의 어떤 부분도 움직이지 말고. 5 그는 다른 어떤 단서도 갖지 못할 것이다 / 무게와 아마 전체적인 크기 외에. 6 그런 다음 그에게 눈을 감은 채로 그 물건 위로 손가락을 움직여보라고 말하라. 7 그는 거의 틀림없이 그것이 무엇인지 즉시 알아낼 것이다. 8 손가락이 움직이게 함으로써 / 당신은 시간을 더했다 / 촉각이라는 감각적 인식에. 9 직접적인 유사함이 있다 / 망막의 중심에 있는 중심와(窩)와 손가락 끝 사이에 / 그런데 그것들은 둘 다 매우 예민하다. 10 촉각을 복잡하게 사용하는 능력은 / 셔츠 단추를 잠그거나 어둠 속에서 현관문을 여는 것과 같이 / 촉각이라는 감각의 지속적인 시간에 따라 달라지는 패턴에 의존한다.

☐ temporal 시간의 ☐ spatial 공간적인

SET 15

065 편승 효과

어휘 학습 ▶ p. 092

[1] How the bandwagon effect occurs / is demonstrated by the history of measurements of the speed of light. [2] Because this speed is the basis of the theory of relativity, / it's one of the most frequently and carefully measured **quantities** in science. [3] As far as we know, / the speed hasn't changed over time. [4] However, from 1870 to 1900, / all the **experiments** found speeds that were too high. [5] Then, from 1900 to 1950, / the **opposite** happened / — all the experiments found speeds that were too low! [6] This kind of error, / where results are always on one side of the real value, / is called "**bias**." [7] It probably happened / because over time, / experimenters **subconsciously** adjusted their results / to **match** what they expected to find. [8] If a result **fit** what they expected, / they kept it. [9] If a result didn't fit, / they threw it out. [10] They weren't being intentionally dishonest, / just influenced by the conventional wisdom. [11] The pattern only changed / when someone had the courage to report what was actually measured / instead of what was expected. 21 수능

* bandwagon effect: 편승 효과

066 학습 중에 일어나는 뇌의 변화

어휘 학습 ▶ p. 092

[1] Thanks to newly developed **neuroimaging** technology, / we now have access to the specific brain changes / that occur during learning. [2] Even though all of our brains contain the same basic structures, / our **neural** networks are as **unique** as our **fingerprints**. [3] The latest developmental **neuroscience research** has shown / that the brain is much more malleable throughout life / than previously assumed; // it develops in response to its own processes, / to its immediate and distant "environments," / and to its past and current situations. [4] The brain seeks to create meaning / through establishing or **refining** existing neural networks. [5] When we learn a new fact or skill, / our neurons communicate / to form networks of connected information. [6] Using this knowledge or skill / results in structural changes / to allow similar future **impulses** to travel more quickly and efficiently than others. [7] **High-activity synaptic** connections / are stabilized and strengthened, / while connections with relatively low use / are weakened and eventually pruned. [8] In this way, / our brains are **sculpted** / by our own history of experiences. 21 수능

* malleable: 순응성이 있는 ** prune: 잘라 내다

065

1 편승 효과가 어떻게 발생하는지는 / 빛의 속력 측정의 역사로 입증된다. 2 이 빛의 속력은 상대성 이론의 기초이기 때문에 / 과학에서 가장 빈번하고 면밀하게 측정된 물리량 중 하나이다. 3 우리가 아는 한 / 빛의 속력은 시간이 흘러도 아무런 변함이 없었다. 4 그러나 1870년부터 1900년까지 / 모든 실험에서 너무 높은 속력이 발견되었다. 5 그러고 나서 1900년부터 1950년까지 / 그 반대 현상이 일어나 / 모든 실험에서 너무 낮은 속력이 발견되었다! 6 이런 형태의 오류는 / 결과치가 항상 실제 값의 어느 한 쪽에 있는데 / '편향'이라고 한다. 7 그것은 아마 생겨났을 것이다 / 시간이 지나면서 / 실험자들이 잠재의식적으로 결과를 조정했기 때문에 / 자신들이 발견할 것이라 예상한 것과 일치하도록. 8 결과가 그들이 예상한 것과 부합하면 / 그들은 그것을 유지했다. 9 결과가 부합하지 않으면 / 그들은 그것을 버렸다. 10 그들은 의도적으로 부정직한 것은 아니었고 / 단지 일반 통념에 의해 영향을 받았을 뿐이었다. 11 그 패턴은 바뀌었다 / 누군가가 실제로 측정된 것을 보고할 용기가 있었을 때가 되어서야 / 예상된 것 대신에.

☐ bandwagon effect 편승 효과 (우세를 보이는 다수의 선택에 편승하는 현상) ☐ conventional wisdom 일반 통념

066

1 새롭게 개발된 신경 촬영 기술 덕분에 / 우리는 이제 특정한 뇌 변화에 접근할 수 있게 되었다 / 학습 중에 일어나는. 2 우리들의 뇌 모두는 같은 기본 구조를 가지고 있음에도 불구하고 / 우리의 신경망은 우리의 지문만큼이나 독특하다. 3 가장 최근의 발달 신경과학 연구는 보여 준다 / 뇌가 평생 동안 훨씬 더 순응성이 있다는 것을 / 이전에 가정했던 것보다 // 그것[뇌]은 자기 자신의 처리 과정에 반응하여 발달한다 / 자신에게 인접한 '환경'과 멀리 떨어진 '환경'에 (반응하여) / 그리고 자신의 과거와 현재의 상황에 (반응하여). 4 뇌는 의미를 창조하려고 한다 / 기존의 신경망을 확립하거나 개선함으로써. 5 우리가 새로운 사실이나 기술을 배울 때 / 우리의 뉴런들은 소통한다 / 연결된 정보망을 형성하기 위해. 6 이러한 지식이나 기술을 사용하는 것은 / 구조적 변화를 가져온다 / 앞으로 유사한 자극이 다른 것들보다 더 빠르고 효율적으로 이동할 수 있게 하는. 7 고활동성 시냅스 연결이 / 안정화되고 강화된다 / 반면에 상대적으로 적게 사용되는 연결은 / 약해져서 결국에는 잘린다. 8 이런 식으로 / 우리의 뇌는 만들어진다 / 우리 자신의 경험의 이력에 의해.

☐ previously 이전에 ☐ existing 기존의

067 외래종의 자연 군집 침입

어휘 학습 ▶ p. 093

1 **Invasions** of natural communities by non-indigenous **species** / are currently rated as one of the most important global-scale environmental problems. 2 The loss of **biodiversity** / has generated concern over the consequences for **ecosystem** functioning / and thus understanding the relationship between both / has become a major focus in ecological research / during the last two decades. 3 The "biodiversity-**invasibility** hypothesis" by Elton suggests / that high diversity increases the competitive environment of communities / and makes them more difficult to invade. 4 Numerous biodiversity experiments / have been conducted since Elton's time / and several mechanisms have been proposed / to explain the often observed negative relationship / between diversity and invasibility. 5 Beside the decreased chance of empty ecological niches but the increased **probability** of competitors that prevent invasion success, / diverse communities are assumed to use resources more completely / and, therefore, limit the ability of invaders to establish. 6 Further, / more diverse communities / are believed to be more stable / because they use a broader range of niches / than species-poor communities. 20 수능

* indigenous: 토착의 ** niche: 생태적 지위

068 과학적 성취의 의미

어휘 학습 ▶ p. 094

1 Although not the explicit goal, / the best science can really be seen as refining ignorance. 2 Scientists, especially young ones, / can get too **obsessed** with results. 3 Society helps them along in this mad **chase**. 4 Big discoveries are **covered** in the press, / show up on the university's home page, / help get **grants**, / and make the case for promotions. 5 But it's wrong. 6 Great scientists, the **pioneers** that we **admire**, / are not concerned with results but with the next questions. 7 The highly respected **physicist** Enrico Fermi / told his students / that an experiment that successfully proves a **hypothesis** / is a measurement; / one that doesn't / is a discovery. 8 A discovery, an uncovering — of new ignorance. 9 The Nobel Prize, the pinnacle of scientific accomplishment, / is awarded, / not for a lifetime of scientific achievement, but for a single discovery, a result. 10 Even the Nobel **committee** / realizes in some way / that this is not really in the scientific spirit, / and their award **citations** / commonly honor the discovery / for having "opened a field up," "**transformed** a field," or "taken a field in new and unexpected directions." 19 수능

* pinnacle: 정점

067

1 비토착종에 의한 자연 군집 침입은 / 현재 가장 중요한 세계적 규모의 환경 문제 중 하나로 평가된다. 2 생물 다양성 상실은 / 생태계 기능의 영향에 대한 염려를 불러일으켰고 / 그에 따라 둘 사이의 관계에 대한 이해는 / 생태계 연구에서 주요 초점이 되어 왔다 / 지난 20년 동안. 3 Elton에 의한 '생물 다양성–침입성' 가설은 제안한다 / 높은 다양성이 군집의 경쟁력 있는 환경을 증가시켜 / 그 군집에 침투하는 것을 더 어렵게 만든다고. 4 수많은 생물 다양성 실험이 / Elton의 시대 이후로 수행되어 왔고 / 여러 방법이 제안되어 왔다 / 흔히 관찰되는 부정적 관계를 설명하기 위해 / 다양성과 침입성 사이의. 5 비어 있는 생태적 지위의 가능성은 감소하지만 침입 성공을 방지하는 경쟁자들의 가망성은 증가하는 것 이외에도 / 다양한 군집은 자원을 더 완전하게 사용하는 것으로 여겨진다 / 그래서 침입자가 확고히 자리잡는 능력을 제한하는 것으로 (여겨진다). 6 나아가 / 더 다양한 군집은 / 더 안정적인 것으로 여겨진다 / 더 광범위한 생태적 지위를 사용하기 때문에 / 종이 빈약한 군집보다.

☐ global-scale 세계적 규모의 ☐ hypothesis 가설 ☐ mechanism 방법, 기법
☐ probability 가망 ☐ competitor 경쟁자 ☐ establish 확고히 자리 잡다

068

1 비록 명시적인 목표는 아니지만 / 최고의 과학은 실제로 무지를 개선하는 것으로 여겨질 수 있다. 2 과학자들, 특히 젊은 과학자들은 / 결과에 너무 집착할 수 있다. 3 사회는 그들이 이런 무모한 추구를 계속하도록 돕는다. 4 큰 발견들이 언론에 보도되고 / 대학의 홈페이지에 등장하고 / 보조금을 얻는데 도움을 주고 / 그리고 승진을 위한 논거를 만든다. 5 그러나 그것은 잘못이다. 6 위대한 과학자들, 우리가 존경하는 선구자들은 / 결과에 관심이 있는 것이 아니라 다음 문제들에 관심이 있다. 7 아주 존경받는 물리학자인 Enrico Fermi는 / 자신의 학생들에게 말했다 / 가설을 성공적으로 입증하는 실험은 / 측정이며 / 그렇지 않은 것은 / 발견이라고. 8 발견은 새로운 무지를 드러내는 것이라고. 9 과학적인 성취의 정점인 노벨상은 / 수여된다 / 평생의 과학적인 업적이 아니라 하나의 발견, 결과에 대해. 10 노벨상 위원회조차도 / 어떤 점에서 인식하고 있다 / 이것이 실제로 과학의 진정한 의미 속에 있는 것이 아니라는 것을 / 그리고 그들의 상에 쓰인 문구들도 / 흔히 발견을 기리고 있다 / '한 분야를 열었거나', '한 분야를 변화시켰거나', 혹은 '한 분야를 새롭고 예상치 못한 방향으로 이끈' 것에 대한.

☐ explicit 명시적인 ☐ spirit 진정한 의미

069 문화적 도구의 발명

어휘 학습 ▶ p. 095

[1] The human species is unique / in its ability to **expand** its functionality / by inventing new cultural tools. [2] Writing, **arithmetic**, science — all are recent inventions. [3] Our brains did not have enough time to evolve for them, / but I reason that they were made possible / because we can **mobilize** our old areas in novel ways. [4] When we learn to read, / we recycle a specific **region** of our visual system / known as the visual word-form area, // enabling us to recognize **strings** of letters / and connect them to language areas. [5] Likewise, / when we learn Arabic **numerals** / we build a circuit to quickly **convert** those shapes into quantities — / a fast connection from bilateral visual areas to the parietal quantity area. [6] Even an invention as elementary as finger-counting / changes our cognitive abilities dramatically. [7] Amazonian people who have not invented counting / are unable to make exact calculations / as simple as, say, 6–2. [8] This "cultural recycling" implies / that the functional **architecture** of the human brain / results from a complex mixture of biological and cultural **constraints**. 19 수능

* bilateral: 양측의 ** parietal: 정수리(부분)의 *** constraint: 제약

070 심리학 연구의 과학적 방법

어휘 학습 ▶ p. 097

[1] Researchers in psychology / follow the scientific method to perform studies / that help explain and may predict human behavior. [2] This is a much more **challenging** task / than studying snails or sound waves. [3] It often requires **compromises**, / such as testing behavior within laboratories rather than natural settings, / and asking those **readily** available (such as introduction to psychology students) to participate / rather than collecting data from a true **cross-section** of the **population**. [4] It often requires great cleverness / to conceive of measures that **tap into** what people are thinking / without altering their thinking, called **reactivity**. [5] Simply knowing they are being observed / may cause people to behave differently / (such as more politely!). [6] People may give answers / that they feel are more socially desirable than their true feelings. [7] But for all of these difficulties for psychology, / the **payoff** of the scientific method / is that the findings are replicable; // that is, if you run the same study again / following the same procedures, / you will be very likely to get the same results. 19 수능

* replicable: 반복 가능한

069

1 인간은 독특하다 / 자신의 기능성을 확장하는 능력에 있어서 / 새로운 문화적 도구를 발명함으로써. 2 쓰기, 산수, 과학, 이 모든 것은 최근에 발명된 것이다. 3 우리의 뇌는 그것들을 위해 진화할 충분한 시간이 없었다 / 하지만 나는 그것들이 가능하게 되었다고 추론한다 / 우리가 우리의 오래된 영역들을 새로운 방식으로 동원할 수 있기 때문에. 4 우리가 읽는 것을 배울 때 / 우리는 시각 시스템의 특정 영역을 재활용한다 / 시각적인 단어-형태 영역이라고 알려진 // 이것이 우리가 일련의 문자를 인식하고 / 그것들을 언어 영역에 연결할 수 있게 해 준다. 5 마찬가지로 / 우리가 아라비아 숫자를 배울 때 / 우리는 그러한 모양들을 빠르게 수량으로 변환시키는 회로를 만드는데 / 이것은 양측의 시각 영역을 정수리 부분의 수량 영역과 빠르게 연결하는 것이다. 6 손가락으로 헤아리는 것과 같은 기본적인 발명조차도 / 우리의 인지 능력을 극적으로 변화시킨다. 7 수를 세는 것을 발명하지 않은 아마존 사람들은 / 정확하게 계산할 수 없다 / 예를 들어, 6 빼기 2처럼 간단한 것을. 8 이러한 '문화적 재활용'은 암시한다 / 인간 두뇌의 기능적 구조가 / 생물학적, 문화적 제약의 복잡한 혼합물로부터 생겨난다는 것을.

□ functionality 기능, 기능성 □ calculation 계산

070

1 심리학 연구자들은 / 연구를 수행하기 위해 과학적인 방법을 따른다 / 인간의 행동을 설명하는 데 도움을 주고 예측할 수도 있는. 2 이것은 훨씬 더 어려운 작업이다 / 달팽이나 음파를 연구하는 것보다. 3 이것은 절충이 자주 필요하다 / 자연적인 환경보다 실험실 내에서의 행동을 검사하는 것과 같은 / 그리고 (심리학 입문을 공부하는 학생들처럼) 쉽게 구할 수 있는 사람들에게 참여하도록 요청하는 것(과 같은) / 모집단의 대표적인 실제 표본에서 데이터를 모으기보다는. 4 많은 경우 대단히 교묘한 솜씨가 필요하다 / 사람들이 생각하고 있는 것을 활용할 방안을 생각해 내는 것은 / 반응성이라 불리는 사람들의 생각을 바꾸는 것 없이. 5 단지 자신들이 관찰되고 있다는 것을 아는 것은 / 사람들이 (평소와) 다르게 행동하는 것을 유발할 수 있다 / (더욱 공손하게 하는 것처럼!). 6 사람들은 답을 줄 가능성이 있다 / 자신들의 실제 생각보다 사회적으로 더 바람직하다고 생각하는 (답을). 7 그러나 심리학에 대한 모든 이러한 어려움에도 불구하고 / 과학적인 방법의 이점은 / 연구 결과가 반복 가능하다는 것이다 // 즉, 같은 연구를 다시 진행하면 / 같은 절차를 따르면서 / 같은 결과를 얻을 가능성이 매우 클 것이다.

□ conceive of ~을 생각해 내다, ~을 구상하다

071 도식적인 지식

어휘 학습 ▶ p. 097

1 Clearly, **schematic** knowledge helps you / — guiding your understanding / and enabling you to **reconstruct** things you cannot remember. 2 But schematic knowledge can also hurt you, / promoting errors in perception and memory. 3 Moreover, / the *types* of errors produced by schemata / are quite **predictable**: 4 Bear in mind / that schemata **summarize** the broad pattern of your experience, / and so they tell you, / in essence, / what's **typical** or **ordinary** in a given situation. 5 Any **reliance** on schematic knowledge, / therefore, / will be shaped by this information about what's "normal." 6 Thus, / if there are things you don't **notice** / while viewing a situation or event, / your schemata will lead you to fill in these "gaps" / with knowledge about what's normally in place in that setting. 7 Likewise, / if there are things you can't **recall**, / your schemata will fill in the gaps / with knowledge about what's typical in that situation. 8 As a result, / a reliance on schemata / will inevitably make the world seem more "normal" than it really is / and will make the past seem more "**regular**" than it actually was.

19 수능

072 상업적인 고고학자들

어휘 학습 ▶ p. 099

1 Some prominent journalists say / that **archaeologists** should work with **treasure** hunters / because treasure hunters have **accumulated** valuable historical **artifacts** / that can reveal much about the past. 2 But archaeologists are not asked to **cooperate** with **tomb** robbers, / who also have valuable historical artifacts. 3 The **quest** for profit and the search for knowledge / cannot **coexist** in archaeology / because of the time factor. 4 Rather **incredibly**, / one archaeologist employed by a treasure hunting firm said // that as long as archaeologists are given six months to study **shipwrecked** artifacts / before they are sold, / no historical knowledge is missed! 5 On the contrary, / archaeologists and assistants from the INA (Institute of Nautical Archaeology) / needed more than a decade of year-round conservation / before they could even catalog all the finds from an eleventh-century AD **wreck** they had excavated. 6 Then, / to interpret those finds, / they had to learn Russian, Bulgarian, and Romanian, / without which they would never have learned the true nature of the site. 7 Could a "**commercial** archaeologist" have waited more than a decade or so / before selling the finds? 18 수능

* prominent: 저명한 ** excavate: 발굴하다

071

1 분명히, 도식적인 지식은 여러분에게 도움을 준다 / 여러분의 이해를 이끌어주고 / 여러분이 기억할 수 없는 것들을 재구성하게 하여. 2 하지만 도식적인 지식은 또한 여러분에게 해를 끼칠 수 있다 / 인식과 기억에 오류를 조장하여. 3 게다가 / 도식에 의해서 발생하는 오류의 '유형'은 / 상당히 예측 가능하다. 4 명심하라 / 도식이 여러분의 경험의 광범위한 유형을 요약한다는 것을 / 그래서 그것[도식]이 여러분에게 말해 준다는 것을 / 본질적으로 / 주어진 상황에서 무엇이 전형적이거나 평범한 것인지. 5 도식적인 지식에 대한 어떠한 의존도 / 따라서 / 무엇이 '정상적'인 것인지에 대한 이러한 정보에 의해 형성될 것이다. 6 따라서 / 여러분이 알아차리지 못하는 것이 있으면 / 어떤 상황이나 사건을 보면서 / 여러분의 도식이 이러한 '공백'을 채우도록 여러분을 이끌어 줄 것이다 / 그 상황에서 일반적으로 무엇이 어울리는지에 관한 지식으로. 7 마찬가지로 / 여러분이 기억할 수 없는 것이 있으면 / 여러분의 도식이 그 공백을 채워 줄 것이다 / 그 상황에서 어떤 것이 일반적인 것인지에 대한 지식으로. 8 결과적으로 / 도식에 의존하는 것은 / 불가피하게 세상을 실제보다 더 '정상적인' 것으로 보이게 할 것이고 / 과거를 실제보다 더 '규칙적인' 것으로 보이게 할 것이다.

☐ promote 조장하다, 촉진하다

072

1 몇몇 저명한 기자들은 말한다 / 고고학자들은 보물 사냥꾼들과 함께 작업을 해야 한다고 / 왜냐하면 보물 사냥꾼들은 축적된 값진 역사적 유물들을 소유하고 있기 때문이다 / 과거에 대하여 많은 것을 보여줄 수 있는. 2 그러나 고고학자들은 무덤 도굴꾼들과 함께 협력하도록 요청되지는 않는데 / 그들도 값진 역사적인 유물들을 갖고 있다. 3 이익의 추구와 지식의 탐구는 / 고고학에는 공존할 수 없다 / 시간의 요소 때문에. 4 다소 믿기 어렵지만 / 보물 사냥 회사에 고용된 한 고고학자는 말하였다 // 난파선 유물들을 연구할 수 있도록 6개월이란 시간이 고고학자들에게 주어지기만 하면 / 그것들[유물들]이 팔리기 전에 / 어떤 고고학적 지식도 놓치지 않는다고! 5 반면에 / INA(해상 고고학 협회)의 고고학자들이나 보조자들은 / 10년 이상의 보존이 필요하였다 / 그들이 발굴했던 11세기의 잔해의 모든 발견물들을 목록으로 작성하는 데만. 6 그러고 나서 / 그러한 발견물들을 해석하기 위해 / 러시아어, 불가리아어, 그리고 루마니아어를 배워야 했는데 / 그 언어들이 없으면 그 지역[유적지]에 대한 진정한 특성을 결코 학습해 올 수 없었다. 7 상업적인 고고학자들은 십 년 남짓 이상을 기다릴 수 있었을까 / 그 발견물들이 팔리기 전에?

☐ tomb robber 도굴꾼 ☐ quest 추구, 탐색

SET 16

073 인공지능과 인간의 정체성

어휘 학습 ▶ p. 100

1 Over the past 60 years, / as mechanical processes have **replicated** behaviors and talents / we thought were unique to humans, / we've had to change our minds / about what sets us apart. 2 As we invent more species of **AI**, / we will be forced to **surrender** more of what is **supposedly** unique about humans. 3 Each step of surrender / — we are not the only mind / that can play chess, fly a plane, make music, or invent a mathematical law / — will be painful and sad. 4 We'll spend the next three decades / — indeed, perhaps the next century / — in a permanent identity **crisis**, / continually asking ourselves what humans are good for. 5 If we aren't unique toolmakers, or artists, or moral **ethicists**, / then what, **if anything**, makes us special? 6 In the grandest **irony** of all, / the greatest benefit of an everyday, **utilitarian** AI / will not be increased productivity / or an economics of **abundance** / or a new way of doing science / — although all those will happen. 7 The greatest benefit of the arrival of artificial intelligence / is that AIs will help define **humanity**. 18 수능

* replicate: 복제하다

074 맛의 메커니즘

어휘 학습 ▶ p. 101

1 Both humans and rats / have **evolved** taste **preferences** for *sweet* foods, / which provide rich sources of calories. 2 A study of food preferences among the Hadza **hunter-gatherers** of Tanzania / found that honey was the most highly preferred food item, / an item that has the highest caloric value. 3 Human newborn infants also show a strong preference for sweet **liquids**. 4 Both humans and rats dislike *bitter* and *sour* foods, / which tend to contain **toxins**. 5 They also adaptively adjust their eating behavior / in response to **deficits** in water, calories, and salt. 6 Experiments show / that rats display an immediate liking for salt / the first time they experience a salt deficiency. 7 They **likewise** increase their **intake** of sweets and water / when their energy and **fluids** become depleted. 8 These appear to be specific evolved mechanisms, / designed to deal with the adaptive problem of food selection, and **coordinate** consumption patterns with **physical** needs. 18 수능

* deficiency: 결핍 ** deplete: 고갈시키다

073

1 지난 60년 동안 / 기계식 공정이 행동과 재능을 복제해 옴에 따라 / 우리가 생각하기에 인간에게만 있는 (행동과 재능을) / 우리는 우리의 생각을 바꿔야만 했다 / 우리를 다르게 만드는 것에 관한. 2 더 많은 종의 AI(인공지능)를 발명하면서 / 우리는 아마도 인간에게만 있는 것 중 더 많은 것을 내줘야만 할 것이다. 3 매번 내주는 일은 / (우리가 유일한 존재가 아니라는 것 / 체스를 둘 줄 알거나, 비행기를 날릴 줄 알거나, 음악을 만들거나, 아니면 수학 법칙을 발명할 줄 아는) / 고통스럽고 슬플 것이다. 4 우리는 다가올 30년을 보내게 될 것이다 / (사실은 다음 한 세기일 수도 있다) / 영속적인 정체성 위기 속에서 / 계속 우리 자신에게 인간이 무엇에 소용이 있는지를 질문하면서. 5 우리가 유일한 도구 제작자나 예술가, 혹은 도덕 윤리학자가 아니라면 / 도대체 무엇이 우리를 특별하게 만드는가? 6 가장 아이러니하게도 / 일상적이고 실용적인 AI의 가장 큰 이점은 / 향상된 생산성이 아닐 것이며 / 혹은 풍요의 경제학이나 / 과학을 행하는 새로운 방식이 아닐 것이다 / 비록 그 모든 것이 일어날 것이지만. 7 인공 지능의 도래가 주는 가장 큰 이점은 / AI가 인간성을 정의하는 데 도움을 줄 것이라는 것이다.

□ permanent 영속적인

074

1 사람과 쥐 모두 / '단' 음식에 대한 맛의 선호를 진화시켜 왔는데 / 이것(단 음식)은 풍부한 열량의 원천을 제공한다. 2 탄자니아의 Hadza 수렵 채집인 사이의 음식 선호에 관한 연구는 / 꿀이 가장 많이 선호되는 식품이었음을 발견했는데 / 꿀은 가장 열량 값이 높은 식품이다. 3 인간의 갓난아기들도 단 음료에 대한 강한 선호를 보인다. 4 사람과 쥐 모두 '쓰'고 '신' 음식을 싫어하는데 / 이것들(쓰고 신 음식)은 독소를 포함하는 경향이 있다. 5 그들은 또한 자신의 섭식 행동을 적절히 조정한다 / 물, 열량, 소금의 부족에 대응하여. 6 실험은 보여준다 / 쥐가 소금에 대한 즉각적인 선호를 보이는 것을 / 쥐들이 소금 결핍을 처음 경험할 때. 7 그것들은 마찬가지로 단것과 물 섭취를 늘린다 / 에너지와 체액이 고갈되면. 8 이것들은 특정한 진화된 메커니즘처럼 보인다 / 음식 선택의 적응적 문제를 다루고 음식 섭취 유형을 신체적 욕구와 조화시키도록 고안된.

□ adaptively 적응하여, 적응적으로 □ in response to ~에 대응하여

075 온라인 커뮤니티의 문제점

어휘 학습 ▶ p. 103

[1] Time spent on on-line **interaction** with members of one's own, **preselected** community / leaves less time available / for actual encounters with a wide variety of people. [2] If physicists, for example, were to concentrate on exchanging email and electronic **preprints** / with other physicists around the world working in the same **specialized** subject area, // they would likely devote less time, and be less receptive / to new ways of looking at the world. [3] Facilitating the voluntary construction of highly homogeneous social networks of scientific communication therefore / allows individuals to filter the potentially **overwhelming** flow of information. [4] But the result may be the tendency to **overfilter** it, / thus eliminating the diversity of the knowledge **circulating** / and diminishing the **frequency** of **radically** new ideas. [5] In this regard, / even a journey through the **stacks** of a real library / can be more fruitful than a trip through today's distributed virtual archives, // because it seems difficult to use the available "search engines" / to emulate efficiently the mixture of predictable and surprising discoveries / that typically result from a physical shelf-search of an extensive library collection. 18 수능

* homogeneous: 동종의 ** emulate: 따라 하다

076 시간적 해상도

어휘 학습 ▶ p. 104

[1] Temporal **resolution** is particularly interesting / in the context of **satellite remote** sensing. [2] The temporal **density** of remotely sensed imagery / is large, impressive, and growing. [3] Satellites are collecting a great deal of imagery / as you read this sentence. [4] However, / most applications in geography and environmental studies / do not require extremely **fine-grained** temporal resolution. [5] Meteorologists may require **visible**, infrared, and radar information / at **sub-hourly** temporal resolution; / **urban** planners might require imagery / at monthly or annual resolution; / and transportation planners may not need any time series information at all / for some applications. [6] Again, / the temporal resolution of imagery used / should meet the requirements of your **inquiry**. [7] Sometimes researchers have to search **archives** of **aerial** photographs / to get information from that past that **pre-date** the collection of satellite imagery. 17 수능

* meteorologist: 기상학자 ** infrared: 적외선의

075

1 자신만의 미리 정해진 공동체의 구성원들과 온라인상의 교류를 하는 데 소비되는 시간은 / 쓸 수 있는 시간을 더 줄어들게 한다 / 폭넓은 다양한 사람들과의 실제적인 만남을 위해. 2 예를 들어 물리학자들이 이메일과 전자 예고(豫稿)를 주고받는 일에 집중한다면 / 동일한 전문화된 주제 분야에서 일하는 전 세계의 다른 물리학자들과 // 그들은 더 적은 시간을 쏟고 덜 받아들이려고 할 가능성이 크다 / 세상을 보는 새로운 방식에 대해. 3 그러므로 과학 학술 커뮤니케이션의 고도로 동질적인 사회적 네트워크를 자발적으로 구축하도록 촉진하는 것은 / 개인들로 하여금 잠재적으로 압도적인 정보의 흐름을 걸러낼 수 있게 한다. 4 하지만 그 결과는 그것을 과도하게 걸러내는 경향이 될 수 있고 / 그래서 순환하는 지식의 다양성을 없애고 / 근본적으로 새로운 생각이 나타나는 빈도를 줄일 수 있다. 5 이러한 면에서 / 심지어 실제 도서관의 서가를 훑고 다니는 것마저도 / 오늘 배포된 가상의 기록 보관소를 뒤지는 것보다 더 유익할 수 있다 // 왜냐하면 이용 가능한 '검색 엔진'을 사용하는 것은 어려워 보이기 때문이다 / 예측 가능한 발견과 놀라운 발견들이 섞여 있는 것을 효과적으로 따라 하기 위해 / 도서관의 방대한 장서가 있는 실제 서가에서 찾다가 흔히 달성할 수 있는. [왜냐하면 도서관의 방대한 장서가 있는 실제 서가에서 찾다가 흔히 달성할 수 있는 / 예측 가능한 발견과 놀라운 발견들이 섞여 있는 것을 효과적으로 따라 하기 위해 / 이용 가능한 '검색 엔진'을 사용하는 것이 어려워 보이기 때문이다.]

☐ receptive 수용적인, 선뜻 받아들이는 ☐ archive 기록보관소, 아카이브 ☐ shelf-search (온라인이 아닌 실제) 서가에서 찾다

076

1 시간적 해상도는 특히 흥미롭다 / 위성의 원격 감지의 맥락에서. 2 원격으로 감지된 사진의 시간적인 밀도는 / 크고, 인상적이고, 성장하고 있다. 3 위성들은 많은 양의 사진을 모으고 있다 / 여러분이 이 문장을 읽을 때에도. 4 그렇지만 / 지리학과 환경 과학 분야에서의 대부분의 응용 프로그램들은 / 극단적으로 결이 고운 시간적 해상도를 필요로 하지 않는다. 5 기상학자들은 눈에 보이는, 적외선, 레이더 정보를 필요로 할 것이다 / 한 시간 이내의 주기로 찍은 시간적 해상도로 / 도시 계획자들은 사진을 필요로 할 것이다 / 한 달에 한 번 혹은 일 년에 한 번씩 찍는 해상도로 / 그리고 교통 계획자들은 어떤 시간적 시차를 두는 일련의 정보를 전혀 필요로 하지 않을 수도 있다 / 어떤 응용 프로그램을 위해서는. 6 거기에다가 / 사용되는 사진의 시간적 해상도는 / 여러분이 탐구하는 것의 필요를 충족시켜야 한다. 7 때로 연구자들은 항공사진의 기록 보관소를 뒤져야만 한다 / 수집된 위성사진들보다 앞서는 과거의 정보를 얻기 위해서.

☐ imagery 사진, 화상

SET 17

077 노화의 속도 측정

어휘 학습 p. 105

[1] When we **remark** with surprise / that someone "looks young" for his or her **chronological** age, / we are **observing** that we all age biologically at different rates. [2] Scientists have good evidence / that this apparent difference is real. [3] It is likely that age changes begin in different parts of the body at different times / and that the rate of annual change varies among **various** cells, tissues, and **organs**, / as well as from person to person. [4] Unlike the **passage** of time, / biological aging **resists** easy measurement. [5] What we would like to have / is one or a few measurable biological changes / that **mirror** all other biological age changes without reference to the passage of time, // so that we could say, for example, that someone who is chronologically eighty years old is biologically sixty years old. [6] This kind of measurement / would help explain / why one eighty-year-old has so many more youthful **qualities** / than does another eighty-year-old, who may be biologically eighty or even ninety years old. 16 수능

078 음식 섭취와 인간의 감각

어휘 학습 p. 106

[1] Food intake is essential for the **survival** of every living organism. [2] The failure to **detect** spoiled or **toxic** food / can have **deadly** consequences. [3] Therefore, / it is not surprising that humans use all their five senses / to analyze food quality. [4] A first judgment about the value of a food **source** / is made on its appearance and smell. [5] Food that looks and smells attractive / is taken into the mouth. [6] Here, / based on a **complex** sensory analysis / that is not only **restricted** to the sense of taste but also **includes** smell, touch, and hearing, // the final decision whether to **swallow** or **reject** food is made. [7] Frequently, / this complex interaction between different senses / is **inappropriately referred to** as 'taste' / although it should be better called flavor perception, / because it uses multiple senses. 16 수능

077

1 우리가 놀라면서 말할 때 / 어떤 사람이 그의 실제 연령에 비해 '젊어 보인다'고 말할 때 / 우리는 우리 모두가 생물학적으로 서로 다른 속도로 나이가 든다는 것을 말하고 있는 것이다. 2 과학자들은 좋은 증거를 갖고 있다 / 이 겉으로 보이는 차이가 진짜라는. 3 나이 변화는 서로 다른 시기에 신체의 서로 다른 부위에서 시작되는 것 같고 / 매년의 변화 속도는 다양한 세포, 조직, 그리고 기관마다 다를 가능성이 있다 / 사람마다 다를 뿐만 아니라. 4 시간의 경과와 달리 / 생물학적 노화는 쉬운 측정을 방해한다. 5 우리가 갖고 싶은 것은 / 하나 또는 몇 개의 측정 가능한 생물학적 변화이다 / 시간의 경과와는 관계없이 모든 다른 생물학적 나이 변화를 반영하는 // 예를 들어 실제 연령으로 80세인 어떤 사람이 생물학적으로 60세라고 우리가 말할 수 있도록. 6 이런 종류의 측정은 / 설명하는 데 도움을 줄 것이다 / 80세인 한 사람이 그렇게 훨씬 더 많은 젊음의 특징을 가진 이유를 / 생물학적으로 80 혹은 심지어 90세인 또 다른 80세인 사람보다.

☐ apparent 외관상의, 겉보기의 ☐ tissue 조직

078

1 음식 섭취는 모든 생물의 생존을 위해 필수적이다. 2 상했거나 독이 있는 음식을 감지하지 못하면 / 치명적인 결과가 생길 수 있다. 3 따라서 / 인간이 자신의 모든 오감을 사용하는 것은 놀랍지 않다 / 음식의 질을 분석하기 위해. 4 음식 재료의 가치에 대한 최초의 판단은 / 그것(음식 재료)의 외관과 냄새를 바탕으로 이뤄진다. 5 매력적으로 보이고 냄새도 매혹적인 음식은 / 입속으로 들어가게 된다. 6 여기에서 / 복합적인 감각 분석을 토대로 / 단지 미각에만 국한되지 않고 후각, 촉각, 그리고 청각도 포함하는 // 음식의 섭취나 거부에 대한 최종 결정이 이뤄진다. 7 빈번히 / 이러한 서로 다른 감각 간의 복합적 상호작용은 / 부적절하게도 '맛'이라 불린다 / 향미 지각으로 불리는 편이 더 낫겠지만 / 여러가지 감각을 사용하기 때문에.

☐ sensory 감각의

SET 17

079 과학의 연속성, 예술의 비연속성

어휘 학습 p. 108

1 In science, / one experiment, / whether it succeeds or fails, / is logically followed by another / in a **theoretically** infinite **progression**. 2 According to the underlying **myth** of modern science, / this progression is always replacing the smaller knowledge of the past with the larger knowledge of the present, / which will be replaced by the yet larger knowledge of the future. 3 In the arts, by contrast, / no limitless sequence of works / is ever implied or looked for. 4 No work of art / is necessarily followed by a second work that is necessarily better. 5 Given the **methodologies** of science, / the law of gravity and the **genome** / were bound to be discovered by somebody; / the identity of the discoverer is incidental to the fact. 6 But it appears that in the arts there are no second chances. 7 We must assume / that we had one chance each for *The Divine Comedy* and *King Lear*. 8 If Dante and Shakespeare had died before they wrote those works, / nobody ever would have written them. 17 모의

080 눈과 귀의 특성

어휘 학습 p. 109

1 While the eye sees at the surface, / the ear tends to **penetrate** below the surface. 2 Joachim-Ernst Berendt points out / that the ear is the only sense / that **fuses** an ability to measure with an ability to judge. 3 We can **discern** different colors, / but we can give a **precise** *number* to different sounds. 4 Our eyes do not let us perceive with this kind of precision. 5 An **unmusical** person can recognize an **octave** / and, perhaps once instructed, / a quality of tone, that is, a C or an F-sharp. 6 Berendt points out / that there are few ‘acoustical illusions’ — something sounding like something that in fact it is not / — while there are many **optical** illusions. 7 The ears do not lie. 8 The sense of hearing gives us a **remarkable** connection / with the **invisible**, **underlying** order of things. 9 Through our ears / we gain access to **vibration**, / which underlies everything around us. 10 The sense of tone and music in another’s voice / gives us an **enormous** amount of information / about that person, about her **stance** toward life, about her intentions. 15 수능

* acoustical: 청각의

079

[1] 과학에서 / 한 가지 실험은 / 그것이 성공하든 실패하든 / 논리적으로는 또 다른 실험으로 이어진다 / 이론상 무한한 연속으로. [2] 현대 과학의 기저에 놓인 근거 없는 통념에 의하면 / 이 연속은 항상 과거의 더 작은 지식을 현재의 더 큰 지식으로 대체하고 있으며 / 그것[현재의 더 큰 지식]은 미래의 한층 더 큰 지식에 의해 대체될 것이다. [3] 예술에서는 대조적으로 / 작품의 무한한 연속은 / 결코 암시되거나 추구되지 않는다. [4] 어떤 예술 작품도 / 필연적으로 더 나은 제2의 작품으로 이어지지는 않는다. [5] 과학의 방법론을 고려해 보면 / 중력의 법칙과 게놈은 / 누군가에 의해 반드시 발견되게 되어 있었다 / 그 발견자의 신원은 그 사실[발견]에 부수적이다. [6] 그러나 예술에서는 제2의 기회란 없는 것처럼 보인다. [7] 우리는 추정해야 한다 / 'The Divine Comedy(신곡)'와 'King Lear(리어왕)'에 있어서 각각 한 번의 기회가 있었다고. [8] 단테와 셰익스피어가 그 작품을 쓰기 전에 사망했더라면 / 결코 아무도 그것을 쓰지 않았을 것이다.

☐ **by contrast** 대조적으로 ☐ **be bound to** 반드시 ~하다, 하도록 되어 있다 ☐ **incidental to** ~에 부수적인

080

[1] 눈은 표면에서 보지만 / 귀는 표면 아래로 침투하는 경향이 있다. [2] Joachim-Ernst Berendt는 지적하고 있다 / 귀는 유일한 감각 기관이라고 / 측정 능력을 판단 능력과 결합하는. [3] 우리가 서로 다른 색깔은 분간할 수 있지만 / 여러 다른 소리에는 정확한 '숫자'를 부여할 수 있다. [4] 우리 눈은 이런 종류의 정확성으로 우리가 인식하도록 해 주지는 않는다. [5] 음악에 소질이 없는 사람이라도 한 옥타브를 인지할 수 있다 / 그리고 아마도 일단 배우게 되면 / 음정의 특성, 즉, 도 혹은 반음 높은 바를 (인지할 수 있다). [6] Berendt는 지적한다 / '청각적 착각', 즉 어떤 것이 사실은 그것이 아닌 것처럼 들리는 일은 거의 없다는 것을 / 시각적 착각은 많은 반면에. [7] 귀는 거짓말을 하지 않는다. [8] 청각은 우리를 놀라울 정도로 연결시켜 준다 / 보이지 않는 근원적인 사물의 질서와. [9] 귀를 통해서 / 우리는 진동에 접근하게 된다 / 우리 주변에 있는 모든 것의 근저에 있는. [10] 상대방의 음성의 어조와 음악적 음향을 감지하는 것은 / 엄청난 양의 정보를 우리에게 준다 / 그 사람에 대해, 그 사람의 삶에 대한 태도에 대해, 그 사람의 의향에 대해.

☐ **tone** 음정, 음색 ☐ **illusion** 착각, 환각

081 '멀티태스킹'이라는 용어

어휘 학습 ▶ p. 110

1 The **concept** of humans doing **multiple** things at a time / has been studied by psychologists / since the 1920s, // but the term "**multitasking**" / didn't exist until the 1960s. 2 It was used / to describe computers, / not people. 3 Back then, / ten megahertz was so fast / that a new word was needed / to describe a computer's ability to quickly perform many tasks. 4 In **retrospect**, / they probably made a poor choice, / for the expression "multitasking" is **inherently deceptive**. 5 Multitasking is about multiple tasks **alternately** sharing one resource (the CPU), / but in time the context was **flipped** / and it became interpreted / to mean multiple tasks being done **simultaneously** by one resource (a person). 6 It was a clever turn of **phrase** that's **misleading**, / for even computers can process only one piece of code at a time. 7 When they "multitask," / they switch back and forth, / alternating their attention until both tasks are done. 8 The speed with which computers **tackle** multiple tasks / **feeds** the illusion / that everything happens at the same time, // so comparing computers to humans can be confusing. 15수능

082 눈과 카메라

어휘 학습 ▶ p. 112

1 By **likening** the eye to a camera, / **elementary** biology textbooks help to produce a misleading **impression** / of what perception **entails**. 2 Only in terms of the physics of image formation / do the eye and camera have anything in common. 3 Both eye and camera have a lens / that focuses light **rays** from the outside world into an image, // and both have a means of adjusting the focus and **brightness** of that image. 4 Both eye and camera have a light-sensitive **layer** / onto which the image is **cast** (the **retina** and film, **respectively**). 5 However, / image formation is only the first step towards seeing. 6 **Superficial analogies** between the eye and a camera / **obscure** the much more fundamental difference between the two, / which is that the camera **merely** records an image, / whereas the visual system interprets it. 13수능

081

1 인간이 한 번에 여러 가지 일을 한다는 개념은 / 심리학자들에 의해 연구되어 왔지만 / 1920년대 이래로 // '멀티태스킹'이라는 용어는 / 1960년대가 되어서야 비로소 존재하였다. 2 그것은 사용되었다 / 컴퓨터를 설명하기 위해서 / 사람이 아니라. 3 그때는 / 10메가헤르츠가 너무 빨라서 / 새로운 단어가 필요했다 / 여러 가지 일을 빠르게 수행할 수 있는 컴퓨터의 능력을 설명하기 위하여. 4 돌이켜 생각해 보면 / 그들은 아마 좋지 못한 선택을 했을 것인데 / 왜냐하면 '멀티태스킹'이라는 표현은 본질적으로 기만적이기 때문이다. 5 멀티태스킹은 다수의 일이 하나의 자원(CPU)을 번갈아 공유하는 다중 과업에 관한 것이지만 / 이윽고 맥락이 뒤바뀌었고 / 그것은 이해되었다 / 다수의 일이 하나의 자원(사람)에 의하여 동시에 수행되고 있는 것을 의미하는 것으로. 6 그것은 오해의 소지가 있는 교묘한 어구의 전환이었는데 / 왜냐하면 컴퓨터조차 한 번에 단 한 개의 부호만을 처리할 수 있기 때문이다. 7 컴퓨터가 '멀티태스킹'을 할 때 / 그것들은 왔다갔다 하며 바뀐다 / 두 개의 일이 모두 끝날 때까지 주의 집중을 번갈아 하면서. 8 컴퓨터가 다수의 일을 처리하는 속도는 / 착각을 하게 한다 / 모든 것이 동시에 일어난다는 // 그래서 컴퓨터를 인간과 비교하는 것은 혼란스러울 수 있다.

☐ context 맥락, 문맥 ☐ illusion 착각, 오해

082

1 눈을 카메라에 비유함으로써 / 기초 생물학 교과서는 잘못된 인상을 만들어 내는 데 기여하고 있다 / 인식이 수반하는 것에 대한. 2 단지 이미지 형성의 물리학 측면에서만 / 눈과 카메라는 공통된 것이 있다. 3 눈과 카메라 둘 다 렌즈를 지니고 있다 / 외부 세계에서 온 빛을 이미지에 집중시키는 // 그리고 둘 다 이미지의 초점과 명도를 조절할 수 있는 수단을 갖고 있다. 4 눈과 카메라는 둘 다 빛에 민감한 막을 갖고 있다 / 그 위에 이미지가 맺혀지는 (각각 망막과 필름을). 5 하지만 / 이미지 형성은 보는 것으로 나아가는 단지 첫 번째 단계에 불과하다. 6 눈과 카메라 간의 피상적인 비유는 / 둘 사이의 훨씬 더 근본적인 차이를 모호하게 하는데 / 그 차이는 카메라는 단지 이미지를 기록할 뿐이지만 / 시각 체계는 그것을 해석한다는 점이다.

☐ misleading 오도하는 ☐ adjust 맞추다, 조절하다

083 뉴턴과 아인슈타인의 이론

어휘 학습 ▶ p. 113

[1] In **physics**, / scientists invent models, or theories, / to describe and predict the data we observe about the universe. [2] Newton's **theory** of **gravity** is one example; / Einstein's theory of gravity is another. [3] Those theories, though they describe the same phenomenon, / constitute very different **versions** of **reality**. [4] Newton, for example, imagined / that **masses** affect each other by **exerting** a force, / while in Einstein's theory / the effects occur through a **bending** of space and time / and there is no concept of gravity as a force. [5] Either theory could be **employed** / to describe, with great accuracy, the falling of an apple, / but Newton's would be much easier to use. [6] On the other hand, / for the calculations necessary for the satellite-based global positioning system (GPS) / that helps you **navigate** while driving, // Newton's theory would give the wrong answer, / and so Einstein's must be used. 13 수능

084 근섬유

어휘 학습 ▶ p. 115

[1] Why is it difficult to find a runner / who competes equally well in both 100-m and 10,000-m races? [2] The primary reason is / that our **muscles** contain two main types of muscle **fibers**, / called slow and fast muscle fibers. [3] Slow muscle fibers are muscle **cells** / that can **sustain** repeated **contractions** / but don't generate a lot of quick power for the body. [4] They perform better in **endurance** exercises, / like long-distance running, / which require slow, steady muscle activity. [5] Fast muscle fibers are cells / that can contract more quickly and powerfully than slow muscle fibers but fatigue much more easily; // they function best for short **bursts** of intense activity, / like weight **lifting** or **sprinting**. 13 수능

083

[1] 물리학에서 / 과학자들은 모형이나 이론을 만든다 / 우주에 관해 우리가 관찰하는 자료를 설명하고 예측하기 위해서. [2] 뉴턴의 중력 이론이 한 가지 예이고 / 아인슈타인의 중력 이론이 또 다른 예이다. [3] 그 이론들은 비록 같은 현상을 설명하고 있지만 / 현실에 대한 아주 다른 견해를 구성한다. [4] 예를 들어, 뉴턴은 생각했다 / 질량이 힘을 발휘함으로써 서로에게 영향을 미친다고 / 반면에 아인슈타인의 이론에서는 / 공간과 시간의 구부러짐을 통해 그 결과가 일어나며 / 힘으로서의 중력이라는 개념이 없다. [5] 둘 중 어느 이론도 사용될 수 있을 것이다 / 사과가 떨어지는 것을 아주 정확하게 설명하기 위해 / 하지만 뉴턴의 이론이 사용하기가 훨씬 더 쉬울 것이다. [6] 반면에 / 인공위성에 기반을 둔 세계적 위치 파악 시스템(GPS)을 위해 필요한 계산을 위해서는 / 운전하는 동안 장소를 찾는 것을 도와주는 // 뉴턴의 이론이 잘못된 정답을 줄지도 모른다 / 그래서 아인슈타인의 이론이 사용되어야 한다.

☐ predict 예측하다 ☐ constitute 구성하다

084

[1] 주자를 찾는 것이 왜 어려울까 / 100미터 경주와 10,000미터 경주 모두에서 똑같이 경기를 잘하는? [2] 주된 이유는 / 우리의 근육이 주요한 두 형태의 근섬유를 포함하고 있기 때문이다 / 느린 근섬유와 빠른 근섬유라고 불리는. [3] 느린 근섬유는 근육 세포이다 / 반복적인 수축을 견딜 수는 있지만 / 신체를 위한 신속한 힘을 많이 만들지는 않는. [4] 그것은 지구력 운동에서 더 잘 작동한다 / 장거리 경주와 같이 / 느리고 꾸준한 근육 활동을 필요로 하는. [5] 빠른 근섬유는 세포이다 / 느린 근섬유보다 더 빠르고 강력하게 수축할 수 있지만 훨씬 더 쉽게 피로해지는 // 그것은 짧고 폭발적인 격렬한 활동에서 가장 잘 작용한다 / 역도나 단거리 경주와 같은.

☐ weight lifting 역도

085 평형을 유지하려는 생명체

어휘 학습 ▶ p. 116

1 Living things / naturally return to a **state** of balance. 2 When we are disturbed by forces **acting on** us, / our **inner machinery** / **kicks in** and returns us to a balanced state of **equilibrium**. 3 *Homeostasis* is the word we use / to describe the ability of an organism to maintain **internal** equilibrium / by adjusting its **physiological** processes. 4 Most of the systems in animal and human physiology / are controlled by homeostasis. 5 We don't like to be off balance. 6 We tend to keep things in a stable condition. 7 This system operates at all levels. 8 Our blood stays the same temperature. 9 Except for **extraordinary** exceptions, / when people find ways to intervene using methods more powerful than our tendency to equilibrium, // our habits, behaviors, thoughts, and our quality of life / stay pretty much the same too. 12 수능

086 근력을 키울 시기

어휘 학습 ▶ p. 117

1 The good news / is that it's never too late to start building up muscle **strength**, / regardless of your age. 2 Ideally, though, / it's best to start in your **mid-forties** / when muscle mass starts to decline significantly. 3 "Once you've started, / it can take just six weeks / to see an improvement of up to 20 percent in your muscle **capabilities**," / says Dr. Ward. 4 Studies have found / that intense programs of strength training / can help even weak older people **double** their strength, / as well as enable them to walk faster and climb **stairs** more easily. 5 And muscle isn't all you gain / — strength training can help **combat** / osteoarthritis, **depression**, and risk **factors** for heart disease and **diabetes**. 12 수능

* osteoarthritis: 골관절염

085

1 생명체들은 / 자연스럽게 균형 상태로 돌아간다. 2 우리가 우리에게 영향을 미치는 힘에 의해 방해를 받을 때 / 우리의 내부 조직은 / 작동하여 우리를 평형이라는 균형 잡힌 상태로 돌아오게 한다. 3 '항상성'은 우리가 사용하는 단어이다 / 내적인 평형 상태를 유지하는 생명체의 능력을 묘사하기 위해 / 생리적인 과정들을 조절함으로써. 4 동물과 사람의 생리 체계의 대부분은 / 항상성에 의해서 조절된다. 5 우리는 균형이 깨지는 것을 좋아하지 않는다. 6 우리는 안정된 상태로 유지하는 경향이 있다. 7 이러한 체계는 모든 수준에서 작용한다. 8 우리의 혈액은 동일한 온도를 유지한다. 9 특별한 예외들을 제외하고는 / 평형을 이루는 경향성보다도 더 강력한 방법들을 사용하면서 사람들이 개입할 방식을 알아내는 (예외 외에는) // 우리의 습관, 행동, 사상, 그리고 삶의 질은 / 거의 동일하게 유지된다.

☐ homeostasis 항상성 ☐ intervene 개입하다

086

1 반가운 소식은 / 근육의 힘을 기르기 시작하는 일은 결코 때가 너무 늦지 않다는 것이다 / 나이에 상관없이. 2 하지만 이상적으로는 / 40대 중반에 시작하는 것이 가장 좋다 / 근육의 양이 심각하게 감소하기 시작하는 시기인. 3 "일단 시작하게 되면 / 단 6주가 걸릴 수도 있습니다 / 근육의 능력이 최대 20퍼센트까지 향상되는 것을 보는 데." / 라고 Ward 박사는 말한다. 4 연구 결과에서 알아냈다 / 집중적인 체력 훈련 프로그램이 / 더 나이가 든 힘이 약한 사람들조차도 그들의 체력을 두 배로 늘리는 데 도움을 줄 수 있다는 것을 / 그들이 더 빨리 걷고 더 쉽게 계단을 오를 수 있게 해줄 뿐만 아니라. 5 그리고 근육이 얻게 되는 것의 전부가 아니다 / 체력 훈련은 맞서 싸우는 데 도움을 줄 수 있다 / 골관절염, 우울증, 그리고 심장 질환과 당뇨병을 일으킬 수 있는 위험 요인들과.

☐ intense 집중된, 격렬한

087 인간에 대한 과학 실험

어휘 학습 ▶ p. 118

[1] **Regulations** covering scientific experiments on human subjects / are **strict**. [2] Subjects must give their **informed**, written consent, / and experimenters must submit their proposed experiments to / **thorough** examination by **overseeing** bodies. [3] Scientists who experiment on themselves / can, functionally if not legally, avoid the restrictions / associated with experimenting on other people. [4] They can also **sidestep** most of the **ethical** issues involved: / nobody, **presumably**, is more aware of an experiment's potential **hazards** / than the scientist who devised it. [5] **Nonetheless**, / experimenting on oneself / remains deeply problematic. [6] One obvious **drawback** is the danger involved; / knowing that it exists / does nothing to reduce it. [7] A less obvious drawback / is the limited range of data that the experiment can generate. [8] Human anatomy and physiology vary, / in small but significant ways, / according to gender, age, **lifestyle**, and other factors. [9] Experimental results **derived** from a single subject / are, therefore, of limited value; // there is no way to know / whether the subject's responses are typical or **atypical** of the response of humans as a group. 21 수능

* consent: 동의 ** anatomy: (해부학적) 구조 *** physiology: 생리적 현상

088 유전공학과 자연생태계

어휘 학습 ▶ p. 119

[1] **Genetic** engineering followed by **cloning** / to distribute many identical animals or plants // is sometimes seen as a threat to the diversity of nature. [2] However, / humans have been replacing diverse natural habitats with artificial monoculture / for **millennia**. [3] Most natural habitats in the advanced nations / have already been replaced with some form of artificial environment / based on mass production or repetition. [4] The real threat to biodiversity / is surely the need to convert ever more of our planet into production zones / to feed the ever-increasing human population. [5] The cloning and **transgenic** alteration of domestic animals / makes little difference to the overall situation. [6] **Conversely**, / the renewed interest in genetics / has led to a growing awareness / that there are many wild plants and animals / with interesting or useful genetic properties / that could be used for a variety of **as-yet-unknown** purposes. [7] This has led in turn to a realization / that we should avoid destroying natural ecosystems / because they may harbor tomorrow's drugs against cancer, malaria, or obesity. 21 모의

* monoculture: 단일 경작

087

[1] 실험 대상인 사람들에 관한 과학 실험을 다루는 규정은 / 엄격하다. [2] 실험 대상자는 알게 된 정보를 토대로 서면 동의를 해야만 하고 / 실험자는 자신들이 제안한 실험을 제출해야 한다 / 감독 기관에 의한 철저한 조사를 받기 위해. [3] 스스로를 실험하는 과학자들은 / 법률적으로는 아니더라도 직무상으로는 규제를 피할 수 있다 / 다른 사람들을 실험하는 것과 관련된. [4] 그들은 또한 관련된 윤리적인 문제도 대부분 피할 수 있는데 / 그것의 잠재적인 위험을 더 잘 알고 있는 사람은 아마 없을 것이기 때문이다 / 실험을 고안한 과학자보다. [5] 그럼에도 불구하고 / 자신을 실험하는 것은 / 여전히 큰 문제가 된다. [6] 한 가지 명백한 문제점은 (실험에) 수반되는 위험인데 / 위험이 존재한다는 것을 안다고 해서 / 위험을 줄이기 위해 어떤 일을 하게 되는 것은 아니다. [7] 이보다 덜 명백한 문제점은 / 실험이 만들어 낼 수 있는 제한된 범위의 데이터이다. [8] 인체의 해부학적 구조와 생리적 현상은 각기 다르다 / 사소하지만 의미 있는 방식으로 / 성별, 나이, 생활 방식과 기타 요인에 따라. [9] 단 한 명의 실험 대상자로부터 얻어진 실험 결과는 / 따라서 가치가 제한적이다 // 알 방법이 없다 / 그 실험 대상자의 반응이 집단으로서의 인간 반응을 대표하는 것인지 아니면 이례적인 것인지를.

☐ subject 실험 대상자, 피험자

088

[1] 복제로 이어지는 유전 공학은 / 많은 똑같은 동물이나 식물을 퍼뜨리기 위한 // 때때로 자연의 다양성에 대한 위협으로 여겨진다. [2] 그러나 / 인간은 다양한 자연 서식지를 인위적인 단일 경작으로 대체해 오고 있다 / 수천 년 동안. [3] 선진국의 자연 서식지의 대부분은 / 어떤 형태의 인위적인 환경으로 이미 대체되었다 / 대량 생산이나 반복에 기반을 둔. [4] 생물 다양성에 대한 진정한 위협은 / 지구의 더욱더 많은 부분을 생산지대로 전환해야 할 필요성임이 확실하다 / 계속 늘어나는 인구를 먹여살리기 위해. [5] 가축의 복제와 이식 유전자에 의한 변형은 / 전반적인 상황에 거의 변화를 주지 않는다. [6] 반대로 / 유전학에 관한 새로워진 관심은 / 인식을 점점 키웠다 / 많은 야생 동식물이 있다는 / 흥미롭거나 유용한 유전 특성을 가진 / 아직 알려지지 않은 다양한 목적을 위해서 이용될 수 있는. [7] 이것은 결국 깨닫게 해 주었다 / 우리가 자연 생태계 파괴를 피해야 한다는 것을 / 그것이 암, 말라리아 또는 비만을 치료하는 미래의 약을 품고 있을 수도 있기 때문에.

☐ *A* followed by *B* A에 이어지는[뒤이은] B ☐ in turn 결국 ☐ harbor 품다

089 결정론

어휘 학습 ▶ p. 120

[1] Because a main goal of science is to discover **lawful** relationships, / science assumes that what is being investigated is lawful. [2] For example, / the **chemist** assumes / that chemical reactions are lawful, / and the physicist assumes / that the physical world is lawful. [3] The assumption that what is being studied can be understood in terms of **causal laws** / is called **determinism**. [4] Richard Taylor defined determinism as the philosophical **doctrine** / that "states that for everything that ever happens there are conditions such that, given them, nothing else could happen." [5] The determinist, then, assumes / that everything that occurs is a function of a **finite** number of causes and / that, if these causes were known, / an event could be predicted / with complete accuracy. [6] However, / knowing *all* causes of an event is not necessary; / the determinist simply assumes / that they exist and / that as more causes are known, predictions become more accurate. [7] For example, / almost everyone would agree / that the weather is a function of a finite number of variables / such as **sunspots**, high-**altitude jet streams**, and barometric pressure; / yet weather forecasts are always **probabilistic** / because many of these variables change constantly, and others are simply unknown. 20 모의

* altitude: 고도(高度) ** barometric: 기압의

090 유전학의 발전과 대중 매체

어휘 학습 ▶ p. 121

[1] While genetic advancements are often reported as environmentally dependent or **modest** in effect size in academic publications, / these are often translated to the public in deterministic language / through the media. [2] **Sociologists** of genetics argue / that media portrayals of genetic influences on health / have increased considerably over time, / becoming part of the public discourse / through which individuals understand symptoms, / make help-seeking decisions, / and form views of people with particular traits or conditions. [3] The media is the primary source of information about genetic advances and their applications, / but it does not provide a neutral discourse. [4] Rather, / information is selectively included or ignored, / and scientific and **clinical** implications of genetic discoveries / are often inaccurate or overstated. [5] This "genetic **optimism**" has influenced public opinion, / and research suggests / that ordinary people are largely accepting genetic explanations for health and behavior / and tend to overestimate the **heritability** of common diseases for biological relatives. 20 모의

089

1 과학의 주요 목적은 법칙적인 관계를 발견하는 것이기 때문에 / 과학은 연구되고 있는 것이 법칙적이라고 가정한다. 2 예를 들어 / 화학자는 가정한다 / 화학 반응이 법칙적이라고 / 그리고 물리학자는 가정한다 / 물리적 세계가 법칙적이라고. 3 연구되고 있는 것이 인과 법칙의 관점에서 이해될 수 있다는 가정을 / 결정론이라고 한다. 4 Richard Taylor는 결정론을 철학적인 교리라고 정의하는데 / '일어나는 모든 일에는 조건이 있는데 그 조건이 주어지면 그 밖의 다른 어떤 것도 일어날 수 없다'고 진술한다. 5 그래서 결정론자는 가정한다 / 일어나는 모든 것은 유한한 수의 원인들의 작용이고 / 이 원인들이 알려지면 / 사건은 예측될 수 있다고 / 완전히 정확하게. 6 그런데 / 어떤 사건의 '모든' 원인을 아는 것이 필요한 것은 아니며 / 결정론자는 단지 가정할 뿐이다 / 원인들이 존재하고 / 더 많은 원인들이 알려질수록 예측은 더 정확해진다고. 7 예를 들어 / 거의 모든 사람이 동의할 것이다 / 날씨는 한정된 변수들의 작용라는 것에 / 태양의 흑점, 높은 고도의 제트 기류, 그리고 기압과 같은 // 그렇지만 일기 예보는 늘 확률적인데 / 이 변수들 중 많은 것이 항상 변하고 다른 변수들이 전혀 알려져 있지 않기 때문이다.

☐ with accuracy 정확하게 ☐ variable 변수

090

1 유전학의 발전은 학술 간행물에서 자주 환경 의존적이거나 영향을 미치는 규모에 있어 별로 크지 않은 것으로 보고되지만 / 이것은 자주 대중에게 결정론적 언어로 번역된다 / 대중매체를 통해. 2 유전학 사회학자들은 주장한다 / 건강에 미치는 유전적 영향에 대한 대중 매체의 묘사가 / 시간이 지나면서 상당히 증가하여 / 공개적 담론의 일부가 되었고 / 그것(담론)을 통해 개인은 증상을 이해하고 / 도움을 구하는 결정을 내리고 / 특정한 특성이나 조건을 가진 사람들에 대한 견해를 형성한다고 (주장한다). 3 대중매체는 유전학의 진보와 그 응용에 관한 정보의 주요 원천이지만 / 그것이 중립적 담론을 제공하지는 않는다. 4 오히려 / 정보는 선택적으로 포함되거나 무시되며 / 유전적 발견의 과학적, 임상적 함의는 / 자주 부정확하거나 과장된다. 5 이 '유전적 낙관주의'는 여론에 영향을 미쳤으며 / 연구에 따르면 / 일반 사람들은 건강과 행동에 대한 유전적 설명을 대체로 받아들이고 있고 / 생물학적 친족에 대한 일반적 질병의 유전 가능성을 과대평가하는 경향이 있다.

☐ translate *A* to[into] *B* A를 B로 번역(통역)하다

091 청각 형태의 암호화

어휘 학습 ▶ p. 121

[1] A good deal of the information stored in working memory / is **encoded** in an **auditory** form, / especially when the information is language based. [2] For example, / in an early study by Conrad, / adults were shown six-letter sequences, / with letters being presented **visually**, / one at a time, / at **intervals** of three-fourths of a second. [3] As soon as the last letter of a sequence had been presented, / participants in the study / wrote down all six of the letters they had seen, / guessing at any letters they couldn't easily recall. [4] When people recalled letters incorrectly, / the letters they said they had seen / were more likely to **resemble** the actual stimuli / in terms of how the letters sounded / than how they looked. [5] For example, / the letter *F* was "remembered" / as the auditorially **similar** letter *S* 131 times / but as the visually similar letter *P* only 14 times. [6] Similarly, / the letter *V* was remembered / as *B* 56 times but as *X* only 5 times. 17 모의

092 음높이와 음악의 정의

어휘 학습 ▶ p. 122

[1] There have been many attempts / to define what music is / in terms of the specific attributes of musical sounds. [2] The famous nineteenth-century **critic** Eduard Hanslick / regarded 'the measurable tone' as 'the primary and essential condition of all music'. [3] Musical sounds, / he was saying, / can be **distinguished** from those of nature / by the fact that they **involve** the use of fixed **pitches**, // whereas virtually all natural sounds consist of **constantly fluctuating** frequencies. [4] And a number of twentieth-century writers have assumed, like Hanslick, / that fixed pitches are among the **defining features** of music. [5] Now it is true / that in most of the world's musical cultures, / pitches are not only fixed, but organized into a series of **discrete** steps. [6] However, / this is a **generalization** about music and not a definition of it, / for it is easy to **put forward counter-examples**. [7] Japanese *shakuhachi* music and the *sanjo* music of Korea, / for instance, / fluctuate constantly around the **notional** pitches / in terms of which the music is organized. 20 수능

091

1 작동 기억 내에 저장된 많은 정보는 / 청각 형태로 암호화된다 / 특히 그 정보가 언어를 기반으로 할 때. 2 예를 들어 / Conrad의 초창기 한 연구에서 / 성인들에게 여섯 개의 글자를 연속으로 보여주었는데 / 이 글자들은 시각적으로 / 한 번에 하나씩, 3/4(4분의 3)초 간격으로 제시되었다. 3 연속된 글자들의 마지막 글자가 제시되자마자 / 그 연구 참가자들은 / 자신들이 봤던 여섯 개의 글자 모두를 적었다 / 쉽게 기억해 낼 수 없는 글자들을 추측하면서. 4 사람들이 글자들을 부정확하게 기억해 냈을 때 / 그들이 봤다고 말한 글자들은 / 실제 자극과 닮을 가능성이 더 컸다 / 글자들이 어떻게 들렸는가의 측면에서 / 어떻게 보였는가보다는. 5 예를 들면 / 연구 참가자들은 글자 'F'를 기억해 냈다 / 청각적으로 유사한 글자 'S'로 131번을 / 하지만 시각적으로 유사한 글자 'P'로는 단지 14번만을 (기억해 냈다). 6 마찬가지로 / 참가자들은 글자 'V'를 기억해 냈다 / 'B'로는 56번을, 'X'로는 겨우 5번을.

☐ sequence 연속물 ☐ recall 기억해 내다

092

1 많은 시도가 있었다 / 음악이 무엇인가를 정의하고자 하는 / 악음(樂音)의 특정 속성이라는 견지에서. 2 19세기의 유명 평론가인 Eduard Hanslick은 / '측정할 수 있는 음조'를 '모든 음악의 주요하고 본질적인 조건'으로 간주했다. 3 악음은 / 그가 말하기를 / 자연의 소리와 구별될 수 있다 / 그것이 고정된 음 높이 사용을 수반한다는 사실에 의해 // 자연의 거의 모든 소리가 지속적으로 변동하는 주파수로 구성되어 있는 것에 반해. 4 그리고 20세기의 많은 작곡가들은 추정했다, Hanslick과 마찬가지로 / 고정된 음 높이가 음악의 결정적인 특징 중의 하나라고. 5 이제 사실이다 / 세계 대부분의 음악 문화에서 / 음 높이는 고정되어 있을 뿐만 아니라 연속된 별개의 음정으로 조직되어 있다는 것은. 6 하지만 / 이것은 음악에 관한 일반화이지 그것에 관한 정의는 아니다 / 왜냐하면 반대 사례를 제기하는 것이 쉽기 때문이다. 7 일본의 '샤쿠하치' 음악과 한국의 '산조' 음악은 / 예를 들어 / 관념상의 음 높이 주위에서 끊임없이 변동한다 / 그 음악이 구성된 관념상의 음 높이라는 측면에서.

☐ in terms of ~와 관련하여, ~의 면에서 ☐ frequency 주파수

SET 20

093 기념비적인 예술의 의미

어휘 학습 p. 123

[1] "**Monumental**" is a word / that **comes** very **close to** expressing the basic **characteristic** of Egyptian art. [2] Never before and never since has the quality of monumentality been achieved / as **fully** as it was in Egypt. [3] The reason for this / is not the external size and **massiveness** of their works, / although the Egyptians **admittedly** achieved some amazing things in this **respect**. [4] Many modern structures exceed those of Egypt / in terms of purely physical size. [5] But massiveness has nothing to do with monumentality. [6] An Egyptian **sculpture** no bigger than a person's hand / is more monumental / than that gigantic pile of stones that constitutes the war **memorial** in Leipzig, / for instance. [7] Monumentality is not a matter of external weight, / but of "inner weight." [8] This inner weight is the quality which Egyptian art **possesses** / to such a degree that everything in it seems to be made of primeval stone, / like a **mountain range**, // even if it is only a few inches across or **carved** in wood. 19 수능

* gigantic: 거대한 ** primeval: 원시 시대의

094 사진이 미술에 준 변화

어휘 학습 p. 125

[1] When **photography came along** in the nineteenth century, / painting was put in crisis. [2] The photograph, / it seemed, / did the work of **imitating** nature better than the painter ever could. [3] Some painters made practical use of the invention. [4] There were **Impressionist** painters who used a photograph / **in place of** the model or **landscape** they were painting. [5] But **by and large**, / the photograph was a challenge to painting / and was one cause / of painting's moving away from direct representation and **reproduction** to the abstract painting of the twentieth century. [6] Since photographs did such a good job of representing things / as they existed in the world, / painters were freed to look inward and represent things as they were in their imagination, / rendering emotion in the color, volume, line, and spatial configurations **native** to the painter's art. 19 수능

* render: 표현하다 ** configuration: 배치

093

[1] '기념비적'이라는 말은 단어이다 / 이집트 예술의 기본적인 특징을 표현하는 데 매우 근접하는. [2] 그 전에도 그 이후에도 기념비성이라는 특성이 달성된 적은 한 번도 없었다 / 이집트에서처럼 완전히. [3] 이에 대한 이유는 / 그들 작품의 외적 크기와 거대함이 아니다 / 비록 이집트인들이 이 점에서는 몇 가지 대단한 업적을 달성했다는 것이 인정되지만. [4] 많은 현대 구조물은 이집트의 구조물들을 능가한다 / 순전히 물리적인 크기 면에서는. [5] 그러나 거대함은 기념비성과는 아무 관련이 없다. [6] 겨우 사람 손 크기의 이집트의 조각이 / 더 기념비적이다 / Leipzig의 전쟁 기념비를 구성하는 그 거대한 돌무더기보다 / 예를 들어. [7] 기념비성은 외적 무게의 문제가 아니라 / '내적 무게'의 문제이다. [8] 이 내적 무게가 이집트 예술이 지닌 특성인데 / 이집트 예술의 모든 것이 원시 시대의 돌로 만들어진 것처럼 보일 정도이다 / 마치 산맥처럼 // 폭이 단지 몇 인치에 불과하거나 나무에 새겨져 있을지라도.

☐ to such a degree (that) ~일[할] 정도로

094

SET 21

[1] 사진술이 19세기에 나타났을 때 / 회화는 위기에 처했다. [2] 사진은 / ~인 것처럼 보였다 / 자연을 모방하는 일을 여태까지 화가가 할 수 있었던 것보다 더 잘하는 것으로. [3] 몇몇 화가들은 그 발명품(사진술)을 실용적으로 이용했다. [4] 사진을 사용하는 인상파 화가들이 있었다 / 자신들이 그리고 있는 모델이나 풍경 대신에. [5] 하지만 대체로 / 사진은 회화에 대한 도전이었고 / 한 가지 원인이었다 / 회화가 직접적인 표현과 복제로부터 멀어져 20세기의 추상 회화로 이동해 가는. [6] 사진은 사물을 아주 잘 표현했기 때문에 / 세상에 존재하는 대로 / 화가들은 내면을 보고 자신들의 상상 속에서 존재하는 대로 사물을 표현할 수 있게 되어 / 화가의 그림에 고유한 색, 양감, 선, 그리고 공간의 배치로 감정을 표현하였다.

☐ practical 실용적인 ☐ abstract 추상적인 ☐ spatial 공간의, 공간적인

095 영화 *Apocalypse Now*

어휘 학습 ▶ p. 126

[1] ***Apocalypse*** *Now*, a film produced and directed by Francis Ford Coppola, / gained widespread popularity, / and **for good reason**. [2] The film is an adaptation of Joseph Conrad's novel *Heart of Darkness*, / which **is set in** the African Congo at the end of the 19th century. [3] Unlike the original novel, / *Apocalypse Now* is set in Vietnam and Cambodia during the Vietnam War. [4] The **setting**, time period, dialogue and other **incidental details** / are changed / but the fundamental narrative and **themes** of *Apocalypse Now* / are the same as those of *Heart of Darkness*. [5] Both describe a physical journey, / reflecting the central character's mental and **spiritual** journey, // down a river to **confront** the deranged Kurtz character, / who represents the worst aspects of **civilisation**. [6] By giving *Apocalypse Now* a setting that was **contemporary** at the time of its release, / **audiences** were able to experience and **identify** with its themes more easily / than they would have if the film had been a **literal** adaptation of the novel. 18 수능

* deranged: 제정신이 아닌

096 상황을 창작하는 영화감독

어휘 학습 ▶ p. 127

[1] The film director, / **as compared to** the theater director, / has as his material, / the finished, recorded **celluloid**. [2] This material from which his final work is **composed** / consists not of living men or real landscapes, / not of real, actual stage-sets, / but only of their images, / recorded on **separate strips** that can be **shortened**, altered, and **assembled** according to his will. [3] The elements of reality are fixed on these pieces; / by **combining** them in his selected sequence, / shortening and lengthening them according to his desire, / the director builds up his own "filmic" time and "**filmic**" space. [4] He does not adapt reality, / but uses it for the creation of a new reality, / and the most characteristic and important aspect of this process / is that, in it, laws of space and time **invariable** and **inescapable** in work with **actuality** / become **obedient**. [5] The film assembles from them / a new reality **proper** only to itself. 17 수능

095

1 Francis Ford Coppola가 제작하고 감독한 영화인 Apocalypse Now는 / 폭넓은 인기를 얻었는데 / 그럴 만한 이유가 있었다. 2 그 영화는 Joseph Conrad의 소설 Heart of Darkness를 각색한 것이다 / 19세기 말 아프리카의 콩고를 배경으로 한. 3 원작 소설과는 달리 / Apocalypse Now는 베트남 전쟁 당시의 베트남과 캄보디아를 배경으로 한다. 4 배경, 시기, 대화, 그리고 다른 부수적 세부 사항은 / 바뀌어 있지만 / Apocalypse Now의 기본적인 줄거리와 주제는 / Heart of Darkness와 같다. 5 둘 다 물리적 여정을 묘사한다 / 주인공의 정신적 그리고 영적인 여정을 나타내는 // 제정신이 아닌 Kurtz 라는 인물을 대면하기 위해 강을 따라 내려가고 / 그는 문명의 최악의 측면을 나타낸다. 6 Apocalypse Now에 그것이 개봉될 당시와 같은 시대적 배경을 제공함으로써 / 관객들은 더 쉽게 그것의 주제를 경험하고 동질감을 느낄 수 있었다 / 영화가 소설을 원문에 충실하게 각색했다면 그랬을 것보다.

☐ adaptation 각색 ☐ incidental 부수적인 ☐ release 개봉, 발표

096

1 영화감독은 / 연극 감독과 비교하여 / 자신의 자료로 갖게 된다 / 완성되고 녹화된 영화 필름을. 2 그의 최종적인 작품이 구성되는 이 자료는 / 살아 있는 사람이나 실제 경치로 이루어진 것이 아니고 / 실제 혹은 사실상의 무대 장치도 아닌 / 단지 그것들의 이미지로 이루어진다 / 그의 의지에 따라 줄이고, 변경하고, 조합할 수 있는 분리된 (필름) 조각들에 녹화된 (이미지로). 3 실제 상황의 요소들이 이런 여러 조각들에 정해진다 / 즉, 감독이 선택한 순서로 그것들을 결합하고 / 그의 욕구에 따라 그것들을 줄이고 길게 함으로써 / 감독은 자기 자신의 '영화화된' 시간과 '영화화된' 공간을 만들어 낸다. 4 그는 실제 상황을 각색하는 것이 아니라 / 새로운 실제 상황을 창작하기 위해 그것을 이용한다 / 그리고 이런 과정에서 가장 특징적이고 중요한 면은 / 그 안에서는 현실성을 가진 일에서는 변하지 않고 피할 수 없는 공간과 시간의 법칙들이 / 순종적으로 된다는 것이다. 5 영화는 그것들로부터 조합한다 / 영화 자체에만 적합한 새로운 실제 상황을.

☐ consist of ~으로 이루어지다 ☐ sequence (사건 등의) 순서

097 음악적 경험이 중요한 어린아이들

어휘 학습 ▶ p. 128

[1] Music is a human art form, / an **inseparable** part of the human experience / everywhere in the world. [2] Music is social, / and **tightly woven** into the tapestry of life, / and young children are very much a part of this multifaceted **fabric**. [3] The musical experiences they have / provide opportunities for them to know / language, behaviors, customs, traditions, beliefs, values, stories, and other cultural **nuances**. [4] As they become musically skilled / through experiences in song and **instrumental** music, // young children can also grow cultural knowledge and sensitivity. [5] Music is an extremely important aspect of culture, / shaping and transmitting the above-**mentioned** aspects / that characterize groups of people. [6] Exposing young children to the world's musical cultures / brings them into the cultural conversation, / allowing them to learn about self and others / in an **artistically** meaningful and engaging way. [7] Prior to the development of social biases and cultural preferences / that all too easily turn into prejudices, // the opportunity to know people through song, dance, and instrument play / is a gift to all / who work for the well-balanced development of young children into the responsible citizens they will one day become. 21 모의

* tapestry: 색색의 실로 수놓은 장식 걸개 ** multifaceted: 다면의

098 Whitman의 시적 명성에 대한 생각

어휘 학습 ▶ p. 130

[1] Long before Walt Whitman wrote *Leaves of Grass*, / poets had **addressed themselves to fame**. [2] Horace, Petrarch, Shakespeare, Milton, and Keats all hoped / that **poetic** greatness would grant them a kind of **earthly immortality**. [3] Whitman held a similar faith / that for centuries the world would value his poems. [4] But to this **ancient** desire to live forever on the page, / he added a new sense of fame. [5] Readers would not simply **attend to** the poet's work; / they would be attracted to the greatness of his **personality**. [6] They would see in his poems a **vibrant** cultural performance, / an individual **springing** from the book with **tremendous charisma** and appeal. [7] Out of the political rallies and **electoral parades** that marked Jacksonian America, / Whitman defined poetic fame / in relation to the crowd. [8] Other poets might look for their inspiration / from the goddess of poetry. [9] Whitman's poet / sought the approval of his contemporaries. [10] In the **instability** of American **democracy**, / fame would be dependent on **celebrity**, / on the degree to which the people **rejoiced** in the poet and his work. 16 수능

* rally: 집회

097

1 음악은 인간의 예술 형태로서 / 인간 경험에서 분리할 수 없는 부분이다 / 세계 어디에서나. 2 음악은 사회적이며 / 삶의 색색의 실로 수놓은 장식 걸개에 촘촘히 짜여 있는데 / 어린아이들이 이 다면적인 직물의 매우 중요한 부분이다. 3 그들이 갖는 음악적 경험은 / 그들에게 알 수 있는 기회를 제공한다 / 언어, 행동, 관습, 전통, 믿음, 가치, 이야기, 그리고 다른 문화적 뉘앙스를. 4 그들이 음악적으로 숙련되면서 / 노래와 기악곡의 경험을 통해 // 어린아이들은 또한 문화적 지식과 감수성을 기를 수 있다. 5 음악은 문화의 극히 중요한 측면이며 / 위에서 언급한 측면들을 형성하고 전달한다 / 사람들의 집단을 특징짓는 (측면들을). 6 어린아이들을 세계의 음악 문화에 노출시키는 것은 / 그들을 문화적 대화에 끌어들여 / 자신과 다른 사람들에 대해 배울 수 있게 한다 / 예술적으로 의미 있고 매력적인 방식으로. 7 사회적 편향과 문화적 선호의 발달에 앞서서 / 너무나도 쉽게 편견으로 변하는 // 노래, 춤, 악기 연주를 통해 사람들을 알 수 있는 기회를 갖게 하는 것은 / 모든 이들에게 선물이다 / 어린아이들이 균형 있게 발달하여 언젠가는 책임감 있는 시민이 되도록 하기 위해 노력하는 (모든 이들에게).

□ characterize 특징짓다 □ prejudice 편견

098

SET 22

1 Walt Whitman이 'Leaves of Grass'를 쓰기 오래 전에 / 시인들은 명성에 주의를 기울였었다. 2 Horace, Petrarch, Shakespeare, Milton, 그리고 Keats는 모두 바랐다 / 시의 위대함이 자신들에게 일종의 세속적 불멸을 부여해주기를. 3 Whitman도 비슷한 믿음을 갖고 있었다 / 수 세기 동안 세상이 자신의 시를 가치 있게 여길 것이라는. 4 그러나 지면 위에서 영원히 살아남고자 하는 이 아주 오래된 열망에다 / 그는 명성에 대한 새로운 의미를 추가했다. 5 독자들이 단순히 시인의 작품에만 주목하는 것이 아니라 / 그들은 그의 인격적인 위대함에도 이끌릴 것이었다. 6 그들은 그의 시에서 활기찬 문화적 공연을 보게 될 것이었다 / 즉, 엄청난 카리스마와 호소력을 갖고 한 개인이 책에서 솟구쳐 나오는 것을. 7 Jackson의 미국을 특징지었던 정치 집회와 선거 행진에서 / Whitman은 시적 명성을 정의했다 / 군중과 관련하여. 8 다른 시인들은 자신들의 영감을 찾았을지도 모른다 / 시의 여신으로부터. 9 Whitman(이 생각하는) 시인(상)은 / 자신의 동시대인으로부터의 인정을 추구했다. 10 미국 민주주의의 불안정 속에 / 명성은 인기도에 의해 좌우될 것이었다 / 사람들이 그 시인과 그의 작품에 흡족해 하는 정도에.

□ appeal 호소력, 매력

099 예술의 영향

어휘 학습 p. 131

1 Plato and Tolstoy both assume / that it can be **firmly** established / that certain works have certain effects. 2 Plato is sure / that the **representation** of **cowardly** people / makes us cowardly; / the only way to prevent this effect / is to suppress such representations. 3 Tolstoy is **confident** / that the artist who sincerely expresses feelings of **pride** / will pass those feelings on to us; / we can no more escape than we could escape an **infectious** disease. 4 In fact, however, / the effects of art are neither so certain nor so direct. 5 People vary a great deal / both in the **intensity** of their response to art and in the form which that response takes. 6 Some people may **indulge fantasies** of violence / by watching a film / instead of working out those fantasies in real life. 7 Others may be **disgusted** / by even **glamorous** representations of violence. 8 Still others may be left **unmoved**, / neither attracted nor disgusted. 15 수능

100 소설의 영화화

어휘 학습 p. 133

1 We **take it for granted** / that film **directors** are in the game of recycling. 2 Adapting novels / is one of the most respectable of movie **projects**, / while a book that calls itself the **novelization** of a film / is considered **barbarous**. 3 Being a **hybrid** art as well as a late one, / film has always been in a dialogue with other narrative **genres**. 4 Movies were first seen as an **exceptionally potent** kind of illusionist theatre, / the **rectangle** of the screen **corresponding to** the proscenium of a stage, on which appear actors. 5 Starting in the early silent period, / plays were regularly "turned into" films. 6 But filming plays / did not encourage the evolution of what truly was distinctive about a movie: / the intervention of the camera — its mobility of **vision**. 7 As a source of plot, character, and dialogue, / the novel seemed more **suitable**. 8 Many early successes of cinema / were adaptations of popular novels. 13 수능

* proscenium: 앞 무대

099

1 플라톤과 톨스토이는 둘 다 추정한다 / 굳건히 확립될 수 있다고 / 특정 작품이 특정한 영향을 끼치는 것이. 2 플라톤은 확신한다 / 비겁한 사람들의 표현은 / 우리를 비겁하게 만들기 때문에 / 이러한 영향을 막는 유일한 방법은 / 그러한 표현들을 억누르는 것이라고. 3 톨스토이는 확신한다 / 진정으로 자부심의 감정을 표현하는 예술가는 / 우리에게 그 감정을 전달할 것이라고 / 즉, 우리가 전염병을 피할 수 없는 것처럼 (그 감정에서) 피할 수가 없다고. 4 하지만 사실 / 예술의 영향은 그렇게 확실하지도 않고 그렇게 직접적이지도 않다. 5 사람들은 매우 다양하다 / 예술에 대한 반응의 세기와 그 반응이 취하는 형식 모두에서. 6 폭력에 대한 공상을 충족시키는 사람이 있을 수 있다 / 영화를 봄으로써 / 실제 삶 속에서 그러한 공상을 성취하는 대신에. 7 혐오감을 느끼는 사람도 있을 수 있다 / 매력적으로 표현된 폭력일지라도. 8 하지만 전혀 미동도 하지 않는 사람들도 여전히 있을 수 있다 / 매력을 느끼지도 않고 혐오감도 느끼지 않으면서.

☐ no more *A* than *B* A가 아닌 것은 B가 아닌 것과 같다, B가 아닌 것처럼 A도 아니다 ☐ work out 노력하여 성취하다; (일이) 잘 풀리다, 좋게 진행되다

100

1 우리는 당연시한다 / 영화감독들이 재활용 게임을 하고 있다는 것을. 2 소설을 각색하는 것은 / 가장 훌륭한 영화 프로젝트 중 하나이다 / 영화를 소설화했다고 하는 책은 / 상스럽게 여겨지는데 비해. 3 후발 예술이면서 동시에 혼합 예술이기도 한 / 영화는 다른 서사 장르와 항상 대화를 해왔다. 4 초기에 영화는 특별히 유력한 일종의 마술 공연장으로 보였다 / 직사각형 모양의 화면이 배우가 출연하는 앞 무대와 유사하게 보이면서. 5 초창기 무성 영화기를 시발점으로 / 연극은 자주 영화로 '전환'되었다. 6 하지만 연극을 영화화하는 것은 / 영화에 진정으로 독특한 것의 발전을 북돋우지 못했다 / 즉, 카메라의 개입, 다시 말해 그것의 시각적 기동성(의 발전을). 7 줄거리, 등장인물, 대화의 공급원으로서 / 소설이 더 적합해 보였다. 8 영화의 초기 성공작의 다수가 / 유명 소설을 각색한 것이었다.

☐ illusionist 마술사

101 미술품의 위치

어휘 학습 p. 134

[1] It can be difficult to decide the place of **fine art**, / such as oil paintings, **watercolours**, sketches or sculptures, / in an archival institution. [2] Art can serve as documentary evidence, / especially when the items were produced / before photography became common. [3] Sketches of soldiers on a battlefield, / paintings of English country villages / or portraits of Dutch **townspeople** / can provide the only visual evidence of a long-ago place, person or time. [4] But art can also carry **aesthetic** value, / which elevates the job of evaluation into another realm. [5] Aesthetic value and the notion of artistic beauty are important considerations, / but they are not what motivates archival preservation / in the first instance. [6] The best archival decisions about art / do not focus on **territoriality** (this object belongs in my institution even though I do not have the resources to care for it) / or on questions of **monetary** value or prestige (this object raises the cultural **standing** of my institution). [7] The best decisions focus on / what evidential value exists and what is best for the item. 21 모의

* archival: 기록(보관소)의 ** prestige: 명성, 위신 *** realm: 영역

102 영화의 문법

어휘 학습 p. 135

[1] Film has no grammar. [2] There are, however, some **vaguely** defined rules of usage in **cinematic** language, / and the **syntax** of film — its **systematic arrangement** — orders these rules / and indicates relationships among them. [3] As with written and spoken languages, / it is important to remember / that the syntax of film is a result of its usage, / not a **determinant** of it. [4] There is nothing preordained about film syntax. [5] Rather, / it evolved naturally / as certain devices were found in practice to be both **workable** and useful. [6] Like the syntax of written and spoken language, / the syntax of film is an organic development, / **descriptive** rather than **prescriptive**, / and it has changed considerably over the years. [7] "Hollywood Grammar" may sound **laughable** now, / but during the thirties, forties, and early fifties / it was an accurate model of the way Hollywood films were constructed. 21 모의

* preordained: 미리 정해진

101

[1] 미술품의 위치를 정하는 것은 어려울 수 있다 / 유화, 수채화, 스케치, 또는 조각과 같은 (미술품을) / 기록 보관 기관에서. [2] 미술품은 증거 자료의 역할을 할 수 있다 / 특히 그 작품들이 생산된 경우에는 / 사진 촬영이 보편화되기 전에. [3] 전쟁터에 있는 군인들의 스케치 / 영국 시골 마을의 그림 / 또는 네덜란드 시민들의 초상화는 / 옛날의 장소, 사람 또는 시절의 유일한 시각적 증거를 제공할 수 있다. [4] 그러나 미술은 또한 미적 가치를 지닐 수 있는데 / 그것은 감정이라는 일을 다른 영역으로 격상시킨다. [5] 미적 가치와 예술적 아름다움의 개념은 중요한 고려사항이지만 / 그것들은 기록 보존의 동기를 부여하는 것은 아니다 / 우선적으로. [6] 미술에 관한 최선의 기록 보관 결정은 / 영토권(이 물건은 내가 그것을 돌볼 자원이 없더라도 있어야 할 곳은 내 기관이다)에 초점을 두지 않으며 / 금전적 가치나 위신(이 물건은 내 기관의 문화적 지위를 높인다)의 문제에도 (초점을 두지 않는다). [7] 최선의 결정은 초점을 맞춘다 / 어떤 증거 가치가 존재하고 그 작품에 최선인 것이 무엇인지에.

☐ oil painting 유화 ☐ institution 기관 ☐ elevate 격상시키다, 높이다

102

[1] 영화에는 문법이 없다. [2] 그러나 영화 언어 사용에 관한 어렴풋이 정의된 몇 가지 규칙이 있고 / 영화의 문법, 즉 영화의 체계적인 방식은 이러한 규칙들을 정리하고 / 규칙들 사이의 관계를 보여준다. [3] 문어와 구어에서와 마찬가지로 / 기억하는 것이 중요하다 / 영화의 문법은 영화에서 사용한 결과물이지 / 영화의 결정 요인은 아니라는 것을. [4] 영화 문법에 관해 미리 정해진 것은 아무것도 없다. [5] 오히려 / 그것은 자연스럽게 발전했다 / 특정한 방법이 실제로 운용할 수 있고 유용하다고 밝혀지면서. [6] 문어와 구어의 문법처럼 / 영화의 문법은 자연스럽게 성장한 것으로 / 규범적이지 않고 기술적이며 / 여러 해에 걸쳐 상당히 변화했다. [7] '할리우드 문법'은 지금은 웃기는 것처럼 들릴지 모르지만 / 30년대, 40년대, 50년대 초반에는 / 할리우드 영화가 제작되는 방식의 정확한 모델이었다.

☐ evolve 발전하다 ☐ in practice 실제는, 실제로 ☐ organic 서서히[저절로] 생기는, 자연스러운; 유기농의

103 영화의 연기

어휘 학습 p. 136

[1] Why does the "**pure**" acting of the movies not seem unnatural to the audience, / who, after all, **are accustomed** in real life **to** people whose expression is more or less **indistinct**? [2] Most people's perception in these matters / is not very sharp. [3] They are not in the habit of observing closely the play of features of their fellow men / — either in real life or at the movies. [4] They are satisfied with grasping the meaning of what they see. [5] Thus, / they often take in the **overemphasized** expression of film actors more easily / than any that is too **naturalistic**. [6] And as far as lovers of art are concerned, / they do not look at the movies for imitations of nature / but for art. [7] They know that artistic representation is always explaining, refining, and making clear / the object **depicted**. [8] Things that in real life are imperfectly realized, merely hinted at, and entangled with other things / appear in a work of art complete, entire, and free from irrelevant matters. [9] This is also true of acting in film. 18 모의

* entangle: 얽히게 하다

104 예술가의 개념

어휘 학습 p. 136

[1] Today / the term artist is used to refer to a broad range of creative individuals / across the globe / from both past and present. [2] This rather general usage **erroneously** suggests / that the concept or word "artist" existed in original contexts. [3] In contrast to the diversity it is applied to, / the meaning of this term / continues to be mostly based on Western views and values. [4] Since the fifteenth century, / this tradition has been concerned with / recognizing individual achievements. [5] Inventions, ideas, and discoveries have **been credited** / **to** the persons who **originated** them. [6] This view is also at the core of the definition of an "artist." [7] Artists are perceived to establish a strong bond with their art / to the point of combining into one "**entity**." [8] Art history has reinforced this **oneness**: / A painting by Pablo Picasso is called "a Picasso." [9] This union between artists and their work / has determined the essential qualities of an artist: / **originality**, **authorship**, and authenticity. 18 모의

* authenticity: 진정함, 확실성

103

1 왜 영화의 '순전한' 연기가 관객들에게 부자연스럽게 보이지 않는가 / 어쨌든 실제 현실에서는 표현이 다소 불분명한 사람들에게 익숙한 관객들에게? 2 이러한 문제에 대한 대부분의 사람들의 인식은 / 그다지 날카롭지 않다. 3 그들은 다른 사람의 이목구비의 움직임을 자세히 관찰하는 습관을 갖고 있지 않다 / 실제 삶에서든 영화에서든. 4 그들은 자신들이 보는 것의 의미를 이해하는 것으로 만족해한다. 5 따라서 / 그들은 영화배우들의 지나치게 강조된 표현을 흔히 더 쉽게 받아들인다 / 너무 자연스러운 그 어떤 것보다. 6 그리고 예술 애호가들에 관한 한 / 그들은 자연의 모방을 위해 영화를 보는 것이 아니라 / 예술을 위해 본다. 7 그들은 예술적 표현이 항상 설명하고, 다듬고, 명확하게 만들고 있다는 것을 안다 / 묘사되는 사물을. 8 현실에서는 불완전하게 인식되고 그저 암시되기만 하며 다른 것들과 뒤엉킨 것들이 / 예술 작품에서는 완전하고, 온전하며, 무관한 문제들로부터 자유로운 것처럼 보인다. 9 영화의 연기도 그러하다.

☐ feature 이목구비; 특색 ☐ grasp 이해하다, 파악하다 ☐ as far as ~ be concerned ~에 관한 한
☐ refine 다듬다, 순화하다

104

1 오늘날 / 예술가라는 용어는 넓은 범위의 창의적인 개인들을 지칭하는데 사용된다 / 전 세계에 걸쳐 / 과거와 현재 모두로부터. 2 이런 다소 일반적인 용례는 잘못 암시한다 / '예술가'라는 개념이나 말이 본래의 맥락 속에서 존재했다고. 3 그것이 적용되는 다양성과는 대조적으로 / 이 용어의 의미는 / 대개 서양의 관점과 가치에 계속 기반을 두고 있다. 4 15세기 이래로 / 이 전통은 관련이 있어 왔다 / 개인의 업적을 인정하는 것과. 5 발명품, 아이디어, 그리고 발견은 공로가 있다고 여겨져 왔다 / 그것을 처음 만들어 낸 사람에게. 6 이 견해는 또한 '예술가'라는 정의의 핵심에 있다. 7 예술가는 자신들의 예술품과 강한 유대를 확립한다고 인식된다 / 하나의 '독립체'로 합쳐질 정도로까지. 8 예술의 역사는 이 일체감을 강화해 와서 / Pablo Picasso가 그린 그림은 'a Picasso'라고 불린다. 9 예술가와 자신들의 작품 간의 이 결합이 / 예술가의 필수 자질을 결정해 왔다 / 독창성, 원작자, 그리고 진정함이라는.

☐ bond 유대 ☐ combine into ~로 합쳐지다 ☐ reinforce 강화하다

105 작곡을 빨리 할 수 있는 이유

어휘 학습 » p. 137

[1] There are many instances of rapid work **on the part of** the great composers; / and their facility and quickness of composition / causes great wonder and **admiration**. [2] But our admiration is often **misdirected**. [3] When we hear of some of the speedy writing of great works by Mozart or Mendelssohn, / we might think that this speed was of the composing power as well as of pen, / but, in fact, such was seldom the case. [4] These great musicians / generally did their composition mentally without reference to pen or piano, / and simply postponed the unpleasant manual labor of committing their music to paper / until it became absolutely necessary. [5] Then they got **credit** for incredible **rapidity** of composition. [6] But it is no light matter / to quickly and correctly pen a long and **complicated** composition. [7] One has only to copy a piece of music or to try to put into notes some piece of music previously memorized, / to realize this. 18 모의

106 문자의 탄생

어휘 학습 » p. 138

[1] In the classic model of the Sumerian economy, / the temple functioned as an **administrative** authority / governing **commodity** production, collection, and **redistribution**. [2] The discovery of administrative **tablets** from the temple complexes at Uruk / suggests that / **token** use and consequently writing / evolved as a tool of centralized economic **governance**. [3] Given the lack of archaeological evidence from Uruk-period **domestic** sites, / it is not clear / whether individuals also used the system for personal agreements. [4] For that matter, / it is not clear / how widespread **literacy** was at its beginnings. [5] The use of identifiable symbols and **pictograms** on the early tablets / is consistent with administrators needing a lexicon / that was mutually **intelligible** by literate and **nonliterate** parties. [6] As cuneiform script became more abstract, / literacy must have become increasingly important / to ensure one understood what he or she had agreed to. 21 수능

* archaeological: 고고학적인 ** lexicon: 어휘 목록 *** cuneiform script: 쐐기 문자

105

1 위대한 작곡가들이 행한 빠른 작업의 예들은 많이 있는데 / 그들이 작곡을 하는 솜씨와 신속함은 / 커다란 경이감과 감탄을 불러일으킨다. 2 그러나 우리의 감탄은 흔히 그 방향이 잘못되어 있다. 3 우리가 모차르트나 멘델스존이 빠르게 위대한 작품들을 쓴 것에 관한 이야기를 얼마간 들을 때 / 우리는 이 속도가 펜을 움직이는 속도일 뿐만 아니라 작곡을 하는 능력의 속도라고 생각할 수 있다 / 하지만 실제로 그것은 거의 사실이 아니었다. 4 이 위대한 음악가들은 / 보통 펜이나 피아노와는 상관없이 마음속으로 작곡을 하였으며 / 자신들의 음악을 종이에 옮기는 유쾌하지 않은 육체노동을 미루어 두었을 뿐이었다 / 절대적으로 필요할 때까지. 5 그렇게 하여 그들은 놀라운 작곡 속도에 대해 칭찬을 받게 되었다. 6 그러나 그것은 결코 쉬운 문제가 아니다 / 길고 복잡한 작곡을 빠르고 정확하게 쓰는 것은. 7 한 곡을 그대로 옮겨 쓰거나 전에 기억해 둔 어떤 음악을 음표로 옮기려 해보기만 하면 된다 / 이것을 깨닫기 위해서는.

☐ facility 솜씨, 재주 ☐ without reference to ~에 관계없이 ☐ postpone 연기하다

106

1 수메르 경제의 전형적 모델에서 / 사원은 행정 당국으로서 기능했다 / 상품의 생산, 수집, 그리고 재분배를 관장하는. 2 Uruk의 사원 단지에서 나온 행정용 (점토)판의 발견은 / 시사한다 / 상징의 사용, 그리고 결과적으로 글자가 / 중앙 집권화된 경제 지배의 도구로 발달했다는 것을 (시사한다). 3 Uruk 시기 가정집의 터에서 나온 고고학적 증거가 없다는 것을 고려하면 / 명확하지 않다 / 개인들이 사적인 합의를 위해 그 체계를 또한 사용했는지는. 4 그 문제와 관련하여 / 명확하지 않다 / 읽고 쓰는 능력이 그것의 초기에 얼마나 널리 퍼져 있었는지. 5 초기의 판에서의 인식 가능한 기호와 그림 문자의 사용은 / 행정가들이 어휘 목록이 필요했던 것과 일치한다 / 읽고 쓸 줄 아는 측과 읽고 쓸 수 없는 측이 서로 이해할 수 있는 (어휘 목록이). 6 쐐기 문자가 더욱 추상적으로 되면서 / 읽고 쓰는 능력이 점점 더 중요해졌음이 틀림없다 / 자신이 합의한 것을 이해한다는 점을 확실히 하기 위해.

☐ be consistent with ~와 일치하다

107 구성원을 택하는 전략

어휘 학습 ▶ p. 139

1 Choosing similar friends / can have a **rationale**. 2 Assessing the **survivability** of an environment / can be risky / (if an environment **turns out** to be deadly, / for instance, / it might be too late / by the time you found out), / so humans have evolved the desire to **associate with** similar individuals / as a way to **perform** this function efficiently. 3 This is **especially** useful to a species / that lives in so many different sorts of environments. 4 However, / the carrying **capacity** of a given environment / places a **limit** on this **strategy**. 5 If resources are very limited, / the individuals who live in a particular place / cannot all do the **exact** same thing / (for example, / if there are few trees, / people cannot all live in tree houses, / or if mangoes are in short supply, / people cannot all **live solely on** a diet of mangoes). 6 A rational strategy would therefore sometimes be / to *avoid* similar members of one's species. 21 수능

108 기록 문화와 영리 기업

어휘 학습 ▶ p. 141

1 In retrospect, / it might seem surprising / that something as mundane as the desire to count sheep / was the **driving force** for an advance as fundamental as **written language**. 2 But the desire for written records / has always **accompanied** economic activity, / since **transactions** are meaningless / unless you can clearly **keep track of** who owns what. 3 As such, / early human writing / is dominated by **wheeling and dealing**: / a collection of **bets**, bills, and **contracts**. 4 Long before we had the writings of the prophets, / we had the writings of the **profits**. 5 In fact, / many civilizations / never got to the stage / of recording and **leaving behind** the kinds of great **literary** works / that we often associate with the history of culture. 6 What survives these ancient societies is, / for the most part, a **pile** of **receipts**. 7 If it weren't for the commercial **enterprises** / that produced those records, / we would know far, far less about the cultures that they came from. 20 수능

* mundane: 세속의 ** prophet: 예언자

107

[1] 비슷한 친구를 선택하는 것은 / 논리적 근거를 가질 수 있다. [2] 어떤 환경의 존속 가능성을 평가하는 것은 / 위험할 수 있다 / (어떤 환경이 치명적인 것으로 판명되면 / 예를 들어 / 너무 늦을 수도 있다 / 그 사실을 알 때쯤에는) / 그래서 인간은 서로 비슷한 개인들과 어울리려는 욕구를 진전시켜 왔다 / 이 직능을 효율적으로 수행하기 위한 한 가지 방편으로. [3] 이것은 종에게 특히 유용하다 / 매우 다양한 유형의 환경에 사는. [4] 그러나 / 주어진 환경의 수용 능력은 / 이 전략을 제한한다. [5] 자원이 매우 한정되어 있다면 / 특정 장소에 사는 개인이 / 모두 똑같은 것을 할 수는 없다 / (예를 들어 / 나무가 거의 없다면 / 사람들이 모두 나무집에 살 수는 없으며 / 또는 망고의 공급이 부족하면 / 사람들이 모두 오직 망고를 먹는 식단으로만 살 수는 없다). [6] 그러므로 합리적인 전략이 때로는 될 것이다 / 자신이 속한 종의 비슷한 구성원들을 '피하는' 것이.

☐ rational 합리적인, 이성적인

108

[1] 돌이켜보면 / 놀라운 일로 보일지도 모른다 / 양의 수를 세고자 하는 욕구만큼 세속적인 것이 / 문자 언어처럼 근본적인 진보의 원동력이었다는 것은. [2] 그러나 문자 기록에 대한 욕구는 / 언제나 경제 활동을 수반해 왔는데 / 그 이유는 거래가 무의미하기 때문이다 / 누가 무엇을 소유하고 있는지 명확하게 계속 알 수 없으면. [3] 따라서 / 초기의 인간의 글쓰기는 / 술책에 의해 지배된다 / 내기, 계산서, 계약서의 모음과 같이. [4] 우리가 예언자들에 관한 기록을 갖기 훨씬 이전에 / 우리는 이익에 대한 기록을 가졌다. [5] 사실 / 많은 문명이 / 단계에 전혀 이르지 못했다 / 그런 종류의 위대한 문학 작품들을 기록하고 그것을 뒤에 남기는 / 우리가 흔히 문화의 역사와 연관 짓는. [6] 이런 고대 사회에서 살아남은 것은 / 대부분 영수증 더미이다. [7] 만약 영리 기업들이 없다면 / 그런 기록을 만들어내는 / 우리는 그런 기록이 생겨난 문화에 대해 아주 훨씬 더 적게 알 것이다.

☐ in retrospect 돌이켜 생각해보면 ☐ as such (바로) 그렇기 때문에, 따라서; 보통 말하는 그런

109 선사 문화의 이해

어휘 학습 ▶ p. 142

[1] Speculations about the meaning and purpose of **prehistoric** art / rely heavily on **analogies drawn** with modern-day hunter-gatherer societies. [2] Such **primitive** societies, / as Steven Mithen emphasizes in *The Prehistory of the Modern Mind*, / tend to view man and beast, animal and **plant**, organic and **inorganic spheres**, / as participants in an integrated, **animated totality**. [3] The **dual** expressions of this tendency / are *anthropomorphism* (the practice of regarding animals as humans) and *totemism* (the practice of regarding humans as animals), / both of which spread through the visual art and the **mythology** of primitive cultures. [4] Thus the natural world is **conceptualized** / in terms of human social relations. [5] When considered in this light, / the visual **preoccupation** of early humans with the nonhuman creatures **inhabiting** their world / becomes **profoundly** meaningful. [6] Among hunter-gatherers, / animals are not only good to eat, / they are also *good to think about*, / as Claude Lévi-Strauss has observed. [7] In the practice of totemism, / he has suggested, / an **unlettered** humanity "broods upon itself and its place in nature." 20 수능

* speculation: 고찰 ** analogy: 유사점 *** brood: 곰곰이 생각하다

110 영화를 즐기게 되는 이유

어휘 학습 ▶ p. 144

[1] Movies may be said / to support the **dominant** culture and to **serve as** a means for its reproduction / over time. [2] But one may ask / why audiences would find such movies enjoyable / if all they do is give cultural **directives** and **prescriptions** for proper living. [3] Most of us / would likely grow tired of such didactic movies / and would probably come to see them as **propaganda**, / similar to the cultural artwork that was common in the Soviet Union and other autocratic societies. [4] The simple answer to this question / is that movies do more than present two-hour **civics lessons** or **editorials** / on responsible behavior. [5] They also tell stories that, / in the end, / we find satisfying. [6] The bad guys are usually punished; // the romantic couple almost always find each other / **despite** the **obstacles** and difficulties they encounter on the path to true love; // and the way we wish the world to be / is how, in the movies, it **more often than not winds up** being. [7] No doubt it is this **utopian** aspect of movies / that accounts for why we enjoy them so much. 20 수능

* didactic: 교훈적인 ** autocratic: 독재적인

109

[1] 선사 시대 예술의 의미와 목적에 대한 고찰은 / 현대의 수렵 채집 사회와의 사이에서 끌어낸 유사점에 크게 의존한다. [2] 그런 원시 사회는 / Steven Mithen이 'The Prehistory of the Modern Mind'에서 강조하듯이 / 인간과 짐승, 동물과 식물, 생물체의 영역과 무생물체의 영역을 (~으로) 여기는 경향이 있다 / 통합적이고 살아 있는 총체에 대한 참여자로. [3] 이런 경향에 대한 두 부분으로 된 표현이 / '의인화'(동물을 인간으로 간주하는 관행)와 '토테미즘'(인간을 동물로 간주하는 관행)인데 / 양쪽 모두 원시 문화의 시각 예술과 신화에 널리 퍼져 있다. [4] 따라서 자연의 세계는 개념화된다 / 인간의 사회적 관계 측면에서. [5] 이런 측면에서 고려될 때 / 초기 인류가 자신들의 세계에 살고 있는 인간 이외의 생명체들에 대하여 시각적으로 집착한 것은 / 깊은 의미를 띠게 된다. [6] 수렵 채집인들에게 / 동물은 먹기 좋은 대상일 뿐만 아니라 / '생각해 보기에도 좋은' 대상이다 / 인류학자인 Claude Lévi-Strauss가 말했듯이. [7] 토템 신앙의 풍습에서 / 그는 말했다 / 문맹의 인류는 "자연 속에서의 자신과 자신의 위치에 대해 곰곰이 생각한다"라고.

☐ hunter-gatherer society 수렵 채집 사회 ☐ integrated 통합된 ☐ when considered[seen / viewed] in this light 이런 측면에서 고려될[볼] 때

110

[1] 영화는 일컬어질 수 있다 / 지배적인 문화를 지지하고 그것을 재생산하는 수단의 역할을 한다고 / 시간이 지남에 따라. [2] 그러나 질문이 제기될 수 있다 / 관객들이 왜 그러한 영화가 즐겁다고 느끼는지에 대한 / 영화가 하는 일의 전부가 적절한 삶에 대한 문화적 지시와 처방을 주는 것뿐이라면. [3] 우리 중 대부분은 / 그러한 교훈적인 영화들에 싫증이 나게 될 것이고 / 아마도 그것들을 선전으로 보게 될 것이다 / 소련과 다른 독재 사회에서 흔했던 문화적 예술 작품과 유사한. [4] 이 질문에 대한 간단한 답은 / 영화가 두 시간짜리 국민 윤리 교육이나 사설을 제시하는 그 이상을 한다는 것이다 / 책임 있는 행동에 관한. [5] 그것들은 또한 이야기를 한다 / 결국에는 / 우리가 만족스럽다고 느끼는. [6] 나쁜 사람들은 보통 벌을 받는다 // 낭만적인 커플은 거의 항상 서로를 만나게 된다 / 진정한 사랑에 이르는 길에서 만나는 장애물과 어려움에도 불구하고 // 그리고 우리가 소망하는 세상의 모습이 / 영화 속에서 종종 결국에는 존재하게 된다. [7] 바로 영화의 이 이상적인 측면임이 틀림없다 / 우리가 왜 그렇게 많이 영화를 즐기는지를 설명해 주는 것은.

☐ all (that) they do is (to) give ~ 주어 부분이 <all + 주어 + do>인 구문에서는 보어로 종종 to 없는 원형부정사가 온다.

111 문화 유산의 의미

어휘 학습 ▶ p. 145

[1] **Heritage** / is concerned with the ways / in which very **selective material artefacts**, mythologies, memories and traditions / become resources for the present. [2] The contents, interpretations and representations of the resource / are selected according to the demands of the present; // an imagined past / provides resources for a heritage / that is to **be passed onto** an imagined future. [3] **It follows** too that / the meanings and functions of memory and tradition / are defined in the present. [4] Further, / heritage is more concerned with meanings / than material artefacts. [5] It is the former that / give value, either cultural or financial, to the latter / and explain why they have been selected from the near **infinity** of the past. [6] In turn, / they may later be **discarded** / as the demands of present societies change, / or even, / as is presently occurring in the former Eastern Europe, / when pasts have to be reinvented to reflect new presents. [7] Thus / heritage is as much about forgetting / as remembering the past. 19 수능

112 텔레비전 광고

어휘 학습 ▶ p. 146

[1] The **fragmentation** of television audiences during recent decades, / which has happened throughout the globe as new **channels** have been **launched** everywhere, / has caused advertisers much concern. [2] Advertisers look back **nostalgically** to the years / when a single spot **transmission** would be seen / by the majority of the population / at one fell swoop. [3] This made the television advertising of mass consumer products relatively **straightforward** / — not to say easy — / whereas today it is necessary for advertisers to build up **coverage** of their target markets over time, / by advertising on a host of channels with separate audiences. [4] Still, / it is **arguable** that advertisers worry rather too much about this problem, / as advertising in other media has always been fragmented. [5] Moreover, / advertisers gain **considerable** benefits from the price competition / between the numerous **broadcasting** stations. [6] And television remains much the fastest way / to build up **public awareness** of a new brand or a new campaign. [7] Seldom does a new brand or new campaign that solely uses other media, / without using television, / reach high levels of public awareness very quickly. 20 수능

* fragment: 조각내다 ** at one fell swoop: 단번에, 일거에

111

1 (문화) 유산은 / 방식들과 관련이 있다 / 매우 선별적인 물질적 인공물, 신화, 기억, 그리고 전통이 / 현재를 위한 자원이 되는 (방식들과). 2 그 자원의 내용, 해석, 표현은 / 현재의 요구에 따라 선택된다 // 상상된 과거는 / 유산을 위한 자원을 제공한다 / 상상된 미래로 전해질 수 있는. 3 그것은 또한 결과적으로 ~라고 할 수 있다 / 기억과 전통의 의미와 기능들이 / 현재에 와서 정의된다고. 4 게다가 / 유산은 의미와 더 많이 관련된다 / 물질적 인공물보다는. 5 바로 전자(의미)이다 / 문화적 혹은 재정적인 가치를 후자(물질적 인공물)에게 부여하고 / 왜 그것들이 거의 무한하게 많은 과거의 것들로부터 선택되었는지를 설명해 주는 것은. 6 결국 / 그것들은 나중에 버려질 수도 있다 / 현재 사회의 요구가 변함에 따라 / 혹은 심지어 / 구 동유럽에서 현재 일어나고 있는 것처럼 / 새로운 현재를 반영하기 위해서 과거가 재창조되어야 할 때에도 (버려질 수 있다). 7 따라서 / 유산은 과거를 잊는 것에 관한 것이다 / 과거를 기억하는 것만큼이나.

☐ it follows (that) 결과적으로 ~라고 할 수 있다

112

1 최근 몇 십 년 동안 텔레비전 시청자의 분열은 / 도처에서 새로운 채널들이 생겨나면서 전 세계적으로 일어났는데 / 이는 광고주들에게 많은 우려를 안겨주었다. 2 광고주들은 향수에 젖어 그 시절을 회상한다 / 한 군데에서 전송하는 것을 보게 되었던 / 대부분의 사람들이 / 한 번에. 3 이것은 대량 소비 제품의 텔레비전 광고를 상대적으로 단순하게 만들어 주었는데 / (단순하다 해서) 쉬웠다고 말하는 것은 아니지만 / 반면에 오늘날에는 광고주들이 자신들의 목표 시장의 점유 범위를 시간을 두고 구축할 필요가 있다 / 별도의 시청자가 있는 다수의 채널에 광고를 함으로써. 4 그렇다고 하더라도 / 광고주들이 이 문제에 대해 오히려 너무 많이 걱정하는 것일 수 있다고 주장할 여지가 있다 / 다른 미디어를 이용한 광고들은 늘 단편적이었으므로. 5 게다가 / 광고주들은 가격 경쟁으로부터 상당한 이익을 얻는다 / 수많은 방송국들 간의. 6 그리고 텔레비전은 단연코 가장 빠른 방법으로 남아 있다 / 새로운 브랜드나 새로운 캠페인에 대한 대중의 인식을 형성하는. 7 다른 미디어만을 이용하는 새로운 브랜드나 새로운 캠페인은 거의 불가능하다 / 텔레비전을 이용하지 않고 / 아주 빠르게 높은 수준의 대중 인지도에 도달하는 것이.

☐ a host of 다수의 ☐ much the fastest way 단연코 가장 빠른 방법

113 건물의 기능과 의미

어휘 학습 ▶ p. 147

1 Over a period of time / the buildings which housed social, legal, **religious**, and other **rituals** / evolved into forms that we subsequently have come to recognize and associate with those buildings' function. 2 This is a two-way process; // the building provides the physical environment and setting for a particular social ritual / such as traveling by train or going to the theater, / as well as the symbolic setting. 3 The meaning of buildings / evolves and becomes established by experience / and we in turn read our experience into buildings. 4 Buildings arouse an empathetic reaction in us / through these projected experiences, / and the strength of these reactions is determined / by our culture, our beliefs, and our expectations. 5 They tell stories, / for their form and spatial organization give us hints / about how they should be used. 6 Their physical **layout** / encourages some uses and **inhibits** others; / we do not go **backstage** in a theater / unless especially invited. 7 Inside a law court / the precise location of those involved in the legal process / is an **integral** part of the design / and an essential part of **ensuring** that the law is **upheld**. 17 수능

* empathetic: 공감할 수 있는

114 문화적 요소의 전파

어휘 학습 ▶ p. 148

1 When two cultures **come into contact**, / they do not exchange every cultural **item**. 2 If that were the case, / there would be no cultural differences in the world today. 3 Instead, / only a small number of cultural **elements** / ever spread from one culture to another. 4 Which cultural item is accepted / depends largely on the item's use and **compatibility** with already existing cultural traits. 5 For example, / it is not likely that / men's hair **dyes** designed to "get out the gray" / will **spread** into parts of **rural** Africa / where a person's **status** is elevated with advancing years. 6 Even when an innovation is consistent with a society's needs, / there is still no guarantee that it will be accepted. 7 For example, / most people in the United States using US **customary** units (e.g., inch, foot, yard, mile, etc.) / have resisted **adopting** the metric system / even though making such a change / would enable US citizens to **interface** with the rest of the world more efficiently. 16 수능

* metric system: 미터법

113

1 일정한 시간을 거쳐 오면서 / 사회적인, 법적인, 종교적인, 그리고 다른 의식들을 위한 장소를 제공한 건물들은 / 우리가 나중에 인식하여 그 건물들의 기능과 결부시키게 된 형태로 발전해 왔다. 2 이것은 양방향의 과정이다 // 건물은 특별한 사회적 의식을 위한 물리적인 환경과 장소를 제공한다 / 기차 여행을 하거나 극장에 가는 것과 같은 / 상징적인 장소일뿐만 아니라. 3 건물의 의미는 / 경험에 의해 발전하고 확립되며 / 우리는 그 다음에 경험의 의미를 건물에 부여한다. 4 건물은 우리 마음속에 공감할 수 있는 반응을 불러일으킨다 / 이러한 투사된 경험을 통해서 / 그리고 이러한 반응의 강도는 결정된다 / 우리의 문화, 믿음과 기대에 의해. 5 그것(건물)들은 이야기를 들려준다 / 왜냐하면 그것들의 형태와 공간 구성이 힌트를 우리에게 주기 때문이다 / 그것들이 어떻게 사용되어야 하는지에 대한. 6 그것들의 물리적 배치는 / 어떤 사용은 권장하고 다른 사용은 억제한다 / 우리는 극장의 무대 뒤로 가지 않는다 / 특별히 초대받지 않으면. 7 법정 안에서 / 법적 절차 과정에 관련된 사람들의 정확한 위치는 / 설계의 필수적인 부분이며 / 법이 유지되는 것을 확실히 하는 꼭 필요한 부분이다.

☐ house 제공하다, 보관하다 ☐ read ~ into 의미를 부여하다

SET 25

114

1 두 문화가 접촉할 때 / 그 두 문화가 모든 문화 항목을 교환하는 것은 아니다. 2 만약 그렇다면 / 오늘날 세계에는 전혀 문화적 차이가 없을 것이다. 3 대신에 / 단지 적은 수의 문화적 요소들만 / 늘 한 문화에서 다른 문화로 퍼진다. 4 어떤 문화 항목이 받아들여지는가는 / 그 항목의 용도 및 이미 존재하는 문화적 특성과의 양립 가능성에 대체로 달려 있다. 5 예를 들어 / 다음과 같지는 않을 것이다 / 즉 '흰머리를 피하려고' 고안된 남성용 머리 염색약이 / 아프리카의 시골 지역으로 퍼질 것 같지는 않은데 / 그곳은 나이가 들어감에 따라 사람의 지위가 올라가는 곳이다. 6 어떤 혁신적인 것이 어떤 사회의 필요와 일치할 때조차도 / 여전히 그것이 받아들여질 것이라는 보장은 없다. 7 예를 들어 / 미국의 관습적 단위(예컨대, 인치, 피트, 야드, 마일 등)를 사용하는 미국의 대부분의 사람들은 / 미터법 채택에 저항해 왔다 / 그러한 변화를 이루는 것이 / 미국인들로 하여금 세계의 다른 나라들과 더 효율적으로 접촉하게 할 것임에도 불구하고.

☐ if that were the case 만약 그렇다면 ☐ It is not likely that ~일 것 같지는 않다 ☐ get out 회피하다, 떠나다
☐ with advancing years 나이가 들어감에 따라

115 시선과 권력

어휘 학습 ▶ p. 149

1 In all cultures in which eye-**gaze** behavior has been studied, / science confirms that / those who are dominant / have more freedom in using it. 2 **In essence**, / these individuals are entitled to look / wherever they want. 3 However, / **subordinates** are more restricted / in where they can look and when. 4 **Humility dictates** that / in the presence of **royalty**, / as in church, / heads are **bowed**. 5 As a general rule, / dominants tend to ignore subordinates visually / while subordinates tend to gaze at dominant individuals at a distance. 6 In other words, / higher-status individuals can be **indifferent** / while lower-status persons are required to be attentive with their gaze. 7 The king is free to look at anyone he wants, / but all **subjects** face the king, / even as they back out of a room. 14 수능

* be entitled to: (~할) 권한이 있다

116 음식과 야외 활동

어휘 학습 ▶ p. 150

1 Food **plays a large part** / in how much you enjoy the **outdoors**. 2 The possibilities are **endless**, / so you can constantly vary your diet. 3 **Wilderness dining** has two extremes: / **gourmet** eaters and survival eaters. 4 The first like to make camp at lunchtime / so they have several hours to set up field ovens; / they bake cakes and bread and cook multi-course dinners. 5 They walk only a few miles each day / and may use the same campsite for several nights. 6 Survival eaters / eat some dry **cereal** for breakfast, / and are up and walking within minutes of waking. 7 They walk dozens of miles every day; / lunch is a series of cold snacks eaten **on the move**. 8 Dinner consists of a **freeze-dried** meal, / "cooked" by pouring hot water into the package. 15 수능

115

[1] 눈-시선 행동이 연구되어 온 모든 문화에서 / 과학은 입증해 준다 / 권력이 있는 사람들이 / 그것(눈-시선 행동)을 사용하는 데 더 많은 자유를 갖는다는 것을. [2] 본질적으로 / 이 사람들은 볼 수 있는 권한이 있다 / 그들이 원하는 곳은 어디든지. [3] 하지만 / 하급자들은 더 제한적이다 / 그들이 어디를 볼 수 있고 언제 그럴 수 있는지에. [4] 겸양은 지시한다 / 왕족이 있는 곳에서 / 교회에서와 마찬가지로 / 고개가 숙여지도록. [5] 일반적으로 / 지배자들은 하급자들을 시각적으로 무시하는 경향이 있다 / 하급자들은 지배하는 사람들을 멀리서 바라보는 경향이 있는 반면. [6] 다시 말해서 / 더 높은 직급의 사람들은 무관심할 수 있다 / 더 낮은 직급의 사람들은 그들의 시선에 신경쓰도록 요구 받는 반면에. [7] 왕은 그가 원하는 사람은 누구나 자유롭게 쳐다보지만 / 모든 신하들은 왕 쪽을 향한다 / 방에서 돌아 나올 때조차도.

☐ dominant (상대적으로) 권력이 있는, 우세한　☐ attentive 신경을 쓰는, 주의를 기울이는

116

[1] 음식은 많은 역할을 한다 / 여러분이 야외 활동을 얼마만큼 즐기는가에. [2] 가능성은 무한하므로 / 여러분은 끊임없이 식단을 다양화할 수 있다. [3] 황야에서의 식사는 양극단이 있는데 / 그것은 미식가와 생존을 위해 먹는 사람이다. [4] 첫 번째(미식가)는 점심 때 텐트 치는 것을 즐긴다 / 야외 화덕을 설치하기 위한 몇 시간을 확보하기 위해 / 그리고 케이크와 빵을 굽고 여러 코스의 저녁 식사를 요리한다. [5] 그들은 매일 몇 마일만 걸으며 같은 야영장에서 며칠 밤을 보낼 수도 있다. [6] 생존을 위해 먹는 사람들은 / 아침 식사로 약간의 마른 시리얼을 먹고 / 잠에서 깬 지 수 분 만에 일어나서 걷는다. [7] 그들은 매일 수십 마일을 걷고 / 점심은 이동하면서 먹는 일련의 데워 먹지 않는 간식이다. [8] 저녁 식사는 동결 건조식으로 이루어진다 / 용기 안에 뜨거운 물을 부어 '조리되는'.

☐ vary 다양화하다

117 문화적 지식

어휘 학습 ▶ p. 151

[1] All of us use the cultural knowledge we **acquire** / as members of our own society / to organize our perception and behavior. [2] Most of us are also **naive realists**: / we tend to believe / our culture mirrors a reality shared by everyone. [3] But cultures are different, / and other people rarely behave or interpret experience / according to our cultural plan. [4] For example, / an American **anthropologist** / **attempted** to tell the **classic** story of *Hamlet* to Tiv **elders** in West Africa. [5] She believed that / human nature is pretty much the same the whole world over; // at least / the general **plot** and motivation of the great **tragedy** would always be clear. [6] But, / at each **turn** in the story when she told it, / the Tiv interpreted the events and motives in *Hamlet* / using their own cultural knowledge. [7] The result was a very different **version** of the classic play. 12 수능

118 초기 과학 발전의 추진력

어휘 학습 ▶ p. 152

[1] According to a **renowned** French **scholar**, / the growth in the size and complexity of human populations / was the driving force in the evolution of science. [2] Early, small **communities** / had to concentrate all their physical and mental effort on survival; / their thoughts were focused on food and religion. [3] As communities became larger, / some people had time to reflect and debate. [4] They found that they could understand and predict events better / if they reduced **passion** and **prejudice**, / replacing these with observation and inference. [5] But while a large population may have been necessary, / **in itself** it was not sufficient for science to germinate. [6] Some **empires** were big, / but the **rigid** social control required to hold an empire together / was not **beneficial** to science, / just as it was not beneficial to reason. [7] The early **nurturing** and later flowering of science / required a large and loosely structured, competitive community / to support original thought and **freewheeling incentive**. [8] The rise in **commerce** and the **decline** of **authoritarian** religion / allowed science to follow reason in seventeenth-century Europe. 15 수능

* germinate: 싹트다, 발아하다

117

1 우리 모두는 우리가 획득하는 문화적 지식을 사용한다 / 자신의 사회의 구성원으로서 / 우리의 인식과 행동을 구성하기 위해. 2 우리 대부분은 또한 순진한 현실주의자들이다 / 우리는 믿는 경향이 있다 / 우리의 문화가 모든 사람에 의해서 공유되는 현실을 반영한다고. 3 하지만 문화들은 서로 다르며 / 다른 사람들이 행동하거나 경험을 해석하는 일은 거의 없다 / 우리의 문화적 모형에 따라서. 4 예를 들어 / 미국의 한 인류학자가 / <햄릿>이라는 고전적 이야기를 서아프리카의 티브 족 노인들에게 들려주는 것을 시도했다. 5 그녀는 믿었다 / 인간의 본성이 세계 전역에서 아주 많이 비슷할 거라고 // 적어도 / 그 위대한 비극 작품의 일반적인 줄거리나 동기는 항상 분명할 것이라고. 6 하지만 / 그녀가 그것을 들려주었을 때 이야기가 전환될 때마다 / 티브족 사람들은 '햄릿'에 나오는 사건들과 모티브들을 해석하였다 / 그들 자신의 문화적 지식을 사용하여. 7 결과적으로 그 고전 희곡 작품의 매우 다른 버전이 나오게 되었다.

☐ perception 지각, 인식

118

1 한 유명한 프랑스 학자에 따르면 / 인구의 규모와 복잡성의 증가가 / 과학 발전의 추진력이었다고 한다. 2 초기에 소규모 공동체들은 / 모든 물리적, 정신적 노력을 생존에 집중해야만 했는데 / 그들의 생각은 음식과 종교에 집중되었다. 3 공동체가 더 커짐에 따라 / 어떤 사람들은 숙고하고 토론할 시간을 가졌다. 4 그들은 사건을 더 잘 이해하고 예측할 수 있다는 것을 알아냈다 / 격정과 편견을 줄이면 / 이것들을 관찰과 추론으로 바꾸면서. 5 그러나 많은 인구가 필요했을 수도 있었지만 / 그것(많은 인구) 자체만으로 과학이 싹트는 데는 충분하지 않았다. 6 일부 제국들은 컸지만 / 제국을 하나로 뭉치게 하는 데 필요한 엄격한 사회적 통제는 / 과학에 이롭지 못했다 / 그것이 이성에 이롭지 못했던 것처럼. 7 초기에 과학을 육성하고 나중에 꽃피우는 데는 필요했다 / 크고, 느슨하게 조직되며, 경쟁에 기반한 공동체가 / 독창적인 생각과 자유분방한 동기를 지지하는 (공동체가). 8 무역의 융성과 권위주의적인 종교의 쇠퇴는 / 과학으로 하여금 17세기 유럽에서 이성을 따르는 것을 가능하게 했다.

☐ inference 추론

119 문화적 진화와 유전

어휘 학습 ▶ p. 153

[1] Recent evidence suggests that / the common **ancestor** of Neanderthals and modern people, / living about 400,000 years ago, / may have already been using pretty **sophisticated** language. [2] If language is based on **genes** and is the key to cultural evolution, / and Neanderthals had language, / then why did the Neanderthal **toolkit** show so little cultural change? [3] Moreover, / genes would **undoubtedly** have changed during the human **revolution** after 200,000 years ago, / but more in response to new habits / than as causes of them. [4] At an earlier date, / cooking selected **mutations** for smaller **guts** and mouths, / rather than **vice versa**. [5] At a later date, / milk drinking selected for mutations for **retaining lactose digestion** into adulthood / in people of western European and East African **descent**. [6] The cultural horse comes before the genetic **cart**. [7] The appeal to a genetic change driving evolution / gets gene-culture co-evolution backwards: / it is a **top-down** explanation for a bottom-up process. 13 수능

120 물질주의에 대한 인식

어휘 학습 ▶ p. 155

[1] Research from the Harwood Institute for Public Innovation in the USA / shows that people feel / that 'materialism' somehow comes between them and the satisfaction of their social needs. [2] A report **entitled** *Yearning for Balance*, / based on a **nationwide survey** of Americans, / concluded that they were 'deeply ambivalent about wealth and material gain'. [3] A large majority of people / wanted society to 'move away from greed and excess / toward a way of life more centred on values, community, and family'. [4] But they also felt / that these **priorities** were not shared by most of their fellow Americans, / who, they believed, had become 'increasingly **atomized**, selfish, and irresponsible'. [5] As a result / they often felt isolated. [6] However, / the report says, / that when brought together in **focus groups** to discuss these issues, / people were 'surprised and excited to find that others share[d] their views'. [7] Rather than uniting us with others in a common cause, / the unease we feel / about the loss of social values and the way we are drawn into the **pursuit** of material gain // is often experienced / as if it were a purely private ambivalence which cuts us off from others. 21 모의

* ambivalent: 양면 가치의

119

1 최근의 증거는 시사한다 / 네안데르탈인과 현대인의 공통 조상이 / 약 40만년 전에 살았던 / 아주 세련된 언어를 이미 사용하고 있었을지도 모른다는 점을. 2 만약 언어가 유전자에 기반을 두며 문화적인 진화로 가는 열쇠라면 / 그리고 네안데르탈인이 언어가 있었다면 / 왜 네안데르탈인의 도구 세트는 문화적인 변화를 거의 보여주지 않았을까? 3 게다가 / 유전자는 20만년 전 이후의 인간의 혁명 동안에 의심할 여지없이 변해 왔을 것이지만 / 새로운 습관에 대한 반응으로서 변해 왔을 것이다 / 새로운 습관의 원인으로서보다는. 4 초기에는 / 요리는 더 작은 창자와 입을 위한 변화를 선택했다 / 그 반대의 경우가 아니라. 5 나중에는, 우유 섭취가 락토오스 소화를 성인기까지 유지하기 위한 변화를 선택했다 / 서구 유럽인들과 동아프리카계 사람들에게서. 6 문화적인 말이 유전적인 수레 앞에 온다. 7 진화를 이끄는 유전적인 변화에 호소하는 것은 / 유전과 문화의 공동 진화에 역행한다 / 그것은 상향식 과정에 대한 하향식 설명이다.

☐ evolution 진화 ☐ process 과정

120

1 미국 Harwood Institute for Public Innovation(Harwood 공공혁신 연구소)의 연구는 / 사람들이 느낀다는 것을 보여준다 / '물질주의'가 어떻게든 그들과 그들의 사회적 욕구의 만족 사이에 끼어든다고. 2 Yearning for Balance(균형을 갈망하며)라는 제목의 보고서는 / 미국인에 대한 전국적인 조사를 토대로 한 // 그들이 '부와 물질적 이익에 관해 대단히 양면 가치적'이라고 결론지었다. 3 대다수의 사람들은 / 사회가 탐욕과 과잉에서 벗어나기를 원했다 / 좀 더 가치, 공동체, 가족 중심적인 삶의 방식으로 향하기를. 4 그러나 그들은 느끼기도 했다 / 이러한 우선순위가 대다수의 동료 미국인에 의해 공유되지 않는데 / 그 동료 미국인들은 그들이 믿기에 '점차 개별화되고, 이기적이며, 무책임해'졌다. 5 그 결과 / 그들은 종종 소외된 기분이 들었다. 6 하지만 / 보고서에 따르면 / 이러한 문제를 논의하기 위해 초점 집단으로 모였을 때 / 사람들은 '다른 사람들이 그들의 견해를 공유한다[했다]는 것을 알게 되어 놀라고 흥분'했다. 7 다른 사람들과 우리를 공동의 대의로 결속하기보다는 / 우리가 느끼는 불안감은 / 사회적 가치의 상실과 물질적 이익의 추구로 끌려 들어가는 방식에 대해 // (불안감은) 경험되는 경우가 흔하다 / 마치 그것이 순전히 우리를 다른 사람들과 단절시키는 개인의 양면 가치인 것처럼.

☐ materialism 물질주의 ☐ greed 탐욕 ☐ cause 대의 ☐ purely 순전히, 전적으로

121 대중문화의 비평가들

어휘 학습 ▶ p. 156

[1] 1950s critics / separated themselves from the masses / by rejecting the 'natural' enjoyment **afforded** by products of mass culture / through judgments based on a refined sense of realism. [2] For example, / in most critics **championing** Douglas Sirk's films' social **critique**, self-reflexivity, and, in particular, distancing effects, / there is still a **refusal** of the 'vulgar' enjoyments suspected of **soap operas**. [3] This refusal again functions to **divorce** the critic / from an image of a mindless, pleasure-seeking crowd he or she has actually manufactured / in order to definitively secure the **righteous** logic of 'good' taste. [4] It also pushes negative notions of female taste and subjectivity. [5] Critiques of mass culture / seem always to bring to mind a disrespectful image of the feminine / to represent the depths of the **corruption** of the people. [6] The process of taste-making operated, then, / to create **hierarchical** differences / between the aesthete and the masses / through the construction of aesthetic positions **contrary** to the perceived tasteless pleasures of the crowd. 19 모의

* vulgar: 저속한, 서민의 ** aesthetic: 미학의, 심미적인

122 음식과 집단 정체성

어휘 학습 ▶ p. 157

[1] Food unites as well as distinguishes eaters / because what and how one eats / forms much of one's emotional tie to a group identity, / be it a nation or an **ethnicity**. [2] The famous twentieth-century Chinese poet and scholar Lin Yutang remarks, / "Our love for **fatherland** / is largely a matter of **recollection** of the **keen sensual** pleasure of our childhood. [3] The **loyalty** to Uncle Sam is the loyalty to American doughnuts, / and the loyalty to the *Vaterland* is the loyalty to *Pfannkuchen* and *Stollen*." [4] Such keen connection between food and national or ethnic identification / clearly indicates the truth / that **cuisine** and table narrative occupy a significant place / in the training grounds of a community and its **civilization**, / and thus, / eating, cooking, and talking about one's cuisine / are vital to a community's wholeness and continuation. [5] In other words, / the **destiny** of a community depends on / how well it nourishes its members. 19 모의

* nourish: 기르다

121

1 1950년대 비평가들은 / 스스로를 대중들과 분리시켰다 / 대중문화의 산물들이 제공하는 '자연적인' 즐거움을 거부함으로써 / 사실주의의 고상한 의식에 기초한 판단을 통해. 2 예를 들어 / Douglas Sirk가 만든 영화의 사회 비평, 자기 반영성, 그리고 특히 거리 두기 효과를 옹호하는 비평가들에게는 / 연속극에나 있을 것으로 생각되는 '저속한' 즐거움에 대한 거부가 여전히 있다. 3 이런 거부는 다시 비평가를 분리하는 기능을 한다 / 실제로는 비평가가 만들어낸 아무 생각 없고 즐거움만 추구하는 군중의 이미지로부터 / '훌륭한' 취향의 정당한 논리를 분명히 확보하기 위해. 4 그것은 또한 여성 취향과 주관성이라는 부정적인 개념을 강요한다. 5 대중문화의 비평들은 / 여성성의 경멸적 이미지를 항상 상기시키는 것 같다 / 사람들의 타락의 깊이를 나타내기 위해. 6 그런 다음, 취향 만들기의 과정이 작용했다 / 위계 상의 차이를 만들어 내기 위해 / 심미주의자들과 대중 사이에 / 군중의 인지된 무취향적 즐거움과는 상반되는 미학적 입장의 구축을 통해서.

☐ mass culture 대중문화 ☐ self-reflexivity 자기 반영성

SET 27

122

1 음식은 먹는 사람을 구별 지을 뿐만 아니라 결속하기도 하는데 / 이는 사람이 먹는 것과 먹는 방식이 / 집단 정체성에 대한 그 사람의 정서적 유대의 많은 부분을 형성하기 때문이다 / 그 정체성이 국가든 민족 의식이든. 2 저명한 20세기 중국의 시인이자 학자인 Lin Yutang은 말한다 / "조국에 대한 우리의 사랑은 / 대개 우리 유년기의 강렬한 감각적 쾌락을 기억하는 문제입니다. 3 미국 정부에 대한 충성은 미국 도넛에 대한 충성이고 / '조국'에 대한 충성은 'Pfannkuchen(도넛의 일종)'과 'Stollen(빵의 일종)'에 대한 충성입니다."라고 4 음식과 국가 혹은 민족적 동일시 간의 그런 강한 연관성은 / 진리를 분명히 나타내 준다 / 음식과 식탁에서 나누는 대화가 중대한 위치를 차지한다는 것을 / 한 공동체와 그 공동체의 문명의 훈련장에서 / 그래서 / 먹고, 요리하고, 요리에 대해서 이야기하는 것이 / 한 공동체의 완전함과 지속에 지극히 중요하다는 것을. 5 다시 말하자면 / 한 공동체의 운명은 달려 있다 / 그 공동체가 얼마나 잘 그 구성원들을 양육하는지에.

☐ Uncle Sam 미국 정부 ☐ Vaterland (독일어) 조국

123 저작권 보호

어휘 학습 p. 158

[1] Designers **draw on** their experience of design / when approaching a new project. [2] This includes the use of previous designs that they know work / — both designs that they have created themselves and those that others have created. [3] Others' creations often **spark inspiration** / that also leads to new ideas and innovation. [4] This is well known and understood. [5] However, / the expression of an idea is protected by **copyright**, / and people who infringe on that copyright can **be taken to court** and **prosecuted**. [6] Note that copyright covers the expression of an idea and not the idea itself. [7] This means, / for example, / that while there are **numerous** smartphones all with similar **functionality**, / this does not represent an infringement of copyright // as the idea has been expressed in different ways / and it is the expression that has been copyrighted. [8] Copyright is free / and is automatically invested in the **author**, / for instance, the writer of a book or a programmer who develops a program, // unless they **sign** the copyright **over to** someone else. 21 수능

* infringe: 침해하다 ** prosecute: 기소하다

124 도덕적 발달 과정

어휘 학습 p. 159

[1] Human beings do not enter the world / as competent moral **agents**. [2] Nor does everyone leave the world in that state. [3] But somewhere in between, / most people acquire a bit of **decency** / that **qualifies** them for membership in the community of moral agents. [4] Genes, development, and learning all contribute to the process of becoming a decent human being. [5] The interaction between nature and nurture is, however, highly complex, / and developmental biologists are only just beginning to **grasp** just how complex it is. [6] Without the context provided by cells, organisms, social groups, and culture, / DNA is inert. [7] Anyone who says that people are "genetically programmed" to be moral / has an **oversimplified** view of how genes work. [8] Genes and environment interact / in ways that make it **nonsensical** to think / that the process of moral development in children, or any other developmental process, can be discussed in terms of nature ***versus*** nurture. [9] Developmental biologists now know that it is really both, or nature *through* nurture. [10] A complete scientific explanation of moral evolution and development / in the human species / is **a** very **long way off**. 20 수능

* decency: 예의 ** inert: 비활성의

123

[1] 디자이너는 자신의 디자인 경험을 이용한다 / 새로운 프로젝트에 접근할 때. [2] 이것에는 효과가 있다고 그들이 알고 있는 이전의 디자인을 활용하는 것이 포함된다 / 즉, 그들이 직접 만들었던 디자인과 다른 사람들이 만들었던 디자인 둘 다를. [3] 다른 사람들의 창작물은 흔히 영감을 불러일으킨다 / 새로운 아이디어와 혁신으로도 이어지는. [4] 이는 잘 알려져 있고 이해되는 일이다. [5] 그러나 / 한 아이디어의 표현은 저작권에 의해 보호되며 / 그 저작권을 침해하는 사람들은 법정에 소환되어 기소될 수 있다. [6] 저작권은 아이디어의 표현을 다루지, 아이디어 그 자체를 다루지는 않는다는 것을 유의하라. [7] 이것은 의미한다 / 예를 들어 / 모두 유사한 기능을 가진 많은 스마트폰이 있지만 / 이것이 저작권 침해를 나타내지 않는다는 것을 // 그 아이디어가 서로 다른 방식으로 표현되었고 / 저작권 보호를 받은 것은 그 표현이기 때문에. [8] 저작권은 무료이며 / 그 저작자에게 자동으로 부여된다 / 예를 들어 어떤 책의 저자나 프로그램을 개발하는 프로그래머인 (저작자에게) // 저작권을 다른 누군가에게 양도하지 않는 한.

☐ cover 다루다 ☐ invest 부여하다, 투자하다

SET 27

124

[1] 인간은 세상에 들어오지 않는다 / 유능한 도덕적 대리인으로서. [2] 또한 모든 이가 그 상태로(유능한 도덕적 대리인으로) 세상을 떠나지도 않는다. [3] 하지만 (태어나서 죽는) 그 사이의 어딘가에서 / 대부분의 사람들은 얼마간의 예의를 습득한다 / 그들에게 도덕적 대리인 공동체의 구성원 자격을 주는. [4] 유전자, 발달, 그리고 학습은 모두 예의 바른 인간이 되는 과정에 기여한다. [5] 하지만 천성과 양육 사이의 상호 작용은 매우 복잡하며 / 발달 생물학자들은 그저 그것이 얼마나 복잡한지를 간신히 이해하기 시작하고 있을 뿐이다. [6] 세포, 유기체, 사회 집단, 그리고 문화에 의해 제공되는 맥락이 없으면 / DNA는 비활성이다. [7] 사람들은 도덕적이도록 '유전적으로 프로그램되어 있다'고 말하는 사람은 누구든 / 유전자가 작동하는 방식에 대한 지나치게 단순화된 견해를 가지고 있다. [8] 유전자와 환경은 상호 작용한다 / ~라고 생각하는 것을 무의미하게 만드는 방식으로 / 아이들의 도덕적 발달 과정, 또는 다른 어떤 발달 과정이, 천성 '대' 양육이라는 견지에서 논의될 수 있다고. [9] 발달 생물학자들은 이제 그것이 진정 둘 다, 즉 양육을 '통한' 천성이라는 것을 안다. [10] 도덕적 진화와 발달에 대한 완전한 과학적 설명은 / 인간 종에 있어서 / 까마득히 멀다.

☐ competent 유능한, 능력 있는 ☐ nurture 양육

125 소수 집단의 영향력

어휘 학습 p. 160

[1] **Minorities** tend not to have much power or status / and may even be dismissed / as **troublemakers**, **extremists** or simply 'weirdos'. [2] How, then, do they ever have any influence over the **majority**? [3] The social psychologist Serge Moscovici / claims that the answer lies in their *behavioural style*, / i.e. the *way* the minority **gets its point across**. [4] The crucial factor in the success of the suffragette movement / was that its supporters were *consistent* in their views, / and this created a considerable degree of social influence. [5] Minorities that are active and organised, / who support and defend their position *consistently*, / can create social conflict, doubt and uncertainty among members of the majority, / and **ultimately** this may lead to social change. [6] Such change has often occurred / because a minority has converted others to its point of view. [7] Without the influence of minorities, / we would have no innovation, no social change. [8] Many of what we now regard as 'major' social movements (e.g. **Christianity**, **trade unionism** or **feminism**) / were originally due to the influence of an **outspoken** minority. 19 수능

* dismiss: 일축하다 ** weirdo: 별난 사람 ** suffragette: 여성 참정권론자

126 지도 제작과 지형

어휘 학습 p. 161

[1] A major challenge for map-makers / is the **depiction** of hills and valleys, slopes and **flatlands** / collectively called the *topography*. [2] This can be done / in various ways. [3] One is to create an image of sunlight and shadow / so that **wrinkles** of the topography are alternately lit and shaded, / creating a visual representation of the shape of the land. [4] Another, / technically more accurate way / is to draw **contour lines**. [5] A contour line / connects all points that lie at the same **elevation**. [6] A round hill rising above a plain, / therefore, / would appear on the map / as a set of concentric circles, / the largest at the base and the smallest near the top. [7] When the contour lines are positioned closely together, / the hill's slope is **steep**; / if they lie **farther** apart, / the slope is gentler. [8] Contour lines can represent scarps, **hollows**, and valleys of the local topography. [9] At a glance, / they reveal whether the relief in the mapped area is great or small: / a "busy" contour map means lots of high relief. 19 수능

* concentric: 중심이 같은 ** scarp: 가파른 비탈 *** relief: (토지의) 고저, 기복

125

1 소수 집단은 많은 힘이나 지위를 가지고 있지 않은 경향이 있고 / 심지어 일축될 수도 있다 / 말썽꾼, 극단주의자, 또는 단순히 '별난 사람'으로. 2 그렇다면 대체 그들은 어떻게 다수 집단에 대한 영향력을 행사하는가? 3 사회 심리학자 Serge Moscovici는 / 그 답이 그들의 '행동 양식'에 있다고 주장한다 / 즉 (행동 양식은) 소수 집단이 자신들의 의견을 이해시키는 '방식'이다. 4 여성 참정권 운동이 성공을 거둔 중대한 요인은 / 지지자들이 자신들의 관점에서 '일관적'이었다는 것이었는데 / 이것이 상당한 정도의 사회적 영향력을 행사하였다. 5 활동적이고 조직적인 소수 집단이 / 자신들의 입장을 '일관되게' 옹호하고 방어하는 // 다수 집단의 구성원 사이에 사회적 갈등, 의심, 그리고 불확신을 만들어 낼 수 있고 / 궁극적으로 이것이 사회 변화를 가져올 수도 있다. 6 그러한 변화는 흔히 일어났다 / 소수 집단이 다른 사람들을 자신의 관점으로 바꿔 놓았기 때문에. 7 소수 집단의 영향 없이는 / 우리에게 어떤 혁신, 어떤 사회 변화도 없을 것이다. 8 우리가 현재 '주요' 사회 운동(예를 들어, 기독교 사상, 노동조합 운동, 또는 남녀평등주의)으로 여기는 많은 것이 / 본래는 거침없이 말하는 소수 집단의 영향력 때문에 생겨났다.

☐ i.e. = that is ☐ convert 바꿔놓다, 전환시키다

126

1 지도 제작자들의 커다란 도전은 / 언덕과 계곡, 경사지와 평지의 묘사이다 / 집합적으로 지형이라고 불리는. 2 이것은 할 수 있다 / 여러 방법으로. 3 한 가지 방법은 빛과 그림자의 이미지를 만드는 것이다 / 지형의 주름이 번갈아 빛이 비치고 그늘지도록 하여 / 땅 모양의 시각적 표현을 만들어 내는 것이다. 4 또 다른 / 기술적으로 더 정확한 방법은 / 등고선을 그리는 것이다. 5 등고선은 / 동일한 고도에 있는 모든 점을 연결한다. 6 평야 위로 솟은 둥그런 산은 / 따라서 / 지도에 나타날 것이다 / 일련의 동심원으로 / 가장 큰 동심원이 맨 아랫부분에, 그리고 가장 작은 동심원은 꼭대기 근처에서. 7 등고선이 서로 가깝게 배치되면 / 산의 경사가 가파르고 / 등고선이 더 멀리 떨어져 있으면 / 기울기가 더 완만하다. 8 등고선은 지역 지형의 가파른 비탈, 분지, 계곡을 나타낼 수 있다. 9 한눈에 / 그것들은 지도로 그려진 지역의 고저가 큰지 작은지를 드러내는데 / '복잡한' 등고선 지도는 많은 높은 기복을 의미한다.

☐ topography 지형, 지형학 ☐ light 빛을 비추다 (light-lit-lit) ☐ at a glance 첫 눈에, 한눈에

127 지도가 주는 메시지

어휘 학습 ▶ p. 161

[1] The precision of the lines on the map, / the consistency with which symbols are used, / the **grid** and/or projection system, / the apparent **certainty** with which place names are written and placed, / and the **legend** and **scale** information / all give the map an aura of scientific accuracy and objectivity. [2] Although subjective interpretation goes into the construction of these cartographic elements, / the finished map appears to express an **authoritative** truth about the world, / separate from any interests and influences. [3] The very trust that this apparent objectivity inspires / is what makes maps such powerful carriers of **ideology**. [4] However **unnoticeably**, / maps do indeed reflect / the world views of either their makers or, more probably, the supporters of their makers, / in addition to the political and social conditions under which they were made. [5] Some of the simple ideological messages that maps can convey include: / This land is and has long been ours; / here is the center of the universe; / if we do not claim this land, / the enemies you most fear will. 17 수능

* aura: 기운, 분위기 ** cartographic: 지도 제작(법)의

128 판권 보호와 창의성

어휘 학습 ▶ p. 162

[1] Individual authors and photographers / have rights to their intellectual property / during their lifetimes, / and their heirs have rights for 70 years after the creator's death, / so any **publication** less than 125 years old / has to be checked for its copyright status. [2] The duration of copyright protection / has increased **steadily** over the years; // the life-plus-70-years standard was set by the Copyright Term **Extension Act** of 1998, / which increased the 50-year limit established by the 1976 Copyright Act. [3] Supporters of such legislation / like to defend these increases / with tales of **starving** writers and their **impoverished descendants**, // but **in reality** the **beneficiaries** / are more likely to be **transnational** publishing companies. [4] And note that copyright laws serve a dual purpose. [5] In addition to protecting the rights of authors / so as to encourage the publication of new creative works, // copyright **is** also **supposed to** place **reasonable** time limits on those rights / so that **outdated** works may be incorporated into new creative efforts. [6] Therefore, / the extended copyright protection / **frustrates** new creative **endeavors** / such as including **poetry** and song **lyrics** on Internet sites. 18 수능

* heir: 상속인 ** legislation: 법률, 입법

127

[1] 지도 위의 선의 정밀성 / 기호가 사용되는 일관성 / 기준선망 그리고/또는 투영법 / 지명이 쓰이고 배열되는 외관상의 확실성 / 그리고 범례와 축척의 정보 등 / 모든 것은 지도에게 과학적인 정확성과 객관성의 분위기를 부여한다. [2] 비록 이러한 지도 제작 요소들의 구축에 주관적인 해석이 들어가기는 하지만 / 완성된 지도는 세계에 대한 권위 있는 진실을 표현하는 것처럼 보인다 / 어떠한 이해 관계와 영향력과는 분리된. [3] 이러한 외관상의 객관성이 불러일으키는 바로 그 신뢰성이 / 지도를 매우 강력한 이데올로기의 전달자로 만드는 것이다. [4] 아무리 눈에 띄지 않는다 할지라도 / 지도는 정말로 반영한다 / 지도 제작자나 혹은 더욱 가능성이 있는 것으로서 제작자의 후원자의 세계관을 / 그 지도가 만들어지는 정치적, 사회적 환경뿐만 아니라. [5] 지도가 전달할 수 있는 간단한 이데올로기의 메시지들 중 몇 가지는 다음과 같은 것들을 포함한다 / 이 땅은 우리 것이고 또 오랫동안 우리 것이었다 / 이곳이 우주의 중심이다 / 우리가 이 땅을 우리 것으로 주장하지 않으면 / 여러분이 가장 두려워하는 적이 그렇게 할 것이다.

□ precision 정밀성 □ inspire 불러일으키다

SET 28

128

[1] 개인 작가와 사진작가는 / 자신들의 지적 재산에 대한 권리가 있다 / 평생 동안 / 그리고 그들의 상속인은 창작자가 사망한 후 70년 동안 권리가 있다 / 그래서 125년이 안 되는 출판물은 어떤 것이든 / 판권 상태를 확인해 보아야 한다. [2] 판권 보호를 위한 지속 기간은 / 수년에 걸쳐 꾸준히 늘어났다 // 일생 기간에 70년 추가라는 기준이 1998년의 판권 기간 연장법에 의해 정해졌는데 / 이는 1976년의 판권법이 설정한 50년이라는 기한을 늘린 것이었다. [3] 그런 입법을 지지하는 사람들은 / 이렇게 늘어난 것에 대해 옹호하길 좋아한다 / 굶주리는 작가와 그들의 빈곤한 후손들의 이야기를 들어 // 하지만 실제로 수혜자는 / 다국적 출판사가 될 가능성이 더 많다. [4] 그리고 판권 법률들은 이중의 목적에 기여한다는 점에 주목하라. [5] 작가의 권리를 보호하는 것에 더하여 / 새로운 창의적인 작품의 출판을 촉진하기 위해 // 판권은 또한 그런 권리에 적당한 기한을 두어야 한다는 것이다 / 시대에 뒤진 작품이 새로운 창의적인 노력 속에 편입될 수도 있도록. [6] 따라서 / 연장된 판권 보호는 / 새로운 창의적인 노력을 좌절시킨다 / 인터넷 사이트에 시와 노래 가사를 함께 넣는 것과 같은.

□ to place limits on ~을 제한하다

129 사회인류학과 문화인류학

어휘 학습 p. 164

[1] The **debates** between social and cultural anthropologists / **concern** not the differences / but the analytical priority: / which should come first, / the social chicken or the cultural egg? [2] British anthropology emphasizes the social. [3] It assumes / that social institutions determine culture / and that universal domains of society (such as **kinship**, economy, politics, and religion) are represented / by specific institutions (such as the family, subsistence farming, the British Parliament, and the Church of England) / which can be compared cross-culturally. [4] American anthropology emphasizes the cultural. [5] It assumes that culture shapes social institutions / by providing the shared beliefs, the core values, the communicative tools, and so on / that make social life possible. [6] It does not assume / that there are universal social domains, / preferring instead to discover domains empirically / as aspects of each society's own **classificatory schemes** — in other words, its culture. [7] And it rejects the notion / that any social institution can be understood / in isolation from its own context. 20 모의

* anthropology: 인류학 ** subsistence farming: 자급 농업 *** empirically: 경험적으로

130 지역 네트워크와 범세계적인 네트워크

어휘 학습 p. 164

[1] The weakness of local networks / **lies in** their **self-containment**, / for they lack input as well as **outreach**. [2] In a classic study of urban politics, / Herbert Gans found / that neighborhoods with the highest levels of **solidarity** / often were unable to block **unfavorable** policies and programs / for lack of ties to possible **allies** elsewhere in the city. [3] It was for this reason / that Gans referred to them as "urban villagers." [4] As the opposite of local networks, / **cosmopolitan** networks offer little solidarity / and have little capacity to comfort and sustain members. [5] But members benefit from a constant flow of new information / and from the great reach of their influence, // even if it tends to be somewhat lacking in strength. [6] Local networks tend to be small. [7] In contrast, / cosmopolitan networks can be huge. [8] Thus, / while the "urban villagers" lacked ties even to their local city government, / cosmopolitan network ties often lead into the White House. 18 모의

* ally: 동맹국, 협력자

129

1 사회 인류학자와 문화 인류학자 사이의 논쟁은 / 개념들 간의 차이에 관한 것이 아니라 / 분석적 우선순위에 관한 것이다 / 즉 어느 것이 먼저냐는 것이다 / 사회적인 닭과 문화적인 달걀 중. 2 영국의 인류학은 사회적인 것을 강조한다. 3 그것은 가정한다 / 사회 제도가 문화를 결정하고 / 사회라는 보편적인 영역(친족 관계, 경제, 정치, 그리고 종교 같은)이 표현된다고 / 구체적인 제도(가족, 자급 농업, 영국 의회, 그리고 영국 국교회 같은)에 의해 / 서로 다른 문화 간에 비교될 수 있는 (제도에 의해). 4 미국의 인류학은 문화적인 것을 강조한다. 5 그것은 문화가 사회 제도를 형성한다고 가정한다 / 공유된 믿음, 핵심적 가치관, 의사소통 도구 등을 제공함으로써 / 사회생활을 가능하게 하는. 6 그것은 가정하지 않는다 / 보편적인 사회적 영역이 있다고 / 그 대신 영역들을 경험적으로 발견하는 것을 선호한다 / 각 사회 나름의 분류안의 측면으로서 - 다른 말로 하면, 각 사회의 문화를. 7 그리고 그것은 개념을 거부한다 / 어떤 사회 제도가 이해될 수 있다는 / 그 자체의 상황으로부터 분리되어.

☐ analytical 분석적인 ☐ priority 우선순위 ☐ domain 영역 ☐ notion 개념

130

1 지역 네트워크의 취약성은 / 그것의 자기 충족에 있는데 / 그 이유는 그것이 지원뿐만이 아니라 투입이 부족하기 때문이다. 2 도시 정책에 대한 전형적인 한 연구에서 / Herbert Gans는 발견했다 / 가장 높은 수준의 결속력을 갖고 있는 동네는 / 불리한 정책과 프로그램들을 저지할 수가 없는 경우가 자주 있다는 것을 / 그 도시의 다른 지역에 있는 잠재적인 협력자들과의 결속이 부족하기 때문에. 3 바로 이런 이유 때문이었다 / Gans는 그들을 '도시의 촌사람들'이라고 부른 것은. 4 지역 네트워크의 반대로서 / 범세계적인 네트워크는 결속력을 거의 주지 못하고 / 구성원들을 위로하고 지탱할 능력이 거의 없다. 5 그러나 구성원들은 새로운 정보의 끊임없는 흐름으로부터 이익을 얻는다 / 그리고 그들의 영향력이 미치는 큰 범위로부터 // 설령 그것이 다소 힘이 부족한 경향이 있다 하더라도. 6 지역 네트워크는 규모가 작은 경향이 있다. 7 그와는 반대로 / 범세계적인 네트워크는 거대할 수 있다. 8 그래서 / '도시의 촌사람들'이 심지어 자신들이 살고 있는 지역 도시의 정부와도 결속력이 부족했던 반면에 / 범세계적인 네트워크의 결속은 흔히 백악관까지 이른다.

☐ block 막다, 방해하다 ☐ sustain (필요한 것을 제공하여) 살아가게[지탱하게] 하다

131 역사의 바다에 숨어 있는 사이렌

어휘 학습 ▶ p. 165

[1] Twin **sirens** hide in the sea of history, / **tempting** those seeking to understand and appreciate the past / onto the **reefs** of misunderstanding and **misinterpretation**. [2] These twin dangers are temporocentrism and ethnocentrism. [3] Temporocentrism is the belief that your times are the best of all possible times. [4] All other times are thus inferior. [5] Ethnocentrism is the belief that your culture is the best of all possible cultures. [6] All other cultures are thus inferior. [7] Temporocentrism and ethnocentrism unite / to cause individuals and cultures to judge all other individuals and cultures / by the "**superior**" standards of their current culture. [8] This leads to a total lack of perspective / when dealing with past and/or foreign cultures / and a **resultant** misunderstanding and **misappreciation** of them. [9] Temporocentrism and ethnocentrism tempt **moderns** into / **unjustified** criticisms of the peoples of the past. 16 수능

132 과학 사학자의 역할

어휘 학습 ▶ p. 167

[1] Traditionally, / Kuhn claims, / the primary goal of historians of science / was 'to **clarify** and deepen an understanding of *contemporary* scientific methods or concepts / by displaying their evolution'. [2] This entailed relating the **progressive** accumulation of **breakthroughs** and discoveries. [3] Only that which survived in some form in the present / was considered **relevant**. [4] In the mid-1950s, / however, / a number of faults in this view of history / became apparent. [5] Closer analysis of scientific discoveries, / for instance, / led historians to ask / whether the dates of discoveries and their discoverers can be identified precisely. [6] Some discoveries / seem to entail numerous **phases** and discoverers, / none of which can be identified as **definitive**. [7] Furthermore, / the **evaluation** of past discoveries and discoverers according to present-day standards / does not allow us to see how significant they may have been in their own day. [8] Nor does the traditional view recognise / the role that non-intellectual factors, especially **institutional** and **socio-economic** ones, play in scientific developments. [9] Most importantly, however, / the traditional historian of science seems **blind to** the fact / that the concepts, questions and standards that they use to **frame** the past / are themselves **subject to** historical change. 20 수능

131

[1] 역사의 바다에는 두 개의 사이렌이 숨어 있는데 / 그것들은 과거를 이해하고 제대로 인식하려고 하는 사람들을 유혹하여 / 오해와 오역의 암초 위에 올려놓는다. [2] 이 두 가지 위험은 자기 시대 중심주의(temporocentrism)와 자기 민족 중심주의(ethnocentrism)이다. [3] 자기 시대 중심주의는 자신의 시대가 모든 가능한 시대 중에 최고라는 믿음이다. [4] 모든 다른 시대는 그리하여 열등하다. [5] 자기 민족 중심주의는 자신의 문화가 모든 가능한 문화 중에 최고라는 믿음이다. [6] 모든 다른 문화는 그리하여 열등하다. [7] 자기 시대 중심주의와 자기 민족 중심주의는 결합하여 / 개인들과 문화로 하여금 모든 다른 개인들과 문화를 판단하도록 한다 / 자신들의 현재 문화의 '우월한' 기준에 의해. [8] 이것은 총체적인 관점의 결핍을 초래한다 / 과거와/과거나 외국의 문화를 다룰 때 / 그리고 그것들에 대한 오해와 잘못된 평가를 그 결과로 초래한다. [9] 자기 시대 중심주의와 자기 민족 중심주의는 현대인들을 유혹해 빠지게 한다 / 과거의 민족들에 대한 정당하지 않은 비판에.

☐ temporocentrism 자기 시대 중심주의 ☐ ethnocentrism 자기 민족 중심주의

132

SET 29

[1] 전통적으로 / Kuhn이 주장한다 / 과학 사학자의 주요 목표는 / '당대의 과학적 방법이나 개념에 대한 이해를 분명히 하고 깊게 하는 것'이다 / 그것들의 점진적 발전을 보여줌으로써. [2] 이것은 획기적인 발전과 발견의 점진적인 축적을 거론하는 것을 수반했다. [3] 현재에 어떤 형태로 살아 남은 것만이 / 유의미한 것으로 여겨졌다. [4] 1950년대 중반에 / 하지만 / 역사에 대한 이러한 관점에서 많은 결함이 / 분명해졌다. [5] 과학적 발견에 대한 더 면밀한 분석은 / 예를 들어 / 역사가들로 하여금 묻게 했다 / 발견과 그러한 발견을 한 사람들이 정확하게 확인될 수 있는지를. [6] 몇몇 발견은 / 무수한 단계와 발견자들을 수반하는 것처럼 보이는데 / 그 중에서 어느 것도 확정적인 것으로 확인되지 않는다. [7] 게다가 / 현재의 기준에 따라 과거의 발견과 발견자들을 평가하는 것은 / 그것이 당시에 얼마나 중요했을지를 우리가 알 수 없게 한다. [8] 전통적인 관점은 또한 인식하지 못한다 / 비지성적인 요인들, 특히 제도적 요인과 사회경제적 요인들이 과학 발전에서 하는 역할을. [9] 하지만 가장 중요한 것은 / 전통적인 과학 사학자가 사실을 알지 못하는 것처럼 보인다는 것이다 / 과거를 구상하기 위해 자신이 사용하는 개념, 질문, 기준들이 / 그 자체가 역사적 변화의 영향하에 있다는 사실을.

☐ entail 수반하다 ☐ relate (말·글로) ~에 대하여 이야기하다[들려주다]; 관련시키다

133 유럽 최초의 인류

어휘 학습 ▶ p. 168

[1] Europe's first *Homo sapiens* / lived primarily on large **game**, / particularly **reindeer**. [2] Even under ideal circumstances, / hunting these fast animals with **spear** or **bow and arrow** / is an uncertain task. [3] The reindeer, / however, / had a weakness that **mankind** would **mercilessly exploit**: / it swam poorly. [4] While **afloat**, / it is uniquely vulnerable, / moving slowly with its **antlers** held high / as it struggles to keep its nose above water. [5] At some point, / a Stone Age genius / realized the enormous hunting advantage he would gain / by being able to **glide** over the water's surface, / and built the first boat. [6] Once the easily **overtaken** and killed **prey** had been hauled **aboard**, / getting its body back to the **tribal** camp / would have been far easier by boat than on land. [7] It would not have taken long for mankind / to apply this advantage to other goods. 19 수능

* exploit: 이용하다 ** haul: 끌어당기다

134 북아메리카 최초의 이주민

어휘 학습 ▶ p. 169

[1] The hunters, armed only with primitive weapons, / were no real match for an angry mammoth. [2] Many were probably killed or severely **injured** / in the close encounters that were necessary to slay one of these **gigantic** animals. [3] But the rewards were great / when one was brought down. [4] A single mammoth / could feed, clothe, and supply a **band** / for a long time. [5] The hunters had followed the mammoths and other large animals eastward / from Asia across what is now the Bering Sea. [6] Some of them may have traveled by small boat along the coast, / but many walked. [7] Twenty thousand years ago, / **at the height of** the last **glacial** period, / sea level was so low that dry land joined what are now separate **continents**. [8] Slowly, **imperceptibly**, and probably unconsciously, / hunters had moved across the land bridge / and become the first **immigrants** to the new land. [9] Without the ice age, / North America might have remained **unpopulated** / for thousands of years more. 17 모의

* slay: 죽이다

133

[1] 유럽 최초의 '호모 사피엔스'는 / 주로 큰 사냥감을 먹고 살았다 / 특히 순록을. [2] 심지어 이상적인 상황에서도 / 이런 빠른 동물을 창이나 활과 화살로 사냥하는 것은 / 불확실한 일이다. [3] 순록에게는 / 그러나 / 인류가 인정사정없이 이용할 약점이 있었는데 / 그것은 순록이 수영을 잘 못한다는 것이었다. [4] 물에 떠 있는 동안 / 순록은 유례없이 공격받기 쉬운 상태가 된다 / 뿔을 높이 쳐들고 천천히 움직이고 / 코를 물 위로 내놓으려고 애씀에 따라. [5] 어느 시점에선가 / 석기 시대의 한 천재가 / 자신이 얻을 엄청난 사냥의 이점을 깨달았다 / 수면 위를 미끄러지듯이 움직일 수 있음으로써 얻을 수 있는 / 그리고 최초의 배를 만들었다. [6] 쉽게 따라잡아서 도살한 먹잇감을 일단 배 위로 끌어올리면 / 사체를 부족이 머무는 곳으로 가지고 가는 것은 / 육지에서보다는 배로 하는 것이 훨씬 더 쉬웠을 것이다. [7] 인류에게는 긴 시간이 걸리지 않았을 것이다 / 이런 장점을 다른 물품에 적용하는 것이.

☐ uniquely 유례없이, 독특하게　☐ vulnerable 취약한, 연약한

SET 29

134

[1] 원시적인 무기로만 무장한 사냥꾼들은 / 화난 매머드의 실제 적수가 되지 못했다. [2] 많은 사람이 아마도 죽거나 심각한 상처를 입었을 것이다 / 이 거대한 동물 중 한 마리를 죽이려고 가까이 맞닥뜨렸을 때. [3] 하지만 보상은 엄청났다 / 한 마리가 쓰러졌을 때. [4] 한 마리의 매머드만으로도 / 무리를 먹이고, 입히며, 지탱할 수 있었다 / 오랫동안. [5] 그 사냥꾼들은 동쪽으로 매머드와 다른 큰 동물들을 쫓아 이동했다 / 아시아로부터 지금의 베링 해를 가로질러서. [6] 그들 중의 일부는 해안을 따라 작은 배로 이동했을지도 모르지만 / 많은 이들은 걸어서 이동했다. [7] 2만 년 전에 / 마지막 빙하기가 한창일 때 / 해수면은 아주 낮아서 지금은 별개인 대륙들이 육지로 연결되어 있었다. [8] 천천히, 인식할 수 없을 정도로, 그리고 아마도 자기도 모르게 / 사냥꾼들은 육교를 가로질러 이동하여 / 새로운 땅의 최초의 이주민이 되었다. [9] 빙하 시대가 없었다면 / 북아메리카는 사람이 살지 않는 곳으로 남아 있었을 것이다 / 수천 년 더.

☐ match 적수, 상대　☐ encounter 만남, 접촉　☐ gigantic 거대한　☐ glacial period 빙하기
☐ bring down ~을 쓰러뜨리다　☐ band 무리

135 완곡어법

어휘 학습 p. 170

1 The term ***euphemism*** / derives from a Greek word meaning 'to speak with good words' / and involves **substituting** a more pleasant, less **objectionable** way of saying something / for a **blunt** or more direct way. 2 Why do people use euphemisms? 3 They do so probably / to help **smooth out** the 'rough **edges**' of life, / to make the **unbearable** bearable and the **offensive** inoffensive. 4 However, / euphemisms can become dangerous / when they are used to create **misperceptions** of important issues. 5 For example, / a politician may indicate that / one of his statements was 'somewhat **at variance with** the truth,' / meaning that he lied. 6 Even more serious examples / include describing **rotting slums** as '**substandard** housing,' / making the **miserable** conditions appear reasonable / and the need for action less important. 12 수능

136 첨단 기술과 재료

어휘 학습 p. 172

1 The future of our high-tech goods / may lie / not in the **limitations** of our minds, / but in our ability to **secure** the **ingredients** to produce them. 2 In previous eras, / such as the Iron Age and the Bronze Age, / the discovery of new elements / **brought forth** seemingly unending numbers of new inventions. 3 Now the **combinations** may truly be unending. 4 We are now **witnessing** / a fundamental shift in our resource demands. 5 At no point in human history have we used *more* elements, / in *more* combinations, / and in increasingly **refined** amounts. 16 Our ingenuity will soon **outpace** our material supplies. 7 This situation comes at a defining **moment** / when the world is struggling to reduce its reliance on fossil fuels. 8 Fortunately, / **rare** metals are key ingredients in green technologies / such as electric cars, **wind turbines**, and **solar panels**. 9 They help to convert free natural resources like the sun and wind / into the power that fuels our lives. 10 But without increasing today's limited supplies, / we have no chance of developing the alternative green technologies / we need to slow **climate** change. 20 수능

* ingenuity: 창의력

135

[1] 완곡어법이라는 말은 / '좋은 단어들로 말하다'를 뜻하는그리스 단어에서 비롯되었으며 / 무언가를 말하는 더 듣기 좋고 불쾌감이 덜한 방식으로 대체하는 것과 관련되어 있다 / 직설적이거나 보다 직접적인 방식 대신에. [2] 왜 사람들은 완곡어법을 쓸까? [3] 그들은 아마도 그렇게 한다 / 삶의 "거친 가장자리"를 부드럽게 만드는 것을 돕고 / 견딜 수 없는 것을 견딜 만하게 하며 불쾌한 것을 거슬리지 않게 만들기 위해. [4] 그러나 / 완곡어법은 위험해질 수 있다 / 중요한 문제점들에 대해 잘못된 인식을 만들어 내려고 사용될 때. [5] 예를 들어 / 어느 정치가가 시사할 수도 있는데 / 자신의 말 중 하나가 "약간 진실과 상충 관계에" 있었다고 / 이것은 그가 거짓말을 했다는 뜻이다. [6] 훨씬 더 심각한 예로는 / 썩어가는 빈민가를 "표준 이하 주거"라고 묘사하는 것이 포함되는데 / 이는 비참한 상태를 적합해 보이도록 만들고 / 조치의 필요성을 덜 중요하게 만든다.

☐ substitute *A* for *B* B를 A로 대체하다(replace *B* with *A*) ☐ to smooth out 부드럽게 펴다

SET 30

136

[1] 첨단 기술 제품의 미래는 / 있을지도 모른다 / 우리 생각의 제한점이 아니라 / 그것을 생산하기 위한 재료를 확보할 수 있는 우리의 능력에. [2] 이전 시대에 / 철기와 청동기와 같은 / 새로운 원소의 발견은 / 끝이 없을 것 같은 무수한 새로운 발명품을 낳았다. [3] 이제 그 조합은 진정 끝이 없을 수도 있다. [4] 우리는 이제 목격하고 있다 / 자원 수요의 근본적인 변화를. [5] 인류 역사의 어느 지점에서도 우리는 '더 많은' 원소를 사용한 적이 없었다 / (지금보다) '더 많은' 조합으로 / 그리고 점차 정밀한 양으로. [6] 우리의 창의력은 우리의 물질 공급을 곧 앞지를 것이다. [7] 이 상황은 결정적인 순간에 온다 / 세계가 화석 연료에 대한 의존을 줄이고자 분투하고 있는 순간에. [8] 다행히 / 희귀한 금속들이 친환경 기술의 핵심 재료이다 / 전기 자동차, 풍력 발전용 터빈, 태양 전지판과 같은. [9] 그것들은 태양과 바람과 같은 천연 자유재를 전환하는 데 도움을 준다 / 우리의 생활에 연료를 공급하는 동력으로. [10] 하지만 오늘날의 제한된 공급을 늘리지 않고는 / 우리는 친환경 대체 기술을 개발할 가망이 없다 / 기후 변화를 늦추기 위해 우리가 필요로 하는.

☐ high-tech 첨단 기술의

137 구전의 문제점을 해결한 인쇄기

어휘 학습 ▶ p. 173

[1] The **printing press** / **boosted** the power of ideas to copy themselves. [2] Prior to low-cost printing, / ideas could and did spread by **word of mouth**. [3] While this was tremendously powerful, / it limited the complexity of the ideas that could be propagated / to those that a single person could remember. [4] It also added a certain amount of guaranteed error. [5] The spread of ideas by word of mouth / was **equivalent** to a game of telephone / on a global scale. [6] The **advent** of literacy and the creation of handwritten **scrolls** and, eventually, handwritten books / strengthened the ability of large and complex ideas / to spread with high **fidelity**. [7] But the incredible amount of time / required to copy a scroll or book by hand // limited the speed with which information could spread this way. [8] A well-trained **monk** / could **transcribe** around four pages of text per day. [9] A printing press / could copy information thousands of times faster, / allowing knowledge to spread far more quickly, with full fidelity, than ever before. 19 수능

* propagate: 전파하다

138 저개발 세계의 농업

어휘 학습 ▶ p. 174

[1] In the less developed world, / the percentage of the population involved in **agriculture** is declining, / but at the same time, / those remaining in agriculture / are not benefiting from technological advances. [2] The typical scenario in the less developed world / is one in which a very few commercial agriculturalists are technologically advanced / while the vast majority are **incapable** of competing. [3] Indeed, / this vast majority have lost control over their own production / because of larger global causes. [4] As an example, / in Kenya, / farmers are actively encouraged to grow **export crops** such as tea and coffee / **at the expense of** basic food production. [5] The result is that / a staple crop, such as maize, / is not being produced in a sufficient amount. [6] The essential argument here / is that the **capitalist mode** of production / is affecting peasant production in the less developed world / in such a way as to limit the production of staple foods, / thus causing a food problem. 18 수능

* staple: 주요한 ** maize: 옥수수 *** peasant: 소농(小農)

137

1 인쇄기는 / 생각이 스스로를 복제하는 능력을 신장시켰다. 2 비용이 적게 드는 인쇄술이 있기 전에 / 생각은 구전으로 퍼져 나갈 수 있었고 실제로 그렇게 퍼져 나갔다. 3 이것은 대단히 강력했지만 / 전파될 수 있는 생각의 복잡성을 제한했다 / 단 한 사람이 기억할 수 있는 것으로. 4 그것은 또한 일정량의 확실한 오류를 추가했다. 5 구전에 의한 생각의 전파는 / 말 전하기 놀이와 맞먹었다 / 전 세계적인 규모의. 6 글을 읽고 쓸 줄 아는 능력의 출현과 손으로 쓴 두루마리와 궁극적으로 손으로 쓴 책의 탄생은 / 크고 복잡한 생각의 능력을 강화하여 / 매우 정확하게 퍼져 나가게 했다. 7 그러나 엄청난 양의 시간은 / 손으로 두루마리나 책을 복사하는 데 필요한 // 이 방식으로 정보가 퍼져 나갈 수 있는 속도를 제한했다. 8 잘 훈련된 수도승은 / 하루에 약 4쪽의 문서를 필사할 수 있었다. 9 인쇄기는 / 정보를 수천 배 더 빠르게 복사할 수 있었는데 / 그것은 지식이 이전 어느 때보다 훨씬 더 빠르고 최대한 정확하게 퍼져 나갈 수 있게 했다.

☐ prior to ~ 이전에　☐ literacy 글을 읽고 쓸 줄 아는 능력

SET 30

138

1 저개발 세계에서 / 농업에 종사하는 인구 비율은 감소하고 있지만 / 동시에 / 계속 농업에 종사하는 사람들은 / 기술 발전의 혜택을 입지 못하고 있다. 2 저개발 세계에서 쓰이는 전형적인 시나리오는 / 아주 소수의 상업적 농업 경영인들이 기술적으로 발전해 있는 반면에 / 대다수는 경쟁할 수 없다는 것이다. 3 사실 / 이 대다수는 자신들의 생산에 대한 통제력을 잃게 되었다 / 더 큰 세계적인 원인으로 인해. 4 한 예로서 / Kenya에서 / 농부들은 차와 커피와 같은 수출 작물을 재배하도록 적극적으로 독려된다 / 기초식품 생산을 희생해가면서. 5 결과적으로 / 옥수수와 같은 주요 작물은 / 충분한 양으로 생산되지 못하고 있다. 6 여기에서 본질적인 논점은 / 자본주의적 생산 방식이 / 저개발 세계의 소작농의 생산에 영향을 끼쳐 / 주요 식품의 생산을 제한하는 방식으로 / 식량 문제를 일으키고 있다는 것이다.

☐ lose control over ~에 대한 통제력을 잃다

139 종의 진화와 어업

어휘 학습 ▶ p. 174

[1] Evolution / works to maximize / the number of descendants that an animal leaves behind. [2] Where the risk of death from fishing increases as an animal grows, / evolution favors / those that grow slowly, **mature** younger and smaller, and reproduce earlier. [3] This is exactly what we now see in the wild. [4] **Cod** in Canada's Gulf of St. Lawrence / begin to reproduce / at around four today; // forty years ago / they had to wait until six or seven / to reach maturity. [5] Sole in the North Sea / mature at half the body weight they did in 1950. [6] Surely these adaptations are good news for species / **hard-pressed** by **excessive** fishing? [7] Not exactly. [8] Young fish produce many fewer eggs than large-bodied animals, / and many industrial **fisheries** are now so **intensive** / that few animals survive more than a couple of years / beyond the age of maturity. [9] Together this means / there are fewer eggs and **larvae** to secure future generations. [10] In some cases / the amount of young produced today / is a hundred or even a thousand times less than in the past, / putting the survival of species, and the fisheries dependent on them, at **grave** risk. 17 수능

140 종자 개량과 산업

어휘 학습 ▶ p. 175

[1] Research and development for **seed improvement** / has long been a public **domain** and government activity / for the **common good**. [2] However, / private capital started to flow into seed production / and took it over as a **sector** of the economy, / creating an artificial **split** between the two aspects of the seed's nature: / its role as means of production and its role as product. [3] This process gained **pace** / after the invention of **hybrid breeding** of maize in the late 1920s. [4] Today / most maize seed cultivated / are hybrids. [5] The companies that sell them / are able to keep the distinct parent lines from farmers, / and the **grain** that they produce / is not **suited** for seed saving and **replanting**. [6] The combination / guarantees that farmers will have to buy more seed from the company / each season. [7] In the 1990s / the extension of **patent** laws as the only intellectual property rights tool into the area of seed varieties / started to create a growing market for private seed companies. 16 수능

* maize: 옥수수

139

[1] 진화는 / 최대화하기 위해 작용한다 / 동물이 남기는 후손들의 수를. [2] 어로 행위에 의해 죽을 위험이 동물이 자라면서 증가하는 상황에서 / 진화는 선호한다 / 천천히 성장하고, 더 어리고 더 작을 때에 성숙해지고, 더 일찍 번식을 하는 것들을. [3] 이것은 정확하게 우리가 현재 야생에서 보는 것이다. [4] 캐나다의 St. Lawrence만에 사는 대구는 / 번식을 시작한다 / 현재 네 살쯤 되었을 때 // 40년 전에 / 그것들은 6세나 7세가 될 때까지 기다려야만 했다 / 성숙기에 도달하려면. [5] 북해의 가자미는 / 1950년에 그랬던[성숙기에 도달했던] 체중의 절반이면 성숙한다. [6] 분명히 이러한 적응은 종들에게는 좋은 소식일까 / 과도한 어로 행위에 의해 심한 압박을 받는? [7] 꼭 그렇지는 않다. [8] 어린 물고기는 몸집이 큰 동물들보다 훨씬 더 적은 수의 알을 낳는다 / 그리고 많은 기업적인 어업이 지금은 너무도 집중적이어서 / 2년 넘게 살아남는 동물들이 거의 없다 / 성숙기의 연령을 지나서. [9] 이 모든 사실들은 의미한다 / 미래 세대를 보장하는 알이나 유충이 더 적어진다는 것을. [10] 어떤 경우에는 / 오늘날 생산되는 어린 동물의 양이 / 과거보다 백 배 혹은 심지어 천 배까지도 더 적어서 / 종의 생존, 그리고 그것들에 의존하는 어업이 심각한 위기에 처하게 된다.

☐ sole 가자미 ☐ large-bodied 몸집이 큰 ☐ put ... at risk ~을 위험에 처하게 하다

140

[1] 종자 개량을 위한 연구 개발은 / 오랫동안 공공 영역이자 정부의 활동이었다 / 공익을 위한. [2] 그러나 / 개인 자본이 종자 생산으로 흘러들어오기 시작해서 / 경제의 한 부문으로서 그것(종자 생산)을 인수하여 / 종자 특성의 두 가지 측면 사이를 인위적으로 나누게 되었다 / 즉 생산 수단으로서의 종자의 역할과 생산물로서의 종자의 역할을. [3] 이 과정은 속도를 얻었다 / 1920년대 말의 옥수수의 잡종 번식 발명 이후에. [4] 오늘날 / 재배되는 대부분의 옥수수는 / 잡종이다. [5] 그것들을 파는 회사들은 / 농부들로부터 뚜렷한 부모 계통을 유지할 수 있으며 / 그들이 생산하는 곡물은 / 종자용으로 보관했다가 다시 심기에는 적절하지 않다. [6] 그 결합은 / 농부들이 그 회사로부터 더 많은 종자를 사야 하도록 보장해준다 / 계절마다. [7] 1990년대에 / 유일한 지적 재산권 도구로서의 특허법이 종자 변종의 영역으로 확장되어 / 개인 종자 회사를 위한 시장을 더 크게 창출하기 시작했다.

☐ take over ~을 인수하다 ☐ cultivate 재배하다, 경작하다 ☐ guarantee 보장하다 ☐ variety 변종

141 초기의 수산 양식

어휘 학습 ▶ p. 177

[1] During the early stages / when the **aquaculture industry** was rapidly expanding, // mistakes were made and these were **costly** / both in terms of direct losses and **in respect of** the industry's image. [2] **High-density rearing** / led to **outbreaks** of infectious diseases / that in some cases **devastated** not just the **caged** fish, but local wild fish populations too. [3] The negative impact on local wildlife inhabiting areas close to the fish farms / continues to be an ongoing public relations problem for the industry. [4] Furthermore, / a general lack of knowledge and **insufficient** care being taken / when fish **pens** were initially constructed // meant that pollution from excess feed and fish waste / created huge **barren** underwater deserts. [5] These were costly lessons to learn, / but now stricter regulations are **in place** / to ensure that fish pens are placed / in sites where there is good water flow to remove fish waste. [6] This, / in addition to other methods that decrease the **overall** amount of uneaten food, / has helped aquaculture to **clean up** its act. 15 수능

142 인기 앨범을 만드는 방식

어휘 학습 ▶ p. 178

[1] Once upon a time, / there was only one way to launch a hit album: radio. [2] Nothing else / reached as many people, as often. [3] Getting on a radio **playlist** was difficult, / but once a song was in heavy **rotation** on the radio, / it had a high probability of selling. [4] Then, / in the 1980s, / came MTV, / which became the second way to create a hit. [5] It had even more limited capacity for new music, / but its **influence** over a **generation** was **unparalleled**. [6] For the music labels, / those were good times; / it was a **brutally** competitive business, / but it was a business they knew. [7] They understood the rules, / and they could earn their keep / by working them. [8] But now **rock** radio / is in seemingly **terminal** decline / and MTV doesn't show many music videos anymore. [9] So how to market music? [10] Labels know the answer lies online, / tapping the word-of-mouth forces / that are replacing traditional marketing in creating demand, // but they're still trying to figure out exactly how best to do it. 13 수능

* label: 음반사

141

[1] 초기 단계 동안 / 수산 양식 산업이 급속하게 팽창하고 있던 // 실수들이 발생하였으며 이것들은 대가가 컸다 / 직접적인 손실 면에서 그리고 그 산업의 이미지와 관련해서도. [2] 고밀도의 사육은 / 전염성 질병의 발발을 초래했는데 / 몇몇 경우에서 가두리에 있는 어류를 황폐화시킬 뿐 아니라 지역의 야생 어류 개체군 또한 황폐화시켰다. [3] 양식장에 인접한 지역에 서식하고 있는 지역 야생 생물에 미치는 부정적 영향이 / 그 산업에 대한 지속적인 대민 관계의 문제가 되고 있다. [4] 더욱이 / 일반적인 지식의 부족과 불충분하게 행해지던 관리는 / 수산 양식용 가두리가 처음 지어졌을 때 // 초과 사료와 어류 폐기물로부터 발생하는 오염이 / 거대한 불모의 해저 사막을 만들어냈다는 것을 의미했다. [5] 이것들은 비싼 대가를 치르고 배우게 된 교훈이었지만 / 이제는 더 엄격한 규제들이 시행되고 있다 / 양식 가두리를 반드시 설치하도록 하는 / 어류 폐기물을 제거할 수 있는 물의 흐름이 좋은 장소에. [6] 이것은 / 섭취되지 않은 먹이의 전반적인 양을 줄이는 다른 방법들에 더하여 / 수산 양식이 자신의 행위를 깨끗이 청소하는 데 도움이 되어 왔다.

☐ lead to ~을 초래하다 ☐ initially 처음에 ☐ regulation 규정, 규제

142

[1] 예전에는 / 인기 앨범을 내는 데 한 가지 방법밖에 없었는데 그것은 라디오였다. [2] 어떤 것도 (라디오만큼) 다가가지 못했다 / 많은 사람에게, 자주. [3] 노래가 라디오의 방송 예정 녹음 리스트에 올라가는 것이 어렵기는 했지만 / 일단 라디오에 자주 방송되면 / 그것은 팔릴 가능성이 아주 높았다. [4] 그러다가 / 1980년대에 / MTV가 등장했는데 / 그것은 인기 앨범을 만드는 제2의 방법이 되었다. [5] 그것은 새로운 음악에 대해 훨씬 더 제한적인 수용 능력을 가졌지만 / 한 세대에 대한 영향력은 비할 데가 없었다. [6] 음반사들에게 / 그 때는 좋은 시절이었다 / 그것은 매우 경쟁적인 사업이었지만 / 그들이 알고 있는 사업이었다. [7] 그들은 규칙을 알고 있었고 / 돈을 벌 수 있었다 / 그것들[규칙]을 활용하여. [8] 그러나 이제 록음악을 들려주는 라디오는 / 외관상 가망 없는 쇠퇴기에 있고 / MTV는 더 이상 많은 뮤직비디오를 보여주지 않는다. [9] 그러면 어떻게 음악을 마케팅할 것인가? [10] 음반사들은 해답이 온라인에 있음을 알고서 / 구전의 힘을 이용하고 있다 / 수요 창출에서 전통 마케팅을 대신하는 (구전의 힘을) // 하지만 그들은 어떻게 하면 그것을 가장 잘할 수 있을지 정확히 알아내기 위해 여전히 노력 중이다.

☐ launch 출시하다, 내보내다 ☐ tap 타진하다, 이용하다 ☐ word-of-mouth 구전의

143 기술적 문제의 해결 방식

어휘 학습 ▶ p. 179

[1] Researchers studied two mobile phone companies / trying to solve a technological problem. [2] One company developed what it called a 'technology **shelf**,' / created by a small group of engineers, / on which were placed possible technical solutions / that other teams might use in the future. [3] It also created an **open-ended conversation** among its engineers / in which salespeople and designers were often included. [4] The boundaries among business units were deliberately ambiguous / because more than technical information was needed / to get a feeling for the problem. [5] However, / the other company proceeded with more **seeming clarity** and discipline, / dividing the problem into its parts. [6] Different departments / protected their **territory**. [7] Individuals and teams, / competing with each other, / stopped sharing information. [8] The two companies did **eventually** solve the technological problem, / but the latter company had more difficulty than the former. 12 수능

144 삼림 벌채의 악영향

어휘 학습 ▶ p. 180

[1] Although there are numerous explanations for the fall of the Roman empire, / the deeper cause / lies in the declining **fertility** of its soil and the decrease in agricultural **yields**. [2] Italy was densely **forested** / at the beginning of Roman rule. [3] By the end of the Roman **Imperium**, / however, / Italy had been stripped of forest cover. [4] The **timber** was sold on the open market / and the soil converted to **crops** and **pastureland**. [5] The cleared soil was rich in **minerals** and nutrients / and provided substantial production yields. [6] Unfortunately, / **deforestation** left the soil exposed to **harsh** weather. [7] Wind blew across the barren landscapes / and water ran down from the mountaintops and slopes, / taking the soil with them. [8] **Overgrazing** of **livestock** / resulted in further deterioration of the soil. [9] Consequently, / Rome's agricultural production could not provide sufficient **energy** / to maintain its **infrastructure** and the **welfare** of its citizens. 12 수능

143

1 연구원들이 두 개의 휴대 전화 회사를 연구했다 / 기술적인 문제를 해결하려고 애쓰는. 2 한 회사는 "기술 선반"이라고 부르는 것을 개발했는데 / 그것은 소집단의 기술자들에 의해 만들어졌고 / 그 위에는 가능한 기술적인 해결책들이 올려져 있었다 / 장차 다른 팀이 사용할 수도 있는. 3 그 회사는 또한 기술자들 간의 제한 없는 대화를 만들었는데 / 거기에는 판매원들과 디자이너들이 자주 포함되어 있었다. 4 사업 단위 간의 경계는 일부러 불명확하게 했는데 / 왜냐하면 기술적인 정보 이상의 것이 필요했기 때문이다 / 문제에 대한 감을 얻기 위해서는. 5 하지만 / 다른 회사는 겉으로 보기에는 보다 명료하게 그리고 질서 있게 일을 진행했다 / 문제를 각 부문으로 나누면서. 6 서로 다른 부서들은 / 각자의 영역을 보호했다. 7 개인과 팀들은 / 서로 경쟁하며 / 정보 공유를 멈추었다. 8 그 두 회사는 결국 기술적인 문제를 해결했지만 / 후자의 회사가 전자의 회사보다 어려움이 더 많았다.

☐ boundary 경계 ☐ deliberately 의도적으로 ☐ ambiguous 분명치 않은, 불명료한 ☐ discipline 기강, 질서, 규율

SET 31

144

1 로마 제국의 멸망에 대한 수많은 설명들이 있지만 / 더 깊은 원인은 / 토양의 비옥함이 줄어들고 농작물의 산출량이 감소한 데 있다. 2 이탈리아는 숲이 빽빽했다 / 로마의 지배가 시작될 때. 3 로마의 통치 말기에는 / 그러나 / 이탈리아는 덮고 있던 삼림이 벌채되었다. 4 목재가 일반 시장에서 판매되었고 / 그 땅은 농경지와 목초지로 바뀌었다. 5 개간된 토양은 미네랄과 영양분이 풍부하였고 / 상당한 양의 농작물을 산출하였다. 6 유감스럽게도 / 삼림 벌채는 토양이 거친 날씨에 노출되게 했다. 7 바람이 황량한 풍경을 가로질러 불었고 / 물은 산꼭대기와 산비탈로부터 흘러내리며 / 흙을 쓸어가 버렸다. 8 가축을 지나치게 방목하여 / 결과적으로 토질 악화가 더 심화되었다. 9 그 결과 / 로마의 농업 생산은 충분한 에너지를 제공할 수 없었다 / 로마의 사회 기반 시설과 시민들의 복지를 유지할 만큼.

☐ strip 벗기다 ☐ convert 전환되다, 바뀌다 ☐ barren 황량한 ☐ deterioration 악화, 저하

145 고객 제안과 상품 개발

어휘 학습 ▶ p. 182

[1] Sometimes / all the outcomes **customers** are trying to achieve in one area / have a negative effect on other outcomes. [2] This is very common / when companies are busy listening to the 'voice of the customer.' [3] Traveling salespeople, / for example, / may say they want a smaller cell phone, / but they may not have thought about / how hard that **tiny** phone will be to use. [4] **Carpenters** may **request** a **lightweight circular saw** / without thinking about the fact / that it will no longer have the power to **get through** some of the more difficult jobs. [5] When customers make requests for new product features, / they are usually focused on solving just one problem / and are not thinking of how their requested solution will impact other product or service functions. [6] In this **situation**, / customers request new features but reject the resulting product / when they realize the ramifications of their suggestions // — the added feature turns out to be **worthless** / because of the problems it causes. 14 수능

* ramification: 파생된 문제

146 기후 변화에 따른 지원책

어휘 학습 ▶ p. 183

[1] We argue / that the ethical principles of justice / provide an essential foundation / for policies to protect unborn generations and the poorest countries from climate change. [2] Related issues / arise in connection with current and **persistently** inadequate aid for these nations, / **in the face of** growing threats to agriculture and water supply, / and the rules of international trade that mainly benefit rich countries. [3] Increasing aid for the world's poorest peoples / can be an essential part of effective mitigation. [4] With 20 percent of **carbon emissions** from (mostly **tropical**) deforestation, / **carbon credits** for forest preservation / would combine aid to poorer countries with one of the most **cost-effective** forms of abatement. [5] Perhaps the most but politically complicated policy **reform** / would be the **removal** of several hundred billions of dollars of direct annual **subsidies** / from the two biggest **recipients** in the OECD — **destructive** industrial agriculture and fossil fuels. [6] Even a small amount of this money / would accelerate the already rapid rate of technical progress and investment in renewable energy / in many areas, // as well as encourage the essential **switch** to **conservation** agriculture. 19 수능

* mitigation: 완화 ** abatement: 감소 *** subsidy: 보조금

145

[1] 때때로 / 고객들이 한 부분에서 성취하려고 노력하는 모든 결과가 / 다른 결과들에 부정적인 영향을 끼친다. [2] 이것은 매우 흔한 일이다 / 회사가 "고객의 목소리"에 귀 기울이느라 바쁠 때. [3] 순회 판매원들은 / 예를 들어 / 고객들이 더 작은 휴대전화를 원한다고 말할지 모른다 / 하지만 생각해보지 않았을 수도 있다 / 그러한 작은 전화기가 사용하기 얼마나 어려울지는. [4] 목수들은 가벼운 원형 톱을 요청할지도 모른다 / 사실은 생각해보지 않고 / 더 어려운 몇몇 작업들을 해낼 힘이 더 이상 없을 거라는. [5] 고객들은 새로운 상품의 특징을 요구할 때 / 보통 단지 한 가지 문제를 해결하는 데만 집중해서 / 자신들이 요구한 해결책이 어떻게 다른 상품이나 서비스의 기능에 영향을 미칠지는 생각하지 않는다. [6] 이러한 상황에서 / 고객들은 새로운 특징을 요구하지만 그 결과물은 거부한다 / 자신들의 제안에서 파생된 문제를 깨닫게 되면 // 즉 추가된 특징은 쓸모없음이 밝혀지게 된다 / 그것이 일으킨 문제들 때문에.

☐ outcome 결과 ☐ turn out ~인 것으로 드러니디

146

[1] 우리는 주장한다 / 정의의 윤리적 원칙이 / 근본적인 기초를 제공한다고 / 아직 태어나지 않은 세대와 가장 가난한 나라들을 기후 변화로부터 보호하기 위한 정책에 대한. [2] 연계된 문제들이 / 이 (가난한) 국가들을 위한 현재의 집요하게 부적당한 원조와 관련하여 발생한다 / 농업과 물 공급에 대한 커지는 위협에 직면하여 / 그리고 주로 부유한 국가들에게만 이득을 주는 국제 무역의 규칙에 직면하여. [3] 세계의 가장 가난한 국민들에 대한 원조를 증가시키는 것은 / 효과적인 완화의 필수적인 부분이다. [4] 탄소 배출량의 20%는 (대개 열대 지역의) 벌채로부터 오므로 / 삼림 보존을 위한 탄소 배출권은 / 더 가난한 국가들에 대한 원조를 비용 효율성이 가장 높은 (탄소 배출) 감소의 형태 중 하나와 결합시켜 줄 것이다. [5] 아마 비용 효율성이 가장 높지만 정치적으로 가장 복잡한 정책 개혁은 / 연간 수천억 달러의 직접 보조금을 없애는 일일 것이다 / OECD에서 두 가지 가장 큰 수혜 분야인 파괴적인 산업화 농업과 화석 연료로부터. [6] 이 돈의 적은 양이라도 / 이미 빠르게 진행되고 있는 기술적 진보와 재생 가능한 에너지에 대한 투자를 가속화할 것이다 / 많은 지역에서 // 보존 농업으로의 근본적인 변화를 촉진할 뿐만 아니라.

☐ inadequate 부족한, 부적당한 ☐ accelerate 가속화하다, 속도를 높이다

147 잡지의 구독과 판매

어휘 학습 ▶ p. 184

[1] Most **consumer** magazines / depend on **subscriptions** and advertising. [2] Subscriptions / **account for** almost 90 percent of total magazine **circulation**. [3] **Single-copy**, or **newsstand**, sales / account for the rest. [4] However, / single-copy sales are important: / they bring in more **revenue** per magazine, / because subscription prices are typically at least 50 percent less than the price of buying single **issues**. [5] Further, / potential readers **explore** a new magazine / by buying a single issue; // all those **insert** cards with subscription offers / are included in magazines / to encourage you to subscribe. [6] Some magazines are **distributed** / only by subscription. [7] Professional or trade magazines / are specialized magazines and are often published by professional **associations**. [8] They usually feature highly targeted advertising. [9] For example, / the *Columbia Journalism Review* is marketed toward professional journalists / and its few advertisements are news organizations, book publishers, and others. [10] A few magazines, / like *Consumer Reports*, / work toward **objectivity** and therefore contain no advertising. 18 수능

148 안전한 대안을 거부하는 업계

어휘 학습 ▶ p. 185

[1] For every toxic substance, process, or product in use today, / there is a safer alternative — either already in existence, or waiting to be discovered through the application of human intellect, **ingenuity**, and effort. [2] In almost every case, / the safer alternative is available at a comparable cost. [3] Industry may reject these facts and complain about the high cost of acting, / but history **sets the record straight**. [4] The chemical industry denied / that there were practical alternatives to ozone-depleting chemicals, / predicting not only economic disaster but numerous deaths / because food and vaccines would spoil without **refrigeration**. [5] They were wrong. [6] The motor **vehicle** industry initially denied that cars caused air pollution, / then claimed that no technology existed to reduce pollution from vehicles, / and later argued that installing devices to reduce air pollution would make cars extremely expensive. [7] They were wrong every time. [8] The **pesticide** industry argues / that **synthetic** pesticides are absolutely necessary to grow food. [9] Thousands of organic farmers / are proving them wrong. 19 모의

* deplete: 고갈시키다 ** synthetic pesticide: 합성 살충제

147

[1] 대부분의 소비자 잡지는 / 구독과 광고에 의존한다. [2] 구독은 / 전체 잡지 판매 부수의 거의 90퍼센트를 차지한다. [3] 낱권, 다시 말해 가판대 판매가 / 나머지를 차지한다. [4] 하지만 / 낱권 판매가 중요하다 / 낱권 판매는 잡지 한 권당 더 많은 수익을 가져온다 / 왜냐하면 구독 가격은 낱권을 살 때의 가격보다 보통 최소 50퍼센트가 더 싸기 때문이다. [5] 게다가 / 잠재적 독자들은 새로운 잡지를 탐색한다 / 낱권의 잡지를 구매함으로써 // 구독 안내가 있는 그 모든 삽입 광고 카드는 / 잡지에 들어가 있다 / 여러분의 구독을 독려하기 위해. [6] 어떤 잡지들은 유통된다 / 오로지 구독에 의해서만. [7] 전문가용 잡지 혹은 업계지는 / 특성화된 잡지이며 흔히 전문가 협회에 의해 출판된다. [8] 그것들은 보통 매우 표적화된 광고를 특징으로 한다. [9] 예를 들어 / Columbia Journalism Review는 전문 언론인들을 대상으로 마케팅을 하며 / 그 잡지의 몇 안 되는 광고는 뉴스 기관, 출판사 등이다. [10] 몇몇 잡지는 / Consumer Reports와 같은 / 객관성을 지향하고 따라서 광고를 싣지 않는다.

☐ trade magazines 업계지 (특정 업계나 전문 직업인 상대의 잡지)　☐ work toward ~을 지향하여 노력하다

SET 32

148

[1] 오늘날 사용 중인 모든 독성 물질, 공정, 혹은 제품에는 / 더 안전한 대안이 있다 / 이미 존재하거나 인간의 지력, 창의력, 그리고 노력의 적용을 통해 발견되기를 기다리고 있는 (대안이). [2] 거의 모든 경우에 / 더 안전한 대안이 비슷한 비용으로 이용될 수 있다. [3] 업계는 이러한 사실을 거부하고 높은 실행 비용에 대해 불평할지도 모르지만 / 역사가 그런 내용을 바로잡는다. [4] 화공업계는 부인했다 / 오존을 고갈시키는 화학 물질에 대한 실용적인 대안이 있다는 것을 / 경제적인 재앙뿐만 아니라 수많은 사망자를 예측하면서 / 냉장하지 않으면 식품과 백신이 상할 것이라는 이유로. [5] 그들은 틀렸다. [6] 자동차 업계는 처음에 자동차가 대기 오염을 유발한다는 것을 부인하였고 / 그다음에는 자동차로부터의 오염을 줄이는 어떤 기술도 존재하지 않는다고 주장했으며 / 나중에는 대기 오염을 줄이는 장치를 설치하면 자동차가 엄청나게 비싸질 것이라고 주장했다. [7] 그들은 매번 틀렸다. [8] 살충제 업계는 주장한다 / 합성 살충제가 식량을 재배하기 위해 절대적으로 필요하다고. [9] 수많은 유기농 농부들은 / 그들이 틀렸음을 입증하고 있다.

☐ toxic 독성이 있는　☐ comparable 비슷한, 비교할 만한　☐ ozone-depleting 오존을 고갈시키는

149 정보의 경제학

어휘 학습 ▶ p. 186

[1] With the industrial society evolving into an information-based society, / the concept of information as a product, a commodity with its own value, / has emerged. [2] As a consequence, / those people, organizations, and countries that possess the highest-quality information / are likely to **prosper** economically, socially, and politically. [3] Investigations into the **economics** of information / **encompass** a variety of **categories**. 19 수능

150 정치 권력에 대한 인식

어휘 학습 ▶ p. 187

[1] From a **cross-cultural** perspective / the **equation** between public leadership and dominance / is **questionable**. [2] What does one mean by 'dominance'? [3] Does it indicate coercion? [4] Or control over 'the most valued'? [5] 'Political' systems / may be about both, either, or **conceivably** neither. [6] The idea of 'control' / would be a **bothersome** one for many peoples, / as for instance among many native peoples of Amazonia / where all members of a community are fond of their personal **autonomy** / and **notably allergic to** any obvious expression of control or coercion. [7] The conception of political power as a *coercive* force, / while it may be a Western **fixation**, / is not a universal. [8] It is very unusual for an Amazonian leader to give an order. [9] If many peoples do not view political power as a coercive force, / *nor as the most valued domain*, / then the **leap** from 'the political' to 'domination' (as coercion), / *and from there* to 'domination of women', / is a **shaky** one. [10] As Marilyn Strathern has remarked, / the notions of 'the political' and 'political **personhood**' are cultural **obsessions** of our own, / a bias long reflected in anthropological constructs. 21 수능

* coercion: 강제 ** autonomy: 자율 *** anthropological: 인류학의

149

[1] 산업 사회가 정보에 기반한 사회로 진화해가면서 / 하나의 상품, 그 나름의 가치를 가진 하나의 제품으로서의 정보의 개념이 / 등장했다. [2] 결과적으로 / 가장 고품질의 정보를 소유한 그러한 사람, 조직, 그리고 국가들이 / 경제적으로, 사회적으로, 그리고 정치적으로 번창할 가능성이 높다. [3] 정보의 경제학에 대한 연구는 / 다양한 범주를 망라한다.

☐ commodity 제품, 상품

150

[1] 비교 문화적 관점에서 / 대중적인 지도력과 지배력 사이의 방정식은 / 의심스럽다. [2] '지배력'이 의미하는 바는 무엇인가? [3] 그것은 강제를 나타내는 것인가? [4] 아니면 '가장 가치 있는 것'에 대한 통제인가? [5] '정치적' 시스템은 / 둘 다에 관한 것일 수도, 둘 중 하나에 관한 것일 수도, 아니면 아마도 둘 다에 관한 것이 아닐 수도 있다. [6] '통제'라는 생각은 / 많은 부족에게는 성가신 것일텐데 / 예를 들어 아마존의 많은 원주민 부족 사이에서처럼 말이다 / 여기서는 공동체의 모든 구성원이 개인의 자율성을 좋아하고 / 통제나 강제가 명백하게 표현되는 어떤 것이든 몹시 싫어한다. [7] '강제적인' 힘으로서 정치 권력이라는 개념은 / 서양의 고정관념일지 모르겠지만 / 보편적인 것이 아니다. [8] 아마존의 지도자가 명령을 내리는 것은 매우 이례적이다. [9] 많은 부족이 정치 권력을 강제적인 힘으로 보지 않고 / '또한 가장 가치 있는 영역으로 여기지 않는다면' / '정치적인 것'에서 (강제로서의) '지배'로의 도약 / '그리고 거기에서' '여성에 대한 지배'로(의 도약)은 / 불안정한 도약이다. [10] Marilyn Strathern이 말한 것처럼 / '정치적인 것'과 '정치적 개성'이라는 개념은 우리 자신의 문화적 강박 관념으로 / 인류학적 구성 개념에 오랫동안 반영된 편견이다.

☐ dominance 지배력 ☐ questionable 의심스러운 ☐ notion 개념 ☐ construct 구성 개념, 구성체

SET 33

151 과학만능주의와 과학 철학

어휘 학습 ▶ p. 188

[1] The role of science can sometimes be overstated, / with its **advocates** slipping into **scientism**. [2] Scientism is the view / that the scientific description of reality is the only truth there is. [3] With the **advance** of science, / there has been a tendency to **slip into** scientism, / and assume that any factual claim can be authenticated / if and only the term 'scientific' can correctly be ascribed to it. [4] The consequence is / that non-scientific approaches to reality / — and that can include all the arts, religion, and personal, emotional and **value-laden** ways of encountering the world — / may become **labelled** as merely subjective, / and therefore **of little account** / in terms of describing the way the world is. [5] The philosophy of science / seeks to avoid crude scientism / and get a balanced view on what the scientific method can and cannot achieve. 20 수능

* ascribe: 속하는 것으로 생각하다 ** crude: 투박한

152 질병에 대한 원시 사회의 생각

어휘 학습 ▶ p. 189

[1] To modern man / disease is a biological phenomenon that concerns him only as an individual / and has no moral implications. [2] When he contracts **influenza**, / he never attributes this event to his behavior / toward the tax collector or his **mother-in-law**. [3] Among primitives, / because of their **supernaturalistic** theories, / the **prevailing** moral point of view / gives a deeper meaning to disease. [4] The gods who send disease / are usually angered by the moral offences of the individual. [5] Sometimes they may not strike the guilty person himself, / but rather one of his relatives or **tribesmen**, / to whom responsibility is extended. [6] Disease, action that might produce disease, and **recovery** from disease are, / therefore, / of **vital** concern to the whole primitive community. [7] Disease, / as a sanction against social **misbehavior**, / becomes one of the most important **pillars** of order / in such societies. [8] It **takes over**, / in many cases, / the role played by policemen, judges, and **priests** / in modern society. 18 수능

* sanction: 제재

151

1 과학의 역할은 때때로 과장될 수 있어서 / 과학의 옹호자들은 과학만능주의에 빠져든다. 2 과학만능주의는 견해이다 / 현실에 대한 과학적 기술만이 존재하는 유일한 진실이라는. 3 과학의 발전과 함께 / 과학만능주의에 빠져드는 경향이 있어 왔고 / 사실에 입각한 어떤 주장이든 진짜로 입증될 수 있다고 가정하는 경향도 있어 왔다 / '과학적'이라는 용어가 정확하게 그것에 속하는 것으로 생각될 수 있다면, 그리고 오직 그럴 때에만. 4 그 결과 / 현실에 대한 비과학적 접근 방식은 / — 그런데 그것에는 모든 예술, 종교, 그리고 세상을 접하는 개인적, 감정적, 가치 판단적인 방식이 포함될 수 있다 — / 주관적인 것에 불과한 것으로 규정될지도 모르며 / 따라서 거의 중요하지 않은 것으로 (규정될지도 모른다) / 세계가 존재하는 방식을 기술하는 측면에서. 5 과학 철학은 / 투박한 과학만능주의를 피하려고 노력하고 / 과학적 방법이 성취할 수 있는 것과 성취할 수 없는 것에 대한 균형 잡힌 시각을 가지려고 노력한다.

☐ factual 사실에 기반을 둔, 사실을 담은

152

1 현대인에게 / 질병은 개인으로만 관련 있는 생물학적 현상이고 / 어떤 도덕적 함의를 지니지 않는다. 2 인플루엔자에 걸릴 때 / 그는 이 사건을 자신의 행동 탓으로 결코 보지 않는다 / 세금 징수원이나 자신의 장모에 대한 (행동 탓으로). 3 원시인들 사이에서는 / 그들의 초자연적인 생각 때문에 / 지배적인 도덕적 관점이 / 질병에 대해 더 깊은 의미를 제공한다. 4 질병을 보내는 신들은 / 일반적으로 개인의 도덕적 범죄로 인해 분노한다. 5 때때로 그들은 죄가 있는 사람 자체를 공격할지 않을지도 모르지만 / 오히려 그의 친척이나 부족민 중의 한 명을 공격한다 / 책임과 관련된 사람을. 6 질병과 질병을 일으킬지도 모르는 행동, 그리고 질병으로부터의 회복은 / 따라서 / 전체 원시 사회에 매우 중요한 관심사이다. 7 질병은 / 사회적 부정행위에 대한 제재로서 / 질서의 가장 중요한 부분 중 하나가 되었다 / 그와 같은 사회에서. 8 그것은 떠안는다 / 많은 경우에 / 경찰관, 재판관, 그리고 사제가 행하는 역할을 / 현대 사회에서.

☐ implication 함의 ☐ attribute *A* to *B* A를 B의 탓으로 보다 ☐ theory 생각, 의견; 이론 ☐ offence 범죄

SET 33

153 돈에 대한 관점

어휘 학습 ▶ p. 190

[1] Money — beyond the **bare minimum** necessary for food and shelter — / is nothing more than a **means** to an end. [2] Yet so often / we **confuse** means with ends, / and **sacrifice** happiness (end) for money (means). [3] It is easy to do this / when material wealth is **elevated** to the position of the ultimate end, / as it so often is in our society. [4] This is not to say / that the accumulation and production of material wealth is in itself wrong. [5] Material prosperity can help individuals, / as well as society, / attain higher levels of happiness. [6] Financial security can **liberate** us / from work we do not find meaningful / and from having to worry about the next **paycheck**. [7] Moreover, / the desire to make money / can challenge and inspire us. [8] Even so, / it is not the money *per se* that is valuable, / but the fact that it can potentially yield more positive experiences. [9] Material wealth in and of itself / does not necessarily generate meaning or lead to emotional wealth. 16 수능

* *per se*: 그 자체로

154 도덕적 원칙

어휘 학습 ▶ p. 191

[1] At some time in their lives, / most people **pause** / to reflect on their own moral principles and on the **practical** implications of those principles, / and they sometimes think about / what principles people should have / or which moral **standards** can be best justified. [2] When a person accepts a moral principle, / naturally the person believes / the principle is important and well justified. [3] But there is more to moral principles than that. [4] When a principle is part of a person's moral **code**, / that person is strongly motivated toward the **conduct** required by the principle, / and against behavior that conflicts with that principle. [5] The person will tend to feel guilty / when his or her own conduct **violates** that principle / and to disapprove of others / whose behavior conflicts with it. [6] Likewise, / the person will tend to hold in **esteem** / those whose conduct shows an abundance of the motivation required by the principle. 15 수능

1 돈은 – 음식과 거처에 필요한 기본적인 최소한의 범위를 벗어나는 – / 목적에 대한 수단에 불과하다. 2 하지만 아주 흔히 / 우리는 수단을 목적과 혼동하여 / 돈(수단)을 위해서 행복(목적)을 희생한다. 3 이렇게 하기 쉽다 / 물질적 부유함이 궁극적인 목적의 위치로 높여질 때에 / 우리 사회에서 아주 흔히 그렇듯이. 4 이것은 말하는 것이 아니다 / 물질적 부의 축적과 생산이 그것 자체로서 잘못이라고. 5 물질적 풍요는 개인을 도와줄 수 있다 / 사회뿐만 아니라 / 더 높은 수준의 행복을 얻을 수 있도록. 6 재정적 안정은 우리를 해방시켜 줄 수 있다 / 우리가 의미 있다고 생각하지 않는 일로부터 / 그리고 다음 번 월급에 대해 걱정해야 하는 것으로부터. 7 더욱이 / 돈을 벌고자 하는 욕구는 / 우리에게 도전 정신을 심어 주고 영감을 줄 수 있다. 8 그렇다고 하더라도 / 가치가 있는 것은 돈 '그 자체로서'가 아니라 / 그것이 잠재적으로 더 긍정적인 경험을 만들어 낼 수 있다는 사실이다. 9 물질적 부유함이 그 자체로서 / 의미를 반드시 만들어 내거나 감정적인 풍요로움을 반드시 가져오는 것은 아니다.

□ in and of itself 그 자체로, 본질적으로

1 인생의 어떤 시기에 / 대부분의 사람은 잠시 멈추어 / 자기 자신의 도덕적 원칙과 그 원칙의 실질적인 함축된 의미에 대해 생각해본다 / 그리고 그들은 때때로 생각한다 / 사람들이 무슨 원칙을 가져야 하는지 / 또는 어떤 도덕적인 기준이 가장 잘 정당화될 수 있는지에 대해. 2 어떤 사람이 도덕적 원칙을 받아들일 때 / 당연히 그 사람은 믿는다 / 그 원칙이 중요하고 아주 정당하다고. 3 하지만 도덕적 원칙에는 그것보다 더 많은 것이 있다. 4 어떤 원칙이 어떤 사람의 도덕적 규범의 일부이면 / 그 사람은 그 원칙에 의해 요구되는 행동을 하도록 강하게 동기를 부여 받고 / 그 원칙과 충돌하는 행동은 하지 않도록 동기를 부여 받는다. 5 그 사람은 죄책감을 느끼 경향이 있을 것이다 / 자기 자신의 행동이 그 원칙에 위배될 때 / 그리고 다른 사람을 못마땅해 하는 경향이 있을 것이다 / 다른 사람의 행위가 그 원칙과 상충할 때. 6 마찬가지로 / 그 사람은 존경하는 경향이 있을 것이다 / 그 원칙에 의해 요구되는 풍부한 동기를 행동으로 보여주는 사람들을.

□ implication 함축된 의미 □ disapprove of ~을 못마땅해 하다

155 지식의 본질

어휘 학습 ▶ p. 192

[1] My friend was **disappointed** / that scientific progress has not **cured** the world's ills by **abolishing** wars and starvation; / that **gross** human **inequality** is still widespread; / that happiness is not **universal**. [2] My friend made a common mistake — a basic misunderstanding in the nature of knowledge. [3] Knowledge is **amoral** — not immoral but **morality neutral**. [4] It can be used for any purpose, / but many people assume it will be used to **further** *their* favorite hopes for society — and this is the fundamental **flaw**. [5] Knowledge of the world is one thing; its uses create a separate issue. [6] To be disappointed / that our progress in understanding has not **remedied** the social ills of the world / is a legitimate view, / but to confuse this with the progress of knowledge is **absurd**. [7] To argue that knowledge is not progressing / because of the African or Middle Eastern conflicts // misses the point. [8] There is nothing inherent in knowledge / that dictates any specific social or moral application. 15 수능

156 객관성과 감정

어휘 학습 ▶ p. 193

[1] The importance of science / has led people to think that 'objectivity' is the best way to see the world — to see the facts without any feelings. [2] However, / from a human point of view, / objectivity is just another attitude. [3] It is an interpretation that deliberately ignores our feelings. [4] It is very useful / to ensure that scientific measurements are taken accurately and so on, / but **as far as** life is **concerned**, / it is a bit like turning the color off on your TV so that you see everything in black and white / and then saying that is more **truthful**. [5] It is not more truthful; / it is just a **filter** that reduces the richness of life. [6] When you **turn down** the feelings, / you also turn down the **possibility** of **enjoyment**. 14 수능

155

1 내 친구는 실망했다 / 전쟁과 기아를 없앰으로써 과학적인 발전이 세상의 불행을 치유하지 못했다는 것에 / 엄청난 인간 불평등이 아직도 널리 퍼져 있다는 것에 / 행복이 보편적이지 않다는 것에. 2 내 친구는 흔한 실수를 했다 – 즉, 지식의 본질에 있어서 기본적인 오해를. 3 지식은 도덕과 관계가 없으며 – 비도덕적인 것이 아니라 도덕 중립적이다. 4 지식은 어떤 목적으로든 사용될 수 있지만 / 많은 사람은 그것이 사회를 위해 '그들이' 선호하는 희망을 증진하는 데 사용될 것이라고 가정하는데 – 이것은 근본적으로 잘못된 것이다. 5 세상의 지식과 그것의 사용은 별개의 문제이다. 6 실망하는 것은 / 이해에 있어서 우리의 진보가 세계의 사회적인 불행을 치유하지 못해 왔다는 것에 대해서 // 타당한 견해이다 / 하지만 이것을 지식의 진보와 혼동하는 것은 터무니없다. 7 지식이 진보하지 않는다고 주장하는 것은 / 아프리카나 중동의 갈등 때문에 // 요점에서 벗어난다. 8 지식에는 내재적인 것이 없다 / 어떤 구체적인 사회적 혹은 도덕적 적용을 좌우하는.

☐ legitimate 타당한, 정당한 ☐ inherent 내재적인, 타고난 ☐ dictate 좌우하다, 지시하다

156

1 과학의 중요성은 / 사람들을 '객관성'이 세상을 바라보는 최선의 방법이라고 생각하도록 이끌었다 / 즉, 어떤 감정도 없이 사물을 보도록. 2 그러나 / 인간의 관점에서 볼 때 / 객관성은 단지 또 하나의 태도다. 3 그것은 고의적으로 우리의 감정을 무시하는 해석이다. 4 그것은 매우 유용하다 / 과학적 측정이 정확히 이루어지는 것 등을 확실하게 하는 것은 // 하지만 삶에 관해서는 / 그것은 마치 모든 것을 흑백으로 보기 위해 여러분의 TV에서 색상을 차단하고 나서 / 그것이 더 진실한 것이라고 말하는 것과 같다. 5 그것이 더 진실한 것은 아니다 / 그것은 단지 삶의 풍성함을 줄이는 필터일 뿐이다. 6 감정을 거부할 때 / 여러분은 또한 즐거움의 가능성을 거부하는 것이다.

☐ objectivity 객관성 ☐ interpretation 해석 ☐ deliberately 고의적으로 ☐ ensure 확실하게 하다, 보장하다

157 인생을 대하는 자세

어휘 학습 ▶ p. 194

1 Life can be like riding a roller coaster. 2 There are ups and downs, fast and slow parts, **bumps** and shaky parts, / and even times when you're **upside down**. 3 You can't control which way the **track** (or in this case, life events) will take you. 4 When you're at the **bottom**, / you can see only what's right in front of you, / but when you get to the top, / you can see the whole picture a lot better. 5 When you're **starting out**, / accept how you feel and try to enjoy the ride. 6 When it's over, / you'll see that it was really **cool** — even if you couldn't see that when you first started. 14 수능

158 옷에 대한 애착

어휘 학습 ▶ p. 194

1 Even those of us who claim not to be **materialistic** / can't help but form **attachments** to certain clothes. 2 Like **fragments** from old songs, / clothes can **evoke** both **cherished** and painful memories. 3 A **worn**-thin dress / may hang in the back of a **closet** / even though it hasn't been worn in years // because the **faint scent** of **pine** that **lingers on** it / is all that remains of someone's sixteenth summer. 4 An **impractical** white scarf / might be pulled out of a donation bag at the last minute / because of the promise of **elegance** it once held for its owner. 5 And a **ripped** T-shirt / might be rescued from the dust **rag bin** / long after the name of the rock band once written across it has **faded**. 6 Clothes document personal history for us / the same way that fossils chart time for archaeologists. 12 수능

157

[1] 인생은 롤러코스터를 타는 것과 같을 수 있다. [2] 오르내림, 빠르고 느린 부분, 부딪침과 흔들리는 부분이 있다 / 그리고 심지어 거꾸로 뒤집힐 때도. [3] 선로가(혹은 이 경우에는 인생사가) 당신을 어떤 방향으로 데리고 가도록 조절할 수 없다. [4] 밑바닥에 있을 때는 / 오로지 바로 앞에 있는 것만 볼 수 있지만 / 꼭대기에 도달할 때는 / 전체 모습을 훨씬 더 잘 볼 수 있다. [5] 출발했을 때 / 느끼게 되는 감정을 받아들이고 타고 가는 것을 즐기려고 노력하라. [6] 그것을 마칠 때 / 타는 것이 정말 재미있었다는 것을 알게 될 것이다 — 처음에 시작했을 때는 비록 알 수 없었을지라도.

☐ shaky 흔들리는

158

[1] 물질 중심적이지 않다고 주장하는 우리 중 누구라도 / 특정한 옷에 대한 애착을 갖게 될 수밖에 없다. [2] 옛날 노래에 나오는 구절처럼 / 옷은 소중한 추억과 가슴 아픈 기억을 모두 생각나게 할 수 있다. [3] 닳아서 얇아진 드레스는 / 벽장 뒤편에 걸려 있을 수 있다 / 여러 해 동안 입지 않았더라도 // 그 이유는 그 옷에 남아 있는 옅은 소나무 향이 / 바로 어떤 사람의 열여섯 살 여름의 모든 잔존물이기 때문이다. [4] 실용성이 떨어지는 흰색 스카프는 / 기증품 자루에 들어가는 마지막 순간에 빼내어질 수도 있다 / 그것이 그 소유자에게 한때 우아함에 대한 기대였기 때문에. [5] 그리고 찢어진 티셔츠는 / 걸레통에서 꺼내어질 수 있다 / 한때 그 위에 쓰여진 록밴드 이름이 희미해진 지 오래된 후에도. [6] 옷은 우리에게 개인의 이력을 보여준다 / 화석이 고고학자들에게 시간을 나타내는 것과 같은 방식으로.

☐ promise 기대, 약속 ☐ document ~로 증명하다, (상세히) 보도하다 ☐ chart (도표로) 나타내다

159 이론의 과학적 검증

어휘 학습 ▶ p. 196

1 Often in social scientific **practice**, / even where evidence is used, / it is not used in the correct way for **adequate** scientific testing. 2 In much of social science, / evidence is used only to **affirm** a particular theory — to search for the positive instances that uphold it. 3 But these are easy to find and lead to the familiar **dilemma** in the social sciences / where we have two conflicting theories, / each of which can claim positive **empirical** evidence in its support / but which come to opposite conclusions. 4 How should we decide between them? 5 Here the scientific use of evidence may help. 6 For what is distinctive about science / is the search for negative instances — the search for ways to **falsify** a theory, / rather than to confirm it. 7 The real power of scientific **testability** is negative, / not positive. 8 Testing allows us not merely to confirm our theories / but to **weed** out those that do not fit the evidence. 12 수능

160 중재와 옹호

어휘 학습 ▶ p. 197

1 **Mediation** is a process / that has much in common with advocacy but is also crucially different. 2 It parallels advocacy / in so far as it tends to involve a process of negotiation, / but differs / in so far as mediation involves adopting a neutral role between two **opposing** parties / rather than **taking up** the case of one party against another. 3 At times, / particularly in very complex situations, / the processes of advocacy and mediation can overlap, / perhaps with very **problematic** results, / as one loses clarity over his or her role. 4 It is therefore important, / if not essential, / to maintain a clear focus in **undertaking** advocacy or mediation / in order to ensure that the roles do not become **blurred** and therefore potentially **counterproductive**. 5 For example, / a mediator who '**takes sides**' is likely to lose all credibility, / as is an advocate who seeks to adopt a neutral position. 12 수능

159

1 종종 사회과학 연구의 실제에서 / 증거가 사용되는 곳인데도 / 그것(증거)은 적절한 과학적 검증을 위해 올바르게 사용되지 않는다. 2 사회 과학에 있어서 많은 경우 / 증거는 특정 이론을 증명해 보이기 위해서만 활용된다 / 즉, 그 이론을 뒷받침하는 긍정적인 사례들을 찾기 위해서만. 3 하지만, 이러한 것들(긍정적 사례들)은 찾기 쉽고 사회과학에서 친숙한 딜레마로 이어지는데 / 거기에서 우리는 두 개의 상충하는 이론들을 보게 된다 / 그 각각은 자신을 뒷받침해주는 긍정적인 경험적 증거를 내세우지만 / 각 이론은 정반대의 결론에 이르게 된다. 4 그 둘 사이에서 우리는 어떻게 결정지어야 하는가? 5 여기서 증거의 과학적 활용이 도움이 될 것이다. 6 왜냐하면 과학과 관련하여 특징적인 것은 / 부정적인 사례들을 찾는 것, 즉 이론을 조작하기 위한 방법들을 찾는 것이기 때문이다 / 그 이론이 옳다는 것을 증명하기보다는. 7 과학적 검증성의 진정한 위력은 부정적인 것이다 / 긍정적인 것이 아니라. 8 검증은 우리로 하여금 우리의 이론이 옳다는 것을 증명할 뿐 아니라 / 그 증거와 일치하지 않는 것들을 제거하도록 해주는 데 있다.

☐ conflicting 충돌하는, 일치하지 않는　☐ confirm 옳음을 증명하다

160

1 중재는 과정이다 / 옹호와 많은 공통점이 있지만 중요한 부분에 있어서는 다르기도 한. 2 중재는 옹호와 유사하다 / 협상의 과정을 수반하는 경향이 있다는 점에서 / 하지만 다르다 / 두 반대되는 상대 사이에서 중립적인 역할을 취하는 것을 수반한다는 점에서 / 한쪽 편의 입장을 지지하기보다는. 3 때때로 / 특히 아주 복잡한 상황에서 / 옹호와 중재의 과정이 중첩될 수 있고 / 아마도 아주 해결하기 어려운 결과로 이어질 수 있다 / (중재자가) 자신의 역할에 대한 명확함을 놓치게 되기 때문에. 4 따라서 중요하다 / 필수적이진 않더라도 / 옹호나 중재의 역할을 담당함에 있어 분명한 초점을 유지하는 것이 / 그 역할들이 불분명해져서 어쩌면 그 결과 역효과를 내지 않도록 확실하게 하기 위해. 5 예를 들어 / '편을 드는' 중재자는 모든 신뢰성을 잃게 될 것 같다 / 중간 입장을 취하려고 하는 옹호자가 그렇게 되듯이.

☐ advocacy 옹호　☐ parallel 유사하다　☐ overlap 겹치다　☐ credibility 신뢰성

161 사람과 기계의 협업

어휘 학습 ▶ p. 197

[1] Difficulties **arise** / when we do not think of people and machines as **collaborative** systems, / but assign whatever tasks can be **automated** to the machines / and leave the rest to people. [2] This ends up requiring people to behave in machine-like fashion, / in ways that differ from human capabilities. [3] We expect people to monitor machines, / which means **keeping alert** for long periods, / something we are bad at. [4] We require people to do repeated operations / with the extreme precision and **accuracy** required by machines, / again something we are not good at. [5] When we **divide up** the machine and human **components** of a task in this way, / we fail to **take advantage of** human strengths and capabilities / but instead rely upon areas where we are **genetically**, biologically **unsuited**. [6] Yet, when people fail, they are blamed. 21 수능

162 물체의 성질에 대한 견해차

어휘 학습 ▶ p. 198

[1] The Greeks' focus on the salient **object** and its attributes / led to their failure to understand the fundamental nature of **causality**. [2] Aristotle explained / that a stone falling through the air / is due to the stone having the property of "gravity." [3] But of course a piece of wood tossed into water / **floats** instead of **sinking**. [4] This phenomenon Aristotle explained / as being due to the wood having the property of "levity"! [5] In both cases the focus is **exclusively** on the object, / with no attention paid to the possibility / that some force outside the object might be relevant. [6] But the Chinese saw the world as **consisting** of continuously interacting **substances**, / so their attempts to understand it / caused them to be **oriented** toward the complexities of the entire "field," / that is, the context or environment as a whole. [7] The notion that events always occur in a field of forces / would have been completely intuitive to the Chinese. 16 수능

* salient: 현저한, 두드러진 ** levity: 가벼움

161

1 어려움이 발생한다 / 사람과 기계를 협업 시스템으로 생각하지 않고 / 자동화될 수 있는 작업은 무엇이든 기계에 할당하고 / 그 나머지를 사람들에게 맡길 때. 2 이것은 결국 사람들에게 기계와 같은 방식으로 행동할 것을 요구한다 / 즉 인간의 능력과 다른 방식으로. 3 우리는 사람들이 기계를 감시하기를 기대한다 / 이는 오랫동안 경계를 유지하는 것을 뜻하는 것으로 / 우리가 서투른 어떤 것이다. 4 우리는 사람들에게 반복적인 작업을 할 것을 요구하는데 / 기계에 의해 요구되는 극도의 정밀함과 정확성을 가지고 // 이 또한 우리가 잘하지 못하는 어떤 것이다. 5 우리가 이런 식으로 어떤 과제를 기계적 구성 요소와 인간적 구성 요소로 나눌 때 / 우리는 인간의 강점과 능력을 이용하지 못하고 / 그 대신에 유전적으로, 생물학적으로 부적합한 영역에 의존하는 것이다. 6 하지만, 사람들이 실패할 때, 그들은 비난을 받는다.

☐ assign 할당하다　☐ precision 정밀함

162

1 그리스인의 두드러진 물체와 그 속성에 대한 초점은 / 인과 관계의 근본적인 성질을 이해하는 것에 실패하도록 이끌었다. 2 아리스토텔레스는 설명했다 / 돌이 공중에서 떨어지는 것은 / 돌이 '중력'이라는 성질을 가지고 있기 때문이라고. 3 하지만 물론 물에 던져진 나무 조각은 / 가라앉는 대신에 뜬다. 4 이 현상을 아리스토텔레스는 설명했다 / 나무가 '가벼움'이라는 성질을 가지고 있기 때문이라고! 5 두 경우 모두 초점은 오로지 그 물체에 있다 / 가능성에 주의를 기울이지 않고 / 그 물체 밖에 있는 어떤 힘이 관련 있을지도 모른다는. 6 그러나 중국인은 세계를 계속적으로 상호 작용하는 물질로 구성된 것으로 보았고 / 그래서 그것을 이해하고자 하는 그들의 시도는 / 그들로 하여금 전체적인 '장(場)'에 중점을 두도록 했다 / 즉, 전체로서의 맥락이나 환경의 복잡성에. 7 사건은 언제나 여러 힘이 작용하는 장에서 발생한다는 개념은 / 중국인에게 전적으로 직관적이었을 것이다.

☐ toss (가볍게) 던지다　☐ notion 개념, 관념

163 프로토피아

어휘 학습 ▶ p. 199

[1] Protopia is a state of becoming, / rather than a **destination**. [2] The "pro" in protopian / stems from the notions of process and progress. [3] This **subtle** progress / is not dramatic, not exciting. [4] Ever since the **Enlightenment** and the invention of science, / we've managed to create a tiny bit more / than we've destroyed each year. 21 모의

164 이슈와 정체성

어휘 학습 ▶ p. 200

[1] When issues arise that touch on women's rights, / women start to think of **gender** as their **principal** identity. [2] Whether such women are American or Iranian or whether they are Catholic or Protestant / matters less than the fact that they are women. [3] Similarly, / when **famine** and **civil war** threaten people in sub-Saharan Africa, / many African-Americans are reminded of their kinship with the continent / in which their ancestors originated centuries earlier, // and they **lobby** their leaders to provide humanitarian relief. [4] In other words, / each issue calls forth somewhat different identities / that help explain the political preferences people have regarding those issues. 19 모의

165 인권의 이상과 현실

어휘 학습 ▶ p. 200

[1] There is obviously a wide gap / between the promises of the Universal Declaration of Human Rights in 1948 and the real world of human-rights violations. [2] **In so far as** we **sympathize** with the victims, / we may criticize the UN and its member governments / for failing to keep their promises. [3] However, / we cannot understand the gap between human-rights **ideals** and the real world of human-rights violations / by sympathy or by **legal** analysis. [4] Rather, / it requires investigation by the various social sciences / of the causes of social conflict and political **oppression**, and of the interaction between national and international politics. [5] The UN introduced the concept of human rights / into international law and politics. [6] The field of international politics is, however, dominated / by states and other powerful actors (such as multinational **corporations**) / that have priorities other than human rights. [7] It is a leading feature of the human-rights field / that the governments of the world **proclaim** human rights but have a highly variable record of **implementing** them. [8] We must understand why this is so. 20 모의

163

1 프로토피아는 생성의 상태이다 / 목적지라기보다는. 2 프로토피아적이라는 말에서 '프로'는 / 과정과 진보라는 개념에서 비롯된다. 3 이 미묘한 진보는 / 극적이지도 않고 자극적이지도 않다. 4 계몽주의와 과학의 발명 이래로 줄곧 / 우리는 조금 더 많은 것을 만들어냈다 / 매년 파괴해 온 것보다.

164

1 여성의 권리에 관련된 문제가 생기는 경우 / 여성들은 성을 자신들의 주된 정체성으로 생각하기 시작한다. 2 그런 여성들이 미국인인지 이란인인지, 혹은 그들이 가톨릭 신자인지 개신교도인지의 여부는 / 그들이 여성이라는 사실보다 덜 중요하다. 3 마찬가지로 / 기근과 내전이 사하라 사막 이남의 아프리카 사람들을 위태롭게 하는 경우 / 많은 아프리카계 미국인들은 그 대륙과의 혈족 관계를 상기한다 / 자신의 조상들이 수세기 이전에 유래했던 // 그리고 자신들의 지도자들에게 인도주의적 구호를 제공하라는 압력을 가한다. 4 다시 말해서 / 각각의 문제는 다소 다른 정체성들을 이끌어 낸다 / 그 문제들에 관해 사람들이 가지는 정치적인 선호를 설명하는 데 도움을 주는.

☐ relief 구호품, 구호(aid)

165

1 분명히 큰 격차가 있다 / 1948년 세계 인권 선언의 약속과 인권 침해의 현실 세계 사이에는. 2 우리가 피해자들과 공감하는 한 / 우리는 유엔과 그 회원국 정부들을 비난할 수도 있을 것이다 / 자신들의 약속을 지키지 못한 것에 대해. 3 그러나 우리는 인권의 이상과 인권 침해의 현실 세계 사이의 격차를 이해할 수는 없다 / 공감이나 법률적 분석을 통해. 4 오히려 / 그것은 다양한 사회과학에 의한 연구를 필요로 한다 / 사회 갈등과 정치 억압의 원인과 국내 정치와 국제 정치 사이의 상호 작용에 대한. 5 유엔은 인권이라는 개념을 도입했다 / 국제법과 국제 정치에. 6 그러나 국제 정치 분야는 지배되고 있다 / 국가들과 (다국적 기업들과 같은) 다른 강력한 행위자들에 의해 / 인권 이외의 다른 우선 사항들을 갖고 있는. 7 인권 분야의 주된 특징이다 / 세계 각국 정부가 인권을 선포하고 있지만 그것을 실행에 옮기는 데는 매우 가변적인 기록을 갖고 있다는 것이. 8 이것이 왜 그런가를 우리는 이해해야 한다.

☐ priority 우선사항, 우선순위 ☐ variable 가변적인

SET 35

166 개에 대한 기대와 오해

어휘 학습 p. 201

[1] Remember / when you were little and you imagined that adults had infinite power? [2] Surely someone who could drive the car, open the juice container, and reach the sink / could make it stop raining. [3] I think that's the same **expectation** that we have / **with respect to** our dogs and their ability to smell. [4] Because they are so good at using their noses, / we assume that they can smell anything, anytime. [5] But dogs use other senses, too, / and the brains of both humans and dogs / tend to intensify one sense at a time. [6] Many owners have been **snapped at** by their dogs / when they returned home / with a new **hairdo** or a new coat. [7] Surprised by the vision of an unfamiliar **silhouette** pushing into the house, / these dogs were using their eyes / instead of their noses. [8] Their noses may be remarkable, / but they're not always **switched on.** 16 수능

167 텃새와 철새의 서식지 선택

어휘 학습 p. 203

[1] Resident-bird **habitat** selection / is seemingly a straightforward process / in which a young **dispersing** individual moves / until it finds a place where it can compete successfully / to satisfy its needs. [2] Initially, / these needs include only food and shelter. [3] However, eventually, / the young must **locate**, identify, and settle in a habitat / that satisfies not only survivorship but reproductive needs as well. [4] In some cases, / the habitat that provides the best opportunity for survival / may not be the same habitat / as the one that provides for highest reproductive capacity / because of requirements specific to the reproductive period. [5] Thus, / individuals of many resident species, / confronted with the fitness benefits of control over a productive breeding site, / may be forced to balance costs / in the form of lower **nonbreeding survivorship** / by remaining in the specific habitat where highest breeding success occurs. [6] **Migrants**, however, are free to choose the optimal habitat for survival / during the nonbreeding season / and for reproduction during the breeding season. [7] Thus, / habitat selection during these different periods / can be quite different for migrants **as opposed to** residents, / even among closely related species. 20 수능

* optimal: 최적의

166

1 기억하는가 / 여러분이 어렸고 어른들은 무한한 힘을 가졌다고 상상하던 때를? 2 분명 자동차를 운전하고, 주스 용기를 열고, 개수대에 손이 닿을 수 있는 사람은 / 비를 그치게 할 수 있을 것이었다. 3 나는 그것이 우리가 갖고 있는 똑같은 기대라고 생각한다 / 우리의 개와 냄새를 맡는 개의 능력에 관해서. 4 그들이 코를 사용하는 능력이 아주 뛰어나기 때문에 / 우리는 그들이 어느 때건 뭐든지 냄새를 맡을 수 있다고 추정한다. 5 그렇지만 개들은 다른 감각도 사용하고 / 인간과 개 양쪽 모두의 뇌는 / 한 번에 한 가지 감각을 증강하는 경향이 있다. 6 많은 주인에게 그들의 개가 달려든 적이 있다 / 그들이 집에 돌아왔을 때 / 머리 모양을 새로 하거나 새 코트를 입고. 7 낯선 검은 윤곽이 집으로 밀고 들어오는 것을 보고 깜짝 놀라 / 이 개들은 눈을 사용하고 있었다 / 그들의 코 대신에. 8 그들의 코가 뛰어날 수 있지만 / 늘 켜져 있는[작동되는] 것은 아니다.

☐ infinite 무한한　☐ remarkable 뛰어난, 놀라운

167

SET 36

1 텃새들의 서식지 선택은 / 외견상 간단한 과정이다 / 그 과정에서 어린 개체가 흩어지며 옮겨 다니는 / 성공적으로 경쟁할 수 있는 장소를 찾을 때까지 / 자신의 필요를 충족시키기 위해. 2 처음에는 / 이러한 필요에 음식과 은신처만 포함된다. 3 그러나 궁극적으로 / 그 어린 새는 서식지를 찾고, 확인하고, 거기에 정착해야 한다 / 생존뿐만 아니라 번식을 위한 필요조건도 충족시켜 주는. 4 일부의 경우 / 생존을 위한 최고의 기회를 제공하는 서식지가 / 동일한 서식지가 아닐 수도 있다 / 최고의 번식 능력을 가능하게 해주는 곳과 / 번식기에만 특별히 요구되는 조건들 때문에. 5 따라서 / 많은 텃새 종의 개체들은 / 다산(多産)에 유리한 번식지를 장악[통제]하는 것이 갖는 합목적성에서 오는 이득과 마주치면 / 대가의 균형을 맞추도록 강요당할 수도 있다 / 더 낮은 비번식기 생존율의 형태로 / 가장 높은 번식 성공이 일어나는 특정 서식지에 머물러 있음으로써. 6 그러나 철새들은 생존을 위한 최적의 서식지를 자유롭게 선택한다 / 번식기가 아닌 동안에는 / 그리고 번식기 동안에는 번식을 위해. 7 이와 같이 / 서로 다른 시기 동안의 서식지 선택은 / 텃새들과는 달리 철새들에게 있어서 상당히 다를 수 있다 / 심지어 밀접하게 관련이 있는 종들 사이에서조차도.

☐ resident 텃새; 거주자　☐ straightforward 간단한, 복잡하지 않은

168 코끼리 사회

어휘 학습 ▶ p. 203

[1] Because elephant groups **break up** and **reunite** very frequently / — for instance, in response to variation in food availability / — reunions are more important in elephant society / than among **primates**. [2] And the species has evolved **elaborate** greeting behaviors, / the form of which reflects the strength of the social bond between the individuals / (much like how you might merely shake hands with a **long-standing acquaintance** / but **hug** a close friend you have not seen in a while, / and maybe even **tear up**). [3] Elephants may greet each other / simply by reaching their **trunks** into each other's mouths, / possibly equivalent to a human peck on the cheek. [4] However, after long absences, / members of family and bond groups / greet one another / with incredibly **theatrical** displays. [5] The fact that the intensity reflects the duration of the separation as well as the level of **intimacy** / suggests that elephants have a sense of time as well. [6] To human eyes, / these greetings **strike a** familiar **chord**. [7] I'm reminded of the joyous reunions / so visible in the arrivals area of an international airport terminal. 20 수능

* peck: 가벼운 입맞춤

169 애완동물의 중요성

어휘 학습 ▶ p. 205

[1] When people face real **adversity** / — disease, **unemployment**, or the **disabilities** of age / — **affection** from a pet / takes on new meaning. [2] A pet's continuing affection / becomes crucially important / for those **enduring hardship** / because it **reassures** them / that their **core essence** has not been damaged. [3] Thus pets are important / in the treatment of **depressed** or chronically ill patients. [4] In addition, / pets are used to great advantage / with the **institutionalized** aged. [5] In such institutions / it is difficult for the staff to retain optimism / when all the patients are declining in health. [6] Children who visit / cannot help but remember what their parents or grandparents once were / and be depressed by their **incapacities**. [7] Animals, however, have no expectations about mental capacity. [8] They do not **worship** youth. [9] They have no memories / about what the aged once were / and greet them as if they were children. [10] An old man holding a puppy / can **relive** a childhood moment / with complete accuracy. [11] His joy and the animal's response are the same. 17 수능

168

[1] 코끼리 집단은 매우 자주 헤어지고 재결합하기 때문에 / 예컨대 먹이의 이용 가능성의 변화에 대응하여 / 재결합이 코끼리 사회에서는 더 중요하다 / 영장류들 사이에서보다. [2] 그래서 이 종은 정교한 인사 행동을 진화시켜 왔는데 / 그 형태는 개체들 사이의 사회적 유대감의 강도를 반영한다 / (마치 여러분이 오래전부터 알고 지내온 지인들과는 단지 악수만 하지만 / 한동안 보지 못했던 친한 친구는 껴안고 / 어쩌면 눈물까지 흘릴 수도 있는 것처럼). [3] 코끼리는 서로 인사를 할 수도 있는데 / 단순히 코를 서로의 입 안으로 갖다 댐으로써 / 이것은 아마도 사람들이 뺨에 가볍게 입 맞추는 것과 같을 것이다. [4] 그러나 오랜 공백 후에 / 가족이나 친밀 집단의 구성원들은 / 서로에게 인사한다 / 믿을 수 없을 정도로 극적인 모습을 보이면서. [5] 강렬함이 친밀도뿐만 아니라 떨어져 있었던 시간의 길이도 반영한다는 사실은 / 코끼리들에게도 시간적 감각이 있다는 것을 암시한다. [6] 사람들의 눈에 / 이런 인사 행위는 공감을 불러일으킨다. [7] 나는 즐거운 상봉 장면이 생각난다 / 국제공항 터미널 도착 구역에서 흔히 볼 수 있는.

☐ indicator 지표

169

[1] 사람들이 진짜 역경에 직면할 때 / 즉 질병, 실직, 혹은 연령으로 인한 장애에 직면할 때 / 애완동물로부터의 애정은 / 새로운 의미를 띤다. [2] 애완동물의 지속적인 애정은 / 매우 중요해진다 / 고난을 견디고 있는 사람들에게 / 그것이 그들을 안심시켜 주기 때문에 / 그들의 핵심적인 본질이 손상되지 않았다고. [3] 그러므로 애완동물은 중요하다 / 우울증이 있거나 만성적인 질병이 있는 환자들의 치료에. [4] 게다가 / 애완동물은 매우 유익하게 이용된다 / 시설에 수용된 노인들에게. [5] 그런 시설에서 / 직원들은 낙관주의를 유지하기가 힘들다 / 모든 환자가 건강이 쇠퇴하고 있을 때. [6] 방문하는 자녀들은 / 부모님이나 조부모님이 예전에 어떠했는지를 기억할 수밖에 없다 / 그리고 그들의 무능함에 의기소침해 할 수밖에 없다. [7] 그러나 동물은 정신적인 능력에 대한 기대를 하지 않는다. [8] 그들은 젊음을 숭배하지 않는다. [9] 그들은 기억이 전혀 없다 / 노인들이 예전에 어떠했는지에 대한 / 그래서 그들을 어린이들인 것처럼 반긴다. [10] 강아지를 안고 있는 노인은 / 어린 시절의 순간을 다시 체험할 수 있다 / 완전히 정확하게. [11] 그의 기쁨과 그 동물의 반응은 동일하다.

☐ chronically 만성적으로 ☐ to advantage 유익하게, 유리하게

SET 36

170 멸종 위기의 새

어휘 학습 p. 206

[1] The Atitlán Giant Grebe was a large, **flightless** bird / that had evolved from the much more **widespread** and smaller Pied-billed Grebe. [2] By 1965 / there were only around 80 birds left / on Lake Atitlán. [3] One immediate reason / was easy enough to spot: / the local human population / was cutting down the **reed** beds / at a **furious** rate. [4] This destruction / was driven by the needs of a fast growing mat-making industry. [5] But there were other problems. [6] An American airline was **intent** on developing the lake / as a tourist destination for fishermen. [7] However, there was a major problem with this idea; / the lake lacked any suitable sporting fish! [8] To **compensate** for this rather obvious defect, / a specially selected species of fish called the Large-mouthed Bass / was introduced. [9] The introduced individuals / immediately turned their attentions to the **crabs** and small fish that lived in the lake, / thus competing with the few remaining **grebes** for food. [10] There is also little doubt / that they sometimes gobbled up the **zebra-striped** Atitlán Giant Grebe's **chicks**. 16 수능

* reed: 갈대 ** gobble up: 게걸스럽게 먹다

171 동물의 능력

어휘 학습 p. 207

[1] In the fifth century *B.C.E.*, / the Greek philosopher Protagoras / **pronounced**, "Man is the measure of all things." [2] In other words, / we feel entitled to ask the world, "What good are you?" [3] We assume that we are the world's standard, / that all things should be compared to us. [4] Such an assumption / makes us overlook a lot. [5] Abilities said to "make us human" / — empathy, communication, grief, toolmaking, and so on — / all exist to varying degrees / among other minds sharing the world with us. [6] Animals with **backbones** (fishes, **amphibians**, **reptiles**, birds, and mammals) / all share the same basic **skeleton**, organs, nervous systems, hormones, and behaviors. [7] Just as different models of automobiles each have an engine, **drive train**, four wheels, doors, and seats, / we differ mainly in terms of our outside contours and a few internal tweaks. [8] But like naive car buyers, / most people see only animals' varied **exteriors**. 21 모의

* contour: 윤곽, 외형 ** tweak: 조정, 개조

170

[1] Atitlán Giant Grebe는 날지 못하는 큰 새였다 / 훨씬 더 널리 퍼져 있던 더 작은 Piedbilled Grebe(얼룩부리논병아리)에서 진화한. [12] 1965년 무렵에는 / 약 80마리만이 남아 있었다 / Atitlán 호수에. [3] 한 가지 직접적인 원인은 / 알아내기 매우 쉬웠는데 / 현지 주민들이 / 갈대밭을 베어 넘어뜨리는 것이었다 / 맹렬한 속도로. [4] 이런 파괴는 / 빠르게 성장하는 매트 제조 산업의 필요에 의해 추진되었다. [5] 그러나 다른 문제들이 있었다. [6] 한 미국 항공사가 그 호수를 개발하는 데 강한 관심을 보였다 / 낚시꾼들의 관광지로. [7] 하지만 이 생각에 큰 문제가 있었는데 / 그 호수에는 적절한 스포츠용[낚시용] 물고기가 없었다! [8] 이런 다소 분명한 결함을 보충하기 위해 / Large-mouthed Bass(큰입농어)라 불리는 특별히 선택된 물고기 종이 / 도입되었다. [9] 그 도입된 개체는 / 즉각 자신의 관심을 그 호수에 사는 게와 작은 물고기에게 돌렸고 / 이리하여 몇 마리 안 남은 논병아리와 먹이를 놓고 경쟁하였다. [10] 또한, 의심의 여지가 거의 없다 / 가끔 그들[큰입농어들]이 얼룩말 줄무늬가 있는 Atitlán Giant Grebe 새끼들을 게걸스럽게 먹어치웠다는 것에 대해.

- ☐ spot 알아내다, 발견하다
- ☐ tourist destination 관광지
- ☐ compensate for ~을 보충[보상]하다
- ☐ defect 결함
- ☐ chick 새끼 새, 병아리

171

[1] 기원전 5세기에 / 그리스의 철학자 Protagoras는 / "인간은 만물의 척도이다"라고 선언했다. [2] 다시 말해서 / 우리는 세상을 향해 "당신은 무슨 쓸모가 있는가?"라고 물어볼 자격이 있다고 느낀다. [3] 우리는 우리가 세상의 기준이라고 추정한다 / 즉 모든 것이 우리와 비교되어야 한다고 추정한다. [4] 그런 추정은 / 우리로 하여금 많은 것을 간과하게 한다. [5] '우리를 인간답게 만들어 준다고' 일컬어지는 능력들 / 즉 공감, 의사소통, 슬픔, 도구 만들기 등은 / 모두 다양한 정도로 존재한다 / 우리와 세상을 공유하는 다른 정신의 존재들에게도. [6] 척추동물(어류, 양서류, 파충류, 조류, 포유류)은 / 모두 동일한 기본 골격, 장기, 신경계, 호르몬, 행동을 공유한다. [7] 다양한 자동차의 모델들이 각각 엔진, 동력 전달 체계, 네 바퀴, 문, 좌석을 가지고 있는 것과 마찬가지로 / 우리는 주로 우리의 외부 윤곽과 몇 가지 내부적인 조정 면에서 다르다. [8] 하지만 순진한 자동차 구매자들처럼 / 대부분의 사람들은 오직 동물들의 다양한 겉모습만을 본다.

- ☐ entitled to ~할 자격이 있는
- ☐ naive 순진한

SET 36

172 매미가 시간을 추적하는 법

어휘 학습 ▶ p. 208

[1] Exactly how **cicadas** keep track of time / has always intrigued researchers, / and it has always been assumed / that the **insects** must rely on an internal clock. [2] Recently, however, / one group of scientists working with the 17-year cicada in California / have suggested that the nymphs use an external **cue** / and that they can count. [3] For their experiments / they took 15-year-old nymphs / and moved them to an experimental **enclosure**. [4] These nymphs should have taken a further two years / to **emerge** as adults, / but in fact they took just one year. [5] The researchers had made this happen / by **lengthening** the period of **daylight** to which the peach trees on whose roots the insects fed were **exposed**. [6] By doing this, / the trees were "tricked" into flowering twice during the year / rather than the usual once. [7] Flowering in trees / **coincides** with a **peak** in **amino acid** concentrations / in the sap that the insects feed on. [8] So it seems that the cicadas keep track of time / by counting the peaks. 15 수능

* nymph: 애벌레 ** sap: 수액

173 더 위험한 작은 동물들

어휘 학습 ▶ p. 209

[1] Large animals / are actually less dangerous to **hikers** / than smaller ones. [2] **Common sense** tells us / that we should avoid tigers, bears, and other large threatening animals. [3] But smaller animals / are actually more threatening than bigger animals. [4] To **overcome disadvantages** of their size, / small animals have developed useful **weapons** such as poison / to protect themselves in the wild. [5] Each year, / only a few people are **attacked** by tigers or bears, / and most of these **incidents** are caused by the people themselves. [6] However, / more people are killed by bites from small poisonous snakes / than by these large animals. [7] Even more people lose their lives / from allergic reactions to common bee **stings**. [8] For these reasons, / hikers should be careful about small dangerous **creatures**. 14 수능

172

[1] 정확히 어떻게 매미가 시간을 추적하는지는 / 항상 연구자들의 호기심을 자아내었으며 / 항상 여겨져 왔다 / 그 곤충은 체내 시계에 의존하는 것이 틀림없다고. [2] 하지만 최근에 / California에서 17년 매미를 연구하는 한 과학자 집단은 / 애벌레들이 외부의 신호를 사용함을 시사했다 / 그리고 그것들이 수를 셀 수 있음을 (시사했다). [3] 실험을 위해 / 그들은 15년 묵은 애벌레를 잡아서 / 그것들을 실험용 구역으로 옮겼다. [4] 이 애벌레들은 2년이 더 필요했어야 했다 / 성체로 나타나려면 / 하지만 사실은 불과 1년만 걸렸다. [5] 연구자들은 이 일이 발생하게 했다 / 곤충들이 그 뿌리를 먹는 복숭아나무에 햇빛이 노출되는 기간을 늘림으로써. [6] 이렇게 함으로써 / 나무들은 '속아서' 그 해에 두 번 꽃을 피웠다 / 평소의 한 번이 아닌. [7] 나무에 꽃이 피는 것은 / 아미노산 농도의 최고점과 일치한다 / 그 곤충들이 먹는 수액에 있는. [8] 그러므로 매미는 시간을 추적하는 것처럼 보인다 / 그 최고점을 셈으로써.

☐ keep track of ~을 추적하다

173

[1] 덩치가 큰 동물들은 / 도보 여행자들에게 실제로 덜 위험하다 / 더 작은 동물들보다. [2] 상식에 의하면 / 우리는 호랑이, 곰, 그리고 다른 덩치가 큰 위협적인 동물들을 피해야 한다. [3] 하지만 덩치가 더 작은 동물들은 / 실제로 더 큰 동물들보다 더 위협적이다. [4] 크기의 불리함을 극복하기 위해 / 작은 동물들은 독과 같은 유용한 무기를 개발했다 / 야생에서 자신을 보호하기 위해. [5] 매년 / 소수의 사람들만이 호랑이나 곰의 공격을 받는데 / 이러한 사건의 대부분은 사람들 자신에 의해 야기된다. [6] 하지만 / 더 많은 사람들이 작은 독사한테 물려서 죽는다 / 이 큰 동물들에 의해서라기보다는. [7] 심지어 더 많은 사람들이 생명을 잃는다 / 흔한 벌 쏘임에 대한 알레르기 반응 때문에. [8] 이러한 이유들로 / 도보 여행자들은 작고 위험한 동물들에 대해서 조심해야 한다.

☐ threatening 위협적인　☐ reaction 반응

SET 37

174 개가 행복한 이유

어휘 학습 ▶ p. 210

[1] Have you ever heard anyone say of a dog, / "Well, he's very successful / and lives in a beautiful house, / but he's not very happy"? [2] One reason most dogs are much happier than most people / is that dogs aren't affected by external circumstances / the way we are. [3] I notice / that even when it's pouring rain outside, / my dogs, Blue and Celeste, are still excited to go for a walk. [4] As soon as I open the front door to look outside, / they're beside me **in a flash**, / standing **expectantly**, / ready for an **adventure**. [5] I usually wait for a break in the **downpour**, / and then we all **dash out** together. [6] The fact that the ground is wet and there are mud **puddles dotting** the landscape / means nothing to the dogs. [7] While I'm carefully picking my way around the wet spots, / the dogs are joyfully **splashing** right through them. [8] They aren't afraid to get their **paws** dirty. 13 수능

175 얼룩다람쥐가 내는 경고음

어휘 학습 ▶ p. 211

[1] In Belding's **ground squirrels**, / **males** leave home / and females mature in their **natal** area. [2] This **male-biased** dispersal / creates an **imbalance** / in the way males and females are related to those individuals around them / — females find themselves surrounded by relatives, / while males are generally in areas with complete **strangers**. [3] This **asymmetry** / **translates** into females / who **warn** close **kin** by emitting alarm calls, // while males generally do not emit calls / since their dispersal from their natal areas / means their blood kin typically do not benefit from such a warning. [4] Further support for the kinship-based alarm-calling hypothesis / includes Sherman's finding / that in the rare **instances** when females do move away from their natal groups and into groups with far fewer relatives, / they emit alarm calls less frequently / than do native females. 13 수능

174

[1] 누군가 개에 대해서 말하는 것을 들어본 적이 있는가 / "음, 그 개는 매우 성공한 삶을 살고 있고 / 아름다운 집에서 살고 있지만 / 그다지 행복하지는 않아"라고? [2] 대부분의 개들이 대부분의 사람들보다 훨씬 더 행복한 한 가지 이유는 / 개가 외부 환경의 영향을 받지 않는 것이다 / 우리[인간]처럼. [3] 나는 주목한다 / 심지어 밖에 비가 억수같이 쏟아질 때조차도 / 내 개인 Blue와 Celeste는 산책을 나가고 싶어 안달이라는 점에. [4] 내가 밖을 내다보기 위해 앞문을 열자마자 / 그것들은 순식간에 내 옆에 와 있다 / 기대하며 서서 / 모험을 즐길 준비가 된 상태로. [5] 나는 대개 쏟아지는 비가 그치기를 기다린다 / 그러고 나서 우리 모두는 함께 급히 뛰쳐나간다. [6] 땅이 젖어 있고 진흙 웅덩이가 여기저기 흩어져 있다는 사실은 / 그 개들에게 아무런 문제가 되질 않는다. [7] 내가 젖은 곳을 피해 조심해서 걷고 있을 동안 / 개들은 웅덩이에서 즐겁게 첨벙거리고 있다. [8] 그것들은 자신의 발이 더러워지는 것을 두려워하지 않는다.

☐ **affect** 영향을 끼치다

175

[1] Belding 얼룩 다람쥐들 중에서 / 수컷은 집을 떠나고 / 암컷은 태어난 곳에서 자란다. [2] 이렇게 수컷이 주로 떠나 분산이 이뤄지는 것은 / 불균형을 만들어 낸다 / 수컷과 암컷이 주위에 있는 개체들과 관계를 맺는 방식에 있어서 / 즉, 암컷들은 친족들에 의해 자신이 둘러싸이게 되고 / 반면에 수컷들은 일반적으로 완전히 낯선 개체들과 함께 있는 지역에 있게 된다. [3] 이러한 불균형은 / 암컷들을 바꾼다 / 경고음을 냄으로써 가까운 친족에게 경고하는 암컷으로 // 반면 수컷들은 대개 경고음을 내지 않는데 / 태어난 곳에서 떠나 왔다는 것은 / 친족들이 그러한 경고로 인해 보통은 혜택을 받지 못함을 의미하기 때문이다. [4] 친족에 근거한 경고음 가설을 추가적으로 지지해주는 것은 / Sherman의 발견을 포함한다 / 암컷들이 태어난 집단에서 이동하여 친족들이 훨씬 적은 집단으로 이동한 드문 경우에 / 그 암컷들은 태어난 곳에 있는 암컷보다 경고음을 더 적은 빈도로 낸다는 (발견을 포함한다).

☐ **dispersal** 분산, 확산 ☐ **relative** 친족, 친척

176 향유고래에 대한 연구

어휘 학습 ▶ p. 212

[1] Sperm whales travel / in social groups / that cooperate to defend and protect each other, // and may even share **suckling** of **calves**. [2] It is difficult to determine the **membership** of these groups from **sightings** alone, / because of the practical difficulties of observing whale behavior, / most of which happens underwater. [3] To make things even more difficult, / sperm whales can travel across entire oceans / and can dive to a depth of a kilometer. [4] Biologists who study whale behavior / generally have to be content with **hanging around** in boats, / waiting for their subjects to surface. [5] But when they do surface, / in addition to taking photos which allow individual whales to be identified, / biologists can **zip over** in worryingly small boats / and pick up the bits of skin / that the whales leave behind on the surface when they re-**submerge**. [6] The DNA extracted from these bits of whale skin / not only identifies the individuals in the group, / but also reveals their relationships to each other. [7] This has allowed researchers to describe sperm whale social groups in detail. 12 수능

* sperm whale: 향유고래

177 곤충의 체온 조절

어휘 학습 ▶ p. 212

[1] Among the most fascinating natural temperature-regulating behaviors / are those of social insects / such as bees and ants. [2] These insects / are able to maintain a nearly constant temperature / in their **hives** or **mounds** throughout the year. [3] The constancy of these **microclimates** / depends not just on the location and **insulation** of the habitat, / but on the activity of the insects in the **colony**. 19 모의

176

[1] 향유고래는 이동한다 / 사회적 집단으로 / 서로를 방어하고 보호하기 위해서 협동하는 // 그리고 심지어는 새끼 젖을 먹이는 것을 공유할 수도 있다. [2] 보기만 해서는 이 집단의 구성원을 밝혀내기 어렵다 / 고래의 행동을 관찰하기가 실질적으로 어렵기 때문인데 / 그 행동의 대부분이 수중에서 이루어진다. [3] 일을 훨씬 더 어렵게 만드려니[설상가상으로] / 향유고래는 전 대양을 가로질러 이동할 수 있고 / 1킬로미터의 깊이까지 잠수할 수 있다. [4] 고래의 행동을 연구하는 생물학자들은 / 일반적으로 보트 안에서 거니는 것에 만족해야 한다 / 그들의 관찰 대상이 수면으로 올라오는 것을 기다리면서. [5] 그러나 그것들이 수면으로 올라올 때 / 개별 고래들을 확인할 수 있도록 해 주는 사진을 찍을 뿐만 아니라 / 생물학자들은 걱정스러울 정도로 작은 보트를 타고 재빠르게 나아가서 / 피부의 조각들을 주워 담을 수 있다 / 고래들이 다시 잠수할 때 표면에 남겨 둔. [6] 이러한 고래의 피부 조각에서 추출한 DNA는 / 집단에 있는 개별 개체들을 확인할 수 있을 뿐만 아니라 / 서로에 대한 그들의 관계를 드러내기도 한다. [7] 이것은 연구자들이 향유고래의 사회 집단에 대해 자세하게 설명할 수 있도록 해 주었다.

- ☐ be content with ~에 만족하다 ☐ extract 추출하다, 뽑다 ☐ reveal 드러내다

177

[1] 가장 흥미 있는 자연의 체온 조절 행동 중에는 / 사회적 곤충들의 행동이 있다 / 벌과 개미와 같은. [2] 이 곤충들은 / 거의 일정한 온도를 유지할 수 있다 / 자신들의 벌집이나 개미탑에서 일 년 내내. [3] 이러한 미기후의 지속성은 / 서식지의 위치와 단열뿐만 아니라 / 군체 내에서 하는 이 곤충들의 활동에도 달려 있다.

- ☐ fascinating 아주 흥미 있는, 매력적인 ☐ maintain 유지하다 ☐ hive 벌집 ☐ mound 개미탑, 흙더미
- ☐ constancy 지속성 ☐ microclimate 미기후(특히, 주변 다른 지역과는 다른 특정 좁은 지역의 기후)
- ☐ insulation 단열 (처리)

178 의도적인 변화

어휘 학습 p. 214

[1] Some people / make few intentional changes in life. [2] Sure, over time / they may get fatter, **gather lines**, and go gray. [3] But they wear their hair the same way, / buy the same brand of shoes, / eat the same breakfast, / and **stick to routines** / **for no reason other than** the ease of a comfortable, predictable life. [4] Yet as both research and real life show, / many others do make important changes. [5] They train for marathons, / quit smoking, / switch fields, / write plays, / take up the guitar, / or learn to tango / even if they never danced before in their lives. [6] What is the difference / between these two groups of people? [7] It's their perspective. [8] People who change / do not question whether change is possible / or look for reasons they cannot change. [9] They simply decide on a change they want / and do what is necessary to accomplish it. [10] Changing, which always **stems from** a firm decision, / becomes **job number one**. 16 수능

179 업무 평가

어휘 학습 p. 214

[1] Performance must be judged / in terms of what is under the control of the individuals being evaluated / rather than those influences on performance that are beyond their control. [2] There can be broad, influential factors, sometimes of an economic nature, / that **hold down** the performance of everyone being judged. [3] One example is in **sales**. [4] If there is a general **downturn** in the economy / and products or services are not being **purchased** / with the same frequency as in the previous year, // sales could be down, / for example, by an **average** of 15%. [5] This 15% (actually –15%) figure / would then represent "average" performance. [6] Perhaps the best salesperson in the year / had only a 3% drop in sales / over the previous year. [7] Thus, "good" performance in this situation / is a smaller **loss** / compared to some average or **norm group**. 16 수능

178

[1] 어떤 사람들은 / 살면서 의도적인 변화를 거의 하지 않는다. [2] 물론, 시간이 지나면서 / 그들은 더 뚱뚱해지고, 주름살이 늘어나고, 머리가 희끗희끗해질 것이다. [3] 그러나 그들은 똑같은 방식의 머리를 하고 / 똑같은 상표의 신발을 사고 / 똑같은 아침을 먹으며 / 판에 박힌 일상을 고수한다 / 편안하고 예측 가능한 삶이 쉽다는 이유만으로. [4] 하지만 연구와 실제 삶이 모두 보여 주듯이 / 다른 많은 사람들은 실제로 중요한 변화를 한다. [5] 그들은 마라톤을 위해 훈련을 하고 / 담배를 끊고 / 분야를 바꾸고 / 희곡을 쓰고 / 기타를 배우고 / 또는 탱고를 배운다 / 살면서 전에 한 번도 춤을 춰 본 적이 없다고 해도. [6] 차이는 무엇인가 / 이 두 집단의 사람들 사이에 있는? [7] 그것은 그들의 시각이다. [8] 변화하는 사람들은 / 변화가 가능한지를 묻지 않으며 / 변화할 수 없는 이유를 찾지 않는다. [9] 그들은 그저 자신이 원하는 변화를 결정하고 / 그것을 성취하는 데 필요한 것을 한다. [10] 항상 확고한 결심에서 생겨나는 변화는 / 최우선이 된다.

☐ intentional 의도적인 ☐ predictable 예측 가능한 ☐ switch 바꾸다 ☐ take up ~을 배우다, 시작하다

179

[1] 업무 수행은 판단되어야 한다 / 평가를 받는 개인의 통제 하에 있는 것의 측면에서 / 개인의 통제 범위를 벗어난 업무 수행에 미친 영향보다는. [2] 때로 경제적 성격을 띠는, 광범위한, 영향을 미치는 요인들이 있을 수 있다 / 판단을 받고 있는 모든 사람의 업무 수행을 억제하는. [3] 한 가지 예가 매출액에 관한 것이다. [4] 일반적인 경제적 경기 침체가 있어서 / 상품이나 서비스가 구매되지 않고 있다면 / 이전 해와 동일한 빈도로 // 매출액이 감소될 수 있다 / 예를 들면 평균 15%만큼. [5] 이 15%(사실은 −15%) 수치는 / 그렇다면 '평균' 업무 수행을 나타낼 것이다. [6] 아마도 그 해의 가장 우수한 영업사원은 / 매출액이 3%만 감소했을 것이다 / 이전 해에 비해서. [7] 따라서 이러한 상황에서 '훌륭한' 업무 수행은 / 더 적은 손실이다 / 어떤 평균 집단이나 기준 집단과 비교했을 때.

☐ in terms of ~의 면에서, ~에 관해서는

SET 38

180 성공적인 위험 감수

어휘 학습 p. 215

[1] The key to successful **risk** taking / is to understand / that the actions you're taking / should be the natural next step. [2] One of the mistakes we often make / when confronting a risk situation / is our tendency to focus on the end result. [3] Skiers who are unsure of themselves / often do this. [4] They'll go to the edge of a difficult **slope**, / look all the way down to the bottom, / and **determine** that the slope is too steep for them to try. [5] The ones that decide to make it / change their focus // by analyzing what they need to do / to **master** the first step, / like getting through the first mogul on the hill. [6] Once they get there, / they concentrate on the next mogul, / and **over the course of** the **run**, / they end up at the bottom of what others thought was an impossible mountain. 15 수능

* mogul: 모굴(스키의 활주 사면에 있는 단단한 눈 더미)

181 '아니오'라고 말하는 용기

어휘 학습 p. 216

[1] In our efforts to be the good child, the uncomplaining employee, or the cooperative patient, / many of us **fall into the trap of** trying to **please** people / by **going along with** whatever they want us to do. [2] At times, / we **lose track of** our own boundaries and needs, / and the cost of this could be our life, / both symbolically and literally. [3] When we are unable to set healthy limits, / it causes distress in our **relationships**. [4] But when we learn to say no / to what we don't feel like doing / in order to say yes to our true self, // we feel **empowered**, / and our relationships with others improve. [5] So don't be afraid to say no. [6] Try to **catch yourself** in the moment / and use your true voice / to say what you really want to say. 14 수능

180

[1] 성공적인 위험 감수의 열쇠는 / 이해하는 것이다 / 여러분이 취하고 있는 행동이 / 자연스러운 다음 단계이어야 한다는 것을. [2] 우리가 자주 저지르는 실수 중의 하나는 / 위험 상황에 맞닥뜨릴 때 / 마지막 결과에 초점을 맞추는 우리의 경향이다. [3] 스스로에 대해 확신하지 못하는 스키 타는 사람이 / 자주 이렇게 한다. [4] 그들은 급경사의 끝으로 가서 / 밑바닥까지의 모든 경로를 살펴보고는 / 그 경사가 그들이 시도하기에 너무 가파르다고 결론을 내릴 것이다. [5] 해내기로 마음먹은 사람들은 / 그들의 초점을 바꾼다 // 해야 할 필요가 있는 것을 분석함으로써 / 첫 번째 단계에 숙달하기 위해 / 언덕 위의 첫 번째 모굴을 통과하는 것 같이. [6] 일단 그들이 거기에 도달하면 / 그들은 다음번 모굴에 집중하고 / 비탈 코스를 가는 동안에 / 결국 다른 이들은 불가능한 산이라고 생각했던 것의 밑바닥에 이른다.

□ confront ~에 맞닥뜨리다 □ steep 가파른 □ concentrate on ~에 집중하다

181

[1] 착한 자녀, 불평하지 않는 직원, 협조적인 환자가 되려고 노력하는 데 있어서 / 많은 이들은 (다른) 사람들을 기쁘게 하려고 애쓰는 함정에 빠진다 / 그들이 우리가 하기를 바라는 것은 무엇이든 동조함으로써. [2] 때때로 / 우리는 자신의 영역과 욕구를 잊어버리는데 / 이러한 것에 대한 대가는 우리의 삶이 될 것이다 / 상징적으로, 그리고 말 그대로. [3] 건전한 한계를 설정할 수 없을 때 / 그것은 우리의 관계에 고통을 야기한다. [4] 하지만 '아니오'라고 말하는 것을 배우게 된다면 / 우리가 하고 싶지 않은 일에 대해 / 진정한 자아에 대해 '예'라고 말하기 위하여 // 자신에게 자율권이 있다고 느끼게 되며 / 다른 사람들과의 관계는 좋아진다. [5] 그러므로 '아니오'라고 말하는 것을 두려워하지 마라. [6] 그 순간에 하려던 말을 멈추려고 애쓰라 / 그리고 진실한 목소리를 내려고 애쓰라 / 정말 말하고 싶은 것을 말하기 위해.

□ cooperative 협조적인, 협동의 □ distress (정신적) 고통, 괴로움

SET 38

182 휴식의 필요성

어휘 학습 ▶ p. 217

[1] Some people punish themselves / when they are under time **pressure**. [2] They delete all the games on their PC, / they stop going for walks, / and they don't spend time with their friends. [3] They then have less pleasure in life and less **balance** / — and their work performance actually **declines**. [4] **Break out of** this **pattern** / by **paying** more **attention to relaxation** and **getting** more **involved in** living / when you are under pressure. [5] Define clear time periods for this: / half an hour for a walk, / ten minutes to play a game on your PC, / and so on. [6] Your mind will become more creative / during the break, // and you will become mentally fitter. [7] Free time without feelings of guilt / will give you the strength / to do high-quality work in the **remaining** time. [8] Furthermore, / a certain amount of **recreation** / reduces the chances of developing stress-related **disorders**. 14 수능

183 재택 근무의 효과

어휘 학습 ▶ p. 218

[1] As we all know, / it is not always easy / to get work done at the office. [2] There is rarely quiet time / during regular business hours / to sit and concentrate. [3] Office workers are regularly **interrupted** / by ringing phones, impromptu meetings, and **chattering coworkers**. [4] This can be as frustrating for an employee / as it is for the employer who is paying for this **nonproductive** work time. [5] Working at home / can **free** you **from** these **distractions**, / giving you long blocks of time to focus on your work. [6] Although your home may present its own problems, too, / there are ways to deal with them. [7] Your productivity will certainly increase, / as will the quality of your work product. [8] At the same time, / you will get to enjoy the personal **satisfaction** / of focusing on your work and getting it done. 14 수능

* impromptu: 즉석의

182

[1] 어떤 사람들은 스스로에게 벌을 내린다 / 시간적 압박을 받고 있을 때. [2] 그들은 개인용 컴퓨터에 있는 모든 게임을 삭제하고 / 산책하러 나가는 것을 중단하고 / 친구들과 함께 시간을 보내지 않는다. [3] 그렇게 되면 그들은 삶의 즐거움이 줄어들고 균형감이 적어져서 / 실제로 작업 수행력은 감소하게 된다. [4] 이러한 방식에서 벗어나도록 하라 / 휴식에 좀 더 주의를 기울이고 생활에 좀 더 열중함으로써 / 압박감을 받을 때. [5] 이를 위해 명확한 시한을 정하라 / 산책하기 위한 30분 / 개인용 컴퓨터로 게임하기 위한 10분 / 기타 등등과 같이. [6] 여러분의 정신은 보다 창의적이게 될 것이고 / 휴식 시간 동안 // 여러분은 정신적으로 보다 건강해질 것이다. [7] 죄책감을 느끼지 않는 자유로운 시간은 / 여러분에게 힘을 제공할 것이다 / 남아 있는 시간에 매우 우수한 작업을 해내는. [8] 더 나아가 / 어느 정도의 휴식을 갖는 것은 / 스트레스와 관련된 질환을 발생시킬 가능성을 줄인다.

☐ work performance 작업 수행력, 근무 실적 ☐ define 정하다, 규정하다 ☐ guilt 죄, 죄책감
☐ high-quality 매우 우수한, 양질의

183

[1] 모두 알다시피 / 항상 쉽지만은 않다 / 사무실에서 일을 마치기가. [2] 조용한 시간이 거의 없다 / 정규 근무 시간 중에는 / 앉아서 집중할 수 있는. [3] 사무직원들은 주기적으로 방해를 받는다 / 전화벨 소리, 급작스런 회의, 그리고 떠들어대는 동료들 때문에. [4] 이것은 직원들에게도 좌절감을 줄 수 있다 / 이런 비생산적인 근무 시간에 대해 임금을 지급하는 고용주에게 만큼이나. [5] 재택 근무하는 것은 / 이런 방해 요소들을 없애주어 / 일에 집중할 수 있는 긴 시간 구간을 만들어준다. [6] 집에서도 역시 나름대로 문제들이 있겠지만 / 그것들을 처리할 방법은 있다. [7] 생산성이 분명히 향상될 것이고 / 생산물의 질도 높아질 것이다. [8] 동시에 / 개인적인 만족감도 누릴 수 있게 될 것이다 / 집중하여 일을 완성하는 것에 대한.

☐ rarely 드물게, 거의 ~하지 않는 ☐ deal with ~을 다루다, 처리하다 ☐ productivity 생산성

SET 38

184 유전자와 성공

어휘 학습 ▶ p. 219

[1] I once heard a woman say, / "Of course, he's successful. It'**s in his genes**." [2] I knew she wasn't talking about me, / because I was wearing shorts. [4] I also knew she was wrong. [4] Success is not in our genes. [5] Not all children of successful people / become successful themselves. [6] Many kids **have everything going for** them and end up total disasters. [7] They do none of the things / that helped their parents succeed. [8] The number of unsuccessful people who come from successful parents / is **proof** that genes **have nothing to do with** success. [9] You can't change your genes, / but you can change the people you imitate. [10] The choice is up to you, / so why not imitate the best? [11] There are hundreds of great people / to imitate and **copy**. [12] They have **terrific** advice / about what helped them succeed. [13] **Jot down** notes and **carry them around** in your pants pocket. [14] Then success will be in your **jeans**, / even if it's not in your genes. 13 수능

185 인터넷과 음악 비평

어휘 학습 ▶ p. 220

[1] **Prior to** file-sharing services, / music albums **landed** exclusively in the hands of music critics / before their **release**. [2] These critics would listen to them well / before the general public could // and **preview** them for the rest of the world / in their **reviews**. [3] Once the internet made music easily accessible / and allowed even **advanced** releases to spread through online social networks, / availability of new music became **democratized**, / which meant critics no longer had unique access. [4] That is, critics and laypeople alike could obtain new music simultaneously. [5] Social media services also **enabled** people / to **publicize** their views on new songs, / list their new favorite bands in their social media **bios**, / and argue over new music endlessly on message boards. [6] The result was that / critics now could access the opinions of the masses on a particular album / before writing their reviews. [7] Thus, / instead of music reviews guiding popular opinion toward art (as they did in **preinternet** times), / music reviews began to reflect — **consciously** or subconsciously — public opinion. 21 수능

* laypeople: 비전문가

184

[1] 요전 날 나는 한 여자가 말하는 것을 들었다 / "물론 그는 성공했지. 그것은 그의 유전자 속에 있지[집안 내림이지]"라고. [2] 나는 그녀가 나에 대해 말하고 있지 않다는 것을 알았다 / 나는 반바지를 입고 있었기 때문에. (genes와 jeans의 발음이 같은 것을 이용한 유머러스한 표현) [3] 그리고 나는 그녀가 틀렸다는 것도 알았다. [4] 성공은 우리의 유전자 속에 있지 않다. [5] 성공한 사람들의 자녀들이 모두 / 스스로 성공하는 것은 아니다. [6] 많은 아이들이 자신을 도와줄 모든 것이 있는데 결국 완전한 실패로 끝난다. [7] 그들은 그것들 중 아무것도 하지 않는다 / 자신의 부모가 성공하는 데 도움이 되었던. [8] 성공한 부모로부터 태어나는 성공하지 못한 사람들의 숫자는 / 유전자가 성공과 관련이 없다는 증거이다. [9] 당신은 자신의 유전자를 바꿀 수 없다 / 하지만 자신이 모방하는 사람들은 바꿀 수 있다. [10] 선택은 당신에게 달려 있다 / 그러니 가장 훌륭한 사람들을 모방하는 것이 어떤가? [11] 위대한 사람들이 수백 명 있다 / 흉내 내고 모방할. [12] 그들은 멋진 충고를 갖고 있다 / 자신들이 성공하도록 도움을 주었던 것에 대한. [13] 그것들을 메모하여 바지 주머니에 넣고 갖고 다녀라. [14] 그러면 성공은 바지 안에 있을 것이다 / 비록 당신의 유전자 속에 있지 않더라도.

☐ gene 유전자 ☐ shorts 짧은 바지

185

[1] 파일 공유 서비스 이전에 / 음악 앨범은 음악 비평가들의 손에 독점적으로 들어갔다 / 발매 전에. [2] 이런 비평가들은 그것을 충분히 듣고 / 일반 대중들이 들을 수 있기 훨씬 전에 // 나머지 세상 사람들을 위해 시사평을 쓰곤 했다 / 자신의 비평에서. [3] 인터넷을 통해 음악을 쉽게 접할 수 있게 되고 / 미리 공개된 곡들이 온라인 소셜 네트워크를 통해 퍼질 수 있게 되자 / 신곡을 접할 수 있는 것이 민주화되었는데 / 그것은 더 이상 비평가들만 유일한 접근 권한이 있지 않다는 것을 의미했다. [4] 즉, 비평가와 비전문가가 똑같이 동시에 신곡을 얻을 수 있었다. [5] 소셜 미디어 서비스는 또한 사람들이 할 수 있게 했다 / 신곡에 대한 자신의 견해를 알리고 / 자신의 소셜 미디어 약력에 자신이 좋아하는 새로운 밴드의 리스트를 작성하고 / 신곡을 놓고 메시지 게시판에서 끝없이 논쟁할 수 있게 했다. [6] 그 결과 / 비평가들은 이제 특정 앨범에 관한 대중의 의견을 접할 수 있다 / 자신의 비평을 쓰기 전에. [7] 그리하여 / 인기 있는 예술에 관한 여론을 인도하는 음악 비평 (인터넷 이전 시대에 했던 것과 같은) 대신에 / 음악 비평은 반영하기 시작했다 — 의식적으로든 혹은 잠재 의식적으로든 — 대중적 여론을.

☐ file-sharing service 파일 공유 서비스 ☐ exclusively 독점적으로 ☐ advanced 미리 공개된
☐ simultaneously 동시에

SET 39

186 미디어 정보 해독력

어휘 학습 p. 221

[1] In the context of **SNS**, / media literacy has been argued to be especially important / "in order to make the users aware of their rights when using SNS tools, / and also help them acquire or reinforce human rights values / and develop the behaviour necessary to respect other people's rights and freedoms". [2] With regard to **peer-to-peer** risks such as **bullying**, / this last element is of particular importance. [3] This **relates** to a basic **principle** / that children are taught in the **offline** world as well: / 'do not do to others what you would not want others to do to you'. [4] This should also be a **golden** rule with regard to SNS, / but for children and young people / it is much more difficult / to estimate the consequences and potential serious impact of their actions / in this environment. [5] Hence, / raising awareness of children from a very early age / about the particular characteristics of SNS / and the potential **long-term** impact of a seemingly **trivial** act / is **crucial**. 18 수능

187 새로운 매체의 특성

어휘 학습 p. 222

[1] New **media** can be defined by four characteristics simultaneously: // they are media at **the turn of the** 20th and 21st **centuries** / which are both integrated and interactive / and use digital code and **hypertext** as technical means. [2] It follows that / their most common alternative names are **multimedia**, interactive media and digital media. [3] By using this definition, / it is easy to identify media as old or new. [4] For example, / traditional television is integrated as it contains images, sound and text, / but it is not interactive or based on digital code. [5] The **plain** old telephone was interactive, / but not integrated as it only transmitted speech and sounds / and it did not work with digital code. [6] In contrast, / the new medium of interactive television / adds interactivity and digital code. [7] Additionally, / the new generations of mobile or fixed **telephony** / are fully **digitalized** and integrated / as they add text, pictures or video / and they are connected to the Internet. 15 수능

186

[1] SNS 상황에서 / 미디어 정보 해독력이 특히 중요하다고 주장되어 왔다 // 'SNS 도구들을 사용할 때 사용자들이 자신들의 권리를 의식하게 하도록 하기 위해 / 그리고 또한 그들이 인권이라는 가치를 배우거나 강화하고 / 타인의 권리와 자유를 존중하기 위해 필요한 태도를 기르도록 돕기 위해'. [2] 약자 괴롭히기와 같은 사용자 간 위험과 관련하여 / 이 마지막 요소는 특별히 중요하다. [3] 이것은 기본 원칙과 관계가 있다 / 아이들에게 오프라인 세계에서도 가르치는 / 즉, '남들이 여러분에게 하지 않았으면 하는 일을 남들에게 하지 말라'는. [4] 이것은 SNS와 관련해서도 황금률이어야 한다 / 하지만 아이들과 젊은이들에게는 / 훨씬 더 어렵다 / 자신들의 행동 결과와 잠재적인 중대한 영향을 추정하는 것이 / 이 환경에서의. [5] 이런 이유로 / 아이들의 의식을 아주 어린 나이부터 높이는 것이 / SNS의 특수한 특성에 대해 / 그리고 겉보기에는 사소한 행동의 잠재적인 장기적인 영향에 대해 / 필수적이다.

☐ in the context of ~ 상황에서, 맥락에서 ☐ media literacy 미디어정보 해독력 (각종 미디어 정보를 주체성을 갖고 해독할 수 있는 능력) ☐ bullying 약자 괴롭히기 ☐ raise awareness of ~에 대한 의식을 높이다

187

[1] 새로운 매체란 네 가지 특징 모두에 의해 동시에 정의될 수 있다 // 그것들은 20세기와 21세기 전환기의 매체인데 / 통합적이고 쌍방향이며 / 기술적 수단으로 디지털 코드와 하이퍼텍스트를 사용한다. [2] 결과적으로 / 그것들의 가장 일반적인 다른 이름이 다중 매체, 쌍방향 매체, 디지털 매체라는 이야기가 된다. [3] 이 정의를 사용하면 / 매체가 구식인지 신식인지를 구별하는 것이 쉽다. [4] 예를 들어 / 전통적인 텔레비전은 그것이 이미지, 소리, 글을 포함하고 있기 때문에 통합적이지만 / 쌍방향이 아니며 디지털 코드에 기반을 두고 있지도 않다. [5] 평범한 구식 전화는 쌍방향이었지만 / 그것은 오로지 말과 소리만 전송하기 때문에 통합적이지 않았으며 / 디지털 코드로 작동하지 않았다. [6] 대조적으로 / 쌍방향의 텔레비전이라는 새로운 매체는 / 쌍방향성과 디지털 코드를 더한다. [7] 뿐만 아니라 / 새로운 세대의 이동식 또는 고정식 전화 통신은 / 완전히 디지털화되고 통합적이다 / 글, 그림 또는 영상을 추가하고 / 인터넷과 연결되기 때문에.

☐ integrated 통합적인, 통합된 ☐ interactive 쌍방향의, 상호작용하는 ☐ It follws that ~ 따라서 ~라는 결론에 이르게 된다 ☐ transmit 전송하다, 송신하다

188 인터넷으로 이동하는 신문

어휘 학습 p. 223

[1] In many countries, / amongst younger people, / the habit of reading newspapers has been on the decline / and some of the dollars previously spent on newspaper advertising / have **migrated** to the Internet. [2] Of course / some of this decline in newspaper reading / has been **due to** the fact that we are doing more of our newspaper reading online. [3] We can read / the news of the day, or the latest on business, **entertainment** or whatever news / on the websites of the *New York Times,* the *Guardian* or almost any other **major** newspaper in the world. [4] **Increasingly**, / we can access these stories **wirelessly** by mobile devices / as well as our computers. [5] Advertising dollars / have simply been following the migration **trail** / across to these new technologies. 13 수능

189 인터넷의 위험성

어휘 학습 p. 224

[1] What's dangerous about the Internet is, / because it has the **aura** of technology around it, / it has a totally **undeserved** instant credibility. [2] The fact that information is **conveyed** in this high-tech manner / **somehow** adds authority to what is conveyed, / when in fact the Internet is a global conveyer of **unfiltered**, **unedited**, **untreated** information. [3] It is the greatest tool we have / not only for making people smarter quicker, / but also for making people **dumber** faster. [4] **Rumors published** on the Internet / now have a way of immediately becoming facts. [5] This is particularly true / among people who might not themselves have access to the Internet but hear a piece of news or **gossip** / from the people around them who do have access. 13 수능

188

[1] 많은 나라에서 / 더 젊은 사람들 사이에서 / 신문을 읽는 습관이 감소해 오고 있으며 / 전에 신문 광고에 쓰였던 돈의 일부가 / 인터넷으로 이동해 오고 있다. [2] 물론 / 신문 읽기가 이처럼 감소하는 까닭의 일부는 / 우리들이 신문 읽기를 온라인으로 더 많이 하고 있다는 사실 때문이다. [3] 우리는 읽을 수 있다 / 오늘의 뉴스나 사업, 연예 또는 어떤 뉴스든지 그에 관한 최신 내용을 / <New York Times>, <Guardian> 혹은 세상의 거의 모든 주요 신문의 웹사이트에서. [4] 점점 더 / 우리는 모바일 기기로 이런 기사들을 무선으로 이용할 수 있다 / 컴퓨터 뿐만 아니라. [5] 광고비는 / 이동 코스를 단순히 따라가고 있다 / 이러한 새로운 기술 쪽으로.

☐ be on the decline 하락세에 있다, 감소 추세에 있다 ☐ across to (건너편에 있는) ~쪽으로

189

[1] 인터넷이 위험한 것은 / 그것이 기술이라는 기운을 두르고 있어서 / 전혀 자격이 없는 즉각적인 신뢰성을 지닌다는 것이다. [2] 이런 첨단 기술 방식으로 전달된다는 사실이 / 웬일인지 정보가 전달되는 내용에 권위를 더해준다 / 사실 인터넷이 여과되지 않고, 편집되지 않고, 처리되지 않은 정보를 전달하는 전 세계적인 매체임에도 불구하고. [3] 그것은 가장 좋은 도구이다 / 사람들을 더 빨리 더 똑똑하게 만들기 위한 것뿐만 아니라 / 사람들을 더 빨리 더 멍청하게 만들기 위한. [4] 인터넷에 발표된 소문들은 / 이제 즉시 사실이 되는 수가 있다. [5] 이것은 특히 적용된다 / 스스로는 인터넷에 접근할 수 없지만 소식이나 소문을 들을 수 있는 사람들에게 / 인터넷에 접속하는 주위 사람들로부터.

☐ credibility 신뢰성 ☐ have a way of doing (어쩔 수 없이) 흔히 ~하게 되어 있다 ☐ have access to ~에 접근할 수 있다

SET 39

190 음식의 다양성과 섭취량

어휘 학습 ▶ p. 225

[1] **Sensory**-specific satiety / is **defined** as a decrease in **appetite**, or the **subjective** liking for the food that is consumed, / with little change in the hedonics of uneaten food. [2] As a result of sensory-specific satiety, / when people consume a variety of foods, / they tend to **overeat**. [3] A greater variety of food / leads people to eat more than they would otherwise. [4] So, / being full and feeling sated / are separate matters. [5] The recovery of appetite or the motivation to eat / is apparent to anyone / who has consumed a large meal and is quite full, / and does not require additional energy or **nutrients** to meet their daily needs, / but decides to consume additional calories after seeing the dessert cart. [6] Small changes in the sensory **properties** of foods / are **sufficient** to increase food intake. [7] For example, / subjects who were presented with different shapes of pasta / showed increased hedonic ratings and increased energy consumption / relative to subjects eating only a single shape of pasta. 18 수능

* satiety: 포만(감) ** hedonics: 쾌락 *** sated: 충분히 만족한

191 물질대사

어휘 학습 ▶ p. 226

[1] What you do in the 15 to 30 minutes after eating your evening meal / sends powerful signals to your **metabolism**. [2] You'll **set the stage for** more **vigor** / throughout the evening hours / along with a weight-loss benefit / if you stay **active** after your meal. 12 수능

192 감정적 식사

어휘 학습 ▶ p. 226

[1] Most of us / have a general, rational sense of what to eat and when / — there is no **shortage** of information on the subject. [2] Yet there is often a **disconnect** / between what we know and what we do. [3] We may have the facts, / but decisions also involve our feelings. [4] Many people who struggle with difficult emotions / also struggle with eating problems. [5] *Emotional eating* is a popular term / used to describe eating that is influenced by emotions, / both positive and negative. [6] Feelings may affect various aspects of your eating, / including your motivation to eat, your food choices, where and with whom you eat, and the speed at which you eat. [7] Most overeating / is prompted by feelings rather than physical hunger. [8] Individuals who struggle with **obesity** / **tend to** eat in response to emotions. [9] However, / people who eat for emotional reasons / are not necessarily **overweight**. [10] People of any size / may try to escape an emotional experience / by **preoccupying** themselves with eating or by obsessing over their shape and weight. 19 모의

* obsess: 강박감을 갖다

190

1 감각 특정적 포만이란 / 식욕, 즉 먹고 있는 음식에 대한 주관적 애호가 감소하는 것으로 정의된다 / 먹지 않은 음식이 주는 쾌락에는 변화가 거의 없는 가운데. 2 감각 특정적 포만의 결과로 / 사람들은 다양한 종류의 음식을 먹을 때 / 과식하는 경향이 있다. 3 더 다양한 종류의 음식은 / 사람들로 하여금 그렇지 않을 경우에 먹는 것보다 더 많이 먹게 한다. 4 그러므로 / 배가 부르다는 것과 충분히 만족감을 느낀다는 것은 / 별개의 문제다. 5 식욕, 즉 먹고자 하는 욕구가 회복된다는 것은 / 누구에게나 분명하다 / 많은 양의 식사를 하고 나서 배가 아주 불러서 / 매일의 요구를 충족시킬 추가적인 에너지나 영양소가 필요하지는 않지만 / 디저트 카트를 보고 나서 추가적인 칼로리를 더 섭취하기로 결심하는 사람이면 (누구에게나 분명하다). 6 음식의 감각적 특성의 작은 변화라도 / 음식의 섭취를 증가시키기에 충분하다. 7 예컨대 / 서로 다른 모양의 파스타가 제공된 피실험자들은 / 증가된 쾌락 평점과 증가된 에너지 섭취를 보였다 / 단 한 가지 형태의 파스타만을 먹는 피실험자들과 비교하여.

☐ sensory-specific satiety 감각 특정적 포만 (한 가지 음식만을 먹을 때 생기는 싫증) ☐ otherwise 다른 경우라면, 그렇지 않을 경우에 ☐ relative to ~와 비교해서, ~에 비해서

191

1 저녁 식사 후 15분에서 30분 이내에 여러분이 하는 행위가 / 여러분의 물질대사에 강력한 신호를 보낸다. 2 여러분은 더 많은 활력을 얻을 수 있는 준비를 갖추게 될 것이다 / 저녁 시간 내내 / 체중 감량의 이익과 더불어 / 식사 후에 활동적인 상태에 있게 되면.

☐ along with ~에 덧붙여, ~와 마찬가지로

192

1 우리 대부분은 / 무엇을 먹을지, 그리고 언제 먹을지에 대한 일반적이고 합리적인 관념을 갖고 있는데 / 그 문제에 관한 정보는 부족하지 않다. 3 하지만 흔히 단절이 존재한다 / 우리가 알고 있는 것과 우리가 행하는 것 사이에는. 3 우리가 사실을 가지고 있을 수는 있지만 / 결정은 또한 우리의 감정을 수반한다. 4 힘겨운 감정과 씨름하는 많은 사람들은 / 또한 섭식 문제와 씨름한다. 5 '감정적 식사'는 일반적인 용어이다 / 감정에 의해 영향받는 식사를 설명하기 위해 사용되는 / 긍정적 감정과 부정적 감정 모두에. 6 감정은 식사의 여러 측면에 영향을 줄 수 있다 / 식사의 동기, 음식 선택, 어디서 누구와 식사할지, 그리고 식사하는 속도를 포함하여. 7 대부분의 과식은 / 신체의 배고픔이 아니라 감정에 의해 유발된다. 8 비만과 씨름하는 사람들은 / 감정에 반응하여 먹는 경향이 있다. 9 그러나 / 감정적인 이유로 먹는 사람이 / 반드시 과체중인 것은 아니다. 10 신체 크기와 관계없이 사람들은 / 감정적인 경험에서 벗어나려고 할 수 있다 / 먹는 것에 몰두하거나 자기 몸매와 몸무게에 대해 강박감을 가짐으로써.

☐ prompt 유발하다, 불러일으키다 ☐ struggle with ~와 씨름하다

193 접영의 탄생

어휘 학습 ▶ p. 227

1 Until the 1920's, / there were only three competitive swimming **strokes** — **freestyle**, **backstroke**, and **breaststroke** — / and each had specific rules / that described how it was to be performed. 2 The rules of breaststroke stated / that both arms must be pulled together underwater / and then recovered simultaneously back to the start of the pulling position / to begin the next stroke. 3 Most people / interpreted this arm recovery / to mean an underwater recovery. 4 In the 1920's, / however, / someone challenged the rules / and **reinterpreted** this arm recovery to be an out-of-the-water recovery. 5 Since this new breaststroke was about 15% faster, / people using the **conventional** version / couldn't **effectively** compete. 6 Something had to be done / to solve the problem. 7 Finally, / this new stroke — now known as the '**butterfly**' — / won **recognition** as the fourth swimming stroke, / and became an Olympic event in 1956. 12 수능

194 야구의 특성

어휘 학습 ▶ p. 228

1 Like life in traditional society, / but unlike other team sports, / baseball is not **governed** by the clock. 2 A football game **is comprised of** exactly sixty minutes of play, / a basketball game forty or forty-eight minutes, / but baseball has no set length of time / within which the game must be **completed**. 3 The pace of the game is therefore **leisurely** and **unhurried**, / like the world before the discipline / of measured time, **deadlines**, schedules, and **wages** paid by the hour. 4 Baseball belongs to the kind of world / in which people did not say, / "I haven't got all day." 5 Baseball games / *do* have all day to be played. 6 But that does not mean / that they can go on forever. 7 Baseball, / like traditional life, / **proceeds** according to the rhythm of nature, / specifically the rotation of the Earth. 8 During its first half century, / games were not played at night, / which meant / that baseball games, like the traditional work day, / ended when the sun set. 17 모의

193

[1] 1920년대까지는 / 경쟁을 벌이는 수영 영법에는 자유형, 배영, 그리고 평영 이 세 가지 밖에 없었다 / 그리고 각 영법에는 구체적인 규칙들이 있었다 / 그것이 어떻게 행해져야 하는가를 서술하는. [2] 평영의 규칙은 진술했다 / 두 팔이 물 밑에서 함께 당겨져야 하고 / 그런 다음 동시에 당기는 자세의 출발로 돌아와야 한다고 / 다음번 팔 젓기를 시작하기 위해서. [3] 대부분의 사람들은 / 이런 팔의 복귀를 이해했다 / 물 밑 복귀를 뜻하는 것으로. [4] 1920년대에 / 하지만 / 누군가가 그 규칙에 도전하여 / 이런 팔의 복귀를 물 밖 복귀를 뜻하는 것으로 재해석했다. [5] 이런 새로운 평영이 약 15퍼센트나 더 빨랐기 때문에 / 전통적인 평영을 이용하는 사람들은 / 효과적으로 경쟁을 할 수 없었다. [6] 어떤 조치가 행해져야만 했다 / 그 문제를 해결하기 위해서. [7] 마침내 / 현재 "접영"으로 알려진 이 새 영법은 / 네 번째 수영 영법으로 인정을 받게 되었고 / 1956년에 올림픽 종목이 되었다.

- ☐ competitive 경쟁을 벌이는, 경쟁의
- ☐ recovery 회복; 회수

194

[1] 전통 사회의 삶과 마찬가지로 / 그러나 다른 팀 스포츠와는 다르게 / 야구는 시계에 의해 좌우되지 않는다. [2] 미식축구 경기는 정확히 60분 경기로 구성되고 / 농구 경기는 40분이나 48분으로 이루어지지만 / 야구는 정해진 시간의 길이가 없다 / 그 시간 내에 경기가 끝나야 하는. [3] 따라서 경기의 속도가 여유롭고 느긋하다 / 규율이 있기 이전의 세상과 마찬가지로 / 정확히 잰 시간, 마감 시간, 일정, 시간 단위로 지급되는 임금 같은 (규율이). [4] 야구는 그런 종류의 세상에 속해 있다 / 그 세상에서는 사람들이 말하지 않았던 / "저는 시간이 많지 않아요"라고. [5] 야구 경기는 / 정말로 온종일 경기가 이루어진다. [6] 그러나 그것이 의미하는 것은 아니다 / 그 경기가 영원히 계속될 수 있다는 것을. [7] 야구는 / 전통적인 삶과 마찬가지로 / 자연의 리듬에 따라 진행된다 / 구체적으로 말해 지구의 자전에 따라. [8] 그것(야구)의 첫 반세기 동안 / 경기가 밤에는 이루어지지 않았는데 / 그것은 의미했다 / 야구 경기가 전통적인 근무일처럼 해가 질 때 끝난다는 것을.

- ☐ discipline 규율
- ☐ measured 정확히 잰
- ☐ rotation 자전, 회전

195 댄스 대결

어휘 학습 p. 229

1 The dancers / stood on a two-step elevated stage, / so that there was a natural **gap** / between those who came to dance and those who came to watch. 2 The **host** / **randomly** pulled the name of a well-known dancer, Linx, / out of a hat. 3 People **cheered.** 4 According to the **format**, / Linx had to "call out" another dancer / to **battle** him on stage. 5 Instead of deliberately choosing someone, / however, / he decided to select his opponent randomly / by making himself into a human spin-wheel. 6 He **propelled** himself into a **backspin**, / covered his eyes, / and extended his arm above his head. 7 When his body finally stopped spinning, / his arm pointed away from the dancers on stage and directly at Dan Tres, / standing among the **spectators**. 8 The crowd **erupted** in "Ohhhhs!" / because he was an older family man / who had not danced hip-hop in many years, / while the much younger Linx was a nimble b-boy. 9 Linx looked **embarrassed**, / but nonetheless he called out the respected elder to battle. 16 수능

* nimble: 동작이 날렵한

196 Scott Adams와 편지

어휘 학습 p. 230

1 Scott Adams, / the creator of *Dilbert*, one of the most successful **comic strips** of all time, / says that two personal letters **dramatically** changed his life. 2 One night he was watching a PBS-TV program about **cartooning**, / when he decided to write to the host of the show, Jack Cassady, / to ask for his advice about becoming a cartoonist. 3 Much to his surprise, / he heard back from Cassady within a few weeks / in the form of a handwritten letter. 4 The letter advised Adams not to be **discouraged** / if he received early rejections. 5 Adams got inspired and **submitted** some cartoons, but he was quickly rejected. 6 Not following Cassady's advice, / he became discouraged, / put his materials away, / and decided to forget cartooning as a career. 7 About fifteen months later, / he was surprised to receive yet another letter from Cassady, / especially since he hadn't thanked him for his original advice. 8 He acted again on Cassady's encouragement, / but this time he **stuck with** it and obviously **hit it big**. 18 수능

195

1 춤꾼들은 / 두 계단 위에 있는 무대에 서 있어서 / 자연스러운 간격이 있었다 / 춤을 추러 온 사람들과 보러 온 사람들 간에. 2 진행자가 / 무작위로 잘 알려진 춤꾼의 이름인 Linx를 뽑았다 / 모자에서. 3 사람들은 환호했다. 4 구성 방식에 따라 / Linx는 또 다른 춤꾼을 '호명'해야 했다 / 무대에서 대결할. 5 찬찬히 고르는 대신에 / 하지만 / 그는 자신의 상대를 무작위로 선택하기로 했다 / 자신을 인간 회전판으로 만들어. 6 그는 백스핀(등을 바닥에 두고 빙글빙글 도는 춤 동작)으로 자신을 돌아가게 했고 / 자신의 눈을 가렸고 / 자신의 머리 위로 팔을 뻗었다. 7 그의 몸이 마침내 도는 것을 멈췄을 때 / 그의 팔은 무대 위의 춤꾼들을 벗어나 Dan Tres를 똑바로 가리켰다 / 관중 속에 서 있는. 8 사람들은 '오!'라는 소리를 터뜨렸는데 / 왜냐하면 그가 더 나이 든 가정이 있는 남자였기 때문이었다 / 여러 해 동안 힙합을 추지 않았던 // 반면에 훨씬 더 어린 Linx는 동작이 날렵한 비보이였다. 9 Linx는 당황한 것처럼 보였지만 / 그럼에도 불구하고 그는 대결할 그 존경받는 연장자를 호명했다.

- ☐ deliberately 찬찬히, 신중하게
- ☐ opponent 상대, 적수
- ☐ extend 뻗다, 늘리다

196

SET 41

1 Scott Adams는 / 역대 가장 성공적인 연재만화의 하나인 'Dilbert'의 창작자인데 / 두 통의 개인적인 편지가 극적으로 자신의 인생을 바꾸었다고 말한다. 2 어느 날 밤 그는 만화 제작에 대한 PBS-TV 의 프로그램을 시청하던 중 / 그 쇼의 사회자인 Jack Cassady에게 편지를 쓰기로 했다 / 만화가가 되는 것에 대해 그의 조언을 구하기 위해. 3 매우 놀랍게도 / 그는 몇 주 안에 Cassady로부터 답장을 받았다 / 손 편지의 형태로. 4 편지에서 Cassady는 Adams에게 낙심하지 말라고 조언했다 / 초기에 거절을 당하더라도. 5 Adams는 격려를 받아 몇 편의 만화를 제출했지만, 그는 금방 거절당했다. 6 Cassady의 조언을 따르지 않고 / 그는 낙심했으며 / 자신의 자료들을 치우고 / 만화 제작을 직업으로 삼는 것을 잊기로 했다. 7 약 15개월 후 / 그는 Cassady로부터 또 한 통의 편지를 받고는 놀랐는데 / 특히나 그가 첫 번째 조언에 대해 그에게 감사를 표하지도 않았기 때문이었다. 8 그는 Cassady의 격려에 따라 다시 행동하였고 / 이번에는 그것을 계속하였으며 명백히 크게 성공하였다.

- ☐ much to his surprise 그가 매우 놀랍게도

197 Miloš Forman의 업적

어휘 학습 ▶ p. 230

[1] Even though he won many Academy Awards, / Miloš Forman was not a U.S. born **filmmaker**. [2] Forman grew up in a small town near Prague. [3] **Orphaned** when his parents died during World War II, / he was raised by his **relatives**. [4] In the 1950s, / Forman studied film at the film school of the University of Prague. [5] Throughout the late 1950s and early 1960s, / Forman acted as either writer or assistant director / on several films. [6] Later, he **emigrated** to the U.S. and continued to make films. [7] In 1975, he directed *One Flew over the Cuckoo's Nest*, / which became only the second film in history / to win Oscars in all the five major categories. [8] Afterward, / the movie *Amadeus*, / a **celebration** of the **genius** of Mozart, / which he also directed, / **swept** eight Oscars / including one for best director. [9] With Jan Novák, / Forman wrote his **autobiography**, ***Turnaround: A Memoir***, / which was published in 1994. 17 수능

198 남미 시장에서의 흥정

어휘 학습 ▶ p. 232

[1] Dr. Paul Odland and his friend Bob / travel frequently to South America, / where they provide free medical **treatment** for **disabled** children of poor families. [2] One day, / they went to a **local** marketplace. [3] Paul wanted to buy some **souvenirs**, / and he **spotted** a carving that he liked. [4] The non-English speaking seller / was asking 500 pesos for the carving. [5] With Bob acting as interpreter, / Paul offered 300 and his **opponent** proposed 450. [6] The **bargaining** in the noisy market became **spirited**, / even **intense**, / with Paul stepping up his price slightly and the seller going down slowly. [7] The pace increased so fast / that Bob could not keep up with the **back-and-forth** interpretation. [8] Meanwhile, / observing the seller carefully, / Paul **sensed** something wrong in Bob's interpretation. [9] In fact, / the seller had gone below Paul's last offer. [10] When Paul raised his doubt, / Bob **instantly** recognized the error and corrected his interpretation. [11] **At length**, / they settled the deal, / and he was delighted to purchase the carving at a reasonable price / and thanked Bob. 17 수능

197

[1] 많은 아카데미상을 수상했지만 / Miloš Forman은 미국에서 태어난 영화 제작자는 아니었다. [2] Forman은 Prague 근교의 작은 마을에서 성장했다. [3] 제2차 세계대전 중 부모가 죽어서 고아가 된 / 그는 친척들에 의해 양육되었다. [4] 1950년대에 / Forman은 Prague 대학교의 영화 학교에서 영화를 공부했다. [5] 1950년대 후기와 1960년대 초기에 걸쳐 / Forman은 작가나 조감독으로 활동했다 / 몇 편의 영화에서. [6] 이후에 그는 미국으로 이주해서 영화를 계속 만들었다. [7] 1975년에 그는 One Flew over the Cuckoo's Nest(뻐꾸기 둥지 위로 날아간 새)를 감독했는데 / 그것은 역사상 두 번째인 영화가 되었다 / 다섯 개의 모든 주요 부문에서 오스카상을 수상한. [8] 그 후에 / 영화 Amadeus(아마데우스)는 / 모차르트의 천재성을 기념하는 영화로서 / 역시 그가 감독하였고 / 여덟 개의 오스카상을 휩쓸었다 / 최고 감독상을 포함하여. [9] Jan Novák과 함께 / Forman은 자신의 자서전인 Turnaround: A Memoir를 집필했는데 / 그것은 1994년에 출판되었다.

☐ assistant director 조감독 ☐ publish 출판하다

198

[1] Paul Odland 박사와 그의 친구 Bob은 / 남미로 자주 여행하는데 / 그곳에서 그들은 가난한 가정의 장애 어린이들에게 무료로 의료 행위를 베푼다. [2] 어느 날 / 그들은 현지의 어느 시장에 갔다. [3] Paul은 몇 가지 기념품을 사고 싶었는데 / 그는 마음에 드는 조각품을 발견했다. [4] 영어를 전혀 쓰지 않는 판매원은 / 그 조각품에 대해 500페소를 요구하고 있었다. [5] Bob이 통역사 역할을 하는 가운데 / Paul은 300을 제안했고 그의 상대는 450을 제안했다. [6] 시끄러운 시장에서의 그 거래는 활기를 띠었고 / 심지어는 치열해졌다 / Paul이 자신의 가격을 조금씩 올리고 판매자가 천천히 가격을 내리면서. [7] 속도가 너무나 빨라져 / Bob은 오가는 통역을 제대로 할 수가 없었다. [8] 그 사이 / 판매자를 주의 깊게 살피던 / Paul은 Bob의 통역에서 뭔가 잘못된 것을 감지했다. [9] 사실 / 판매자는 Paul의 마지막 제안보다도 더 내려가 있었다. [10] Paul이 자신의 의구심을 제기하자 / Bob은 즉시 실수를 인정하고는 자신의 통역을 바로잡았다. [11] 마침내 / 그들은 거래를 성사시켰고 / 그는 그 조각품을 적절한 가격에 사게 되어 기뻐했고 / Bob에게 고마움을 표했다.

☐ carving 조각품 ☐ step up 올리다, 높이다(↔ go down) ☐ keep up with ~을 따라잡다 ☐ observe 주의깊게 살피다 ☐ settle the deal 거래를 성사시키다

199 긍정적인 면을 찾아라

어휘 학습 p. 233

[1] Nancy was struggling to see the **positive** / when her teen daughter was experiencing a negative perspective / on her life and abilities. [2] In her desire to **parent intentionally**, / she went into her daughter's room / and noted one positive **accomplishment** she had observed. [3] "I know you've been having a hard time **lately**, / and you aren't feeling really good or positive about your life. [4] But you did a great job cleaning up your room today, / and I know that must have been a big effort for you." [5] The next day, / to Nancy's surprise, / the teen girl seemed somewhat **cheerful**. [6] **In passing**, she said, / "Mom, thanks for saying the positive thing about me yesterday. [7] I was feeling so down / and couldn't think of anything good about myself. [8] After you said that positive thing, / it helped me see one good quality in myself, / and I've been **holding onto** those words." 15 수능

200 콜럼버스가 병에 담은 메시지

어휘 학습 p. 234

[1] You have probably heard about sending messages across the sea in **bottles**. [2] The problem is, / it is impossible to tell / how long it will take the sea to **deliver** its bottled messages / or where it will **wash** them **up**. [3] In 1493, / Christopher Columbus sent one of the earliest and most famous bottled messages. [4] He was returning to Spain / to tell the king and queen about what he had discovered, // when his ship **got caught in** a bad **storm**. [5] Columbus was still more than a thousand miles from Europe, / and he feared he would never **live to tell** the king and queen of his discovery. [6] So he wrote the news on a piece of paper. [7] He put it in a wooden bottle and tossed it **overboard**. [8] More than 300 years later, / it was found by the captain of an American ship / **off the coast** of Africa, / near Morocco. 14 수능

199

[1] Nancy는 긍정적인 면을 찾아보려고 애쓰고 있었다 / 그녀의 십 대 딸아이가 부정적인 관점을 겪고 있을 때 / 자신의 생활과 능력에 대해서. [2] 의도적으로 부모 역할을 제대로 하고자 하는 바람에서 / 그녀는 딸의 방에 들어갔고 / 그녀가 목격했던 한 가지 긍정적인 성과물을 언급했다. [3] "나는 네가 최근에 힘든 시간을 보내고 있다는 것을 알고 있단다 / 네 생활에 대해 정말로 좋거나 긍정적으로 느끼지 않는다는 것도. [4] 그런데도 너는 오늘 네 방 청소를 훌륭하게 잘해냈고 / 나는 그 일이 틀림없이 네게 큰 노력이 필요했을 거라는 것을 안다." [5] 다음 날 / Nancy로서는 놀랍게도 / 그 십 대 소녀는 다소 기분이 좋아보였다. [6] 지나가는 말로, 그녀는 말했다 / "엄마, 어제 저에 관한 긍정적인 점을 말씀해 주셔서 감사해요. [7] 저는 마음이 너무나 울적했고 / 저 자신에 대해 어떤 좋은 점도 생각할 수가 없었어요. [8] 엄마가 그 긍정적인 점을 말씀하신 후 / 그것은 제가 저 자신에게서 한 가지 좋은 자질을 보는 것을 도와주었고 / 저는 그 말씀을 계속 붙들고 있어요"라고.

☐ have a hard time 힘든 시간을 보내다 ☐ do a great job ~ing ~를 아주 잘 해내다

200

[1] 여러분은 아마 메시지를 병에 넣어 바다를 통해 보내는 것에 대한 이야기를 들은 적이 있을 것이다. [2] 문제는 / 알기가 불가능하다는 것이다 / 바다가 병에 넣은 메시지를 전달하는 데 얼마나 오랜 시간이 걸릴지 / 또는 바다가 그 메시지를 어느 곳으로 밀어 올릴지를. [3] 1493년에 / 크리스토퍼 콜럼버스는 가장 오래되고 가장 유명한 병에 담긴 메시지 중의 하나를 보냈다. [4] 그는 스페인으로 돌아오고 있었다 / 왕과 왕비에게 자신이 발견한 것을 전하기 위해 // 그 때 그의 배는 극심한 폭풍을 만났다. [5] 콜럼버스는 여전히 유럽에서 천 마일 이상이나 떨어져 있었고 / 살아서 왕과 왕비에게 자신의 발견을 전하지 못할 것을 걱정했다. [6] 그래서 그는 종잇조각에 그 소식을 적었다. [7] 그는 그것을 나무로 만들어진 병에 넣고 그 병을 배 밖으로 던졌다. [8] 300년 이상이 지난 후 / 그것은 미국 배의 선장에게 발견되었다 / 아프리카의 연안에서 / 모로코 근처의.

☐ get caught in something: to become unexpectedly involved in an unpleasant situation

201 헤어지게 된 두 친구

어휘 학습 ▶ p. 235

[1] One day in February 2009, / Stephanie called Betty, her best friend, / who was the only employee of her business Best Wedding. [2] Once again / they discussed the company's **expenses** and **dwindling** revenue. [3] But this time, / Stephanie knew what she had to do. [4] She gathered up her courage and told her friend and colleague: / "I have to make this work. I have to let you go." [5] Betty was hurt but wasn't particularly surprised. [6] In a **businesslike fashion**, / the two women began figuring out how to **disengage**. [7] Betty said she wanted to start her own event-planning business, / and Stephanie agreed to let her keep / her existing **clients**, some photography, and documents and forms they had developed together. [8] She also gave Betty two months' **salary** / as severance pay. 12 수능

* severance: 해직

202 잘못된 정치 인식과 미디어

어휘 학습 ▶ p. 236

[1] Ever since the first scientific opinion **polls** revealed / that most Americans are at best poorly informed about politics, // analysts have asked / whether citizens **are equipped to** play the role democracy assigns them. [2] However, / there is something worse than an **inadequately** informed public, / and that's a **misinformed** public. [3] It's one thing / when citizens don't know something, and realize it, / which has always been a problem. [4] It's another thing / when citizens don't know something, but think they know it, / which is the new problem. [5] It's the difference between ignorance and **irrationality**. [6] Whatever else one might conclude about **self-government**, / it's at risk / when citizens don't know what they're talking about. [7] Our misinformation **owes** partly to psychological factors, / including our tendency to see the world in ways that suit our desires. [8] Such factors, / however, / can explain only the misinformation that has always been with us. [9] The sharp rise in misinformation in recent years / has a different source: our media. [10] "They are making us dumb," says one observer. [11] When fact bends to fiction, / the predictable result is political **distrust** and **polarization**. 19 모의

201

[1] 2009년 2월의 어느 날 / Stephanie가 그녀의 가장 친한 친구인 Betty에게 전화를 했는데 / 그녀는 Stephanie의 사업체인 Best Wedding의 유일한 직원이었다. [2] 다시 한 번 / 그들은 회사의 지출과 줄어드는 수익에 대해 의논했다. [3] 하지만 이번에 / Stephanie는 그녀가 무엇을 해야 하는지를 알았다. [4] 그녀는 용기를 끌어 모아 그녀의 친구이자 동료에게 말했다. "난 이 일을 성공시켜야 해. 너를 놓아 주어야겠어." [5] Betty는 마음이 아팠지만 특별히 놀라지는 않았다. [6] 업무적인 방식으로 / 그 두 여성은 헤어지는 방법을 찾기 시작했다. [7] Betty는 그녀만의 이벤트 기획 사업을 시작하고 싶다고 말했고 / Stephanie는 그녀가 유지하도록 하는 것에 동의했다 / 그녀의 현재 고객들, 약간의 사진 촬영 기법, 그리고 그들이 함께 개발했던 서류와 양식을. [8] 그녀는 또한 Betty에게 두 달 분의 급여를 주었다 / 해직 수당으로.

☐ revenue 소득, 수익 ☐ gather up ~을 한데 모으다 ☐ colleague 동료 ☐ figure out ~을 생각해 내다

202

[1] 첫 번째 과학적 여론 조사가 밝힌 이래로 / 대부분의 미국인이 정치에 대해서 기껏해야 형편없이 알고 있다는 것을 // 분석가들은 질문해 왔다 / 시민들이 민주주의가 자신들에게 부여한 역할을 할 능력이 있는지를. [2] 하지만 / 불충분하게 알고 있는 대중보다 더 해로운 것이 있는데 / 그것은 잘못 알고 있는 대중이다. [3] 하나의 경우는 / 시민들이 어떤 것을 알지 못하다가 그것을 깨닫는 것인데 / 그것은 늘 문제가 되어 왔다. [4] 또 다른 경우는 / 시민들이 어떤 것을 알지 못하지만 그것을 알고 있다고 생각하는 경우로서 / 이는 새로운 문제이다. [5] 그것은 무지와 불합리 간의 차이이다. [6] 자치에 관해 다른 어떤 것으로 결론을 내리든 / 자치는 위험에 처한다 / 시민들이 자신들이 말하고 있는 바를 모르는 경우에는. [7] 우리가 잘못 아는 것은 부분적으로는 심리적 요인의 탓인데 / 이 요인에는 우리의 성향이 포함된다 / 우리의 욕망에 적합한 방식으로 세상을 보려 하는. [8] 그런 요인들은 / 하지만 / 늘 우리와 함께 있어 온 잘못된 정보만 설명할 수 있다. [9] 최근에 잘못 아는 것의 급격한 증가에는 / 다른 원인이 있는데 그것은 바로 우리의 미디어이다. [10] "그들은 우리를 어리석게 만들고 있습니다"라고 한 논평자는 말한다. [11] 사실이 허구에 굴복하면 / 예견 가능한 결과는 정치적 불신과 양극화이다.

☐ at best 기껏해야 ☐ assign 부여하다, 주다 ☐ bend 굴복하다, 구부러지다

203 다양한 해석을 낳는 언어

어휘 학습 ▶ p. 237

1 As a system for transmitting specific **factual** information / without any distortion or **ambiguity**, / the sign system of honey-bees would probably win easily over human language every time. 2 However, / language offers something more **valuable** than **mere** information exchange. 3 Because the meanings of words are not invariable and because understanding always involves interpretation, / the act of communicating is always a **joint**, creative effort. 4 Words can carry meanings / beyond those consciously intended by speakers or writers / because listeners or readers bring their own perspectives to the language they encounter. 5 Ideas expressed **imprecisely** / may be more intellectually stimulating for listeners or readers / than simple facts. 6 The fact that language is not always **reliable** / for causing precise meanings to be generated in someone else's mind / is a reflection of its powerful strength / as a medium for creating new understanding. 7 It is the inherent ambiguity and **adaptability** of language as a meaning-making system / that makes the relationship between language and thinking so special. 17 수능

* distortion: 왜곡, 곡해

204 같은 내용, 다른 표현

어휘 학습 ▶ p. 237

1 The identical **claim**, / expressed in two social contexts, / may have different **qualifiers**. 2 When talking among friends, / you might say, / "Lucé is the world's finest restaurant." 3 When speaking to a group of French **chefs**, / you might find yourself saying, / "Lucé is an excellent restaurant, / **comparable** to some of the best in France." 4 Why did you say it differently? 5 Perhaps because you expected a different critical **scrutiny** / in the two groups. 6 Maybe because your confidence in the claim was strong enough for friends / but not as strong among the most **knowledgeable**. 7 In each instance, / you communicated the extent to which you wanted to qualify your claim, / to **guard** yourself by restricting the extent to which you are willing to be held **accountable** for the claim. 12 수능

203

1 특정한 사실적 정보를 전달하는 체계로서 / 어떠한 왜곡이나 모호함이 없이 / 꿀벌의 신호 체계는 아마 인간의 언어를 언제나 쉽게 이길 것이다. 2 그러나 / 언어는 단순한 정보의 교환보다는 더 가치 있는 것을 제공한다. 3 단어들의 의미가 불변이 아니고 이해는 언제나 해석을 포함하기 때문에 / 의사소통 행위는 항상 공동의 창의적 노력이다. 4 단어는 의미를 전달한다 / 화자나 필자에 의해 의식적으로 의도된 의미를 넘어서는 // 그 이유는 청자나 독자들이 자신만의 시각을 접하는 언어에 가져오기 때문이다. 5 부정확하게 표현된 개념은 / 청자나 독자들에게 더 지적으로 자극적일 수도 있다 / 단순한 사실보다. 6 언어가 항상 신뢰할 만하지는 않다는 사실은 / 어떤 사람의 정신 속에 정확한 의미가 형성되도록 하기에는 // 언어의 강력한 힘을 반영하는 것이다 / 새로운 이해를 만들어 내는 수단으로서의. 7 (그것은) 의미를 만들어 내는 체계로서의 언어의 고유한 모호성과 적응성이다 / 언어와 사고의 관계를 그렇게도 특수하게 만드는 것은.

☐ transmit 전달하다　☐ invariable 불변의　☐ stimulating 자극적인　☐ inherent 고유한

204

1 같은 내용의 주장이 / (서로 다른) 두 개의 사회적 맥락에서 표현된 // 다른 수식어구를 가질 수도 있다. 2 친구들 사이에서 말을 할 때 / 당신은 말할지도 모른다 / "Lucé가 세계 최고의 식당이야"라고. 3 프랑스 요리사 집단에 말할 때 / 당신은 이렇게 말하고 있는 자신을 발견하게 될지도 모른다 / "Lucé는 훌륭한 식당이야 / 프랑스에서 가장 좋은 몇몇 식당들에 견줄 수 있는"이라고. 4 왜 당신은 그것을 다르게 말했는가? 5 아마도 당신이 다른 정도의 비판적인 면밀한 검토를 기대했기 때문일 것이다 / 그 두 집단에서. 6 어쩌면 당신의 주장에 대한 자신감이 친구들에 대해서는 충분히 강하지만 / 가장 식견이 있는 사람들 사이에서는 그렇게 강하지 않았기 때문일 것이다. 7 각각의 경우에 / 당신의 주장을 한정하고자 하는 정도를 의사소통한 것이다 / 그 주장에 대해 기꺼이 책임질 정도를 제한함으로써 자신을 보호하기 위해.

☐ identical 동일한, 일치하는　☐ context 문맥, 상황

205 성향이 다른 사람들의 필요성

어휘 학습 p. 238

[1] The truth is that everyone has a story. [2] Every person we meet / has a story / that can, in some way, inform us and help us / as we live the story of our own lives. [3] When we **acknowledge** this truth / and begin to look at others as potential sources of valuable information, / we open ourselves up to new possibilities in our lives. [4] In reality, / the people who are most different from us / probably have the most to teach us. [5] The more we **surround** ourselves with people who are the same as we are, / who hold the same views, and who share the same values, // the greater the **likelihood** that we will **shrink** as human beings / rather than grow. 12 수능

206 통찰력을 얻는 방법

어휘 학습 p. 239

[1] Some psychologists believe / that insight is the result of a **restructuring** of a problem / after a period of non-progress where the person is believed to be too focused on past experience and **get stuck**. [2] A new manner to represent the problem / is suddenly discovered, / leading to a different **path** to a solution heretofore unpredicted. [3] It has been claimed / that no specific knowledge, or experience is required / to attain insight in the problem situation. [4] **As a matter of fact**, / one should **break away from** experience / and let the mind wander freely. 18 모의

* heretofore: 지금까지

207 전문성 개발

어휘 학습 p. 239

[1] Developing **expertise** / carries costs of its own. [2] We can become **experts** in some areas, / like speaking a language or knowing our favorite foods, / simply by living our lives, // but in many other domains expertise requires considerable training and effort. [3] What's more, expertise is domain specific. [4] The expertise that we work hard to acquire in one domain / will **carry over** only **imperfectly** to related ones, / and not at all to unrelated ones. [5] In the end, / **as much as** we may want to become experts on everything in our lives, / there simply isn't enough time to do so. [6] Even in areas where we could, / it won't necessarily be **worth** the effort. [7] It's clear / that we should concentrate our own expertise / on those domains of choice that are most common and/or important to our lives, / and those we actively enjoy learning about and choosing from. 21 수능

205

1 사실 누구나 이야기를 갖고 있다. 2 우리가 만나는 모든 사람은 / 이야기를 갖고 있다 / 어떤 면에선가 우리에게 정보를 주고 도움을 줄 수 있는 / 우리가 자신의 삶의 이야기를 만들며 살아가는 동안. 3 우리가 이 사실을 인정할 때 / 그리고 다른 사람들을 소중한 정보의 잠재적 원천으로 바라보기 시작할 때 / 우리는 우리의 삶에 있는 새로운 가능성들에 자신을 활짝 열어놓게 된다. 4 실제로는 / 우리와 가장 다른 사람들이 / 아마도 우리에게 가르칠 것이 가장 많을 것이다. 5 우리와 똑같은 사람들로 우리를 에워싸면 쌀수록 / 우리와 똑같은 견해를 지녔고, 똑같은 가치를 공유하는 (사람들로) // 우리는 인간으로서 수축될 가능성이 더욱 더 커지게 된다 / 성장하기보다는.

☐ potential 잠재적인 ☐ open up 마음을 열다 ☐ in reality 사실은, 실제로는

206

1 몇몇 심리학자들은 믿는다 / 통찰력이란 문제를 재구성하는 것의 결과라고 / 어떤 사람이 과거의 경험에 너무 집중해서 꼼짝 못하는 것이라고 믿어지는 정체 상태 후에. 2 그 문제를 표현하는 새로운 방식이 / 갑자기 발견되어 / 지금까지 예측되지 않은 해결책으로 가는 다른 길로 이어진다. 3 주장되어 왔다 / 어떤 특정한 지식이나 경험도 요구되지 않는다고 / 문제의 상황에서 통찰력을 얻기 위해서는. 4 사실은 / 경험에서 벗어나 / 마음이 자유로이 돌아다니도록 해야 한다.

☐ insight 통찰(력) ☐ represent 표현하다, 나타내다 ☐ wander 돌아다니다

207

1 전문성을 개발하는 데는 / 그것만의 독특한 비용이 수반된다. 2 우리는 어떤 분야에서는 전문가가 될 수 있다 / 언어를 말하거나 우리가 가장 좋아하는 음식을 아는 것과 같은 (분야에서는) / 그냥 삶을 살아감으로써 // 하지만 다른 많은 분야에서는 전문성이 상당한 훈련과 노력을 요구한다. 3 게다가 전문성이란 특정한 영역에만 국한된다. 4 우리가 한 영역에서 열심히 노력해서 얻는 전문성은 / 관련 영역으로 오직 불완전하게 이어질 뿐이다 / 그리고 관련이 없는 영역으로는 전혀 이어지지 않을 것이다. 5 결국 / 우리가 우리 삶의 모든 것에서 전문가가 되기를 원한다고 해도 / 그렇게 할 충분한 시간이 없다. 6 우리가 그렇게 할 수 있는 분야에서조차도 / 그만한 노력을 기울일 가치가 반드시 있는 것은 아닐 것이다. 7 그것은 분명하다 / 우리의 전문성을 집중해야만 하는 것은 / 우리의 삶에 가장 흔하고(혹은 흔하거나) 중요한 선택 영역에 / 그리고 우리가 배우고 선택하는 것을 적극적으로 즐기는 영역에 (집중해야 하는 것이 분명하다.)

☐ domain 영역 ☐ concentrate 집중하다

208 재해와 숫자의 크기

어휘 학습 ▶ p. 240

1 A defining element of catastrophes / is the **magnitude** of their harmful consequences. 2 To help societies prevent or reduce damage from catastrophes, / a huge amount of effort and technological **sophistication** / are often employed / to assess and **communicate** the size and **scope** of potential or actual losses. 3 This effort assumes / that people can understand the resulting numbers / and act on them appropriately. 4 However, / recent **behavioral** research / **casts doubt on** this fundamental assumption. 5 Many people do not understand large numbers. 6 Indeed, / large numbers have been found to lack meaning / and to be **underestimated** in decisions / unless they convey affect (feeling). 7 This creates a **paradox** / that rational models of decision making / fail to **represent**. 8 On the one hand, / we respond strongly / to aid a single individual in need. 9 On the other hand, / we often fail to prevent mass tragedies / or take appropriate measures / to reduce potential losses from natural disasters. 19 수능

* catastrophe: 큰 재해

209 정치적 목적이 있는 전쟁

어휘 학습 ▶ p. 242

1 The objective of battle, / to "throw" the enemy and to make him **defenseless**, / may **temporarily blind commanders** and even **strategists** / to the larger purpose of war. 2 War is never an isolated act, / nor is it ever only one decision. 3 In the real world, / war's larger purpose is always a political purpose. 4 It transcends the use of force. 5 This insight was **famously** captured by Clausewitz's most famous phrase, / "War is a mere continuation of politics by other means." 6 To be political, / a political entity or a representative of a political entity, / whatever its **constitutional** form, / has to have an intention, a **will**. 7 That intention has to be clearly expressed. 8 And one side's will has to be transmitted to the enemy / at some point during the **confrontation** (it does not have to be publicly communicated). 9 A violent act and its larger political intention / must also be attributed to one side / at some point during the confrontation. 10 History does not know of acts of war / without eventual **attribution**. 21 수능

* entity: 실체 ** transcend: 초월하다

208

1 큰 재해를 정의하는 하나의 요소는 / 그 해로운 결과의 거대한 규모이다. 2 사회가 큰 재해로부터 오는 손실을 방지하거나 줄이는 데 도움을 주기 위해서 / 대단히 큰 노력과 기술적인 정교한 지식이 / 자주 사용된다 / 잠재적 혹은 실제적 손실의 규모와 범위를 산정하고 전달하기 위한. 3 이 노력은 가정한다 / 사람들이 그 결과로 생기는 수를 이해할 수 있고 / 그에 의거하여 적절하게 행동할 수 있다는 것을. 4 그러나 / 최근의 행동 연구는 / 이러한 근본적인 가정에 의혹을 던진다. 5 많은 사람들이 큰 수를 이해하지 못한다. 6 사실상 / 큰 수는 의미가 없다는 것이 밝혀졌다 / 그리고 결정을 할 때 과소평가된다는 것이 (밝혀졌다) / 그것들이 정서적 반응[감정]을 전달하지 않는다면. 7 이것은 역설을 만들어 낸다 / 의사 결정의 이성적인 모델이 / 표현하지 못하는. 8 한편으로 / 우리는 강렬하게 반응한다 / 곤궁한 상태에 빠진 한 사람을 돕기 위하여. 9 다른 한편으로 / 우리는 대규모의 비극을 방지하지 못할 때가 흔히 있다 / 혹은 적절한 조치를 하지 못할 (때가 흔히 있다) / 자연재해로부터 잠재적인 손실을 줄이기 위한.

☐ assess 산정하다　☐ affect 정서적 반응

209

1 전투의 목표 / 즉, 적군을 '격멸하고' 무방비 상태로 만드는 것은 / 일시적으로 지휘관과 심지어 전략가까지도 보지 못하게 할 수도 있다 / 전쟁의 더 큰 목적을. 2 전쟁은 결코 고립된 행위가 아니며 / 또한 결코 단 하나의 결정도 아니다. 3 현실 세계에서 / 전쟁의 더 큰 목적은 항상 정치적 목적이다. 4 그것은 물리력의 사용을 초월한다. 5 이 통찰은 Clausewitz의 가장 유명한 한마디에 의해 멋지게 포착되었다 / "전쟁은 다른 수단으로 단지 정치를 계속하는 것에 불과하다"라고 한. 6 정치적으로 되려면 / 정치적 실체나 정치적 실체의 대표자는 / 체제상의 형태가 무엇이든지 / 의도, 즉 의지가 있어야 한다. 7 그 의도는 분명히 표현되어야 한다. 8 그리고 한쪽의 의지는 적에게 전달되어야 한다 / 대치하는 동안 어느 시점에 (그것이 공개적으로 전달될 필요는 없다). 9 폭력 행위와 그것의 더 큰 정치적 의도는 / 또한 한쪽의 탓으로 돌려져야 한다 / 대치하는 동안 어느 시점에. 10 역사는 전쟁 행위에 대해 알지 못한다 / 궁극적인 귀인이 없는.

☐ objective 목표　☐ isolated 고립된　☐ capture 포착하다　☐ be attributed to ~의 탓으로 돌려지다
☐ eventual 궁극적인

210 기술적 진보와 관광 산업

어휘 학습 ▶ p. 243

[1] Technological advances / provided the basis for the **explosive** expansion of local, regional, and global transportation **networks** / and made travel faster, easier, and cheaper. [2] This not only created new tourist-generating and tourist-receiving regions / but also prompted a host of other changes / in the tourism infrastructure, such as **accommodations**. [3] As a result, / the availability of transportation infrastructure and services / has been considered a fundamental **precondition** for tourism. 19 모의

* infrastructure: 산업 기반 시설

211 포도주 시음 연구

어휘 학습 ▶ p. 243

In 2008, / American food and wine critics / **teamed up with** a **statistician** from Yale and a couple of Swedish economists / to study the results of thousands of **blind tastings** of wines ranging from $1.65 to $150 a bottle. 19 모의

212 시선

어휘 학습 ▶ p. 244

We can pay attention to things that are not directly in our **line of vision**, // as evidenced by the basketball player who **dribbles** down court / while paying attention to a **teammate** off to the side, / just before she throws a perfect pass without looking. 18 모의

213 뇌의 특성

어휘 학습 ▶ p. 244

[1] It's difficult to remember last week's lunch / because your brain has **filed** it **away** with all the other lunches you've ever eaten / as just another lunch. [2] The memory of last Wednesday's lunch isn't necessarily gone; / it's that you lack the right **hook** / to pull it out of a sea of lunchtime memories. [3] But a wine that talks: That's unique. [4] It's a memory without **rivals**. 18 수능

210

[1] 기술적 진보가 / 지방과 지역, 그리고 전 세계의 교통망이 폭발적으로 확대되는 토대를 제공했고 / 여행을 더 빠르고, 더 쉽고, 더 값싸게 만들었다. [2] 이것은 관광객을 창출하고 받아들이는 새로운 지역을 만들어 냈을 뿐만 아니라 / 여타의 많은 변화를 유발했다 / 숙박 시설 같은 관광 산업 기반 시설에서. [3] 그 결과 / 교통 기반 시설과 서비스의 이용 가능성이 / 관광 산업의 기본적인 전제 조건으로 간주되어 왔다.

☐ prompt 유발하다, 촉발하다 ☐ a host of 많은, 다수의 ☐ fundamental 기본적인, 근본적인

211

2008년에 / 미국의 음식과 와인 비평가들은 / 예일 대학교의 통계학자 한 명 및 스웨덴 경제학자 두 명과 한 팀을 이루었다 / 병당 1.65달러에서 150달러에 이르는 와인에 대한 수천 가지의 블라인드 시음의 결과를 연구하기 위해.

212

우리는 우리의 시선 안에 직접적으로 있지 않은 것들에도 주목할 수 있다 // 코트를 드리블해 가는 농구 선수에 의해 입증되듯이 / 한쪽에 떨어져 있는 팀 동료에게 신경쓰는 동안 / 그녀가 보지 않고 완벽한 패스를 하기 직전에.

213

[1] 지난주의 점심을 기억하는 것은 어렵다 / 여러분의 뇌가 여러분이 먹은 적이 있는 모든 다른 점심을 정리해 놓았기 때문에 / 그렇고 그런 평범한 점심으로. [2] 지난 수요일 점심에 대한 기억이 꼭 사라진 것은 아니다 / 여러분에게는 적절한 낚싯바늘이 없는 것이다 / 점심 시간의 기억이라는 바다로부터 그것(지난 수요일 점심)을 끄집어 낼 수 있는. [3] 하지만 말하는 와인, 그것은 유일무이하다. [4] 그것은 경쟁자가 없는 기억이다.

☐ just another 그렇고 그런 평범한

214 이상적인 거래

어휘 학습 p. 245

[1] So far as you are wholly concentrated on bringing about a certain result, / clearly the quicker and easier it is brought about the better. [2] Your **resolve** to secure a sufficiency of food for yourself and your family / will induce you to spend **weary** days in **tilling** the ground and tending livestock; / but if Nature provided food and meat in abundance ready for the table, / you would thank Nature for **sparing** you much labor / and consider yourself so much the better off. [3] An executed purpose, in short, is a transaction / in which the time and energy spent on the execution are balanced against the resulting **assets**, // and the ideal case / is one in which the former **approximates** to zero and the latter to infinity. [4] Purpose, then, justifies the efforts it exacts only **conditionally**, / by their fruits. 11 수능

215 생각에 도움을 주는 여행

어휘 학습 p. 245

[1] Journeys are the **midwives** of thought. [2] Few places are more **conducive** to internal conversations / than a moving plane, ship, or train. [3] There is an almost peculiar correlation / between what is in front of our eyes and the thoughts we are able to have in our heads: // large thoughts at times requiring large views, new thoughts new places. [4] **Introspective** reflections which are liable to **stall** / are helped along by the flow of the landscape. [5] The mind may be reluctant to think properly / when thinking is all it is supposed to do. [6] The task can be as paralyzing as having to tell a joke or **mimic** an accent on demand. [7] Thinking improves / when parts of the mind are given other tasks, are charged with listening to music or following a line of trees. 11 수능

214

[1] 당신이 어떤 결과를 만들어 내는 데 전적으로 집중하는 한 / 그 결과가 더욱더 빨리 그리고 더욱더 쉽게 만들어진다는 것이 더 좋다는 것은 분명하다. [2] 당신 자신이나 가족을 위해 충분한 음식을 확보하려는 결의는 / 당신으로 하여금 땅을 갈고 가축을 돌보는 데 지치게 하는 날들을 보내도록 유인한다 / 그러나 자연이 식탁에 차려질 음식과 고기를 충분히 제공한다면 / 당신은 많은 노동을 하지 않는 것에 대해 자연에게 감사해 하고 / 스스로 훨씬 더 낫다고 여길 것이다. [3] 요컨대 수행된 목적은 거래이다 / 그 거래에서 수행하는 데 소비된 시간과 에너지가 결과로 나타난 자산과 균형을 이루는 // 그리고 이상적인 경우는 / 전자(前者)가 0에 가깝고, 후자(後者)는 무한대에 가까운 경우이다. [4] 그러면 목적은 단지 조건부로 요구한 노력을 정당화하게 된다 / 노력의 결실로 인해.

□ so far as ~하는 한 □ secure 확보[획득]하다 □ induce 꾀다, 권유하다 □ transaction 거래
□ execution 실행, 수행 □ exact 요구하다, 받아내다

215

[1] 여행은 생각의 산파(産婆)이다. [2] 내면적인 대화에 더 도움이 되는 장소는 거의 없다 / 움직이는 비행기, 배 혹은 기차보다. [3] 대개 특이한 상관관계가 있다 / 우리 눈앞에 있는 것과 우리가 머릿속에서 생각할 수 있는 사고 사이에는 // 그것은 때때로 넓은 시각을 요구하는 넓은 사고, 새로운 장소를 요구하는 새로운 사고이다. [4] 미루기 쉬운 자아 성찰적 반성은 / 풍경의 흐름에 따라 촉진된다. [5] (인간의) 정신은 올바로 생각하는 것을 꺼릴지도 모른다 / 생각하는 것이 해야 할 일의 전부일 때. [6] 그 일은 농담을 해야 하거나 혹은 요구대로 말씨를 따라해야 하는 것처럼 무력하게 할 수도 있다. [7] 사고는 향상된다 / 정신의 일부에게 다른 일이 주어지거나 그것이 음악을 듣거나 가로수를 따라 걷는 일로 가득 채워질 때.

□ correlation 상관관계 □ be liable to ~하기 쉽다 □ help along (사람을) 도와서 나아가게 하다, (일을) 촉진시키다
□ paralyze 무력[무능]하게 하다, 마비 상태로 만들다 □ be charged with ~로 가득 차 있다

√ 어휘는 문맥 속에서 학습하자!

Learning vocabulary ***in context*** means that you learn new words when you are reading or listening. Many learners try to memorize a list of individual words. The fact is that learning isolated word without context is just waste of time and effort.

- *basicenglishspeaking.com*

문맥 속에서 어휘를 학습하는 것은 읽거나 들으면서 새로운 단어를 배우는 것을 의미합니다.
많은 학습자들이 개별 단어 목록을 암기하려고 합니다.
문맥 없이 단어만 외우는 것은 시간과 노력의 낭비일 뿐입니다.

Special Section

듣기 평가에 나오는 어휘

듣기 평가에 나오는 어휘

구어체에 많이 쓰이는 표현들을 정확히 알고 있어야 한 번 듣고 빠르게 판단할 수 있다.

□1 **absolutely** [æbsəlùːtli]	부 **그럼, 물론이지** (강한 동의·허락); **전적으로**	A: Can I pay by credit card? 신용카드로 지불해도 됩니까? B: **Absolutely**. **물론이지요**. (수능)
□2 **accidentally** [æ̀ksidéntəli]	부 **우연히, 뜻하지 않게** (by chance) • **accidental** 우연한, 돌발적인	to **accidentally** leave the document on the table **뜻하지 않게** 서류를 테이블 위에 두다 (수능)
□3 **accommodations** [əkɑ̀mədéiʃənz]	명 **숙박 시설** • **accommodate** 공간을 제공하다, 수용하다	to take care of the **accommodations** **숙박 시설**을 관리하다 (수능)
□4 **achievement** [ətʃíːvmənt]	명 **업적; 성취** • **achievable** 성취할 수 있는	We're very proud of our **achievements**. 우리는 우리의 **업적**이 매우 자랑스럽습니다. (수능)
□5 **activate** [ǽktəvèit]	동 **활성화하다** • **active** 활동적인, 적극적인	to **activate** superhero cells 슈퍼히어로 세포를 **활성화하다** (모의)
□6 **actually** [ǽktʃuəli]	부 **사실, 실제로** • **actuality** 실제, 현실	It was **actually** quite fun. 그건 **사실** 상당히 재미있었어.
□7 **adapt** [ədǽpt]	동 **적응하다**(adjust); **맞추다, 조정하다**(modify) • **adaptation** 각색, 적응	to **adapt** to run over ice 얼음 위에서 달릴 수 있도록 **적응하다** (수능)
□8 **addiction** [ədíkʃən]	명 **중독** • **addict** 중독자	cellphone **addiction** 휴대전화 **중독** (수능)
□9 **additionally** [ədíʃənəli]	부 **또한, 게다가** • **additional** 추가의(extra)	**Additionally**, the deadline for submission is November 30th. **또한**, 제출 마감일은 11월 30일입니다. (수능)

[set 44]

☐ 10 **admission fee**	**입장료** tuition fees 수업료 taxi fares 택시 요금 advertising rates 광고료 admission charges 입장료	a 50% discount on the **admission fee** **입장료** 50% 할인 (모의)
☐ 11 **admission ticket**	**입장권** • **admittance** 입장 허가	to buy **admission tickets** **입장권**을 사다 (수능)
☐ 12 **advertisement** [ædvərtáizmənt]	명 **광고** • **advertise** 광고하다 • **advertiser** 광고주	Look at this **advertisement**! 이 **광고** 좀 봐! (수능)
☐ 13 **after-school program**	**방과 후 학교 프로그램** curriculum 교육 과정	to develop an **after-school program** **방과 후 학교 프로그램**을 개발하다 (수능)
☐ 14 **aim** [eim]	명 **목표, 조준** 동 **목표로 하다, 겨누다**	to **aim** to keep people informed 사람들에게 정보를 제공하는 것을 **목표로 하다** (수능)
☐ 15 **aircraft** [ɛ́ərkræ̀ft]	명 **항공기** flight attendant 항공기 승무원	to bring over 100 **aircrafts** in total 총 100대가 넘는 **항공기**를 가져오다 (모의)
☐ 16 **airfare** [ɛ́ərfɛ̀ər]	명 **항공료**	to include **airfare** **항공료**를 포함하다 (수능)
☐ 17 **all of a sudden**	**갑자기**(suddenly)	to need an elctronic dictionary *all of a sudden* **갑자기** 전자사전을 필요로 하다 (수능)
☐ 18 **amazing** [əméiziŋ]	형 **놀라운**	an **amazing** achievement **놀라운** 업적 (수능)
☐ 19 **amusement park**	**놀이공원**	to take her to the **amusement park** 그녀를 **놀이공원**에 데려가다 (수능)

▢20 **animal shelter**	**동물 보호소**	to raise money for **animal shelters** **동물 보호소**를 위한 모금을 하다 (모의)
▢21 **ankle** [ǽŋkl]	명 **발목**	an **ankle** injury **발목** 부상
▢22 **anniversary** [æ̀nəvə́ːrsəri]	명 **기념일**	to celeberate the 500th **anniversary** of the salt mine's opening 소금 광산의 개장 500주년 **기념**을 축하하다 (모의)
▢23 **announcement** [ənáunsmənt]	명 **공지, 발표**	an **announcement** about today's game 오늘 경기에 대한 **공지** (수능)
▢24 **antique item**	**골동품**	an exhibition of **antique items** **골동품** 전시회 (수능)
▢25 **anti-virus software**	**바이러스 방지 소프트웨어**	to update the **anti-virus software** **바이러스 방지 소프트웨어**를 업데이트 하다 (수능)
▢26 **apologize** [əpɑ́lədʒàiz]	동 **사과하다** • **apology** 사과	I **apologize** on behalf of our company. 저희 회사를 대신해서 **사과드립니다.** (수능)
▢27 **appointment** [əpɔ́intmənt]	명 **예약, 약속**	10 minutes before the **appointment** **예약** 시간보다 10분 일찍 (수능)
▢28 **article** [ɑ́ːrtikl]	명 **기사, 글**	a magazine **article** 잡지 **기사** (수능)
▢29 **as scheduled**	**예정대로**	next weekend *as scheduled* **예정대로** 다음 주말에 (모의)

▢30 **as usual**	**늘 그렇듯이, 평상시처럼**	*As usual*, he was the last to arrive. **평상시처럼** 그가 가장 늦게 도착했다.
▢31 **assistance** [əsístəns]	명 **도움, 조력** • **assistant** 조수, 보조원	to want **assistance** **도움**을 원하다 (수능)
▢32 **auditorium** [ɔ̀:ditɔ́:riəm]	명 **강당; 객석**	school **auditorium** 학교 **강당** (모의)
▢33 **autograph** [ɔ́:təgræ̀f]	명 (유명인의) **사인** 동 **사인을 해주다**	an **autograph** event **사인** 행사 (모의)
▢34 **award** [əwɔ́:rd]	명 **상, 상금**	to win the 'Best Rice **Award**' '최고의 쌀' **상**을 수상하다 (수능)
▢35 **awesome** [ɔ́:səm]	형 **경탄할만한, 굉장한** • **awe** 경외감, 외경심	A: I designed it myself. 그건 내가 디자인했어. B: **Awesome**. **정말 멋지구나**. (수능)
▢36 **awfully** [ɔ́:fəli]	부 **정말, 몹시**(terribly)	**awfully** pale **매우** 창백한 (수능)
▢37 **backup** [bǽkəp]	명 **예비품, 백업**	to have a **backup** **예비품**을 갖추다 (수능)
▢38 **backyard** [bǽkjɑ̀rd]	명 **뒤뜰**	to grow tomatoes in his **backyard** 그의 **뒤뜰**에서 토마토를 재배하다 (수능)
▢39 **bandage** [bǽndidʒ]	명 **붕대** 동 **붕대를 감다**	to **bandage** a wound 상처에 **붕대를 감다**
▢40 **banner** [bǽnər]	명 **현수막, 플래카드**	the **banner** on the wall 벽에 걸린 **현수막** (수능)

▢41 **be adapted for**	**~에 맞게 개조되다, ~에 적응되다**	Certain insects *are adapted for* hiding. 어떤 곤충들은 숨는 것**에 적응되었다.** (수능)
▢42 **be done**	**끝내다**	We'*re* all *done*. 우린 모두 **끝냈다.** (수능)
▢43 **be equipped with**	**갖추다**	to *be equipped with* weapons 무기를 **갖추고 있다** (수능)
▢44 **be fully recovered**	**완쾌되다** • **recovery** 회복	I'll *be fully recovered* in a few days. 며칠 지나면 **완전히 회복될** 거야. (모의)
▢45 **be held**	**개최되다**	It'll *be held* at Green Dove Park. 그건 Green Dove Park에서 **열릴** 거야. (수능)
▢46 **be loaded with**	**~이 충분이 있다**	Spinach *is loaded with* nearly every vitamin. 시금치에는 거의 모든 비타민이 **가득 들어 있다.** (모의)
▢47 **be qualified for**	**~에 자격이 있다**	to *be qualified for* that position 그 자리**에 자격이 있다** (수능)
▢48 **up and running**	**완전히 제대로 작동[운영]되는, 실행되는**	I'll be *up and running* in no time. 나는 곧 **나아서 활동하게** 될거야. (수능)
▢49 **beak** [biːk]	명 (새의) **부리**	narrow **beaks** 좁은 **부리** (수능)
▢50 **beforehand** [bifɔ́ːrhæ̀nd]	부 **미리, 사전에**(in advance)	to send the belongings home **beforehand** 소지품을 **미리** 집에 보내다 (수능)
▢51 **belongings** [bilɔ́(ː)ŋiŋz]	명 **소지품** • **belong** 속하다, ~의 것이다	to gather the **belongings** **소지품**을 챙기다 (수능)

☐ 52 **bend over**	허리를 숙이다	to *bend over* to pick up the box 상자를 들려고 **허리를 숙이다** (수능)
☐ 53 **beverage** [bévəridʒ]	명 음료	to provide a free **beverage** 무료 **음료**를 제공하다 (수능)
☐ 54 **bind** [baind]	동 제본하다, 묶다	to **bind** the photocopied parts 사진으로 복사한 부분을 **제본하다** (수능)
☐ 55 **blank** [blæŋk]	형 공백의, 백지의	a **blank** page **빈** 페이지 (수능)
☐ 56 **blood circulation**	혈액 순환 • **circulate** 순환하다	to help **blood circulation** to the heart 심장으로의 **혈액 순환**을 돕다 (수능)
☐ 57 **book** [buk]	동 예약하다(reserve)	to **book** a flight 항공편을 **예약하다** (수능)
☐ 58 **bookcase** [búkkèis]	명 책장	a built-in **bookcase** 붙박이 **책장**
☐ 59 **bookmark** [búkmὰːrk]	명 북마크, 즐겨찾기 동 북마크 하다, 즐겨찾기 해두다	to **bookmark** the favorite stories 좋아하는 이야기들을 **북마크하다** (수능)
☐ 60 **bother** [bάðər]	동 괴롭히다, 성가시게 하다 • **bothersome** 성가신	Is his back **bothering** him again? 그의 허리가 다시 그를 **괴롭히나요**? (수능)
☐ 61 **break down**	고장나다	My car *broke down*. 내 차가 **고장났다**. (수능)
☐ 62 **breathtaking** [bréθtèikiŋ]	형 숨이 멎을 정도로 멋진	the **breathtaking** pictures **숨이 멎을 듯한** 사진들 (수능)

□63 **briefcase** [brífkèis]	명 **서류 가방**	the boy who found your **briefcase** 당신의 **서류 가방**을 발견한 소년 (수능)
□64 **birthplace** [bə́rθplèis]	명 **탄생지, 발생지**	surprising **birthplaces** of everyday food 일상 음식의 놀라운 **탄생지** (수능)
□65 **brochure** [brouʃúər]	명 (안내·광고용) **책자**	to pick up some **brochures** **안내 책자** 몇 권을 집다 (수능)
□66 **bucket** [bʌ́kit]	명 **양동이**	a round **bucket** 둥근 **양동이** (모의)
□67 **build** [bild]	명 **체구**	to have the same **build** **체구**가 같다 (수능)
□68 **built-in** [bílt-ín]	형 **붙박이의, 내장의**	a **built-in** grinder **내장형** 분쇄기 (수능)
□69 **bulletin board**	**게시판**	to put on the **bulletin board** **게시판**에 올리다 (수능)
□70 **bullfighter** [búlfàitər]	명 **투우사**	when a **bullfighter** waves a red cape **투우사**가 붉은 망토를 흔들면 (수능)
□71 **bunny** [bʌni]	명 **토끼**	inside the hat in the **bunny**'s hand **토끼** 손에 있는 모자 안에 (수능)
□72 **business trip**	**출장**	on a **business trip** to Canada 캐나다로 **출장**중인 (수능)
□73 **by mistake**	**실수로**	to delete the pictures *by mistake* **실수로** 사진을 삭제하다 (수능)

□74 **campaign promise**	선거 공약	to work on some **campaign promises** **선거 공약**을 준비하다 (수능)
□75 **campsite** [kǽmpsàit]	명 **야영지**	to get to the **campsite** **야영지**에 가다 (수능)
□76 **cancel** [kǽnsəl]	동 **취소하다**	to **cancel** the order 그 주문을 **취소하다** (수능)
□77 **canned food**	통조림 식품	**canned foods** such as corn, peas 옥수수, 콩과 같은 **통조림 음식** (수능)
□78 **career** [kəríər]	명 (경력을 쌓아가는) **직업, 직장 생활**	future **career** 장래의 **직장 생활** (수능)
□79 **cartoon** [kaːrtúːn]	명 **만화** comic strip 신문 연재 만화	to draw **cartoons** **만화**를 그리다 (수능)
□80 **catalog** [kǽtəlɔ̀ːg]	명 **목록, 카탈로그**	to take a look at the **catalog** **목록**을 보다 (수능)
□81 **cartridge** [káːrtridʒ]	명 **카트리지**	the model number of the **cartridge** **카트리지**의 모델 번호 (수능)
□82 **ceiling** [síːliŋ]	명 **천장; 최대 한계**(상한)	a high **ceiling** 높은 **천장**
□83 **celebrate** [séləbrèit]	동 **기념하다, 축하하다**	to **celebrate** the defeat of an invading army 침략군의 격퇴를 **기념하다** (수능)
□84 **ceremony** [sérəmòuni]	명 **의식, 식** • **ceremonial** 의식의, 예식의	There'll be a **ceremony** for him. 그를 위한 **시상식**이 열릴 것이다. (수능)

☐ 85 **check out**	(도서관 등에서) **대출받다**	Right now the book is *checked out*. 지금 그 책은 **대출중입니다.** (수능)
☐ 86 **checkered pattern**	**체크 무늬**	the blanket with the **checkered pattern** **체크 무늬** 담요 (수능)
☐ 87 **cheer ... on**	**~을 응원하다** • **cheer** 환호성을 지르다 • **cheer up** 기운 내다(북돋우다)	Look at the crowd *cheering* you *on*! 관중들이 너를 **응원하는** 것을 봐! (수능)
☐ 88 **chemical reaction**	**화학 반응**	to try this **chemical reaction** experiment again 이 **화학 반응** 실험을 다시 하다 (수능)
☐ 89 **chemistry** [kémistri]	명 **화학**	the talent for **chemistry** **화학**에 대한 재능 (수능)
☐ 90 **chimney** [tʃímni]	명 **굴뚝**	the **chimney** on the house 집의 **굴뚝** (수능)
☐ 91 **choir** [kwáiər]	명 **합창단**	the school **choir** competition 학교 **합창단** 경연 대회 (모의)
☐ 92 **city council**	**시의회** • **council** 위원회, 협의회	We were asked by the **city council**. 우리는 **시의회**로부터 요청 받았습니다. (수능)
☐ 93 **class reunion**	**동창회**	our Ten Year **Class Reunion** Party 우리의 10주년 **동창회** 파티 (수능)
☐ 94 **clear up**	(날씨가) **개다**	It will *clear up* any time now. 곧 날씨가 **갤** 것입니다. (수능)

[set 46]

▢ 95 **coloring book**	칠하기 그림책	an expensive **coloring book** 값 비싼 **칠하기 그림책**
▢ 96 **come down with**	병에 걸리다	to *come down with* the flu 감기에 **걸리다** (수능)
▢ 97 **comfortable** [kʌ́mfərtəbl]	형 안락한, 편한	It looks **comfortable**. **안락해** 보여요. (수능)
▢ 98 **comment** [káment]	명 의견, 논평	based on your **comments** 여러분의 **의견**을 바탕으로 (모의)
▢ 99 **commercial break**	광고 시간	after the **commercial break** **광고 시간** 후에 (수능)
▢ 100 **competition** [kàmpitíʃən]	명 경쟁; 대회, 시합	a drone flying **competition** 드론 날리기 **대회** (수능)
▢ 101 **conference** [kánfərəns]	명 회의, 회담; 연맹	a design **conference** 디자인 **회의** (수능)
▢ 102 **confused** [kənfjú:zd]	형 혼란스러운	a little **confused** 약간 **혼란스러운** (수능)
▢ 103 **connecting flight**	연결 항공편	to wait for a **connecting flight** **연결 항공편**을 기다리다 (수능)
▢ 104 **considerate** [kənsídərit]	형 사려 깊은, 배려하는(thoughtful)	How **considerate** of you! 정말 **사려 깊으시군요**! (수능)
▢ 105 **contest** [kántest]	명 대회, 시합; 다툼 동 [kəntést] 경쟁을 벌이다	a singing **contest** 노래자랑 **대회**
▢ 106 **costume** [kástu:m]	명 의상	a **costume** designer **의상** 디자이너

☐ 107 **count on**	~을 믿다; ~에 의지하다	I can always *count on* you. 전 항상 당신을 **믿을** 수 있어요. (모의)
☐ 108 **co-worker** [kóuwə̀ːrkər]	[명] (직장) **동료**	He gets along with all his **co-workers**. 그는 자기 **직장 동료**들과 잘 어울려.
☐ 109 **craft** [kræft]	[명] **공예품; 기교**	a **craft** workshop 공방
☐ 110 **crispy** [kríspi]	[형] **바삭한**	**crispy** on the outside and soft on the inside 겉은 **바삭하고** 속은 부드러운 (모의)
☐ 111 **crop failure**	**흉작**	the **crop failure** of potatoes 감자의 **흉작** (수능)
☐ 112 **curl up**	**웅크리다**	to **curl up** to your side 옆으로 **웅크리다** (수능)
☐ 113 **cutting board**	**도마**	a **cutting board** with a handle 손잡이가 있는 **도마** (수능)
☐ 114 **dairy** [dέ(ː)əri]	[형] **유제품의**	**dairy** products 유제품 (모의)
☐ 115 **daycare** [déikɛər]	[명] **보육 시설, 주간 보호 시설**	to take my daughter to **daycare** 내 딸을 **어린이집**에 데려다 주다 (수능)
☐ 116 **decorate** [dékərèit]	[동] **장식하다**	to **decorate** a Christmas tree 크리스마스 트리를 **장식하다** (수능)
☐ 117 **dedicated** [dédikèitid]	[형] **전념하는, 헌신적인**(committed)	a really **dedicated** teacher 대단히 **헌신적인** 선생님 (수능)

☐ 118 **definitely** [défənitli]	부 **분명히, 확실히; 절대로**	A: Isn't she cute? 그녀는 귀엽지 않니? B: **Definitely**. **물론이지.**
☐ 119 **delete** [dilíːt]	동 **삭제하다, 지우다**	to **delete** unnecessary data 필요없는 자료를 **지우다**
☐ 120 **delivery** [dilívəri]	명 **배달; 분만**	**delivery** by animal 동물에 의한 **배달** (수능)
☐ 121 **dental surgery**	**치과 수술**	**dental surgery** scheduled in the morning 오전에 예정되어 있는 **치과 수술** (수능)
☐ 122 **department** [dipáːrtmənt]	명 **부서**	the **department** workshop **부서** 워크샵 (수능)
☐ 123 **departure** [dipáːrtʃər]	명 **출발** • **depart** 출발하다, 떠나다	**departure** time **출발** 시간 (수능)
☐ 124 **depot** [díːpou]	명 (대규모) **창고**	Lakewood Furniture **Depot** Lakewood 가구 **창고** (모의)
☐ 125 **desert** [dézərt]	명 **사막**	vast **deserts** 광활한 **사막** (수능)
☐ 126 **device** [diváis]	명 **장치, 기기**	media **devices** 미디어 **기기**
☐ 127 **dinosaur** [dáinəsɔ̀ːr]	명 **공룡**	**dinosaur** footprints **공룡** 발자국
☐ 128 **disappear** [dìsəpíər]	동 **사라지다, 실종되다**	to make things **disappear** 물건을 **사라지게** 하다 (수능)

129 **discovery** [diskʌ́vəri]	명 **발견** • **discover** 발견하다, 찾다	the Winter **Discovery** Camp 겨울 **발견** 캠프 (수능)
130 **discuss** [diskʌ́s]	동 **토론하다, 상의하다** • **discussion** 토론	to **discuss** Kant's book Kant의 책에 대해 **토론하다** (수능)
131 **distracted** [distrǽktid]	형 **주의가 산만한** • **distract** 집중이 안 되게 하다	I was **distracted** by my computer. 컴퓨터에 **주의가 산만해졌어.** (모의)
132 **do the dishes**	**설거지를 하다**	You could *do the dishes*. **설거지를 하셨으면** 합니다. (수능)
133 **do the make-up**	**분장하다**	to *do the make-up* for the actors 배우들에게 **분장해 주다** (모의)
134 **do-it-yourself**	형 (수리·조립을) **스스로 하는, 손수하는**	**do-it-yourself** activities **손수 만드는** 활동 (수능)
135 **dormitory** [dɔ́:rmitɔ̀:ri]	명 **기숙사**	to live in a **dormitory** **기숙사**에서 생활하다 (수능)
136 **dried food**	**건조 식품**	**dried foods** such as rice, cereal 쌀, 시리얼과 같은 **건조 식품** (수능)
137 **drop by**	**잠시 들르다**(stop by)	to *drop by* the library 도서관에 **잠깐 들르다** (수능)
138 **drop off**	**맡기다** (↔ pick up 찾아가다)	my son's soccer shoes I *dropped off* last week 지난 주에 **맡긴** 아들의 축구화 (수능)
139 **dry cleaner's shop**	**세탁소**(laundry)	to stop by the **dry cleaner's shop** **세탁소**에 잠시 들르다 (수능)
140 **due** [dju:]	형 **만기가 된, ~하기로 되어 있는**	The books are **due** today. 책들을 오늘까지 **반납해야 한다.** (수능)

▢ 141 **easygoing** [ì:zigóuiŋ]	형 **만사태평한**	**easygoing** and social **만사태평**하고 사교적인 (수능)
▢ 142 **edit** [édit]	동 **편집하다, 수정하다**	to **edit** the newspaper 신문을 **편집하다** (모의)
▢ 143 **electronics** [ilèktrάniks]	명 **전자제품** • **electricity** 전기 • **electronic dictionary** 전자사전 • **electrical wiring** 전선 • **electronical hydro** 수력 전기	to offer a 50% discount on certain **electronics** 특정 **전자제품**에 대해 50% 할인을 제공하다 (수능)
▢ 144 **emergency** [imə́:rdʒənsi]	명 **비상시, 비상 사태**	in **emergencies** **비상시**에 (수능)
▢ 145 **emperor** [émpərər]	명 **황제** • **empire** 제국, 왕국	a Roman **emperor** 로마 **황제** (수능)
▢ 146 **enter** [éntər]	동 **출전하다, 들어가다** • **entry** 입장, 가입 • **entrance** 입구, 문	to **enter** the competition 대회에 **참가하다** (수능)
▢ 147 **enthusiastic** [inθjù:ziǽstik]	형 **적극적인, 열성적인** • **enthusiasm** 열정, 열성	**enthusiastic** about improving the environment 환경을 개선하는 일에 대해 **적극적인** (수능)
▢ 148 **envy** [énvi]	명 **부러움, 선망** 동 **부러워하다** • **envious** 부러워하는	I **envy** you. 네가 **부러워.** (수능)
▢ 149 **equipment** [ikwípmənt]	명 **장비, 용품** • **equip** 장비를 갖추다 + furnish 비치하다, 제공하다 gear (특정 활동에 필요한) 장비, 복장	various **equipment** for extinguishing fires 화재 진화를 위한 다양한 **장비** (수능)

150 **exchange** [ikstʃéindʒ]	명 **교환** 동 **교환하다**	the Chicago Student **Exchange** Program 시카고 학생 **교환** 프로그램 (수능)
151 **exhibition** [èksəbíʃən]	명 **전시회, 전시**	the Renaissance **exhibition** 르네상스 **전시회** (수능)
152 **extension cord**	(전기 기구용) **연장 코드**	a website that sells **extension cords** **전기 확장용 코드**를 판매하는 웹사이트 (수능)
153 **extinguish** [ikstíŋgwiʃ]	동 (불을) **끄다, 진화하다**	to **extinguish** a candle 촛불을 **끄다**
154 **extra** [ékstrə]	형 **추가의**(additional)	to stay an **extra** night 하룻밤 **더** 머물다 (수능)
155 **eye-opening**	형 **놀랄만한, 괄목할 만한**	an **eye-opening** experience **놀랄만한** 경험 (수능)
156 **failure** [féiljər]	명 **고장**(breakdown); **실패**	to lead to component **failure** 부품 **고장**으로 이어지다 (수능)
157 **fan** [fæn]	명 **송풍기**	Dust sticks to the **fan**. 먼지가 **송풍기**에 들러붙는다. (수능)
158 **farewell party**	**송별회**	a surprise **farewell party** 깜짝 **송별회** (수능)
159 **fascinating** [fǽsənèitiŋ]	형 **매혹적인, 멋진**	the most **fascinating** of all delivery animals 모든 배달 동물 중에서 가장 **매혹적인** 동물 (수능)
160 **fate** [feit]	명 **운명, 숙명** • **fateful** 운명적인	to avoid this **fate** 이러한 **운명**을 피하다 (수능)

[set 47]

▢ 161 **fatty** [fǽti]	형 **기름진**	**fatty** foods **기름진** 음식 (모의)
▢ 162 **fence** [fens]	명 **울타리, 담**	near the **fence** **울타리** 근처에 (수능)
▢ 163 **fire station**	**소방서**	to report a fire to the **fire station** **소방서**에 화재신고를 하다
▢ 164 **fire truck**	**소방차**	to check out the **fire trucks** **소방차**를 확인하다 (수능)
▢ 165 **fireplace** [fáiərplèis]	명 **벽난로**	two candles on the **fireplace** **벽난로** 위의 양초 두 개 (수능)
▢ 166 **fireworks** [fáiərwə:rks]	명 **불꽃놀이**	International **Fireworks** Festival 국제 **불꽃놀이** 축제 (수능)
▢ 167 **first draft**	**초고, 초안**	to review the **first draft** **초안**을 검토하다 (모의)
▢ 168 **first-aid kit**	**구급 상자** • **aid** 지원; 돕다	to get the **firat-aid kit** **구급 상자**를 가져오다 (수능)
▢ 169 **fishing rod**	**낚싯대**	our own **fishing rod** 우리들 각자의 **낚싯대** (모의)
▢ 170 **flood** [flʌd]	명 **홍수; 쇄도**	natural disasters like **floods** **홍수**와 같은 자연 재해 (수능)
▢ 171 **floor lamp**	**전기 스탠드**	a **floor lamp** for my living room 내 거실용 **전기 스탠드** (수능)
▢ 172 **flower pot**	**화분** bloom 꽃이 피다 blossom 꽃; 꽃이 피다	the **flower pot** in front of the window 창문 앞에 있는 **화분** (수능)

173 **fluent** [flúːənt]	형 **유창한, 능숙한** • **fluency** 유창성, 능숙도	**fluent** in French 불어에 **능숙한** 수능
174 **flyer** [fláiər]	명 **광고 전단**	to hand out **flyers** **광고 전단**을 나눠주다
175 **folding chair**	**접이식 의자**	**folding chairs** for outdoor use 야외용 **접는 의자** 모의
176 **footstep** [fútstèp]	명 **발소리, 발자국**	**footsteps** in the snow 눈 위의 **발자국**
177 **formation** [fɔːrméiʃən]	명 **대형, 편대**	in fantastic **formation** 환상적인 **대형**으로 모의
178 **free gift**	**사은품**	Each set comes with a **free gift**. 세트마다 **사은품**이 있습니다. 모의
179 **free of charge**	**무료로**(at no cost)	to borrow equipment *free of charge* 기기를 **무료로** 빌리다 수능
180 **fridge** [frídʒ]	명 **냉장고**	eggs in the **fridge** **냉장고** 안의 계란들 수능
181 **fruit-picking**	**과일 따기**	a **fruit-picking** program **과일 따기** 프로그램 수능
182 **geography** [dʒiágrəfi]	명 **지리학; 지리** • **geographical** 지리적인	**geography** class **지리** 수업 모의
183 **get accepted**	**입학 허가를 받다**	I *got accepted* to the school. 나 그 학교에 **합격했어**. 수능
184 **get over**	**극복하다**(overcome)	to *get over* this problem 이 문제를 **극복하다** 수능

▢ 185 **get the most out of**	**~을 최대한 사용하다** utmost 최고의	You'll *get the most out of* your day. 너의 하루를 **최대한 활용하게** 될 것이다. (모의)
▢ 186 **get things unpacked**	**짐을 풀다**	Why don't we *get things* unpacked? 짐을 **푸는** 게 어떻겠니? (수능)
▢ 187 **gift certificate**	**상품권**	to give away $10 **gift certificates** 10달러 **상품권**을 주다 (수능)
▢ 188 **ginger** [dʒíndʒər]	명 **생강**	ground **ginger** 다진 **생강**
▢ 189 **give away**	**나눠주다**	to *give away* gifts 선물을 **나눠주다** (모의)
▢ 190 **go on air**	**방송하다(broadcast)**	to *go on air* in 30 minutes 30분 후 **방송에 출연하다** (모의)
▢ 191 **go over**	**~을 검토[점검]하다**	to *go over* what's prepared 준비한 것을 **검토해 보다** (수능)
▢ 192 **goods** [gudz]	명 **상품, 물품**	sporting **goods** 스포츠 **상품** (수능)
▢ 193 **graduation** [grӕ̀dʒuéiʃən]	명 **졸업** • **graduate** 졸업하다	to **graduate** from high school 고등학교를 **졸업하다** (수능)
▢ 194 **green-stained**	**녹색 얼룩이 진** • **stain** 얼룩지게 하다	**green-stained** hands **녹색 얼룩이 진** 양손 (수능)
▢ 195 **grill** [gril]	명 **그릴, 석쇠**	Put the **grill** next to the garden lamp. 정원 램프 옆에 **그릴**을 놓아라. (수능)

듣기 평가에 나오는 어휘

□ 196 **grinder** [gráindər]	명 **분쇄기**	a coffee **grinder** 커피 **분쇄기**
□ 197 **hair salon**	**미용실**	the name of the **hair salon** 그 **미용실**의 이름 (수능)
□ 198 **handle** [hǽndl]	명 **손잡이**	to turn the **handle** **손잡이**를 돌리다
□ 199 **handlebar** [hǽndəlbɑ̀ːr]	명 (자전거) **핸들**	a basket attched to the **handlebars** **핸들**에 달린 바구니 (수능)
□ 200 **handmade** [hǽndméid]	형 **수제의**	the **handmade** cookies **수제** 쿠키 (모의)
□ 201 **hands-on**	형 **직접 해보는**	**hands-on** activities **직접 해보는** 활동들 (수능)
□ 202 **handy** [hǽndi]	형 **유용한, 편리한**	**handy** to carry 가지고 다니기 **편한** (수능)
□ 203 **hardwood** [hɑ́ːrdwud]	명 **단단한 목재**	**hardwood** from local trees 그 지역의 나무에서 나는 **단단한 목재** (수능)
□ 204 **have no choice but to**	**~하지 않을 수 없다**	to *have no choice but to* drop by the office 사무실에 잠깐 들르는 **수 밖에 없다** (수능)
□ 205 **hesitate** [hézətèit]	동 **주저하다, 망설이다** • **hesitant** 망설이는	to **hesitate** about whether he should talk first 그가 먼저 말을 해야 할지에 대해 **주저하다** (수능)
□ 206 **hide** [haid]	동 **숨기다, 숨다** ➕ refuge 피난, 도피(처) burrow 굴을 파다; 굴	to **hide** the candy 사탕을 **숨기다** (수능)

207 **hippo** [hípou]	명 **하마**	My topic is **hippos**. 내 연구 주제는 **하마**야. (수능)
208 **home appliance**	**가정용 전자제품**	**Home appliances** are on sale this week. **가정용 전자제품들**을 이번 주에 할인판매 한다. (수능)
209 **hopefully** [hóupfəli]	부 **바라건대**	**Hopefully**, you can come next time. **바라건대**, 다음번에는 오세요. (수능)
210 **housewarming** [háuswɔ̀ːrmiŋ]	명 **집들이**	a **housewarming** gift **집들이** 선물 (수능)
211 **huge** [hjuːdʒ]	형 **엄청난, 거대한**(enormous, vast)	a **huge** help **엄청난** 도움 (수능)
212 **hunger** [hʌ́ŋgər]	명 **굶주림, 기아**(starvation)	extreme **hunger** 극심한 **굶주림** (수능)
213 **flatter** [flǽtər]	동 **아첨하다, 알랑거리다** • **flattery** 아첨, 아부	*I'm falttered.* **과찬의 말씀입니다.** (수능)
214 **import** [impɔ́ːrt]	동 **수입하다** 명 [ímpɔːrt] **수입**	to **import** camels from the Middle East 중동에서 낙타를 **수입하다** (수능)
215 **impress** [imprés]	동 **깊은 인상을 주다**	I was **impressed** by how active the class was. 저는 수업이 아주 활기차서 **깊은 인상을 받았어요**. (수능)
216 **improper** [imprάpər]	형 **부적절한, 올바르지 않은**	an **improper** posture **부적절한** 자세 (수능)

□217 **in advance**	미리(beforehand)	to buy tickets **in advance** **미리** 표를 사다 (수능)
□218 **in charge of**	~을 맡고 있는 ➕ take charge of ~을 떠맡다, 돌보다	*in charge of* organizing the Terra Flea Market Terra 벼룩시장을 조직하는 일을 **맡고 있는** (수능)
□219 **in person**	직접, 몸소	to express my thanks *in person* 내 고마운 마음을 **직접** 표현하다 (수능)
□220 **in turn**	결국; 차례차례	This, *in turn*, helps draw their attention to you. 이것은, **결국**, 여러분에게 그들의 주목을 끌어들이는 데 도움을 줍니다. (수능)
□221 **incorrect** [ìnkərékt]	형 부정확한	**incorrect** data **부정확한** 자료 (모의)
□222 **independent** [ìndipéndənt]	형 자립적인, 독립적인	to learn to be more **independent** 보다 **자립적이** 되는 법을 배우다 (수능)
□223 **informative** [infɔ́ːrmətiv]	형 유익한, 유용한 정보를 주는	The articles are very **informative**. 기사들이 매우 **유익해요**. (수능)
□224 **innocence** [ínəsəns]	명 결백, 순수; 무죄 • **innocent** 결백한, 무죄의	to symbolize **innocence** **결백**을 상징하다 (수능)
□225 **installment plan**	할부 판매	to take advantage of the **installment plan** **할부 판매**를 이용하다 (수능)
□226 **instructor** [instrʌ́ktər]	명 강사 • **instructional** 교육의	to take lessons from an **instructor** 한 **강사**에게 레슨을 받다 (수능)
□227 **interest-free**	무이자의	It's **interest-free**. 그건 **무이자**예요. (수능)

228 **intersection** [ìntərsékʃən]	명 **교차로** junction ((영)) 교차로; 합류점	Turn right at that **intersection**. 저 **교차로**에서 우회전 해. 수능
229 **invention** [invénʃən]	명 **발명품, 발명** • **inventive** 창의적인	to make **inventions** **발명품**을 만들다 수능
230 **invitation** [ìnvitéiʃən]	명 **초대, 초대장**	a wedding **invitation** 결혼식 **초대** 모의
231 **juicy** [dʒúːsi]	형 **즙이 많은**	**juicy** pineapples **즙이 많은** 파인애플 수능
232 **knit** [nit]	동 **뜨개질하다**	to **knit** a hat 모자를 **뜨다** 수능
233 **know-how** [nóʊhàʊ]	명 **비결, 노하우**	That's the **know-how** I've got. 그게 내가 습득한 **비결**이야. 수능
234 **lakeside** [léiksàid]	명 **호숫가**	a **lakeside** cabin **호숫가** 통나무집 모의
235 **laundry room**	**세탁실**	to clean the **laundry room** **세탁실**을 청소하다 수능
236 **leading actor**	**주연 배우**	the **leading actors** of genius 천재적인 **주연 배우들** 수능
237 **lecture** [léktʃər]	명 **강좌, 강연**	a special **lecture** 특별 **강좌** 수능
238 **LED**	명 **발광 다이오드** (Light Emitting Diode)	**LED** bulbs **LED** 전구 수능
239 **legendary** [lédʒəndèri]	형 **전설적인** • **legend** 전설	**legendary** pilots **전설적인** 조종사들 모의

□ 240 **lend** [lend]	동 **빌려주다** ⊕ loan 대출(금); 대여 mortgage [mɔ́ːrgidʒ] (담보) 대출(금)	to **lend** one of his suits 그의 정장 중 한 벌을 **빌려주다** 수능
□ 241 **lessen** [lésn]	동 (크기·강도 등이) **줄다[줄이다]** (diminish)	to **lessen** the stress 스트레스를 **줄이다** 수능
□ 242 **level-appropriate**	**수준에 맞는**	a **level-appropriate** English book **수준에 맞는** 영어책 수능
□ 243 **life cycle**	**생애 주기, 생활 주기**	the **life cycles** of insects 곤충의 **생애 주기** 수능
□ 244 **lifespan** [láifspæ̀n]	명 **수명**	a short **lifespan** 짧은 **수명** 모의
□ 245 **lightening bolt**	**번개**	*a lightening bolt out of the blue* **예상 밖의 일, 청천벽력** 수능
□ 246 **line** [lain]	명 (특정 목적을 갖고 하는) **말,** (연극) **대사**	the **lines** of communication 의사소통의 **몇 마디** 수능
□ 247 **link** [liŋk]	명 **관련(성)**	the possible **link** between blood type and personality 혈액형과 성격과의 가능한 **관련성** 수능
□ 248 **literature** [lítərətʃər]	명 **문학**	a **literature** class **문학** 수업 수능
□ 249 **log** [lɔːg]	명 **통나무**	to lie straight on your side like a **log** **통나무**처럼 똑바로 옆으로 눕다 수능
□ 250 **look up**	(사전에서) **찾다; 올려다보다**	to **look up** new words in the dictionary 사전에서 새로운 단어를 **찾다** 수능

[set 49]

▢ 251 **lost and found**	분실물 보관소	to contact the **lost and found** **분실물 보관소**에 연락하다 (수능)
▢ 252 **lounge** [láundʒ]	(명) 로비, 휴게실	the transit **lounge** at the airport 공항 환승 **라운지**
▢ 253 **luggage** [lʌ́gidʒ]	(명) 여행 가방, (여행용) 짐	to pack the blankets in the **luggage** 담요를 **여행 가방**에 싸다 (모의)
▢ 254 **magical** [mǽdʒikəl]	(형) 아주 멋진, 황홀한	to have a **magical** night **아주 멋진** 밤을 보내다 (수능)
▢ 255 **magnet** [mǽgnit]	(명) 자석 • **magnetism** 자성, 자력	a souvenir **magnet** 기념품용 **자석** (수능)
▢ 256 **major in**	전공하다(specialize in)	to *major in* art 미술을 **전공하다** (수능)
▢ 257 **make a big difference**	큰 차이를 만들다, 큰 영향을 미치다	Your small actions can *make a big difference*. 당신의 작은 행동이 **큰 영향을 미칠 수 있습니다**. (수능)
▢ 258 **make a mess**	어지르다, 엉망으로 만들다	Don't *make a mess*. **어지럽히지** 마. (모의)
▢ 259 **make it**	성공하다; 참석하다	not able to *make it* this week 이번 주는 **참석할** 수 없는 (수능)
▢ 260 **make sense**	일리가 있다, 의미가 통하다	That *makes sense*. 그게 **일리가 있네**. (수능)
▢ 261 **make up with**	화해하다(reconcile with)	to *make up with* them after argument 말다툼 후 그들과 **화해하다** (수능)

262 **make-up game**	재경기 • **makeup** 구성; 화장품; 재시험	to play a **make-up game** **재경기**를 하다
263 **maple** [méipl]	명 **단풍나무**	**maple** cutting boards **단풍나무**로 만든 도마 (수능)
264 **mark** [mɑːrk]	동 **표시하다, 흔적을 내다** • **marking** 무늬, 표시 • **markedly** 뚜렷하게, 두드러지게	to **mark** the date 날짜를 **표시하다** (수능)
265 **MC** [émsìː]	명 **사회(자)**	the **MC** at the school festival 학교 축제의 **사회자** (수능)
266 **medical check-up**	의료 검진	a regular **medical check-up** 정기 **의료 검진** (모의)
267 **meet** [miːt]	동 (기대치를) **충족시키다,** (기한을) **지키다** gratify (욕구 등을) 충족시키다	to **meet** the expectations 기대를 **충족시키다** (수능)
268 **mentor** [méntɔːr]	명 **지도자**	a volunteer **mentor** 자원봉사 **지도자** (수능)
269 **messy** [mési]	형 **어질러진** • **messiness** 어질러진 상태	a **messy** kitchen **지저분한** 부엌
270 **mine** [máin]	명 **광산; 지뢰**	a salt **mine** 소금 **광산** (모의)
271 **misunderstanding** [mìsʌndərstǽndiŋ]	명 **오해, 착오**	I think there was some kind of **misunderstanding**. 무슨 **오해**가 있었던 것 같아요. (수능)
272 **mobile** [móubail / móubəl]	명 **모빌**(철사 끝에 달아 움직이게 한 공예품) 형 **이동식의**	the **mobile** hanging from the ceiling 천장에 매달려 있는 **모빌** (수능)

▢ 273 **move on to**	~로 이동하다	to *move on to* the special receipe 특별 요리법으로 **넘어가다** (수능)
▢ 274 **mushroom** [mʌ́ʃruːm]	명 버섯	**Mushrooms** contain important vitamins. **버섯**은 중요 비타민을 함유합니다. (모의)
▢ 275 **musical instrument**	악기	different kinds of **musical instruments** 여러가지 종류의 **악기들** (수능)
▢ 276 **must-do**	꼭 해야 하는 것	Taking a walking tour downtown is a **must-do**. 시내 도보 관광은 **꼭 해야 해**. (수능)
▢ 277 **narrow** [nǽrou]	동 (범위를) 좁히다	to *narrow* the choices *down to* these five museums 이 다섯 개의 박물관들**로 선택의 폭을 좁히다** (수능)
▢ 278 **natural disaster**	자연 재해	**natural disasters** like floods 홍수와 같은 **자연 재해** (수능)
▢ 279 **navy** [néivi]	형 짙은 남색(navy blue); 해군	a **navy** tie **짙은 남색** 넥타이 (모의)
▢ 280 **needless to say**	말할 필요도 없이	*Needless to say*, I prefer the cheaper one. **말할 필요도 없이**, 더 싼 것이 난 좋아. (수능)
▢ 281 **newcomer** [núkəmər]	명 신입자, 신참자	a **newcomer** on marketing team 마케팅팀 **신입** (모의)
▢ 282 **no wonder**	~하는 것도 당연하다	*No wonder* you are curious about the result. 네가 결과에 대해 궁금해 하는것도 **당연해**. (수능)

283 **non-profit organization**	**비영리 단체**(NPO) non-governmental organization 비정부 기구(NGO)	the role of the **NPO** 그 **비영리 단체**의 역할
284 **non-refundable**	**환불이 안 되는**	**non-refundable** deposit **환불이 안 되는** 보증금 (수능)
285 **nursing home**	**양로원**	to visit **nursing homes** **양로원**을 방문하다 (수능)
286 **office supplies**	**사무용품** school supplies 학용품	Roger's **Office Supplies**. 로저스 **사무용품점**입니다.
287 **on behalf of**	**~을 대표하여, ~을 대신하여**	*on behalf of* our museum 우리 박물관을 **대표하여** (수능)
288 **on display**	**진열된**	the one *on display* **진열된** 것 (수능)
289 **on the tip of one's tongue**	(말이) **혀 끝에서 뱅뱅 도는**	It's *on the tip of my tongue*. 그 말이 **혀 끝에서 뱅뱅 돈다.** (수능)
290 **operating hour**	**운영 시간**	The **operating hours** will remain the same as before. **운영 시간**은 이전과 동일하게 유지될 것이다. (모의)
291 **operation** [àpəréiʃən]	명 **수술**	an **operation** on the lung to remove a tumor 종양 제거를 위해 폐에 한 **수술**
292 **opportunity** [àpərtjú:nəti]	명 **기회**	a great **opportunity** 아주 좋은 **기회** (수능)
293 **option** [ápʃən]	명 **선택, 선택권**	to have two **options** 두 가지 **선택**이 있다 (수능)

[set 50]

□ 294 **order** [ɔ́ːrdər]	동 주문하다; 명령하다 • *place an order* 주문하다	to **order** mugs for souvenirs 기념품으로 머그잔을 **주문하다** 수능
□ 295 **organic** [ɔːrgǽnik]	형 유기농의, 화학비료를 쓰지 않는	**organic** rice **유기농** 쌀 수능
□ 296 **organize** [ɔ́ːrgənàiz]	동 준비하다; 체계화하다	to **organize** a meeting 회의를 **준비하다** 수능
□ 297 **originally** [ərídʒənəli]	부 원래, 본래	It was **originally** $50, but it's on sale. **원래는** $50였지만, 세일중입니다. 수능
□ 298 **overexcite** [òuvəriksáit]	동 과도하게 흥분시키다, 너무 자극하다	to **overexcite** one's sense 감각을 **너무 자극시키다** 수능
□ 299 **overlap** [òuvərlǽp]	동 겹치다	to **overlap** with our family trip 우리 가족여행과 **겹치다**. 수능
□ 300 **P.E. uniform**	명 체육복 ⊕ uniform 획일적인; 제복 unformity 한결같음, 균일성	to bring the **P.E. uniform** **체육복**을 가져오다 모의
□ 301 **pack** [pæk]	동 꾸리다, 포장하다 ⊕ packaged 포장된 bundle 다발, 묶음 wrap 싸다	to **pack** the video camera 비디오카메라를 **꾸리다** 수능
□ 302 **painkiller** [péinkìlər]	명 진통제	I'll give you some **painkillers**. **진통제**를 좀 줄게요. 수능
□ 303 **pale** [peil]	형 창백한	to look awfully **pale** 몹시 **창백해** 보이다

▢ 304 **pamphlet** [pǽmflət]	명 **팸플릿, 소책자**	a **pamphlet** for the attraction packages 명소 패키지를 위한 **팸플릿** (수능)
▢ 305 **participate** [pɑːrtísəpèit]	동 **참가하다** • **participant** 참가자	Four countries are going to **participate**. 4개국이 **참가할** 거야. (수능)
▢ 306 **patience** [péiʃəns]	명 **인내**	Thank you for your **patience**. **인내**해 주셔서 감사드립니다. (수능)
▢ 307 **personalized** [pə́rsənəlàizd]	형 (개인) **맞춤형의** ⊕ personal 개인의, 개인적인 impersonal 인간미 없는, 비인격적인 personnel 인원, 인사부서	to listen to a **personalized** playlist **개인 맞춤형의** 재생목록으로 듣다 (수능)
▢ 308 **philosophy** [filɑ́səfi]	명 **철학**	a **philosophy** discussion group **철학** 토론 모임 (수능)
▢ 309 **photo album**	**사진첩**	to put **photo albums** in the box **사진첩**을 상자에 넣다 (수능)
▢ 310 **photocopy** [fóutoukɑ̀pi]	동 **사진으로 복사하다**	to **photocopy** some part of the book 책의 일부분을 **사진으로 복사하다** (수능)
▢ 311 **pick out**	**가려내다, 선택하다**	to *pick out* the ones that are in fine condition 상태가 좋은 것들을 **가려내다** (모의)
▢ 312 **pick up**	**찾아가다; 태워주다; 집어들다**	to *pick up* the soccer shoes 축구화를 **찾아가다** (수능)
▢ 313 **pillow** [pílou]	명 **베개**	to look for a supportive **pillow** 받쳐주는 **베개**를 찾다 (수능)

▢314 **play** [plei]	동 배역을 맡다, 연기하다	to **play** Juliet in the school play 학교 연극에서 Juliet **역을 하다** (수능)
▢315 **plug in**	~의 플러그를 꽂다, ~의 전원을 연결하다	to *plug in* the hair dryer 헤어드라이어의 **플러그를 꽂다** (수능)
▢316 **policy** [pálisi]	명 정책, 방침	company **policy** 회사 **정책** (수능)
▢317 **pond** [pand]	명 연못	the **pond** with the fish 물고기가 있는 **연못** (수능)
▢318 **pop-up ad**	팝업 광고	**pop-up ads** all over the internet 인터넷에 온통 퍼져 있는 **팝업 광고들** (수능)
▢319 **portable** [pɔ́ːrtəbl]	형 휴대용의	a **portable** speaker **휴대용** 스피커 (모의)
▢320 **position** [pəzíʃən]	명 (일)자리, 직위	to apply for the **position** 그 **자리**에 지원하다 (수능)
▢321 **posture** [pástʃər]	명 자세; 태도	improper **posture** 잘못된 **자세** (수능)
▢322 **pot** [pat]	명 단지, 화분 • **pottery** 도자기	**a planting pot** **화분** (수능)
▢323 **potted plant**	화분 식물	to look for a **potted plant** **화분 식물**을 찾다 (수능)
▢324 **predator** [prédətər]	명 포식자, 약탈자	**Predators** avoid eating them. **포식자들은** 그들을 먹는것을 피한다. (수능)

듣기 평가에 나오는 어휘

□ 325 **presentation** [prèzəntéiʃən]	명 (신제품 등에 대한) **발표, 프레젠테이션**	to do a **presentation** **발표**를 하다 (수능)
□ 326 **produce** [prədjúːs]	동 **제작하다; 생산하다**	to **produce** a play 연극을 **제작**[연출]**하다** (모의)
□ 327 **professional** [prəféʃənəl]	명 **전문가**	as a **professional** **전문가**로서 (수능)
□ 328 **projector** [prədʒéktər]	명 **영사기, 프로젝터**	to pack the **projector** **영사기**를 챙기다 (모의)
□ 329 **promotion** [prəmóuʃən]	명 **홍보[판촉]** (활동); **승진** • **promotional gift** 판촉물	to have a special **promotion** 특별 **판촉 행사**를 하다
□ 330 **protein** [próutiːn]	명 **단백질**	high in **protein** **단백질**이 풍부한 (모의)
□ 331 **public hearing**	**공청회, 청문회**	to hold a **public hearing** on ... ~에 대해 **청문회**를 열다
□ 332 **pull over**	(길 한쪽으로) **차를 대다**	to ask the driver to *pull over* 운전사에게 **차를 세워달라**고 요청하다 (수능)
□ 333 **pull up**	**차를 세우다; 정보를 조회하다**	to *pull up* the record 기록을 **조회하다** (수능)
□ 334 **put ... into action**	(~을) **실행에 옮기다**	to *put* the creative mind *into action* 창의적 정신을 **실행에 옮기다** (수능)
□ 335 **put ... on hold**	**~를 통화 대기시키다** ⊕ delay 지연시키다 postpone 연기하다, 미루다(put off) suspend 유예[연기]하다	I've been *put on hold* for the past twenty minutes. 저는 20분간이나 **통화 대기 상태였어요.** (수능)

□336 **put the final touches on**	**~에 마무리 손질을 하다**	to *put the final touches on* the business proposals 사업 제안서에 대한 **마지막 손질을 하다** (수능)
□337 **put together**	**조립하다**	to *put together* the bones 뼈들을 **조립하다** (수능)
□338 **put up**	(남의 눈에 띄게) **내붙이다, 게시하다**	to *put up* posters 포스터를 **내붙이다** (모의)
□339 **puzzled** [pʌ́zld]	형 **곤혹스러운**(embarrassed)	You look so **puzzled**. 너 **곤혹스러워** 보인다. (수능)
□340 **quit** [kwit]	동 (하던 일을) **그만두다**	to **quit** the orchestra 오케스트라를 **그만두다** (모의)
□341 **raw** [rɔː]	형 **익히지 않은, 날것의; 원자재의**	**raw** materials **원**자재
□342 **recipe** [résəpìː]	명 **조리법**	to develop a **recipe** **조리법**을 개발하다 (수능)
□343 **recognize** [rékəgnàiz]	동 **알아보다; 인정하다**(acknowledge) • **recognition** 알아봄, 인식	great ideas to **be recognized** **인정 받게** 될 훌륭한 아이디어
□344 **recommendation** [rèkəmendéiʃən]	명 **추천(장), 권고** • **recommend** 추천하다	I'll take your **recommendation**. 네 **추천**을 받아들일게. (수능)
□345 **recording** [rikɔ́ːrdiŋ]	명 **녹음, 녹화**	Do I sound all right for **recording**? **녹음**하기에 내 목소리가 괜찮은가? (수능)
□346 **referee** [rèfəríː]	명 **심판**	to need a **referee** **심판**을 필요로 하다 (수능)

347 **refresh** [rifréʃ]	동 **상쾌하게 하다**	to **feel refreshed** **상쾌한 기분을 느끼다** (수능)
348 **refund** [rífʌnd]	명 **환불(금)** 동 [rifʌ́nd] **환불하다** • *get a refund* 환불받다 • *be fully refunded* 전액 환불받다	to *get a refund* for the ticket 표를 **환불받다** (수능)
349 **register** [rédʒistər]	동 **등록하다**	to **register** for the program 그 프로그램에 **등록하다** (수능)
350 **regularly** [régjələrli]	부 **규칙적으로; 자주**	to take the medicine **regularly** 약을 **규칙적으로** 먹다 (수능)
351 **regulate** [régjulèit]	동 **규제하다; 조절하다**	to **regulate** sleep 수면을 **조절하다** (모의)
352 **rehearsal** [rihə́ːrsəl]	명 **리허설, 예행 연습**	before the **rehearsal** **예행 연습** 전에 (모의)
353 **relaxing** [rilǽksiŋ]	형 **편안하게 하는**	a **relaxing** tour **편안한** 여행 (수능)
354 **renew** [rinjúː]	동 **갱신하다, 연장하다**	to **renew** the driver's license 운전면허증을 **갱신하다** (수능)
355 **renovation** [rènəvéiʃən]	명 **보수, 개조**	during the **renovation** of our facilities 우리 시설을 **새롭게 수리**하는 동안 (수능)
356 **rental agency**	**임대업체, 부동산 중개소** + lease 임대차 계약; 임대하다 tenant 세입자	Paradise **Rental Agency** 파라다이스 **부동산** (수능)

[set 51]

▢ 357 **replace** [ripléis]	동 **바꾸다, 대신하다**	to **replace** the kid's bed 아이의 침대를 **바꾸다** (수능)
▢ 358 **reproductive** [rìprədʌ́ktiv]	형 **생식의, 번식의** • **reproduction** 생식, 번식	the **reproductive** process **생식** 과정 (모의)
▢ 359 **reservation** [rèzərvéiʃən]	명 **예약; 인디언 보호구역**	to make a **reservation** for me 내 **예약**을 하다 (수능)
▢ 360 **reserved** [rizə́ːrvd]	형 **내성적인(introvert); 예약된**	to be quite **reserved** 상당히 **내성적**이다 (수능)
▢ 361 **résumé** [rézumèi]	명 **이력서; 요약, 개요**	**résumé** writing **이력서** 작성 (수능)
▢ 362 **right angle**	**직각**	to keep your knees at a **right angle** 무릎을 **직각**으로 유지하다 (수능)
▢ 363 **ripe** [ráip]	형 **익은, 여문**	fresh and **ripe** 신선하고 **익은** (수능)
▢ 364 **rocking chair**	**흔들의자**	How much is this **rocking chair**? 이 **흔들의자**는 얼마입니까? (모의)
▢ 365 **rug** [rʌg]	명 **깔개, 무릎덮개**	to remake plastic bags into **rugs** 비닐 봉지를 **바닥 깔개**로 개조하다 (수능)
▢ 366 **run for**	**출마하다, 입후보하다**	to *run for* election 선거에 **출마하다**
▢ 367 **sandcastle** [sǽndkæ̀sl]	명 **모래성**	to build a **sandcastle** **모래성**을 쌓다

□ 368 **save** [seiv]	동 **절약하다, 저축하다** • **saving** 절약, 저축 • **savings** 절약된 금액	to **save** time 시간을 **절약하다** 수능
□ 369 **scene** [siːn]	명 **장면; 현장** • **scenery** 경치, 풍경	a marriage **scene** 결혼 **장면** 수능
□ 370 **school trip**	**수학 여행**	to go on a **school trip** **수학 여행**을 가다 수능
□ 371 **science fair**	**과학 박람회**	a **science fair** project **과학 박람회** 프로젝트
□ 372 **scoop** [skuːp]	명 (국자 모양의) **숟갈, 스쿠프**	two dollars per **scoop** 한 **스쿠프**에 2달러 수능
□ 373 **script** [skript]	명 **대본**	page 14 of the **script** **대본** 14쪽 수능
□ 374 **secondary** [sékəndèri]	형 **이차의, 부수적인**	**secondary** infection **이차** 감염 모의
□ 375 **secondhand** [sékəndhǽnd]	형 **중고의**(used); **간접의** (↔ **firsthand** 직접의)	**secondhand** household items **중고** 가재도구 수능
□ 376 **section** [sékʃən]	명 **구역** ⊕ portion 부분, 일부	upstairs in **section** A 위층 A **구역**에 수능
□ 377 **seedless** [síːdlis]	형 **씨 없는**	**seedless** watermelons **씨 없는** 수박 수능
□ 378 **selected** [siléktid]	형 **엄선된, 선발된** • **selection** 선정, 선발	**selected** works **엄선된** 작품들 수능

▢379 **self-introduction letter**	자기소개서 • **introduction** 도입; 입문서	advice about her **self-introduction letter** 그녀의 **자기소개서**에 대한 조언 (수능)
▢380 **semester** [siméstər]	명 **학기**	How's the **semester** going? 이번 **학기**에는 어떻게 하고 있니? (모의)
▢381 **senior** [síːnjər]	명 **졸업반; 노인, 연장자** • **senior citizen** 어르신	**senior** students **졸업반** 학생 (모의)
▢382 **set an alarm**	**알람을 설정하다**	Be sure to *set an alarm*. 꼭 알람을 **설정해라**.
▢383 **set up**	(약속을) **잡다; ~을 설립하다**	to *set up* an appintment 예약을 **정하다** (수능)
▢384 **settle** [sétəl]	동 (논쟁을) **해결하다;** (마침내) **결정하다** • **settlement** 합의, 해결 • *settle down* (마음을) 가라앉히다	*It's settled.* **결정되었습니다.** (모의)
▢385 **shade** [ʃeid]	명 **그늘;** (전등의) **갓**	to rest in the **shade** **그늘**에서 쉬다 (수능)
▢386 **share ... with**	(자신의 생각을 남과) **함께 나누다,** (남에게) **말하다**	to *share* one little trick *with* us 우리**에게** 한 가지 작은 비법을 **말해 주다** (수능)
▢387 **sharpener** [ʃáːrpənər]	명 **깎는 기구** • **sharpen** 날카롭게 하다 • **sharply** 재빨리; 날카롭게	a pencil **sharpner** 연필 깎이
▢388 **ship** [ʃip]	동 **실어 나르다, 운송하다** 명 **배** ⊕ vessel 선박; 그릇	to **ship** the goods 상품을 **운송하다**

389 **shovel** [ʃʌ́vəl]	명 **삽**	How much is this **shovel**? 이 **삽**은 얼마인가요? 수능
390 **sightseeing** [sáitsìːiŋ]	명 **관광**	My feet are tired from all the **sightseeing**. 여기저기 **관광**하느라 발이 피곤해요. 수능
391 **sign up**	(강좌 등에) **등록하다**	to *sign up* for a job experience program 직업 체험 프로그램에 **등록하다** 수능
392 **single** [síŋgl]	형 **단 하나의, 단일의**	just a **single** pencil 단 **하나의** 연필 수능
393 **skip** [skip]	동 **건너뛰다, 생략하다**	to **skip** the medicine 약 먹는 것을 **생략하다** 수능
394 **sleep on one's left side**	**왼쪽으로 누워 자다** + sleepover 하룻밤 행사	*Sleeping on your left side* helps the digestive process. **왼쪽으로 누워 자는 것**은 소화 작용에 도움이 된다. 수능
395 **slippery** [slípəri]	형 **미끄러운; 약삭 빠른**	a **slippery** road **미끄러운** 길
396 **small wedding**	**작은[간소한] 결혼식** + wed 결혼하다 bride 신부 groom 신랑	to have a **small wedding** **간소한 결혼식**을 치르다 모의
397 **social studies**	**사회 교과**	**social studies** group work **사회** 그룹 과제 수능
398 **socket** [sákit]	명 **콘센트; 꽂는 곳, 소켓**	the one with six **sockets** 여섯 개의 **소켓**이 달린 것 수능

□ 399 **sold out**	(표가) **매진된;** (상품이) **다 팔린** sellout 좌석 매진, 만원	The stamps are *sold out*. 그 우표는 **매진**되었다. (수능)
□ 400 **solution** [səljúːʃən]	명 **해결책, 해법; 용액**	one **solution** 한 가지 **해결책** (수능)
□ 401 **smooth ... over**	(문제를 사람들과 이야기하여) **바로잡다, 수습하다**	to *smooth* things *over* 상황을 **수습하다** (수능)
□ 402 **sore** [sɔːr]	형 (염증으로) **아픈, 따가운**	to have a **sore** throat 목이 **아프다** (수능)
□ 403 **sound** [saund]	형 (잠이) **깊은, 깊고 평화로운; 견실한**	**sound** sleep **깊은** 수면 (수능)
□ 404 **specialize in**	**~을 전문으로 하다**	to *specialize in* knee surgery 무릎 수술을 **전문으로 하다** (모의)
□ 405 **specialty** [spéʃəlti]	명 **전문** (분야), **전공**	His **specialty** is tax law. 그의 **전공**은 세법이다.
□ 406 **spectacular** [spektǽkjulər]	형 **장관을 이루는, 극적인** (breathtaking) • **spectacle** 놀라운 광경, 장관	The view is **spectacular**. 경치가 **장관이다.** (수능)
□ 407 **spinach** [spínitʃ]	명 **시금치**	to add more **spinach** to your diet 식단에 더 많은 **시금치**를 추가하다 (모의)
□ 408 **sponsor** [spánsər]	명 **후원자** 동 **후원하다**	**sponspored** by ABC Science Institute ABC 과학관이 **후원하는** (수능)
□ 409 **sprain** [spréin]	동 (팔목·발목을) **삐다, 접지르다**	to **sprain** your ankle 당신의 발목을 **삐다** (수능)

□410 **spray** [sprei]	동 뿌리다, 살포하다	to **spray** out a dark brown liquid 짙은 갈색의 액체를 **뿜다** 수능
□411 **squirrel** [skwə́:rəl]	명 다람쥐	There's a **squirrel**. **다람쥐**가 있어. 모의
□412 **stand** [stænd]	동 참다, 견디다	to **stand** the pain 고통을 **견디다** 수능
□413 **statue** [stǽtʃu:]	명 조각상	the bear **statue** 곰 **조각상** 수능
□414 **stay tuned**	채널을 고정하다	*Stay tuned!* **채널 고정해 주세요!** 수능
□415 **stay up all night**	밤을 꼬박 새다	to *stay up all night* to do school work 학교 과제를 하느라 **밤을 꼬박 새다** 수능
□416 **stomachache** [stʌ́məkèik]	명 복통	to have a **stomachache** **복통**이 있다 수능
□417 **stop by**	~에 잠시 들르다(drop by)	to *stop by* a nearby store 근처 가게**에 잠시 들르다**
□418 **storyline** [stɔ́:rilàin]	명 줄거리	a complicated **storyline** 복잡한 **줄거리** 수능
□419 **stressed out**	형 스트레스로 지친, 스트레스가 쌓인	I'm so **stressed out**! 난 너무 **스트레스를 받아!** 수능
□420 **striped** [straipt]	형 줄무늬의 • **stripe** 줄무늬	the **striped** mat on the grass 잔디 위의 **줄무늬** 매트 수능
□421 **student council**	학생회	**student council** president **학생회**장 수능

□ 422 **stylish** [stáiliʃ]	형 유행을 따른; 멋진, 우아한	a **stylish** pot **멋진** 화분 (수능)
□ 423 **stylist** [stáilist]	명 미용사	to recommend a **stylist** **미용사**를 추천하다 (수능)
□ 424 **suit** [suːt]	동 어울리다 명 정장	That style really **suits** you. 그 스타일이 정말 **어울려요**. (수능)
□ 425 **suitcase** [sjúːtkèis]	명 여행용 가방	to look for a **suitcase** **여행용 가방** 하나를 찾다 (수능)
□ 426 **sunset** [sʌ́nsèt]	명 해질녘, 일몰 + sunscreen 자외선 차단제	to watch the **sunset** **일몰**을 바라보다 (모의)
□ 427 **supportive** [səpɔ́ːrtiv]	형 지원하는, 받쳐주는	a **supportive** pillow **받쳐주는** 베개 (수능)
□ 428 **swell** [swel]	동 붓다, 부풀다 • **swelling** 넘실거리는 • **swollen** 부풀어 오른	The buds were beginning to **swell**. 꽃봉오리가 **부풀기** 시작했다.
□ 429 **swing** [swiŋ]	명 그네 동 (팔을 크게 휘둘러) **때리다**	to have a lot of fun with the **swing** **그네** 타면서 재미있게 보내다 (수능)
□ 430 **take off**	이륙하다 (↔ land 착륙하다)	to *take off* within two hours 두 시간 내로 **이륙하다** (수능)
□ 431 **take one's mind off**	~에 대해 생각[걱정]하는 것을 멈추게 하다 • **mindful** 염두에 두는, 유념하는 • **mindlessly** 분별 없이, 어리석게 • **mindset** 사고방식	to *take my mind off* schoolwork 숙제 **생각을 그만하다** (모의)

432 **take place**	**개최하다**	The contest *takes place* at Prestige Convention Center. 그 대회는 Prestige Convention Center에서 **개최됩니다**. (수능)
433 **take the day off**	**하루를 쉬다**	to *take the day off* to go to the hospital 병원가느라 **하루를 쉬다** (모의)
434 **tension** [ténʃən]	명 **긴장** • **tense** 긴장한, 신경이 날카로운 strain 부담, 압박(감)	to ease the **tension** **긴장**을 완화하다 (수능)
435 **text** [tekst]	동 **문자 메시지를 보내다** • **text message** 문자 메시지	to **text** with friends 친구와 **문자 메시지를** 주고받다 (수능)
436 **thanks to**	(~의) **덕분에**	*thanks to* your weather forecast 너의 일기 예보 **덕분에** (모의)
437 **That's a shame.**	**그것 참 안됐다.**	A: I'm sorry, but I can't go. 미안하지만 나는 갈 수 없어. B: *That's a shame*. **그것 참 안됐군**. (수능)
438 **the elderly**	**어르신들**	snacks for **the elderly** **어르신들**을 위한 간식 (수능)
439 **the other day**	**일전에, 최근에**	I got them **the other day**. **일전에** 받았습니다. (수능)
440 **thoughtful** [θɔ́:tfəl]	형 **생각에 잠긴; 사려 깊은** (considerate)	That's **thoughtful** of you. 참 **사려 깊으십니다**. (수능)
441 **throw ... together**	**~을 서둘러 만들다[준비하다]**	to *throw* a quick meal *together* 음식을 **빨리 차려 내다** (수능)
442 **tip** [tip]	명 (실용적인 작은) **조언**	any simple **tips** 간단한 **조언** (수능)

▢ 443 **to be honest**	**솔직히 말하자면**	*To be honest*, I like action movies. **솔직히 말해** 난 액션영화가 맘에 들어. (수능)
▢ 444 **to go**	(음식을 식당에서 먹지 않고) **가지고 갈**	three iced coffees **to go** **가지고 갈** 커피 세 잔 (모의)
▢ 445 **touching** [tʌ́tʃiŋ]	형 **감동적인**(moving)	a **touching** movie **감동적인** 영화
▢ 446 **tough** [tʌf]	형 **힘든, 어려운**	a **tough** decision **힘든** 결정
▢ 447 **tourist attraction**	**관광 명소**(tourist spot)	a famous **tourist attraction** 유명한 **관광 명소** (수능)
▢ 448 **travel agency**	**여행사** ⊕ cruise 유람선 여행	overseas **travel agencies** 국외 **여행사들**
▢ 449 **treasure hunt**	**보물 찾기**	the kids' **treasure hunt** 아이들의 **보물 찾기** (수능)
▢ 450 **trend** [trend]	명 **경향, 동향**	the current **trends** 현재의 **경향** (수능)
▢ 451 **trip** [trip]	동 **발을 헛디디다** • *trip over* ~에 발이 걸려 넘어지다	to **trip** in the classroom 교실에서 **발을 헛디디다** (수능)
▢ 452 **turn in**	**~을 돌려주다; ~을 제출하다**	to *turn in* the wallet 지갑을 **돌려주다** (수능)
▢ 453 **unexpectedly** [ʌ̀nikspéktidli]	부 **예기치 않게**	Something happens **unexpectedly**. 어떤 일은 **예기치 않게** 발생한다. (수능)
▢ 454 **unforgettable** [ʌ̀nfərgétəbl]	형 **잊을 수 없는**(memorable)	an **unfogettable** memory **잊을 수 없는** 추억 (수능)

▢455 **upcoming** [ʌ́pkʌ̀miŋ]	형 **다가오는, 곧 있을**	the **upcoming** parking lot construction **다가오는** 주차장 공사 수능
▢456 **upcycling** [ʌ́psàikliŋ]	명 **새활용** (재활용품을 이용하여 새로운 것을 만드는 활동)	**Upcycling** is creative reuse. **새활용**은 창의적인 재사용입니다. 수능
▢457 **update** [ʌ̀pdéit]	동 **갱신하다**	to **update** the flight information 항공편 정보를 **갱신하다** 수능
▢458 **urgent** [ə́ːrdʒənt]	형 **긴급한, 시급한**(pressing) • **urgency** 긴급	an **urgent** schedule **긴박한** 스케줄 수능
▢459 **user-friendly**	형 **사용자 친화적인, 사용하기 쉬운**	**user-friendly** interface **사용자 친화적인** 인터페이스
▢460 **utilize** [júːtəlàiz]	동 **활용[이용]하다**(make use of)	Horses were **utilized** in delivery of letters and messages. 말은 편지와 메시지 전달에 **이용되**었다. 수능
▢461 **vase** [veis]	명 **꽃병**	the flowers in the **vase** **꽃병**에 있는 꽃들 수능
▢462 **visual material**	**시각 자료**	**visual materials** for the class 수업을 위한 **시각 자료** 모의
▢463 **volunteer** [vɑ̀ləntíər]	명 **자원 봉사자** 동 **자원 봉사로 하다** volunteer rate 자원봉사 비율	to **volunteer** as a translator 번역가로 **자원 봉사하다** 수능
▢464 **waiting list**	**대기 명단**	on the **waiting list** **대기 명단**에 오른 수능
▢465 **walking distance**	**걸어갈 수 있는 거리**	within **walking distance** **걸어갈 수 있는 거리** 내에 있는 수능

466 **warmer** [wɔ́ːrmər]	명 **보온기**	a plate **warmer** 접시 **보온기**
467 **washable** [wɑ́ʃəbl]	형 **물로 지워지는; 물빨래가 가능한**	a **washable** crayon **물로 지워지는** 크레용 (모의)
468 **water fountain**	**분수대**	the **water fountain** next to the steps 계단 옆에 있는 **분수대** (수능)
469 **waterproof** [wɔ́tərprùf]	형 **방수의** + water-resistant 방수가 되는 freshwater 민물 meltwater 빙하가 녹은 물 damp 축축한 humid 습기 찬	a **waterproof** jacket **방수** 재킷 (수능)
470 **weather report**	**일기 예보**(weather forecast)	a live **weather report** 생방송 **일기 예보** (모의)
471 **wheel** [hwiːl]	명 **바퀴**	the suitcase with **wheels** **바퀴**가 달린 여행용 가방 (수능)
472 **when it comes to**	**~에 관한 한**	*when it comes to* clothing 옷**에 관한 한** (모의)
473 **wildflower** [wáildflàuər]	명 **들꽃, 야생화**	to take some pictures of **wildflowers** **들꽃** 사진들을 좀 찍다 (수능)
474 **wildlife** [wáildlàif]	명 **야생 동물**	to feed **wildlife** **야생 동물**에게 먹이를 주다 (모의)
475 **wind instrument**	**관악기**	a type of **wind instrument** **관악기**의 한 형태 (수능)

▢476 **work** [wəːrk]	동 **효과가 있다**	Let's see if they **work**. 그것들이 **효과가 있는지** 알아봅시다. (수능)
▢477 **worn-out**	형 **닳아서 못 쓰게 된; 매우 지친**	such **worn-out** things 그러한 **낡아 빠진** 것들 (모의)
▢478 **wrap** [ræp]	동 (포장지로) **싸다, 포장하다**	Could I have it **wrapped**? 그것을 **포장해** 줄 수 있나요? (수능)
▢479 **wrist** [rist]	명 **손목**	to move **wrist** **손목**을 움직이다 (수능)
▢480 **youngster** [jʌ́ŋstər]	명 **청소년, 아이** (a young person or a child)	This one is really popular among **youngsters**. 이것은 **청소년들** 사이에 매우 인기가 있어요. (모의)

A

B

C

D

E

F

I

M

N

O

Q

R

T